Das neue Werberecht für Ärzte

Springer
Berlin
Heidelberg
New York
Hongkong
London
Mailand
Paris
Tokio

Beate Bahner

Das neue Werberecht für Ärzte

Auch Ärzte dürfen werben

Zweite, aktualisierte und überarbeitete Auflage

Springer

Beate Bahner
Rechtsanwältin
Postfach 12 01 13
69065 Heidelberg
Deutschland
E-mail: kanzlei@beatebahner.de
Internet: www.beatebahner.de

ISBN 3-540-00036-4 Springer-Verlag Berlin Heidelberg New York
ISBN 3-540-41297-2 1. Auflage Springer-Verlag Berlin Heidelberg New York

Bibliografische Information Der Deutschen Bibliothek
Die Deutsche Bibliothek verzeichnet diese Publikation in der Deutschen Nationalbibliografie; detaillierte bibliografische Daten sind im Internet über <http://dnb.ddb.de> abrufbar.

Springer-Verlag Berlin Heidelberg New York
ein Unternehmen der Springer Science+Business Media

http://www.springer.de

Printed in Germany

Einbandgestaltung: de'blik, Berlin
Foto der Autorin auf Einbandrückseite: Friederike Hentschel, Heidelberg, VG-Bildkunst Nr. 12327792

SPIN 11375111 64/3111-5 4 3 2 1 – Gedruckt auf säurefreiem Papier

Vorwort zur 2. Auflage

Der in der Erstauflage beschriebene und prognostizierte Wandel des ärztlichen Werberechts hat sich – entgegen konservativer Rufe – zwischenzeitlich endgültig vollzogen. Maßgeblich hierfür war das Bundesverfassungsgericht, welches auch nach Erscheinen der Erstauflage weitere ärztliche Werbeverbote für verfassungswidrig erklärt hatte. Dieser Entwicklung konnte sich der Deutsche Ärztetag nicht mehr verschließen – er hat die vielfältigen ärztlichen Werbeverbote aufgehoben und das ärztliche Werberecht grundlegend reformiert. Verblieben ist eine werberechtliche Generalklausel, die künftig von Rechtsprechung und Literatur unter Berücksichtigung der arztrechtlichen Besonderheiten auszulegen sein wird.

Nachdem der Weg zur umfassenden Informationswerbung für die Ärzte hiermit „gebahnt“ wurde, rücken heute die rechtlichen Grenzen des Werberechts in den Vordergrund. Nicht nur die Unlauterkeits-Kriterien des Wettbewerbsrechts und die vielfältigen Verbote des Heilmittelwerbegesetzes sind zur Vermeidung berufswidriger Werbung zu beachten; Ärzte tragen den Patienten gegenüber eine besondere Verantwortung, die sich auch in seriöser Information widerspiegeln muss.

Die zweite Auflage dokumentiert diese neue Rechtslage und enthält die werberechtliche Rechtsprechung bis einschließlich Juli 2003. Neu aufgenommen wurden maßgebliche Urteile zum Heilmittelwerbegesetz sowie weitere Fallgruppen berufswidriger Werbung. Behandelt wird ferner die Problematik der Tätigkeitsschwerpunkte und die Werbung für Schönheitsmedizin. Die anstehende Reform des Wettbewerbsrechts fand ebenfalls Berücksichtigung. Schließlich enthält die Neuauflage erstmalig ein umfassendes Rechtsprechungsverzeichnis.

Konzept und Darstellung der Erstauflage wurden im wesentlichen beibehalten. Die durchweg positive Reaktion auf die Erstauflage belegt die gute Lesbarkeit sowie den praktischen und theoretischen Wert, welches das Buch für Ärzte und Juristen gleichermaßen entfaltet. Eine sorgfältige individuelle Rechtsprüfung der konkreten ärztlichen Werbemaßnahme kann es freilich nicht ersetzen.

Konstruktive Kritik oder Anregung der Leserinnen und Leser ist ebenso willkommen wie die Übersendung werberechtlicher Entscheidungen durch interessierte Gerichte, Anwälte oder Ärzte. So kann auch die nächste Auflage weitestgehend aktuell und umfassend sein.

Vanessa Schork danke ich sehr für ihre wertvolle und engagierte Mitarbeit. Herrn Rechtsanwalt G. W. Krebs danke ich für seine außergewöhnliche Kollegialität.

Heidelberg, August 2003 Beate Bahner, Rechtsanwältin

Vorwort

Wie oft suchen wir nach der „richtigen" Ärztin, nach dem „richtigen" Arzt.

Die mühsame Suche verdeutlicht den Mangel an Information und Aufklärung innerhalb der Patientenschaft und ist auch auf das Werbeverbot für Ärzte und ärztliche Leistungen zurückzuführen. Damit einher geht die Sorge vieler Ärzte, allein durch ihr Auftreten unerlaubt für sich zu werben: So wird schon bei namentlicher Nennung in der Öffentlichkeit oder in den Medien eine Abmahnung durch die Ärztekammer befürchtet. Die Unterdrückung ärztlicher Selbstdarstellung bedeutet für neu niedergelassene Ärztinnen und Ärzte einen erschwerten Beginn ihrer beruflichen Laufbahn.

Die Verfasserin war zunächst ebenfalls mit dem Werbeverbot für Rechtsanwälte konfrontiert. Ohne die Aufhebung dieses Werbeverbotes 1996 wäre der zügige Aufbau einer selbständigen Anwaltskanzlei – trotz der anwaltlichen Spezialisierung im Arzt- und Gesundheitsrecht und eines bestehenden Beratungsbedarfes – erheblich erschwert gewesen. Erst durch die nun erlaubte Versendung von Broschüren über die Anwaltskanzlei und Rundschreiben über die Veranstaltung arztrechtlicher Seminare konnten die Ärzte von diesem neuen Angebot Kenntnis erlangen.

Auch junge engagierte und qualifizierte Ärztinnen und Ärzte müssen in den schwierigen Zeiten der Gesundheitsreformen, knappen Budgets und Zulassungsbeschränkungen noch Chancen haben, eine selbständige Existenz zu gründen. Das neue Werberecht für Ärzte kann dazu beitragen, ihnen – wie den etablierten Ärztinnen und Ärzten – zu einer angemessenen und würdigen Darstellung ihrer Leistungen zu verhelfen. Dieses Buch beschreibt hierfür den rechtlichen Rahmen und die konkreten Möglichkeiten erlaubter ärztlicher Werbung. Es würdigt insbesondere die aktuelle Rechtsprechung des Bundesverfassungsgerichts.

Werner, meiner Familie, meinen Freunden und Vera
danke ich für ihre Unterstützung.

Heidelberg, April 2001 Beate Bahner, Rechtsanwältin

Inhaltsübersicht

Inhaltsverzeichnis

Abkürzungsverzeichnis

a.A.	anderer Ansicht
a.a.O.	am angegebenen Ort
AfP	Archiv für Presserecht (Zeitschrift)
AG	Amtsgericht / Aktiengesellschaft
Anm.	Anmerkung
AnwBl	Anwaltsblatt
AOK	Allgemeine Ortskrankenkasse
Art.	Artikel
Arzt	Ärztin und Arzt
Ärzte	Ärztinnen und Ärzte[1]
ÄrzteGH	Ärztegerichtshof
ArztR	ArztRecht (Zeitschrift)
AusR	Arzt und sein Recht (Zeitschrift)
AZ	Aktenzeichen
Bad.-Württ.	Baden-Württemberg
BÄK	Bundesärztekammer
BÄO	Bundesärzteordnung
BB	Der Betriebs-Berater (Zeitschrift)
Bd.	Band
BerufsG	Berufsgericht für (die) Heilberufe
Beschl.	Beschluss
BG	Berufsgericht für (die) Heilberufe
BGBl	Bundesgesetzblatt
BGH	Bundesgerichtshof
BGHZ	Entscheidungen des Bundesgerichtshofes in Zivilsachen
BMJ	Bundesjustizministerium
BO	Berufsordnung
BORA	Berufsordnung der Rechtsanwälte
BPflV	Bundespflegesatzverordnung
BRat	Bundesrat
BRAK-Mitt.	Mitteilungen der Bundesrechtsanwaltskammer
BRAGO	Bundesrechtsanwaltsgebührenordnung
BRAO	Bundesrechtsanwaltsordnung
BR-Drucks.	Bundesrat Drucksache
BSG	Bundessozialgericht
BVerfG	Bundesverfassungsgericht
BVerfGE	Entscheidungssammlung Bundesverfassungsgericht
BVerfGG	Bundesverfassungsgerichtsgesetz
BVerwG	Bundesverwaltungsgericht
CR	Computer und Recht (Zeitschrift)
DÄBl	Deutsches Ärzteblatt (Zeitschrift)
DVBl	Deutsches Verwaltungsblatt (Zeitschrift)

---

1 Zur besseren Lesbarkeit musste auf die traditionell maskuline Bezeichnung „Arzt", „Ärzte" zurückgegriffen werden. Hierfür bittet die Verfasserin die Leserinnen um Verständnis.

EBM	Einheitlicher Bewertungsmaßstab
EG	Europäische Gemeinschaften, Einführungsgesetz
EGG	Elektronischer Geschäftsverkehr-Gesetz
EGMR	Europäischer Gerichtshof für Menschenrechte
EGV	Vertrag zur Gründung der Europäischen Gemeinschaft
Entsch.	Entscheidung
EMRK	Europäische Menschenrechtskonvention
EuGH	Europäischer Gerichtshof
EuGRZ	Europäische Grundrechte-Zeitschrift
EuZW	Europäische Zeitschrift für Wirtschaftsrecht
E.V.	Einstweilige Verfügung
EWG	Europäische Wirtschaftsgemeinschaft
EWiR	Entscheidungen zum Wirtschaftsrecht
FAZ	Frankfurter Allgemeine Zeitung
Fn	Fußnote
FS	Festschrift
GesR	GesundheitsRecht (Zeitschrift)
GewO	Gewerbeordnung
GG	Grundgesetz der Bundesrepublik Deutschland
GH f. Heilb.	Gerichtshof für Heilberufe
GmbH	Gesellschaft mit beschränkter Haftung
GOÄ	Gebührenordnung für Ärzte
GRG	Gesundheitsreformgesetz
GRUR	Gewerblicher Rechtsschutz und Urheberrecht (Zeitschrift)
HeilbKG	Heilberufe- Kammergesetz
HRG	Hochschulrahmengesetz
Hrsg.	Herausgeber
HWG	Gesetz über die Werbung auf dem Gebiete des Heilwesens (Heilmittelwerbegesetz)
ICD 10	Handbuch der internationalen Klassifikationen der Krankheiten, Verletzungen und Todesursachen (ICD) 1994, 10. Revision
i.S.d.	im Sinne des
i.V.m.	in Verbindung mit
KassKomm	Kasseler Kommentar Sozialversicherungsrecht
KG BW	Kammergesetz Baden-Württemberg
KG	Kammergericht
LandesberufsG	Landesberufsgericht für (die) Heilberufe / für Ärzte
LBG	Landesberufsgericht für (die) Heilberufe / für Ärzte
LG	Landgericht
LT-Drucks.	Landtag Drucksache
m.w.N.	mit weiteren Nachweisen
MBO	Musterberufsordnung
MBO-Ä	Musterberufsordnung für die deutschen Ärztinnen und Ärzte
MD	Magazin Dienst (Zeitschrift)
MDR	Monatschrift für Deutsches Recht (Zeitschrift)
MedR	Medizinrecht (Zeitschrift)
MPG	Medizinproduktegesetz
M-WBO	Muster-Weiterbildungsordnung
Nds.	Niedersachsen

NJW	Neue Juristische Wochenschrift (Zeitschrift)
NJW-CoR	Neue Juristische Wochenschrift – ComputerRecht (Zeitschrift)
NJW-RR	Neue Juristische Wochenschrift – Rechtsprechungs-Report (Zeitschrift)
NRW	Nordrhein-Westfalen
NVwZ	Neue Zeitschrift für Verwaltungsrecht
NZS	Neue Zeitschrift für Sozialrecht
OLG	Oberlandesgericht
OVG	Oberverwaltungsgericht
PartGG	Partnerschaftsgesellschaftsgesetz
PID	Praxisinfodienst (Zeitschrift für Ärzte)
RGBl	Reichsgesetzblatt Teil I
Rh.-Pf.	Rheinland-Pfalz
Rn.	Randnummer
s.	siehe
Schl.-Holst.	Schleswig-Holstein
SGB V	Sozialgesetzbuch, 5. Buch
st. Rspr.	ständige Rechtsprechung
StBerG	Steuerberatungsgesetz
StGB	Strafgesetzbuch
TDG	Teledienstgesetz
u.	und
u.a.	und andere / unter anderem
UKlaG	Unterlassungsklagengesetz
u.U.	unter Umständen
Urt.	Urteil
UWG	Gesetz gegen unlauteren Wettbewerb
UWGE-BReg	Gesetzesentwurf der Bundesregierung zum UWG
VerfGH	Verfassungsgerichtshof
VersR	Vesicherungsrecht (Zeitschrift)
VG	Verwaltungsgericht
VGH	Verwaltungsgerichtshof
vgl.	vergleiche
WBO	Weiterbildungsordnung
WHO	World Health Organization
WM	Wertpapiermitteilungen
WPO	Wirtschaftsprüferordnug
WRP	Wettbewerb in Recht und Praxis (Zeitschrift)
www	world wide web
z.B.	zum Beispiel
ZPO	Zivilprozessordnung
ZRP	Zeitschrift für Rechtspolitik

Welche Werbeformen als
üblich, angemessen oder als übertrieben bewertet werden,
unterliegt zeitbedingten Veränderungen;
dem Wandel – auch außerhalb der freien Berufe – ist Rechnung zu tragen ...
Allein aus dem Umstand, dass eine Berufsgruppe ihre Werbung
anders als bisher üblich gestaltet, kann nicht gefolgert werden,
dass dies unzulässige Werbung ist.

Das Bundesverfassungsgericht 2000 [1]

1 Einführung

Werbung für Ärzte und Arztpraxen war bis vor kurzem grundsätzlich verboten.

Schon seit Ende des 19. Jahrhunderts war es mit den standesärztlichen Wertevorstellungen unvereinbar, als Arzt Werbung betreiben zu wollen oder dies tatsächlich zu tun. Denn mit dem Begriff *Werbung* wurden – zumindest nach ärztlicher Auffassung – meist unlautere und marktschreierische „Reklame"-Methoden der Geschäftswelt assoziiert, die unterbunden werden sollten.[2] Keine Regelung des ärztlichen Standesrechts hatte im Laufe der vergangenen Jahrzehnte so viel Platz eingenommen, wie die kleinliche Abgrenzung der erlaubten von den verbotenen Informationen.[3]

Diese – von den Kollegen wachsam beäugten und von den Ärztekammern streng verfolgten – Restriktionen wollten einige Ärzte nicht mehr akzeptieren. Ihnen können es die Kollegen verdanken, dass das Bundesverfassungsgericht wiederholt mit den Werbeverboten befasst wurde, denn dieser individuelle Widerstand bewirkte einen grundlegenden Wandel:

Das Dogma des ärztlichen Werbeverbotes ist gefallen.

Wiederholt hatte das **Bundesverfassungsgericht** die Ärzte vom Vorwurf berufswidriger Werbung „**freigesprochen**", nachdem es feststellen musste, dass die Wer-

---

1 BVerfG, Beschl. v. 17.4.2000 -1 BvR 721/99 – www.bverfg.de.

2 Jegliche Informationen über Qualifikationen und Leistungen der Ärzte wurden als Werbung betrachtet, deren Kundgabe und Äußerung außerhalb der Praxis mit wenigen Ausnahmen untersagt. Diese Werbeverbote wurden von der Ärzteschaft übrigens stets selbst erlassen, vgl. hierzu Kapitel 4.1, S. 37.

3 So umfassten die Vorschriften des anwaltlichen Werberechts lediglich 900 Computerzeichen, diejenigen der Ärzte hingegen 10.000 Zeichen! Allein die akribische Normierung des Praxisschildes erforderte drei Seiten, um die dort ausnahmsweise zulässigen Informationen aufzulisten. Zur entsprechenden Regelungswut im kassenärztlichen Bereich vgl. *Cramer/Henkel*, MedR 2000, S. 565.

beverbote die ärztliche Berufsfreiheit in verfassungswidriger Weise einschränkten. Die entscheidende Aussage des Bundesverfassungsgerichts fiel im Februar 2002:

Berufliche Werbung bedarf keiner besonderen Anlässe.[4]

Dieser unaufhaltsamen Entwicklung konnte sich der **Deutsche Ärztetag** nicht mehr entziehen: Er beschloss im Mai 2002 anlässlich des 105. Deutschen Ärztetages in Rostock eine **umfassende Reform des ärztlichen Werberechts**.

Das ärztliche Werbeverbot wurde endgültig aufgehoben.

Die **restriktiven Zeiten** des strengen Werbeverbotes für Ärzte gehören damit der **Vergangenheit** an:[5] Die Beschränkung der Maße eines Praxisschildes auf 35 cm x 50 cm ist entfallen, Ärzte können heute alle erworbenen Qualifikationen und Fähigkeiten bereits auf dem Praxisschild ankündigen. Eine Zeitungsanzeige darf ohne vorgeschriebenen Anlass geschaltet werden: Der Arzt muss nicht nur deshalb Urlaub machen oder diesen wieder beenden, um die klassische Mitteilung *„Aus dem Urlaub zurück"* als Werbemaßnahme nutzen zu können. Sogar die Werbung in Radio und Fernsehen ist heute zulässig.

Die vielfältigen Restriktionen wurden insgesamt gestrichen.
Das ärztliche Werberecht ist heute in einer „Generalklausel" geregelt.

Damit wurde die liberale Rechtsprechung des Bundesverfassungsgerichts ebenso wie die Kritik der juristischen Literatur[6] aufgenommen und umgesetzt.[7] Ärzte dürfen sich heute aufgrund ihres **Informationsrechts** in sachlicher Weise umfassend der Öffentlichkeit präsentieren. Dies bietet ihnen die Möglichkeit, neue Wege zu gehen und unternehmerischen Einfallsreichtum zu beweisen, um eigene Marktanteile

---

4 BVerfG, Beschl. v. 18.2.2002 – 1 BvR 1644/01 – www.bverfg.de, vgl. hierzu ausführlich Kapitel 8.2.2.1, S. 131 ff.

5 Zur Entwicklung des ärztlichen Werberechts s. Kapitel 4, S. 37 ff. u. Kapitel 5, S. 51 ff.

6 Vgl. dazu vor allem die Vorauflage dieses Buches.

7 Zwar bedarf es noch der Umsetzung der Musterberufordnung durch die Landesärztekammern, vgl. Kapitel 4.1, S. 37 ff. Dies dauert erfahrungsgemäß einige Zeit, wobei zwischen den einzelnen Bundesländer erhebliche Unterschiede zu verzeichnen sind. Dennoch haben viele Landesärztekammern das Werberecht zwischenzeitlich aktualisiert, vgl. hierzu den Anhang, Kapitel 15.1, S. 351 ff.

zu sichern und zukunftsweisend zu gestalten.[8] Die **Patienten** haben ihrerseits einen entsprechenden **Informationsanspruch** über das Angebot ärztlicher Leistungen.[9]

Drei berichtigende Worte des Gesetzgebers – und ganze Bibliotheken werden zu Makulatur.[10]

Auch die **Unterschiede** zwischen der **Klinikwerbung** und der **Werbung niedergelassener Ärzte** sind durch die Novellierung **aufgehoben**: So dürfen Ärzte heute ebenso wie Kliniken sich und ihr Leistungsangebot in sachlicher Weise darstellen. Gleichzeitig dürfen Kliniken ebensowenig wie Ärzte dies in anpreisender, irreführender oder unlauter vergleichender Weise tun. Beide müssen schließlich die vielfältigen Verbote des Heilmittelwerbegesetzes beachten.[11]

Niedergelassene Ärzte und Klinikbetreiber haben heute dasselbe Recht zur Informationswerbung.

Die Novellierung des ärztlichen Werberechts ermöglicht die gebotene **Rechtseinheitlichkeit** zwischen dem allgemeinen Wettbewerbsrecht, dem Heilmittelwerbegesetz sowie dem ärztlichen Berufsrecht – und dient damit der **Rechtssicherheit**.[12]

Die Novellierung des ärztlichen Werberechts ist gelungen und sachgerecht. Sie entspricht dem Wandel der freien Berufe und der aktuellen Rechtsprechung des Bundesverfassungsgerichts.

Gleichzeitig enthält die Generalklausel die notwendigen und sachgerechten **Grenzen ärztlicher Werbung**, die im Interesse der Patienten sowie der Ärzteschaft überwiegend gut vertretbar, notwendig und geboten sind. Denn **neue Rechte** erfor-

---

8 Angesichts weiter steigender Arztzahlen und einer nicht mehr kalkulierbaren negativen Honorarentwicklung wird dies für die niedergelassenen Ärzte zunehmend eine existentielle Notwendigkeit darstellen, so auch *Cramer/Henkel*, MedR 2000, S. 565 ff.

9 Es war unter dem Gesichtspunkt der Zumutbarkeit unerträglich, dass Patienten auch bei schweren Leiden im „Dunkeln tappen" mussten und auf zufällige Informationen über möglicherweise hilfebringende Spezialbehandlungen angewiesen waren, vgl. *Papier/Petz*, NJW 1994, S. 1554 ff. *Schulte* spricht vom „Informationsdunkel", S. 3. Zum Informationsrecht der Patienten vgl. Kapitel 3.1.2, S. 17 ff.

10 *Kirchmann*, S. 19.

11 Vgl. zu den Grenzen ärztlicher Werbung Kapitel 9 ff., S. 197 ff. sowie zum Werberecht der Kliniken Kapitel 12.2, S. 318 ff.

12 So auch *Gaidzik*, AusR 2001, S. 6 ff.

dern auch **neue Pflichten**: Ärzte unterliegen nunmehr den Regelungen des **allgemeinen Wettbewerbsrechts** und des **Heilmittelwerbegesetzes**.

Es wäre ein erheblicher Irrtum anzunehmen,
Ärzte dürften heute schrankenlos werben.

Ein solcher Trend ist in der Praxis durchaus festzustellen: Meist aus rechtlicher Unkenntnis, gelegentlich aus rein kommerziellen Motiven, überschreiten manche Ärzte und Kliniken ihre neue Werbefreiheit. Hierdurch provozieren sie weitere Berufsgerichts- oder Wettbewerbsverfahren, die trotz der Aufhebung des Werbeverbotes keinesfalls der Vergangenheit angehören werden. Denn im Interesse der Patienten wird auch künftig eine anpreisende, irreführende oder heilversprechende Werbung zu unterbinden sein. Schon jetzt zeichnet sich ab, dass die Gerichte nicht mehr den Ärzten zu ihrem Recht auf Information verhelfen müssen, sondern umgekehrt den Patienten zu ihrem Recht auf **sachgerechte**, **richtige** und **nachprüfbare** Information.[13]

„Werbung ist teuer. Keine Werbung ist noch teurer."[14]

Diese Aussage mag künftig auch für die Medizin gelten, da Arztpraxen und Kliniken von den Entwicklungen und Beschränkungen im Gesundheitswesen nicht ausgeschlossen sind. Die Kenntnis der neuen Möglichkeiten und Grenzen ärztlicher Werbung ist daher empfehlenswert, denn eine wettbewerbswidrige, unlautere Werbung könnte dem Ruf und Ansehen der Ärzteschaft schaden. Unnötige Schwierigkeiten lassen sich jedoch durch eine sorgfältige rechtliche Prüfung vermeiden.[15]

Dann dürfte die individuelle und gezielte Werbung für die Arztpraxis und Klinik ihre Wirkung nicht verfehlen.

---

13 Vgl. anschaulich die in vielfacher Hinsicht gesetzeswidrige Werbung eines Arztes mit dem Aufmacher *„Krebs ist heilbar"* in Kapitel 10.6.6.2, S. 290.

14 Dieser Satz wird *Paolo Bulgari* zugeschrieben.

15 www.beatebahner.de.

2 Begriffsbestimmungen

2.1 Was ist Werbung?

2.1.1 Wesen und Begriff der Werbung

Das **Wesen der Werbung** ist im weiten Sinne jede an eine andere Person gerichtete geschäftliche **Darstellung von Waren oder Leistungen**, mag sie sich in der Öffentlichkeit oder unter vier Augen abspielen. Die Kunden sollen mit bestimmten Werbemitteln auf das eigene Angebot aufmerksam gemacht werden.[16]

> Der eigentliche Zweck der Werbung liegt darin,
> Kunden zu Lasten der Konkurrenz zu gewinnen.

Das Bundesverfassungsgericht 1996 [17]

Eine **Legaldefinition** des Begriffs „Werbung" **existiert** allerdings **nicht**, weder im ärztlichen Berufsrecht noch im allgemeinen Wettbewerbsrecht oder in anderen Gesetzen. Der Gesetzgeber sah hierzu keine Veranlassung, weil dieser Begriff auch in anderen Rechtsgebieten gebraucht wird und dort im allgemeinen keine Auslegungsprobleme auftauchten.[18] Die Rechtspraxis hat jedoch gezeigt, dass die **Auslegung** dieses Begriffs **Schwierigkeiten** bereitet, insbesondere im Verhältnis zur reinen **Sachinformation**, zur **Unternehmenswerbung** und anderen Erscheinungsformen einer **Image- oder Vertrauenswerbung**.[19] Dementsprechend unterschiedlich sind die verschiedenen **Definitionen**, die zu dem Begriff Werbung entwickelt wurden.[20]

---

16 *Baumbach/Hefermehl*, vor §§ 3-8 UWG Rn. 1 ff. Die Werbung selbst ist eine uralte Erscheinung. Schon in der Antike trugen Läden und Gaststätten Inschriften mit anlockenden Bildern der Waren.

17 BVerfGE 94, S. 372 ff. (399).

18 S. amtl. Begr. zum HWG, BT-Drucks. IV/1867, 5 u. *Doepner*, § 1 HWG Rn. 9 m.w.N.

19 *Doepner*, § 1 HWG Rn. 9; OLG Stuttgart, Urt. v. 12.11.1999 – 2 U 82/99 –. Vgl. zu diesen Begriffen auch *Schulte*, S. 7 ff.

20 Der *Bundesgerichtshof* definiert Werbung als „ein Verhalten, das darauf angelegt ist, andere dafür zu gewinnen, die Leistung desjenigen in Anspruch zu nehmen, für den geworben wird", BGH, Urt. v. 15.3.2001 – I ZR 337/98 – BRAK-Mitt. 2001, S. 229 ff. m.w.N. *Doepner* definiert Werbung als „eine Form der beeinflussenden Kommunikation, durch die versucht wird, Einstellungen und Verhaltensweisen der Adressaten im Sinne einer werblichen Zielsetzung zu ändern", § 1 Rn. 10. Vgl. dort auch zur Entwicklung des Werbebegriffs im letzten Jahrhundert.
Nach *Rieger* ist Werbung „jede Handlung zu Zwecken des Wettbewerbs, die den Absatz von Waren oder Dienstleistungen fördern soll", MedR 1999, S. 513 m.w.N. Diese Definition umfasse nicht nur die unmittelbar leistungsbezogene Anpreisung des ärztlichen Angebots, d.h. das direkte Werben um die Praxis, sondern auch die Informations- und Aufmerksamkeitswerbung, weil auch diese Werbeformen dazu dienten und geeignet seien, den Werbeadressaten (= den potentiellen Patienten) auf die Inanspruchnahme des eigenen Leistungsangebotes einzustimmen.
Das *Wörterbuch* beschreibt Werbung als „planmäßiges Vorgehen, jemanden oder bestimmte Personengruppen für sich oder für etwas zu gewinnen," vgl. *Wahrig* Wörterbuch.

Richtigerweise ist der Begriff der **Werbung** vorab auf den **eigentlichen Kern** seiner Bedeutung zu reduzieren:

Werbung ist (zunächst) Information und Kommunikation über das Leistungsangebot und die Leistungsfähigkeit eines Unternehmens.[21]

Ähnlich der **Europäische Gerichtshof** für Menschenrechte:

Werbung stellt für den Bürger die Möglichkeit dar, sich über ihm angebotene Dienstleistungen und Waren zu informieren.

Der Europäische Gerichtshof für Menschenrechte 2002 [22]

Werbung kann darüber hinaus zwar anpreisende oder unsachliche Elemente enthalten, was für den Bereich der Wirtschaftswerbung nahezu typisch ist. Dies darf jedoch nicht zu der Annahme verleiten, Werbung sei stets gleichzusetzen mit Übertreibung, Anpreisung, Verführung oder marktschreierischer Reklame.[23] Denn jede Werbung enthält zugleich Informationen, wie der **Bundesgerichtshof** in einem Urteil zur Gesundheitswerbung feststellte: „... *begrifflich ist Werbung auch eine objektive und sachliche Information, und ... der Verkehr versteht Werbung jedenfalls im Gesundheitsbereich keineswegs als einseitige, reklamehafte oder ... sonst besonders anpreisende Darstellung, sondern erwartet von ihr auch eine gewisse sachliche Information.*“[24]

Das Bundesverfassungsgericht spricht von „Informationswerbung.“[25]

---

21 *Oehme/Oehme*, S. 179.

22 EGMR Strassburg, Urt. v. 17.10.2002 – 37928/97 – (Dr. Stambuk/Deutschland), NJW 2003, S. 497 ff.

23 Ein solches Verständnis findet sich aufgrund der aggressiven Verkaufsmethoden aus der Frühzeit des Marketing gelegentlich noch heute. Auch Teile der Rechtsprechung und des juristischen Schrifttums sahen in der Werbung bislang ein negatives Element, ohne die neueren Entwicklungen und Erkenntnisse des Marketing zu berücksichtigen, vgl. *Barth*, S. 417.

24 BGH, Urt. v. 27.4.1995 – I ZR 116/93 – GRUR 1995, S. 612, s. hierzu ausführlich Kapitel 8.3.4.5, S. 136 ff.

25 BVerfG, Beschl. v. 4.7.2000 – 1 BvR 547/99 – www.bverfg.de.

Die *Autorin* favorisiert die folgende Definition:

Jede Information in eigener Sache ist zugleich Werbung.

2.1.2 Gegenstand der Werbung

Gegenstand der Werbung ist entweder das Produkt oder das Unternehmen. Man unterscheidet daher typischerweise zwischen der sog. **Produktwerbung** (auch Absatzwerbung) und der **Unternehmenswerbung** (auch Vertrauenswerbung). Die Produktwerbung bezieht sich auf die konkrete Ware oder Dienstleistung. Demgegenüber zielt die Unternehmenswerbung darauf ab, ohne Bezug auf bestimmte Wirtschaftsgüter die Öffentlichkeit über das Unternehmen, eine Branche oder bestimmte Anbietergruppen aufzuklären.[26]

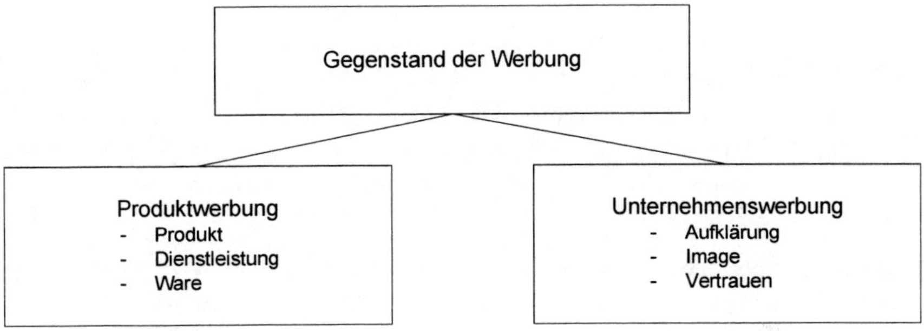

2.1.3 Die Vielfalt der Werbung

Werbemittel sind diejenigen Maßnahmen, mit denen der Werbende auf die Verbraucher einwirkt, um ihr Interesse für bestimmte Erzeugnisse und Leistungen zu wecken und dadurch den Absatz zu steigern oder zu erhalten. Sie sind vielgestaltig und nahezu unerschöpflich. In Betracht kommen schriftliche, mündliche, bildliche oder auch musikalische Werbemittel.[27] Von den Werbemitteln lassen sich die

[26] *Doepner*, § 1 HWG Rn. 10 m.w.N.; s. auch OLG Stuttgart, Urt. v. 12.11.1999 – 2 U 82/99 –. Diese Unterscheidung gewinnt bei der Heilmittelwerbung Relevanz, vgl. hierzu Kapitel 10.6, S. 285 ff, insbesondere Kapitel 10.6.3, S. 287.

[27] Wie Werbebriefe, Werbeanzeigen, Werbeplakate, Werbegespräche, Werbevorträge, Werbeslogans, Werbeillustrationen, Werbefilme, Tonfolgen oder Lieder.

Werbeträger, auf denen sich die Werbung befindet, meist nur funktionell unterscheiden. Werbeträger sind beispielsweise Säulen, Häuser, Straßen und Verkehrsmittel sowie die Medien, zum Beispiel Zeitungen, Zeitschriften, Rundfunk und Fernsehen.[28] Zunehmende Bedeutung gewinnt die Werbung im Internet.

Nicht **entscheidend** ist nach neueren Erkenntnissen der Werbepsychologie die Quantität, sondern die **Qualität** der Werbebotschaft.

Werbung ist letztlich nichts anderes als
die Kunst der Verdichtung von Information
auf das Wesentliche und das Sachliche.[29]

2.1.4 Die Gefahren der Werbung

Die Verbraucher entscheiden meist nicht allein nach Vernunftsgründen, sondern folgen vielfach **emotional-irrationalen Vorstellungen**. Hierin liegen zugleich die **Gefahren der Werbung**: Die moderne Wirtschaftswerbung beschränkt sich nicht auf informative Aussagen über das Werbeobjekt, sondern versucht, in psychologischer Hinsicht Einfluss auszuüben. Die Motive der Verbraucher, ihre **Wunschbilder** und **Bedürfnisse** werden aufgedeckt, um an **Prestige- und Reputationsvorstellungen** zu appellieren und diese im eigenen Wirtschaftsinteresse zu vermarkten bzw. auszunutzen.[30]

Zu Recht erfuhr daher der **sensible Bereich der Gesundheitswerbung besondere Aufmerksamkeit** durch die Rechtsprechung und die Ärztekammern. Denn dies betrifft vornehmlich die Gesundheit der Patienten bzw. die Heilung oder Linderung von Krankheiten und Beschwerden. Die Patienten müssen angesichts dieses hohen persönlichen Stellenwertes darauf vertrauen dürfen, dass die Informationen der Gesundheitswerbung im konkreten Fall richtig und für ihre Entscheidungen hilfreich sind. Ein Umtauschrecht gibt es bei ärztlichen Behandlungen nun einmal nicht.[31]

---

[28] Vgl. hierzu auch *Doepner*, § 1 HWG Rn. 12.

[29] S. hierzu *Barth*, S. 398 m.w.N.

[30] Zu diesem Zweck wird versucht, den Verbraucher im nicht-rationalen Bereich tiefenpsychologisch zu steuern, indem man ihn durch suggestive Werbemittel wie Leitbilder, Symbolwerte, Prestigemarken, musikalische Effekte, Farbkombinationen u.a. auf bestimmte Waren „hinstimmt", die seinen Nachahmungs-, Aggressions- oder sozialen Gestaltungstrieb befriedigen, vgl. *Baumbach/Hefermehl*, vor §§ 3-8 UWG Rn. 1 ff. Vgl. hierzu auch kritisch *Oliviero Toscani* (Benetton-Fotograf), sowie die Benetton-Entscheidung des BVerfG v. 12.12.2000 – 1 BvR 1762/95 – www.bverfg.de.

[31] Umso bedeutender ist daher eine sorgfältige rechtliche Prüfung, ob und inwieweit bestimmte Aussagen dieses Vertrauen der Patienten erschüttern oder sogar deren Gesundheit beeinträchtigen können.

2.1.5 Die juristischen Kategorien der Werbung

Angesichts einer fehlenden gesetzlichen Definition des Werbebegriffs und der Vielfalt werblicher Erscheinungsformen, ist der Begriff der Werbung in verschiedene **Kategorien** zu gliedern: Das Gesetz enthält die Begriffe der **sittenwidrigen** bzw. **unlauteren** Werbung[32] sowie der **irreführenden** Werbung,[33] die auch im allgemeinen Geschäfts- und Wirtschaftsleben grundsätzlich nicht erlaubt ist.

Darüber hinaus kennen bestimmte Branchen – insbesondere die Berufsgruppen der klassischen Freiberufler – weitere Beschränkungen.[34] Diese sind zusammengefasst im **Verbot der berufswidrigen Werbung**,[35] vor allem das Verbot der Anpreisung und des Vergleichs.

Allen Berufsgruppen und Gewerbetreibenden ist jedoch die **sachliche Informationswerbung** erlaubt.

Die juristischen Kategorien der Werbung

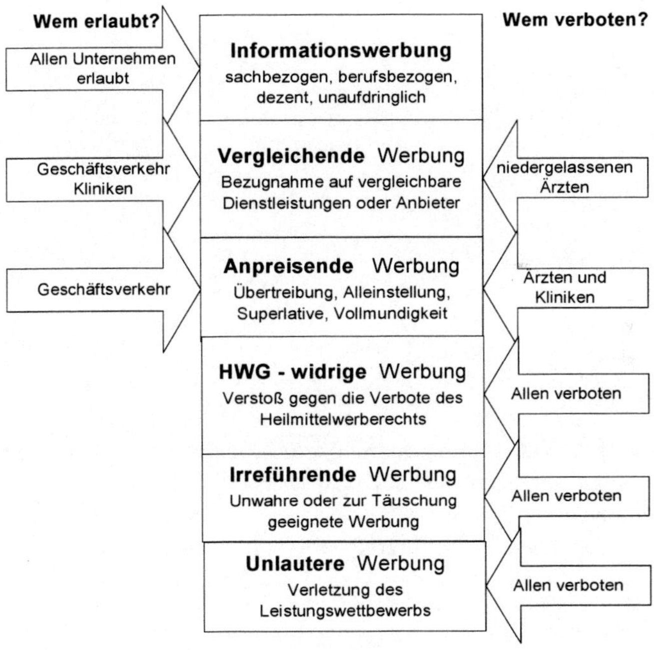

32 Vgl. hierzu Kapitel 9.2.4, S. 200 ff.
33 Vgl. hierzu Kapitel 10.2, S. 220 ff. und Kapitel 10.6.6, S. 289 ff.
34 Zur Begründung für diese Beschränkungen vgl. Kapitel 9.3, S. 208 ff.
35 Vgl. hierzu umfassend Kapitel 10.1, S. 217 ff.

Im justiziablen Bereich ist stets der konkrete Einzelfall zu betrachten und darauf zu überprüfen, ob erlaubte Informationswerbung oder unlautere bzw. berufswidrige Werbung vorliegt.

2.1.6 Abgrenzungen

Der Begriff „**Werbung**" war angesichts des strikten Werbeverbotes für Ärzte[36] bislang **tabu**. Für die Beschreibung, Empfehlung oder Durchführung werbewirksamer Maßnahmen wurde daher gern auf **andere Begriffe** zurückgegriffen wie etwa **Marketing**,[37] **Kommunikation** oder **Public Relations**.

Marketing ist die **Lehre vom systematischen Absatz von Gütern und Dienstleistungen**: Die angebotenen Produkte oder Dienstleistungen sollen an die Wünsche und Erwartungen der Kunden angepasst werden, um sie hierdurch erfolgreicher vermarkten zu können.[38] Das Fremdwörterlexikon definiert Marketing als „Gesamtheit aller Maßnahmen auf dem Gebiet des Absatzes."[39]

---

[36] Vgl. hierzu ausführlich Kapitel 4, S. 37 ff.

[37] Vgl. zum **Marketing im Gesundheits- und Medizinbereich** umfassend *Kreyher*.

[38] *Oehme/Oehme*, Vorwort. Vgl. zur Begriffsbestimmung auch *Schulte*, S. 7 ff. m.w.N. Zum Marketing als Teil einer modernen Informations- und Kommunikationsgesellschaft vgl. *Ehlers*, S. 538.

[39] *Wahrig* Fremdwörterlexikon, aus www.wissen.de [<engl. market „Markt"].

Marketing ist eine Unternehmenskonzeption, bei der alle betrieblichen Aktivitäten konsequent auf die gegenwärtigen und zukünftigen Erfordernisse des Marktes ausgerichtet werden, um die Unternehmensziele zu erreichen.[40]

Marketing wird heute nicht mehr nur von erwerbswirtschaftlichen Unternehmen betrieben. Es existiert auch das Non-Profit-Marketing,[41] das Kulturmarketing[42] sowie das Sponsorenmarketing, welches nach einer Entscheidung des Bundesverfassungsgerichts nunmehr auch für Ärzte ausdrücklich gestattet ist.[43]

Kommunikation bedeutet „Verständigung zwischen Menschen, Verbindung, Übermittlung und Austausch von Information, Mitteilung".[44]

Jedes wirtschaftliche Unternehmen ist zur Sicherung seiner Existenz darauf angewiesen, mit dem wirtschaftlichen Umfeld und auch mit der Öffentlichkeit Informationen austauschen zu können.[45]

Kommunikation und Kommunikationspolitik[46] ist daher besonders für den niedergelassenen Arzt weit mehr und viel umfassender als Werbung.[47] Denn die Patienten wollen im Sinne einer partnerschaftlichen Beziehung mit ihren Wünschen und ihrem Informationsbedürfnis geachtet und ernstgenommen werden.[48]

Public Relations (PR) ist die Form der Kommunikation, die sich an die grösste Zielgruppe wendet, nämlich an die **Öffentlichkeit**.[49] Daher wird auch der Begriff Öffentlichkeitsarbeit verwendet. Die PR-Arbeit will der Öffentlichkeit ein Bild ver-

---

40 Man unterscheidet nach Funktionen zwischen *Absatz*- und *Beschaffungsmarketing* und nach Produkten zwischen *Investitions*- und *Konsumgütermarketing*, wobei die jüngsten Erkenntnisse der Markt- und Meinungsforschung besondere Beachtung finden, vgl. www.wissen.de unter dem Begriff „Marketing". Zur weiteren Vertiefung wird auf die entsprechende Fachliteratur verwiesen.

41 Durch Wohlfahrts- und Förderorganisationen.

42 Von Theatern, Opernhäusern und Museen.

43 BVerfG, Beschl. v. 17.4.2000 – 1 BvR 721/99 – www.bverfg.de; vgl. zu dieser Entscheidung Kapitel 8.10.5.1, S. 190.

44 Das Fremdwörterlexikon definiert Kommunikation als „Austausch von Informationen zwischen dynamischen Systemen" oder auch „Verbindung, Zusammenhang, Verkehr, Verständigung", vgl. *Wahrig* Fremdwörterlexikon, aus www.wissen.de.

45 *Oehme/Oehme*, S. 173.

46 Zur Kommunikationspolitik vgl. auch *Schulte*, S. 11 ff. m.w.N.

47 *Oehme/Oehme*, S. 174.

48 Vgl. hierzu ausführlich *Barth* unter dem Kapitel „Kommunikative Wandlungen im Arzt-Patienten-Verhältnis", S. 156 ff.

49 Zur Öffentlichkeit zählen die Parlamente und Verwaltungen der Städte und Gemeinden, die Schulen, Kirchen, Gewerkschaften, Parteien, Medien und Vereine.

mitteln, welches das Unternehmen nicht nur als eine an Gewinnen interessierte, sondern auch der Gesellschaft und der Umwelt verpflichtete Institution zeigt.[50]

> Public Relations soll über das Unternehmen aufklären, Vertrauen gewinnen und Misstrauen beseitigen.

Öffentlichkeitsarbeit bzw. Public Relations ist zwar keine Werbung, wird jedoch von Laien leicht mit Werbung verwechselt. Sie kann allerdings auch Elemente der Werbung enthalten. Ganz eindeutig lässt sich die Grenze zwischen Öffentlichkeitsarbeit und Werbung nicht ziehen.[51] Öffentlichkeitsarbeit heißt auf einen kurzen Nenner gebracht: „Tue Gutes und rede darüber!"[52] Gutes tun sicher die meisten Ärzte, aber sie scheuten sich bislang, darüber auch zu reden, da sie angesichts des Werbeverbotes fürchten mussten, mit den Standesregeln in Konflikt zu kommen.[53]

2.2 Was ist Wettbewerb?

2.2.1 Der Begriff des Wettbewerbs

Werbung hat stets Wettbewerb zur Voraussetzung. Denn gäbe es keinen Wettbewerb mit anderen Konkurrenten, die dieselben oder vergleichbare Leistungen anbieten, wäre Werbung nicht erforderlich.

> Wettbewerb zwischen mehreren Personen ist dadurch gekennzeichnet, dass der eine das zu gewinnen strebt, was ein anderer zu gleicher Zeit zu gewinnen strebt.[54]

Im Wettbewerb versuchen selbständige Unternehmen zum Geschäftsabschluss mit Dritten zu gelangen, um dadurch **das eigene Unternehmen zu fördern** und insbe-

---

50 *Oehme/Oehme*, S. 174.

51 *Baumbach/Hefermehl*, vor §§ 3-8 UWG Rn. 4; *Oehme/Oehme*, S. 177.

52 Aus *Oehme/Oehme*, S. 176 (Zitat eines erfahrenen PR-Mannes).

53 Eindrückliches Beispiel ist der Zeitungsbericht über den Praxisalltag eines Arztes, der u.a. „aus standesrechtlichen Gründen" namentlich nicht genannt sein will, FAZ v. 21.1.2001, S. 3 („Ich spüre, dass die Patienten unzufrieden weggehen").

54 Man bewirbt sich mit anderen um die Wette. Jeder Wettbewerber strebt, eilt nach demselben Ziel. Jeder will die anderen überholen, mindestens aber mit ihnen Schritt halten; denn Stillstand bedeutet, wenn alles vorwärts eilt, Zurückbleiben; vgl. hierzu ausführlich *Baumbach/Hefermehl*, Allg. Rn. 1, S. 60.

sondere **Gewinn zu erzielen**. Zum wirtschaftlichen Wettbewerb gehört es auch, Kunden zu gewinnen, mit denen der Mitbewerber rechnet, oder ihm Kunden abzunehmen, die er schon hat.[55] Das Wesen des Wettbewerbs ist also grundsätzlich das Ringen auf dem Markt um die bessere Akzeptanz für die eigene Leistung.[56]

Wettbewerber (Konkurrenten), die sich auf einem bestimmten Markt um Geschäftsabschlüsse bemühen, stehen in einer Beziehung zueinander, die man als **Wettbewerbsverhältnis** bezeichnet.[57]

2.2.2 Wettbewerb unter Ärzten

Wettbewerb darf in zulässigem Umfang auch unter Ärzten stattfinden.

Bundesgerichtshof 1996 [58]

Ärzte haben keinen Anspruch auf Wahrung des Besitzstandes gegenüber ihren ärztlichen Konkurrenten – ebensowenig wie andere Unternehmer. Denn in der freien Wettbewerbswirtschaft existiert kein subjektives verfassungskräftiges Recht auf die Erhaltung des bisherigen Geschäftsumfangs und die Sicherung weiterer Erwerbsmöglichkeiten.[59]

Der Kundenkreis ist kein geschütztes Rechtsgut.
Keiner hat Anspruch auf die Wahrung seiner Position.[60]

Wer die besseren Leistungen erbringt, höher qualifiziert ist und zugleich mit seinem Team in der Arztpraxis oder Klinik patientenfreundlich und kundenorientiert auftritt, der wird mehr Patienten binden können, als weniger engagierte Kollegen.[61] So äußerte das Bundesverfassungsgericht in aller Klarheit:

---

55 *Baumbach/Hefermehl*, Allg. Rn. 5 u. 7: Der wirtschaftliche Wettbewerb wird in zahlreichen Erscheinungsformen evident und entzieht sich deshalb einer exakten Definition seines Wesens.

56 OLG Nürnberg, Urt. v. 29.7.1997 – 3 U 96/97 – WRP 1997, S. 1212.

57 Dieses Wettbewerbsverhältnis ist Voraussetzung für die Befugnis, gegen Konkurrenten wegen unlauterer Wettbewerbshandlungen gerichtlich vorzugehen, vgl. Kapitel 13.1.2, S. 334 ff.

58 BGH, Urt. v. 13.6.1996 – I ZR 114/93 – GRUR 1996, S. 789.

59 BVerfG, Beschl. v. 16.10.1968 – 1 BvR 241/667 – = BVerfGE 24, 236 ff. (251); darauf bezugnehmend auch VGH Baden-Württemberg, Urt. v. 10.7.2001 – 9 S 2320/00 -, vgl. zu diesem Urteil auch Kapitel 7.4.7.2, S. 99 ff.

60 *Baumbach/Hefermehl*, Allg. Rn. 21.

Die Ärzte genießen keinen Schutz vor Konkurrenten,
die andere Qualifikationen erworben haben.
Auch stellt der Konkurrenzschutz an sich keinen Gemeinwohlbelang dar.

Das Bundesverfassungsgericht 2000 [62]

Ärzte dürfen mit besonderen Dienstleistungen und besonderem Service werben, ohne dass Kollegen hiergegen unter Berufung auf ärztliche Werbebeschränkungen einschreiten könnten.

Sinn des ärztlichen Wettbewerbs ist es,
Anreize zur Verbesserung bestimmter Angebote zu geben
und es Dritten zu erleichtern, ihre Dienstleistungen in Anspruch zu nehmen.

Bundesgerichtshof 1996 [63]

Das OLG Nürnberg geht sogar noch einen Schritt weiter: Es stellt fest, dass die erstrebte Verbesserung der eigenen Marktchancen meist zu einer Beeinträchtigung des Konkurrenten führt. Dies sei aber **nicht zu beanstanden**, sondern geradezu Voraussetzung für das Funktionieren eines freien Wettbewerbs, selbst dann, wenn dies zu einer **endgültigen Verdrängung** des Wettbewerbers führt, mag dies für ihn auch hart sein.[64]

Es ist nicht unkollegial, mittels Werbung
Kunden zu Lasten der Konkurrenz zu gewinnen.

Das Bundesverfassungsgericht 1996 [65]

---

61 Der Bundesgerichtshof hatte es beispielsweise nicht als unlauteren Wettbewerb angesehen, dass ein Pathologe zum Transport von Untersuchungsmaterial einen kostenlosen Hol- und Bringdienst zwischen seinem Labor und Krankenhäusern oder anderen Ärzten unterhält, auch wenn die Entfernung mehr als 40 km beträgt, BGH, Urt. v. 13.6.1996 – I ZR 114/93 – GRUR 1996, S. 789, s. hierzu Kapitel 8.9.5.2, S. 184.

62 BVerfG, Beschl. v. 9.3.2000 – 1 BvR 1662/97 – www.bverfg.de, vgl. zu dieser Entscheidung Kapitel 7.1.2.2, S. 82, sowie zum Konkurrenzschutz Kapitel 9.4.3, S. 214.

63 BGH, Urt. v. 13.6.1996 – I ZR 114/93 – GRUR 1996, S. 789.

64 OLG Nürnberg, Urt. v. 29.7.1997 – 3 U 96/97 – WRP 1997, S. 1212; *Baumbach/Hefermehl*, Allg. Rn. 22.

65 BVerfGE 94, S. 372 ff. (400).

3 Rechtliche Grundlagen ärztlicher Werbung

3.1 Das Recht zur Werbung nach den Freiheitsgrundrechten

Das ärztliche Werberecht ist unter verschiedenen Rechtsaspekten zu betrachten.

So haben einerseits die **Patienten** einen **Anspruch auf medizinische Selbstbestimmung** und auf **freie Arztwahl**. Diese Rechte können nur dann tatsächlich ausgeübt werden, wenn die Patienten **umfassend** über das ärztliche Angebot **informiert** sind. Der Rechtsanspruch der Patienten auf ungehinderte Information ergibt sich unmittelbar aus dem **Grundrecht** der Informationsfreiheit, Art. 5 I 2 GG.

Damit korrespondiert andererseits das **Informationsrecht der Ärzte**, denen es ihrerseits erlaubt sein muss, ungehindert über ihr Leistungsangebot zu informieren. Dieser Anspruch ergibt sich neben dem **Recht zur Information** insbesondere aus der **Berufsfreiheit** und der **Meinungsfreiheit**, Art. 12 und Art. 5 GG.

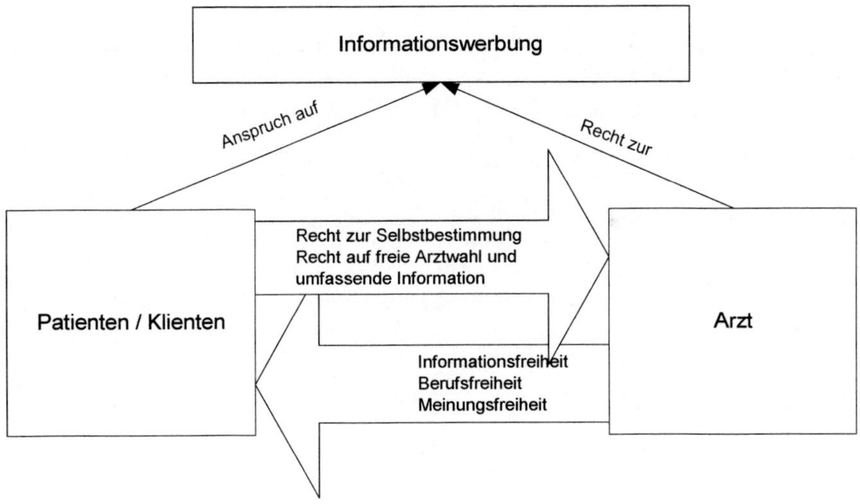

3.1.1 Die Berufsfreiheit der Ärzte

Das Grundrecht der Berufsfreiheit[66] schützt die **freie Berufsausübung**. Es steht in **engem Zusammenhang** mit der **Entfaltung der Persönlichkeit**, deren Freiheit und Würde nach der Ordnung des Grundgesetzes der **oberste Rechtswert** ist.[67] Die Berufsfreiheit konkretisiert das allgemeine Persönlichkeitsrecht für einen der wichtigsten Tätigkeitsbereiche in einer arbeitsteiligen Wirtschaft.

Die Berufsfreiheit umfasst jede Tätigkeit, die auf Dauer angelegt ist und der Schaffung und Aufrechterhaltung einer Lebensgrundlage dient.[68]

Die grundrechtlich verankerte Freiheit der Berufsausübung **schützt** nicht nur die berufliche Praxis selbst, sondern auch **jede Tätigkeit**, die mit der **Berufsausübung zusammenhängt** und dieser **dient**. Daher ist auch die **Werbung** für die eigene berufliche Tätigkeit **von der Berufsfreiheit geschützt**. Dies hat das Bundesverfassungsgericht in ständiger Rechtsprechung betont:

Die Berufsfreiheit umfasst auch die Außendarstellung von selbständig Berufstätigen durch Werbung einschließlich der Werbung für die Inanspruchnahme von Diensten, soweit sie auf die Förderung des beruflichen Erfolgs gerichtet ist.

Ständige höchstrichterliche Rechtsprechung [69]

Dieses Recht zur beruflichen Außendarstellung und Werbung gilt grundsätzlich auch für **Ärzte** und andere **Freiberufler**, selbst wenn sie aufgrund der Verkammerung ihrer freien Berufe eigenen, meist strengeren Berufsordnungen unterliegen.

---

66 *„Alle Deutschen haben das Recht, Beruf, Arbeitsplatz und Ausbildungsstätte frei zu wählen.“* Art. 12 Abs. 1 GG.

67 BVerfG, Beschl. v. 9.5.1972 – 1 BvR 518/62 und 308/64 – BVerfGE 33, S. 125 ff. (158).

68 Gleichgültig ist hierbei, ob eine Tätigkeit in selbständiger oder unselbständiger Form ausgeübt wird, st. Rspr., vgl. zuletzt BVerfG, Beschl. v. 18.10.2001 – 1 BvR 881/00 – m.w.N., www.bverfg.de; WRP 2001, S. 1437 ff. Vgl. zur Veränderung des ärztlichen Berufsbildes aufgrund der vielfältigen Beschränkungen der Freiberuflichkeit *Quaas*.

69 St. Rspr. des Bundesverfassungsgerichts, vgl. zuletzt BVerfG, Beschl. v. 4.8.2003 – 1 BvR 2108/02 – www.bverfg.de; BVerfG, Beschl. v. 17.4.2000 - 1 BvR 721/99 – www.bverfg.de mit Verweis auf BVerfGE 85, S. 248 ff.: Beschl. v. 11.2.1992; BVerfGE 94, S. 372 ff.: Beschl. v. 22.5.1996; auch BGH, Urt. v. 20.5.1999 – I ZR 40/97 – WRP 1999, S. 1136.

3.1.2 Das Selbstbestimmungs- und Informationsrecht der Patienten

Das **Recht** der Patienten **auf Information** folgt aus dem **Recht** der Patienten auf **Selbstbestimmung.** Dieses Recht ist ebenfalls **verfassungsrechtlich geschützt.**[70]

Selbstbestimmung bedeutet in diesem Kontext: „Jeder Mensch hat ein Recht darauf, selbst zu entscheiden, *was* mit seinem Körper geschehen soll."[71] Jeder erwachsene und geschäftsfähige Mensch kann frei und selbstbestimmt wählen, ob, wann, wo, wie und *durch wen* er sich behandeln lassen will.[72]

3.1.2.1 Das Recht der Patienten auf freie Arztwahl

Ausfluss des verfassungsrechtlich verankerten Grundrechts auf Selbstbestimmung ist unter anderem das **Recht auf freie Arztwahl.**[73] Freie Arztwahl bedeutet die Entscheidung des Patienten, mit welchen Ärzten er im Falle einer Erkrankung überhaupt in Kontakt treten will. Das Recht auf freie Arztwahl gehört seit jeher zu den wesentlichen Patientenrechten.[74] Der Arzt hat dieses **Recht zu achten** – hierzu verpflichtet ihn bereits das **Standesrecht.**[75]

Im zeitlichen Ablauf einer ärztlichen Behandlung ist die freie Arztwahl das zuerst relevant werdende Patientenrecht.[76]

Denn kein Patient muss sich von einem ganz bestimmten Arzt behandeln lassen, sondern kann seine Wahl frei treffen. Er kann frei entscheiden, ob er sich von einem Allgemeinmediziner oder von einem Facharzt behandeln lassen will, ob er den nächst gelegenen oder einen entfernt praktizierenden Arzt aufsucht.[77] In diesem

---

70 Es leitet sich ab aus der in Art. 1 I GG garantierten Unantastbarkeit der Menschenwürde, dem Recht auf freie Entfaltung der Persönlichkeit, Art. 2 I GG und dem Schutz des Lebens sowie der körperlichen Unversehrtheit, Art. 2 II 1 GG. Zu Bedeutung und Umfang der Patientenrechte s. umfassend und überzeugend *Barth*, S. 163 ff.

71 Zitat aus *Barth*, S. 177 m.w.N.

72 Zitat aus *Barth*, S. 164 m.w.N.

73 *Barth*, S. 177 ff.

74 Es ist verankert in der **Deklaration des Weltärztebundes von Lissabon** über die Rechte des Patienten (1996), Nr. 2 a i.V.m. Nr. 3 a: *„Der Patient hat das Recht, seinen Arzt, das Krankenhaus oder die medizinische Einrichtung frei zu wählen bzw. zu wechseln, ungeachtet dessen, ob es sich um öffentliche oder private Einrichtungen handelt. Der Patient hat ein Recht auf Selbstbestimmung, d.h. auf freie Entscheidung in Bezug auf seine Person."* (Abgedruckt in *Deutsch*, 4. Aufl., S. 704 ff.).

75 § 7 II S. 1 MBO.

76 *Barth*, S. 169.

77 Er kann ebenso entscheiden, ob er sich überhaupt von einem Arzt und nicht etwa von einem Heilpraktiker, Psychotherapeuten etc. behandeln lassen will. Hiervon zu trennen ist die in der Gesundheitsreform geplante Beschränkung der Arztwahl, soweit dies mit finanziellen Anreizen oder Vorteilen für die gesetzlich Versicherten verbunden sein soll.

Stadium des Arzt-Patienten-Verhältnisses geht es noch nicht um die Wahl einer bestimmten Behandlungsmethode, sondern um die Wahl eines bestimmten Behandelnden. Die getroffene Arztwahl kann jedoch für die weitere Behandlung von weitreichender Konsequenz sein und den Verlauf der Versorgung nachhaltig beeinflussen.[78]

3.1.2.2 Das Recht der Patienten auf umfassende Information

Die freie Arztwahl (wie auch die spätere Einwilligung in eine bestimmte Behandlung) setzt voraus, dass dem Patienten sämtliche Daten und Fakten zur Verfügung stehen, welche für seine Entscheidung von Bedeutung sein können. Denn:

> Die Wahl ist nur dann wirklich frei, wenn der Patient die Möglichkeit hat, sich anhand wahrheitsgemäßer sachlicher Informationen einen vergleichenden Überblick über Art und Qualität des zur Verfügung stehenden Leistungsangebots zu verschaffen.[79]

Das Recht auf Selbstbestimmung – auch in der freien Arztwahl – kann also nur dann realisiert werden, wenn dem **Patienten** entsprechende **Informationen** über alle zur Verfügung stehenden Gesundheitsleistungen **zugänglich** sind.[80] Dieser **Informationsanspruch** ist in Art. 5 Abs. 1 S. 2 GG **verfassungsrechtlich** verankert:

> Jeder hat das Recht, sich aus allgemein zugänglichen Quellen ungehindert zu unterrichten.[81]

---

78 So auch *Barth*, S. 170.

79 *Rieger*, MedR 1999, S. 513; *Barth*, S. 172.

80 So bereits *Papier/Petz*, NJW 1994, S. 1553 ff.

81 So auch die **Deklaration des Weltärztebundes von Lissabon** über die Rechte des Patienten (1996), Nr. 3 b S. 2: *„Der **Patient** hat ein **Recht**, die für seine Entscheidungen **notwendigen Informationen** zu erhalten. Für den Patienten sollte klar verständlich sein, worin der Zweck einer Diagnose oder einer Behandlung besteht, welche Bedeutung die Ergebnisse haben und was die Konsequenzen einer ablehnenden Entscheidung sein würden.“* (Abgedruckt in *Deutsch*, 4. Aufl. S. 704 ff.).
Vgl. zu dem Recht der Unionsbürger auf Transparenz und Zugang zu den Dokumenten der Organe der Europäischen Union die sog. „Transparenzverordnung“ (EG) Nr. 1049/2001 des Europäischen Parlaments und des Rates vom 30.5.2001 über den Zugang der Öffentlichkeit zu Dokumenten des Europäischen Parlaments, des Rates und der Kommission, NJW 2001, S. 3172 ff.; hierzu auch *Partsch*, NJW 2001, S. 3154 ff.

Das Recht, sich zu unterrichten, umfasst sowohl die **schlichte Informationsaufnahme**, als auch die **aktive Informationsbeschaffung**.[82]

Auch das aktive Informationsinteresse des Bürgers ist grundrechtlich geschützt, sofern auf Seiten der Informationsquelle (also des Arztes) die Bereitschaft besteht, die gewünschten Informationen zu liefern.[83]

Informationen, mit denen ein Arzt in der Öffentlichkeit auf seine speziellen Tätigkeitsfelder und Behandlungsmethoden aufmerksam machen will, erfüllen die Voraussetzung der „**allgemein zugänglichen Quelle**"[84] i.S.d. Art. 5 I 2 GG und begründen das Recht, sich hieraus **ungehindert** zu unterrichten.[85]

Allgemein zugänglich ist die Informationsquelle, wenn sie „technisch geeignet und bestimmt ist, der Allgemeinheit, d.h. einem individuell nicht bestimmbaren Personenkreis, Informationen zu beschaffen". Beispiele sind insbesondere Presse, Rundfunk, Fernsehen, Film und sonstige Massenkommunikationsmittel, aber auch Ausstellungen, Flugblätter, Handzettel, Anschläge an Litfass-Säulen usw.[86]

Der Schutzbereich der Informationsfreiheit erlangt gerade dann besondere Bedeutung, wenn sich Patienten wegen ihrer gesundheitlichen Probleme aus eigenem Antrieb über das Angebot an speziellen Behandlungsangeboten informieren und einen Überblick verschaffen wollen.[87]

Die **Europäische Patientenrechtsdeklaration** der Weltgesundheitsorganisation WHO hat diese Rechte – Recht auf Selbstbestimmung, Zugang zu Gesundheitsinformationen und freie Arztwahl – bereits 1994 in der Deklaration von Amsterdam kodifiziert:[88]

---

82 *Wendt*, in *Münch*: Art. 5 GG, Rn. 26 m.w.N.

83 *Papier/Petz*, NJW 1994, S. 1554 ff. m.w.N. Zum Recht des Arztes auf Unterlassung bestimmter Informationen vgl. Kapitel 3.1.3.2, S. 21.

84 **Informationsquellen** sind alle denkbaren Träger von Informationen, gleichgültig, ob die Informationen Tatsachen oder Meinungen betreffen, und gleichgültig, ob die Informationen sich auf öffentliche oder private Angelegenheiten beziehen, *Wendt*, in *Münch*: Art. 5 GG, Rn. 22 m.w.N.

85 *Papier/Petz*, NJW 1994, S. 1554 ff. **Ungehindert** bedeutet frei von rechtlich angeordneter oder faktisch verhängter staatlicher Abschneidung, Behinderung, Lenkung oder Registrierung, vgl. *Wendt*, in *Münch*: Art. 5 GG, Rn. 23 m.w.N.

86 *Wendt*, in *Münch*: Art. 5 GG Rn. 23 m.w.N.

87 *Papier/Petz*, NJW 1994, S. 1554 ff. m.w.N.
Ebenso OLG Düsseldorf, Beschl. v. 5.10.2001 – 27 U 6/01 -, wonach der Informationsgehalt ärztlicher Werbung auch mit Rücksicht auf die Interessenlage potentieller Patienten zu ermitteln ist, die vor allem dann ein Interesse daran hätten, etwas über das Leistungsangebot eines (Zahn-) Arztes zu erfahren, wenn dieser sich spezialisiert habe.

88 Deklaration von Amsterdam: WHO, Principles of the rights of patients in Europe, abgedruckt in European Journal of Health Law 1994, S. 281 ff.

Principles of the rights of patients in Europe:

Punkt 1.2: *Everyone has the right to self-determination.*
Punkt 2.1: *Information about health services and how best to use them is to be made available to the public in order to benefit all those concerned.*
Punkt 5.6: *Patients have the right to choose and change their own physician or other health care provider and health care establishment.*
Punkt 6.5: *Patients must have access to such information and advice as will enable them to exercise the rights set forth in this document.*

Der Patientenanspruch auf Information ist somit das notwendige Komplementärstück zum Selbstbestimmungsrecht der Patienten.[89]

3.1.3 Das Informationsrecht der Ärzte

3.1.3.1 Das Recht auf Ankündigung umfassender Informationen

Zur Erfüllung des Patientenanspruchs auf umfassende medizinische Information muss der Arzt die Patienten über sein Angebot und seine Qualifikationen ungehindert informieren können. Dies darf aber nicht erst innerhalb seiner Praxis, etwa im persönlichen Gespräch oder durch Patientenbroschüren, geschehen. Denn in diesem Fall hat der Patient bereits einen bestimmten Arzt aufgesucht – ihm bleibt danach nur noch die Entscheidung, dessen ärztliche Leistungen anzunehmen oder sich insgesamt gegen eine Behandlung bei dem aufgesuchten Arzt zu entscheiden.[90] Der Arzt muss vielmehr all diejenigen Patienten informieren dürfen, die sich **noch nicht für einen bestimmten Behandler entschieden haben**. Diejenigen Patienten, die mit ihrem Anliegen beispielsweise eine bestimmte Methode favorisieren oder einen spezialisierten Arzt suchen, müssen ungehinderten Zugang zu diesen Informationen erhalten können.

Auch wer sich an einem **neuen** oder **unbekannten Ort aufhält**, möchte bei Bedarf nicht auf die aussagelose Auflistung der Ärzte in den Gelben Seiten angewiesen sein.[91] Deshalb muss es dem Arzt möglich und erlaubt sein, bereits im Vorfeld und außerhalb seiner Arztpraxis die potentiellen Patienten darüber zu informieren,

- dass es ihn als Arzt mit seiner Arztpraxis *überhaupt gibt*,
- über welche Qualifikationen er verfügt,
- welche weiteren Kenntnisse er erworben hat,

---

89 *Barth*, S. 165 m.w.N.
90 Diese Entscheidung kann aufgrund des unmittelbaren Einflusses während des persönlichen Arzt-Patienten-Kontaktes erheblich erschwert sein.
91 Zu den Gelben Seiten vgl. Kapitel 8.6, S. 151 ff.

- wo und wie er diese Qualifikationen und Kenntnisse erworben hat,
- welche Untersuchungs- und Behandlungsformen er anwendet und
- welchen Service er eventuell darüber hinaus bietet.[92]

Diese Informationen müssen für den Patienten außerhalb der Arztpraxis ohne zeitlichen oder finanziellen Aufwand in verständlicher und nachvollziehbarer Weise zugänglich sein.

Jegliche Beschränkung dieses ärztlichen Informationsrechts stellt einen Eingriff in das Selbstbestimmungs- und Informationsrecht der Patienten dar.

Aus dem Recht der Patienten *auf* umfassende Information über Gesundheitsleistungen folgt notwendigerweise das Recht der Ärzte *zur* umfassenden Information über die von ihnen erbrachten ärztlichen Leistungen.

So lässt sich – mit den Worten der für das ärztliche Werberecht zuständigen **Bundesverfassungsrichterin** *Renate Jaeger* – zusammenfassend feststellen:

> *„Information, die vom Patienten nachgefragt wird und die von den Leistungserbringern im Gesundheitswesen inhaltlich richtig, in verständlichen Worten, jede Irreführung vermeidend und ohne Übertreibung an den Patienten herangetragen wird, verbessert die Beziehung zwischen Arzt und Patient und damit die Gesundheitsversorgung.“*[93]

3.1.3.2 Das Recht auf Unterlassung bestimmter Informationen

Die Berufs- und Informationsfreiheit umfassen nicht nur das Recht, die eigenen Qualifikationen und Leistungen darzustellen, sondern zugleich das **Recht,** gewisse **Angaben nicht zu machen**. Die Gründe hierfür mögen vielfältig sein: Der Arzt möchte beispielsweise bestimmte Tätigkeiten nicht weiter ausüben – also auch nicht darüber informieren; oder er möchte aufgrund dieser Tätigkeit nicht „in eine bestimmte Ecke gestellt werden“.

---

92 Zum „Anforderungsprofil an eine moderne Arzt-Patient-Kommunikation“ vgl. *Barth*, S. 6 ff.

93 *Jaeger*, S. 263.

Dritte haben somit keinen Anspruch darauf, Qualifikationen oder Spezialkenntnisse mitgeteilt zu bekommen, falls der Arzt diese Informationen selbst nicht veröffentlichen will. Dies folgt aus dem „**Recht auf informationelle Selbstbestimmung**“ als Ausfluss des allgemeinen Persönlichkeitsrechts. Jeder darf grundsätzlich selbst darüber entscheiden, ob, wann und innerhalb welcher Grenzen seine persönlichen Daten der Öffentlichkeit zugänglich gemacht werden.[94]

Ärzte sind nicht verpflichtet, gegen ihren Willen bestimmte Informationen über ihre beruflichen Leistungen zu veröffentlichen.

Eine insoweit zu kritisierende **Entscheidung** traf das OLG Nürnberg 1992:[95] Ein HNO-Arzt wurde in dem Ärzteverzeichnis eines Verlages unter anderem mit dem Hinweis **Akupunktur** eingetragen. **Hiergegen wandte sich der Arzt:** Die Angabe „Akupunktur“ sei von ihm nicht erwünscht, denn sie stelle ihn gegen seinen Willen in die Ecke von Naturheilverfahren und greife somit in sein allgemeines Persönlichkeitsrecht in der Form des informationellen Selbstbestimmungsrechtes ein. Das OLG hatte die Klage des Arztes abgewiesen und dem Verlag erlaubt, diese Angaben auch weiterhin zu veröffentlichen. Die Allgemeinheit hätte ein Informationsbedürfnis daran, zu erfahren, welche Ärzte die Akupunktur-Behandlungsmethode anwendeten.[96]

Dies ist ein **bedenklicher Eingriff** in das **Persönlichkeitsrecht** des Arztes:[97] Der ausdrückliche Wunsch, bestimmte Informationen nicht zu veröffentlichen, hat aufgrund des Persönlichkeitsrechts und der Berufsfreiheit eines Arztes **Vorrang vor der Pressefreiheit** und dem **Informationsrecht der Patienten**. Ein Arzt, der bestimmte Leistungen nicht veröffentlichen will, wird diese auch nicht mehr anbieten oder ausüben wollen. Dies ist sein gutes Recht. Eine dennoch erscheinende Information birgt die Gefahr einer **Irreführung der Patienten**, die sich auf eine veröffentlichte Information verlassen.

Die **Auslegungsgrundsätze** der Bundesärztekammer zu den §§ 27 ff. MBO vom 10.9.2002[98] **verbieten** heute zu Recht ausdrücklich eine **Veröffentlichung von**

---

94 Zu den Grenzen des Rechts auf informationelle Selbstbestimmung vgl. BVerfGE 65, S. 1 ff. (41 ff.); BVerfGE 78, S. 77 ff. (85 ff.); BGH, Urt. v. 13.11.1990 – VI ZR 104/90 – NJW 1991, S. 1532 ff.

95 OLG Nürnberg, Urteil v. 28.2.1992 – 6 U 2923/91 – WRP 1992, S. 737.

96 Daher könne – so das OLG – das Recht des Verlages auf Pressefreiheit, welches für alle Presseveröffentlichungen ohne Rücksicht auf ihren Wert gelte, nicht dahingehend beschränkt werden, dass die Angabe beruflicher Informationen verboten werden könne.

97 **Das Recht auf informationelle Selbstbestimmung** ist ferner durch eine Entscheidung des **Bundesgerichtshofes** verletzt (BGH, Urt. v. 13.11.1990 – VI ZR 104/90 – NJW 1991, S. 1532 ff.): Die Presse durfte danach Namen, Adresse und Telefonnummer eines Arztes, der zum Notfalldienst eingeteilt war, auch gegen dessen ausdrücklichen Willen veröffentlichen. Ein besonderer Grund lag entgegen der Auffassung des BGH nicht vor, da der Notfalldienst von der Kassenärztlichen Vereinigung über eine Rettungsleitstelle organisiert wird und die Angabe dieser Telefonnummer für die Patienten grundsätzlich ausreichend ist.

98 Vgl. hierzu Kapitel 5.2.4, S. 61 ff.

Angaben gegen den Willen des Arztes.[99] Selbst wenn dieses Verbot lediglich im Rahmen der Kommentierung zu § 28 MBO (Verzeichnisse) aufgeführt ist, so muss es sich richtigerweise auf sämtliche Veröffentlichungen gegen den Willen des Arztes beziehen, also etwa auch auf Presseartikel.

3.1.4 Die Meinungsfreiheit der Ärzte

> Jeder hat das Recht, seine Meinung in Wort, Schrift und Bild frei zu äußern und zu verbreiten.

Art. 5 Abs. 1 S. 1 Grundgesetz [100]

Dieser sogenannten Meinungsäußerungsfreiheit kommt in einer freiheitlich demokratischen Staatsordnung eine **unverzichtbare Rolle** zu.[101] Sie ist nach Ansicht des **Europäischen Gerichtshofes für Menschenrechte** sogar eine der vorrangigen Bedingungen für den Fortschritt einer Gesellschaft und für die Entwicklung jedes einzelnen.[102]

3.1.4.1 Begriff der Meinung

Der Begriff „**Meinung**" ist grundsätzlich **weit zu verstehen**:

> Entscheidend ist das Element der Stellungnahme, des Dafürhaltens, des Meinens im Rahmen einer geistigen Auseinandersetzung; auf den Wert, die Richtigkeit, die Vernünftigkeit der Äußerung kommt es nicht an.[103]

---

99 *„Die Errichtung von Verzeichnissen, die Ärzte enthalten, welche nicht ausdrücklich eingewilligt haben, ist unzulässig."* Nr. 4 Auslegungsgrundsätze BÄK zu §§ 27 ff. MBO vom 10.9.2002.

100 Diese Rechte finden ihre Schranken in den Vorschriften der allgemeinen Gesetze, den gesetzlichen Bestimmungen zum Schutze der Jugend und in dem Recht der persönlichen Ehre, Art. 5 Abs. 2 GG.

101 BVerfG, Urt. v. 11.3.2003 – 1 BvR 426/02 – (Benetton II) www.bverfg.de. Zur Meinungsfreiheit in der Rechtsprechung des Bundesverfassungsgerichts vgl. auch *Grimm*.

102 EGMR Strassburg, Urt. v. 25.3.1985 – 10/1983/66/101 – (Dr. Barthold), EuGRZ 1985, S. 170 ff.

103 BVerfG, Beschl. v. 7.11.2002 – 1 BvR 580/02 – www.bverfg.de; BVerfG, Beschl. v. 19.11.1985 – 1 BvR 934/82– MedR 1986, S. 128.

Der eigentliche Gehalt der Meinungsäußerungsfreiheit ist das Recht, Nachrichten und Meinungen zu empfangen und mitzuteilen. Soweit eine Ansicht, ein Werturteil oder eine bestimmte Anschauung in einem Bild (etwa in einem **Foto**) zum Ausdruck kommt, fällt auch dieses in den Schutzbereich der Meinungsfreiheit.[104] **Bücher** – etwa biographischer Art – sind ebenfalls „Meinungsäußerungen" im Sinne des Art. 5 I GG und vom Grundrecht der Meinungsäußerung umfasst.[105]

Grundlage für die Bewertung jeder Meinungsäußerung ist die **Ermittlung ihres Sinns**. Dabei kommt es auf die Sichtweise eines **verständigen Empfängers** unter Berücksichtigung der für ihn wahrnehmbaren, den Sinn der Äußerung mitbestimmenden Umstände an.[106] Bei mehrdeutigen Äußerungen müssen sich die Gerichte im Bewußtsein der Mehrdeutigkeit mit den verschiedenen Deutungsmöglichkeiten auseinander setzen und für die gefundene Lösung nachvollziehbare Gründe angeben.[107]

3.1.4.2 Meinungsfreiheit und Werbung

Die **kommerzielle Werbung** steht in direktem Zusammenhang mit der Meinungsfreiheit.[108] Denn der Schutz der – auf umfassend freie Kommunikation zielenden – Meinungsfreiheit kann nicht davon abhängig gemacht werden, ob der einzelne mehr oder minder eigennützige Ziele verfolgt. Handeln zum Zweck der Gewinnerzielung lässt eine Äußerung nicht aus dem Schutzbereich des Grundrechts herausfallen. Angesichts der Weite des Begriffs der Meinungsäußerung kann nicht deshalb ein Gegensatz zwischen Meinungsäußerung und Wirtschaftswerbung konstruiert werden, weil es das Anliegen von Werbung ist, Verbraucher zu beeinflussen.[109]

Die Werbung freier Berufe ist ebenfalls
von der Meinungsfreiheit des Art. 5 I 1 GG geschützt.

Das Grundrecht der Meinungsfreiheit kommt als Prüfungsmaßstab für eine **Wirtschaftswerbung** folglich immer dann in Betracht, wenn eine Ankündigung oder

---

104 BVerfG, Urt. v. 12.12.2000 – 1 BvR 1762/95 – www.bverfg.de.

105 Vgl. hierzu Kapitel 8.7.2.3, S. 161 ff.

106 Nicht etwa auf die nach außen nicht erkennbaren Absichten des Urhebers der Äußerung, BVerfG, Urt. v. 11.3.2003 – 1 BvR 426/02 – (Benetton II) www.bverfg.de.

107 BVerfG, Urt. v. 11.3.2003 – 1 BvR 426/02 – (Benetton II) www.bverfg.de, vgl. hierzu auch Kapitel 9.2.4.1, S. 200 ff.

108 EGMR Strassburg, Urt. v. 25.3.1985 – 10/1983/66/101 – (Dr. Barthold), EuGRZ 1985, S. 170 ff.

109 Insgesamt stünde eine Schlechterstellung von Äußerungen mit wirtschaftswerbendem Charakter im Widerspruch zum Verbot staatlicher Bewertung von Meinungsäußerungen nach Motivation, Gegenstand, Inhalt und Form, vgl. *Wendt*, in *Münch*: Art. 5 Rn. 11 m.w.N.

„Außendarstellung" einen wertenden, meinungsbildenden Inhalt hat oder Angaben enthält, die der Meinungsbildung dienen.

Berührt eine Werbemaßnahme zugleich die Meinungsfreiheit, so fordert Art. 5 I 1 GG, dass die Gerichte der Bedeutung dieses Grundrechts bei der Auslegung und Anwendung des Privatrechts Rechnung tragen.

Ständige Rechtsprechung des Bundesverfassungsgerichts [110]

3.1.4.3 Meinung oder Tatsachenäußerung?

Die Einordnung einer Äußerung als Werturteil oder als Tatsachenbehauptung ist für die rechtliche Beurteilung von Eingriffen in das Grundrecht auf Meinungsfreiheit von weichenstellender Bedeutung.

Das Bundesverfassungsgericht 2002 [111]

Meinungen sind – im Unterschied zu Tatsachenbehauptungen – durch die **subjektive Einstellung** des sich Äußernden gekennzeichnet. Sie enthalten **sein Urteil** über Sachverhalte, Ideen oder Personen. Jeder soll sagen können, was er denkt, auch wenn er keine nachprüfbaren Gründe für sein Urteil angibt oder angeben kann.[112]

Werturteile sind keinem Wahrheitsbeweis zugänglich. Sie sind grundsätzlich frei und können nur unter besonderen Umständen beschränkt werden.

Das Bundesverfassungsgericht 2002 [113]

---

110 Vgl. grundlegend zu Bedeutung und Schutzbereich der Meinungsfreiheit bei gewerblichen Werbemaßnahmen die Grundsatzentscheidung BVerfG, Urt. v. 12.12.2000 – 1 BvR 1762/95 – (Benetton-Werbung) www.bverfg.de; diese Rechtsprechung weiterführend BVerfG, Beschl. v. 6.2.2002 – 1 BvR 952/90 – (Werbung durch Augenoptikunternehmen und Werbung für „tierfreundliche Mode") www.bverfg.de = DVBl 2002, S. 764 ff; BVerfG, Beschl. v. 7.11.2002 – 1 BvR 580/02 – (Anwaltsliste durch Verlag) www.bverfg.de; ebenso schon BVerfG, Beschl. v. 19.11.1985 – 1 BvR 934/82 – MedR 1986, S. 128. Vgl. auch *Wendt*, in *Münch*: Art. 5 GG Rn. 11 m.w.N.; *Papier/Petz*, NJW 1994, S. 1553 ff.

111 BVerfG, Beschl. v. 7.11.2002 – 1 BvR 580/02 – www.bverfg.de.

112 BerufsG f. Heilberufe in Schleswig, Urt. v. 23.8.2000 – BG 10/99 –.

113 BVerfG, Beschl. v. 7.11.2002 – 1 BvR 580/02 – www.bverfg.de.

Eine **Tatsachenbehauptung** ist demgegenüber eine Äußerung, deren Inhalt auf ihre **Wahrheit** hin objektiv **überprüft** werden kann.[114]

Die **Grenzen** zwischen der Tatsachenbehauptung und der Meinung im Sinne eines Werturteils sind **fließend**, da Werturteile zumeist auf Tatsachen beruhen oder mit ihnen verwoben sind.[115] Auch Werturteile sind objektiv nachprüfbar, wenn sie greifbare, dem Beweis zugängliche Vorgänge zum Gegenstand haben und in diesem Sinne von einem nicht unerheblichen Teil der angesprochenen Empfänger aufgefasst werden. Die sprachliche Ausdrucksform ist nicht entscheidend. So kann ein Werturteil verdeckt Tatsachen enthalten, wenn über einen bestimmten Sachverhalt ein Urteil abgegeben wird, z.B. der Vorwurf "*übler Geschäftemacherei*". Zweifel, Vermutungen oder auch Fragen können nach den Umständen ebenfalls als Tatsachenbehauptung aufgefasst werden.[116]

Führt eine **Tatsachenbehauptung** zu einer Rechtsverletzung, hängt das Ergebnis der Abwägung der kollidierenden Rechtsgüter vom **Wahrheitsgehalt der Äußerung** ab. Ist die Wahrheit nicht erwiesen, wird die Frage der Beeinträchtigung eines anderen Rechtsguts davon beeinflusst, ob besondere Anforderungen, etwa an die **Sorgfalt der Recherche**, beachtet worden sind:

Bewusst unwahre Tatsachenäußerungen
genießen den Grundrechtsschutz überhaupt nicht.

Das Bundesverfassungsgericht 2002 [117]

3.1.4.4 Meinungsfreiheit und Standesrecht

Standesrechtliche Beschränkungen dürfen – angesichts des Öffentlichkeitsinteresses an Informationen – nur ausnahmsweise vorgesehen werden. Ärzten, Rechtsanwälten oder Steuerberatern können zwar Verschwiegenheitspflichten auferlegt werden. Bei Meinungsäußerungen haben sie aber weder im Ton noch im Inhalt größere Zurückhaltung zu üben als andere Grundrechtsträger.[118]

Von besonderer Bedeutung ist hierbei, dass Art. 5 I 1 GG gerade auch die **abweichenden Meinungen schützen** will. Standesvereinigungen verkörpern demgegenüber in geradezu prototypischer Weise die jeweils herrschende Meinung. Dem An-

---

114 *Baumbach/Hefermehl,* § 14 UWG Rn. 4.

115 *Baumbach/Hefermehl,* § 14 UWG Rn. 3. So wurde beispielsweise die Aussage "Jemand kommt als Gutachter nicht in Frage" zwischen Rechtsprechung und Literatur unterschiedlich bewertet, vgl. *Baumbach/Hefermehl,* § 14 UWG Rn. 6.

116 Je allgemeiner die Äußerung gefasst ist, desto schwieriger gestaltet sich der Nachweis der Wahrheit bzw. Unwahrheit, *Baumbach/Hefermehl,* § 14 UWG Rn. 4.

117 BVerfG, Beschl. v. 7.11.2002 – 1 BvR 580/02 – www.bverfg.de; BVerfG, Beschl. v. 14.2.2000 – 1 BvR 1500/95 – www.bverfg.de.

118 *Hoffmann-Riem*, Art. 5 GG, Rn. 74.

liegen der Meinungsfreiheit, auch und gerade Außenseitern im Kampf um neue Überzeugungen entsprechende Freiräume zur Verfügung zu stellen, stehen sie deshalb gewissermaßen „befangen" gegenüber.[119]

Auch ein – aufgrund der freien Meinungsäußerung eintretender – möglicher **werblicher Nebeneffekt**[120] darf nicht zum Verbot der Aussage führen. Eine so strenge Beurteilung im Hinblick auf die Frage der Werbung freier Berufe verstieße gegen die Freiheit der Meinungsäußerung.[121]

3.1.4.5 Meinungsfreiheit und Kritik

Art. 5 I GG schützt nicht nur das bloße Äußern einer Meinung, insbesondere eines Werturteils, sondern auch die darin liegende oder bezweckte **Wirkung auf andere,** insbesondere durch **Kritik.**[122] Auch eine überzogene oder gar ausfällige Kritik macht die Äußerung für sich genommen noch nicht unzulässig.[123] Eine **Kritik** an der **Qualität** der deutschen Zahnheilkunde und der Arbeit der Zahnärztekammern ist daher noch vom Recht auf freie Rede und freie Meinung umfasst.[124]

Nur wenn bei der Äußerung nicht mehr die Auseinandersetzung in der Sache, sondern die **Diffamierung der Person** im Vordergrund steht, kann die Meinungsfreiheit beschränkt werden. **Unzulässig** ist daher nach richtiger Auffassung des **Bundesgerichtshofes** die auf Handzetteln öffentlich verbreitete Äußerung eines Abtreibungsgegners, in einer bestimmten gynäkologischen Praxis würden „rechtswidrige Abtreibungen" durchgeführt. Diese Kritik entfaltet eine nicht hinnehmbare **Prangerwirkung** gegen den betroffenen Arzt und stellt damit eine so **schwerwie-**

---

119 *Papier/Petz*, NJW 1994, S. 1553 ff., die mit überzeugenden Argumenten die völlige Delegierung von Umfang und Grenzen berufsrechtlich zulässiger Informationstätigkeit auf die Standesorganisationen für einen Verstoß gegen den Parlamentsvorbehalt und damit für einen Verfassungsverstoß halten.

120 Vgl. hierzu Kapitel 4.4, S. 48 ff.

121 Sie birgt die Gefahr, die Angehörigen dieser Berufe zu entmutigen, an der öffentlichen Diskussion über Fragen des Gemeinschaftslebens teilzunehmen, wenn eine solche Beteiligung nur möglicherweise irgendeine Werbewirkung hat. Dadurch ist sie zugleich geeignet, die Presse in ihren Hauptaufgaben der Information und Kontrolle zu beeinträchtigen, vgl. EGMR Strassburg, Urt. v. 25.3.1985 – 10/1983/66/101 – (Dr. Barthold), EuGRZ 1985, S. 170 ff.

122 Zwar ist die Beeinträchtigung der persönlichen Ehre Dritter zu beachten: Die Meinungsfreiheit muss stets zurücktreten, wenn eine Äußerung die Menschenwürde anderer Personen antastet. Diese – die Meinungsfreiheit verdrängende – „Schmähkritik" ist jedoch eng definiert, BerufsG f. Heilberufe in Schleswig, Urt. v. 23.8.2000 – BG 10/99 –.

123 Selbst die höchst umstrittene Werbekampagne der Firma *Benetton* („H.I.V. POSITIVE" – Stempel auf nacktem Gesäss) ist nach einem Grundsatzurteil des Bundesverfassungsgerichts als sozialkritische Aussage vom Recht auf Meinungsäußerung und Pressefreiheit gedeckt, BVerfG, Urt. v. 12.12.2000 – 1 BvR 1762/95 – www.bverfg.de. Vgl. zu diesem Urteil den ausführlichen Beitrag der *Verfasserin* in PID 1/2001. Zur Interpretation von Werbebotschaften vgl. *Schuppert.*

124 BerufsG f. Heilberufe in Schleswig, Urt. v. 23.8.2000 – BG 10/99 –.

gende Verletzung des Persönlichkeitsrechts dar, dass die **Meinungsfreiheit** dahinter **zurücktreten** muss.[125]

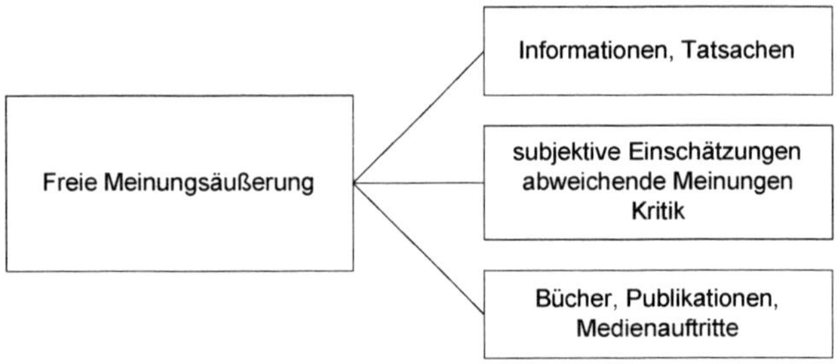

3.1.5 Die Europäische Menschenrechtskonvention

Das Recht der Meinungsfreiheit ist auch in der **Europäischen Menschenrechtskonvention (EMRK)** verankert:[126] Der Schutz des Art. 10 EMRK umfasst alle Arten von Äußerungen **einschliesslich der Werbung** sowie künstlerische Äußerungen. Maßgeblicher Bestandteil des Art. 10 EMRK ist ferner die **Pressefreiheit** und damit einhergehend die **Informationsfreiheit**.[127]

Das Europarecht hat Vorrang vor nationalem Recht, sofern es Rechtsfragen regelt, die zugleich nationalstaatlicher Normierung unterliegen.[128]

---

125 BGH, Beschl. v. 1.4.2003 – VI ZR 366/02 – www.bundesgerichtshof.de.

126 Die Europäische Konvention zum Schutze der Menschenrechte und Grundfreiheiten (EMRK, abgedruckt in BGBl. 1952 II, S. 686, 953) wurde durch den Europarat erlassen. Sie wurde am 4. November 1950 in Rom unterzeichnet und ist im September 1953 in Kraft getreten. Ziel der Verfasser war die kollektive Durchsetzung der in der Allgemeinen Menschenrechtserklärung der Vereinten Nationen von 1948 verbrieften Rechte, www.coe.int, vgl. dort auch zur weiteren Entwicklung der EMRK und zum Erlass von zwölf Zusatzprotokollen.
Die EMRK ist die wichtigste Konvention des Europarates zum **Schutze der individuellen Menschenrechte** und nationalen Minderheiten, *Oppermann*, Rn. 76.

127 Vgl. hierzu die Urteile des EGMR Strassburg, Urt. v. 25.3.1985 – 10/1983/66/101 – (Dr. Barthold), EuGRZ 1985, S. 170 ff und EGMR Strassburg, Urt. v. 17.10.2002 – 37928/97- (Dr. Stambuk/Deutschland), NJW 2003, S. 497 ff.

128 Umgekehrt unterliegt das europäische Gemeinschaftsrecht grundsätzlich nicht dem Maßstab der Grundrechte und einer entsprechenden Überprüfung durch das Bundesverfassungsgericht, es sei denn, eine Verfassungsbeschwerde legt begründet dar, dass die europäische Rechtsentwicklung einschließlich der Rechtsprechung des Europäischen Gerichtshofes unter den erforderlichen Grundrechtsstandard abgesunken ist, st. Rspr. d. BVerfG, vgl. zuletzt Beschl. v. 9.1.2001 – 1 BvR 1036/99 – www.bverfg.de.

Die deutschen Fachgerichte haben daher im Falle der Kollision zwischen nationalem und europäischem Recht die aufgeworfenen Rechtsfragen auch anhand des europäischen Rechts und der europäischen Judikatur zu beantworten.[129]

Zwar kann auch die europarechtlich garantierte **Meinungsfreiheit** insoweit **eingeschränkt** werden, als dies in einer demokratischen Gesellschaft beispielsweise im Interesse des **Schutzes der Gesundheit** und der Moral, des Schutzes des guten Rufes oder der Rechte anderer unentbehrlich ist.[130] Im Falle der **ärztlichen Werbeverbote** stand jedoch nach Auffassung des Europäischen Gerichtshofs für Menschenrechte (EGMR)[131] das Recht der Meinungs- und Pressefreiheit im Vordergrund: Sowohl im Fall *Dr. Barthold*[132] als auch im Fall *Dr. Stambuk*[133] hatte der EGMR die – wegen angeblich berufswidriger Werbung gegen die Ärzte verhängten – Geldbußen aufgehoben, da diese Sanktionen mit der Meinungs- und Pressefreiheit des Art. 10 EMRK nicht zu vereinbaren waren.

3.2 Das Recht zur Werbung nach höchstrichterlicher Rechtsprechung

3.2.1 Die Rechtsprechung des Bundesverfassungsgerichts

Die Entwicklung und Liberalisierung des ärztlichen Werberechts ist maßgeblich auf die Rechtsprechung des Bundesverfassungsgerichts zurückzuführen, das in den vergangenen Jahren die strengen ärztlichen Werbeverbote wiederholt für verfassungswidrig erklärt hatte. Das Bundesverfassungsgericht ist ein allen übrigen Verfassungsorganen gegenüber selbständiger und unabhängiger Gerichtshof des Bundes.[134] Beim Bundesverfassungsgericht kann **Verfassungsbeschwerde** erhoben werden, sofern zuvor der gesetzlich vorgesehene Rechtsweg erschöpft wurde.[135]

---

129 Dabei umfasst der Begriff des europäischen Rechts nicht nur materielle Rechtsnormen, sondern auch die Methodenwahl; denn die Wahl der Methode – Spezialität oder Konkordanz – entscheidet auch darüber, welche Rechtsnorm sich im Kollisionsfall durchsetzt und damit materiell gilt, BVerfG, Beschl. v. 9.1.2001 – 1 BvR 1036/99 – www.bverfg.de.

130 Art. 10 II EMRK i.V.m. Art. 8 II EMRK.

131 Vgl. hierzu Kapitel 3.2.2, S. 34 ff.

132 EGMR Strassburg, Urt. v. 25.3.1985 – 10/1983/66/101 – (Dr. Barthold), EuGRZ 1985, S. 170 ff.

133 EGMR Strassburg, Urt. v. 17.10.2002 – 37928/97 – (Dr. Stambuk/Deutschland), NJW 2003, S. 497 ff., vgl. hierzu auch Kapitel 8.8.2.1, S. 168.

134 Mit Sitz in Karlsruhe, § 1 BVerfGG. Das BVerfG besteht aus zwei Senaten mit je acht Richtern. Die Senate berufen mehrere Kammern, bestehend aus drei Richtern, § 15 a BVerfGG. Die Amtszeit der Richter dauert zwölf Jahre, eine Wiederwahl ist ausgeschlossen. Vgl. zur Organisation des Bundesverfassungsgerichts die Homepage www.bverfg.de.

135 Der Beschwerdeführer muss deshalb zunächst von allen gesetzlich zur Verfügung stehenden Rechtsmitteln und Rechtsbehelfen Gebrauch machen. Vorrangig sollen so die Fachgerichte selbst Rechtsschutz gegen Verfassungsverletzungen gewähren und etwaige, im Instanzenzug auftretende Fehler durch Selbstkontrolle beheben können. Unter bestimmten Voraussetzungen sind Ausnahmen möglich, vgl. § 90 Abs. 2 S. 2 BVerfGG.

Die Verfassungsbeschwerde ist ein außerordentlicher Rechtsbehelf zur Fortentwicklung des Verfassungsrechts und Korrektur von Verletzungen von Grundrechten oder grundrechtsgleichen Gewährungen.[136]

Eine **Verfassungsbeschwerde** muss die **Behauptung** enthalten, **durch die öffentliche Gewalt** in einem der **Grundrechte verletzt** zu sein.[137] Die geltend gemachte Verletzung von Grundrechten oder von grundrechtsgleichen Rechten muss **besonderes Gewicht** haben oder den Beschwerdeführer in **existentieller Weise betreffen**.

Die Verfassungsbeschwerde wird nur dann zur Entscheidung angenommen, wenn ihr grundsätzliche verfassungsrechtliche Bedeutung zukommt.[138]

Grundsätzliche Bedeutung ist nur gegeben, wenn die Sache eine **verfassungsrechtliche Frage** aufwirft, die sich nicht ohne weiteres aus dem Grundgesetz beantworten lässt und noch nicht durch die verfassungsrechtliche Rechtsprechung geklärt worden oder die durch veränderte Verhältnisse erneut klärungsbedürftig geworden ist. Es muss sich um **Grundsatzfragen** handeln.[139]

Das Bundesverfassungsgericht kann daher nur angerufen werden, wenn Gerichtsurteile **Auslegungsfehler** enthalten, die auf einer **grundsätzlich unrichtigen Anschauung der Bedeutung der Grundrechte** beruhen, insbesondere vom Umfang seines Schutzbereiches.[140] Das ist der Fall, wenn die von den Fachgerichten vorgenommene Auslegung der Normen die Tragweite des Grundrechts nicht hinreichend berücksichtigt oder im Ergebnis zu einer **unverhältnismäßigen Beschränkung der grundrechtlichen Freiheiten** führt.[141]

---

136 BVerfG, Beschl. v. 26.8.1992 – 2 BvR 1321/92 – NJW 1993, S. 384.

137 § 90 I BVerfGG. Unter die öffentliche Gewalt fallen Behörden (also auch Landesärztekammern), Gerichte und andere öffentlich-rechtliche Institutionen.

138 § 93 a BVerfGG.

139 Von den jährlich eingegangenen Verfassungsbeschwerden (im Jahre 2002 wurden 2.422 Verfassungsbeschwerden eingelegt) werden **ca. 98 % nicht zur Entscheidung angenommen.** Das Bundesverfassungsgericht entscheidet lediglich über den minimalen Anteil von ca. 2 % der erhobenen Verfassungsbeschwerden inhaltlich im Wege eines Urteils oder eines Beschlusses (im Jahre 2002 waren dies 51 Entscheidungen), vgl. die Statistik unter www.bverfg.de. Ergeht aber ein solcher „**Nichtannahmebeschluss**", so bedeutet dies zugleich, dass das vorherige Urteil, welches vom Beschwerdeführer angegriffen wurde, zumindest nicht verfassungswidrig ist und keine Grundrechtsverletzung beinhaltet.
Wird die Verfassungsbeschwerde nicht zur Entscheidung angenommen, so ist dieser Beschluss des Bundesverfassungsgerichts unanfechtbar, § 93 d BVerfGG.

140 Vgl. zu den für das Werberecht maßgeblichen Grundrechten Kapitel 3.1. S. 15 ff.

141 Ständige Rechtsprechung des Bundesverfassungsgerichts, vgl. nur BVerfG, Beschl. v. 17.7.2003 – 1 BvR 2115/02 – www.bverfg.de.; BVerfG, Beschl. v. 18.10.2001 m.w.N. – 1 BvR 881/00 – www.bverfg.de = WRP 2001, S. 1437 ff.; Beschl. v. 9.3.2000 m.w.N. – 1 BvR 1662/97 – oder Beschl. v. 17.4.2000 m.w.N. – 1 BvR 721/99 – und Beschl. v. 4.7.2000 – 1 BvR 547/99 – www.bverfg.de; BVerfG, Urt. v. 12.12.2000 – 1 BvR 1762/95 – www.bverfg.de.

Die **Auslegung des „einfachen" Rechts** und seine Anwendung auf den einzelnen Fall sind hingegen **allein Sache** der dafür **allgemein zuständigen Gerichte** und der Nachprüfung durch das Bundesverfassungsgericht entzogen.[142]

So ist es möglich, dass das Bundesverfassungsgericht das vorinstanzliche Urteil zwar als rechtlich fehlerhaft beurteilt. Doch selbst ein solches Urteil kann vom Bundesverfassungsgericht nur dann aufgehoben werden, wenn sich die fehlerhafte Anwendung einer Rechtsnorm zugleich als eine **Verletzung des Willkürverbotes** darstellt.[143] Dies ist nur der Fall, wenn die Entscheidung auf **sachfremden Erwägungen** beruht.[144]

Das Bundesverfassungsgericht ist keine „Superrevisionsinstanz".

Es hat **nicht die Aufgabe**, fachgerichtliche Entscheidungen auf ihre Übereinstimmung mit dem sogenannten „einfachen Recht" in letzter Instanz zu überprüfen.

Das **Verfahren** vor dem Bundesverfassungsgericht ist **kostenfrei**.[145] Es besteht kein Anwaltszwang, solange das Gericht – wie in der überwiegenden Zahl der Fälle – ohne mündliche Verhandlung entscheidet.[146] Die Verfassungsbeschwerde muss

142 Ständige Rechtsprechung des Bundesverfassungsgerichts, vgl. zuletzt BVerfG, Beschl. v. 30.1.2002 – 1 BvR 1542/00 – www.bverfg.de.
Im Regelfall genügt grundsätzlich, auch soweit Grundrechte betroffen sind, der durch die Fachgerichte gewährte Schutz. Die Gestaltung des gerichtlichen Verfahrens, die Feststellung und Würdigung des Tatbestandes, die Auslegung des einfachen Rechts und die Anwendung auf den einzelnen Fall sind allein Sache der dafür zuständigen Fachgerichte. Daher muss die Grenze zwischen erlaubten und verbotenen Werbehandlungen – unter Abwägung des Grundrechts auf Berufsausübungsfreiheit – im Einzelfall von den **Fachgerichten**, also insbesondere den Zivilgerichten – gezogen werden.

143 BVerfG, Beschl. v. 7.11.2002 – 1 BvR 580/02 – www.bverfg.de.

144 St. Rspr. d. BVerfG, vgl. zuletzt BVerfG, Beschl. v. 30.1.2002 – 1 BvR 1542/00 – www.bverfg.de.

145 § 34 Abs. 1 BVerfGG. Es kann allerdings eine sog. **Missbrauchsgebühr** auferlegt werden, falls die Einlegung der Verfassungsbeschwerde oder der Antrag auf Erlass einer einstweiligen Anordnung missbräuchlich ist, z.B. bei einer Geltendmachung von (damals) 7 DM, vgl. BVerfG, Beschl. v. 26.8.1992 – 2 BvR 1321/92 – NJW 1993, S. 384: Denn es ist die Aufgabe des Bundesverfassungsgerichts, nur grundsätzliche Verfassungsfragen zu entscheiden, die für das Staatsleben und die Allgemeinheit wichtig sind, sowie nötigenfalls die Grundrechte des Einzelnen durchzusetzen. Deshalb nimmt es das Bundesverfassungsgericht nicht hin, falls es in Erfüllung dieser Pflichten missbräuchlich in Anspruch genommen wird.

146 Falls eine mündliche Verhandlung anberaumt wird, muss sich der Beschwerdeführer durch einen Anwalt oder einen juristischen Hochschulprofessor vertreten lassen. Eine anwaltliche Vertretung empfiehlt sich jedoch auch in Beschlussverfahren ohne mündliche Verhandlung, um die behauptete Grundrechtsverletzung formal und materiell richtig darzulegen.

innerhalb eines Monats nach Zustellung des anzugreifenden Urteils schriftlich eingelegt werden.[147]

3.2.1.1 Maßgebliche Entscheidungen des BVerfG zum Werberecht

Schon seit Mitte der neunziger Jahre ist in der Rechtsprechung des Bundesverfassungsgerichts eine deutliche **Liberalisierung** bei der Beurteilung freiberuflicher Werbemaßnahmen zu verzeichnen.[148] Das Bundesverfassungsgericht **erklärte** – gegen die restriktiven Entscheidungen der Landesberufsgerichte, der Oberlandesgerichte sowie des Bundesgerichtshofes – **Werbeverbote und entsprechende Sanktionsmaßnahmen überwiegend für unzulässig**, da sie mit den Grundrechten auf Berufs- oder Meinungsfreiheit nicht vereinbar waren.

Die Entscheidungen des Bundesverfassungsgerichts
binden die Verfassungsorgane des Bundes und der Länder
sowie alle Gerichte und Behörden.[149]

Behörden sind auch die **Landesärztekammern** als Körperschaften des öffentlichen Rechts.[150] **Gerichte** sind auch die ärztlichen **Berufs- und Landesberufsgerichte.**[151]

Das Bundesverfassungsgericht hat – aufgrund einer Vielzahl von Verfassungsbeschwerden der Freiberufler – zwischenzeitlich zu folgenden maßgeblichen Fragen des Werberechts Stellung genommen:

- Ärzte dürfen grundsätzlich alle offiziell erworbenen Gebietsbezeichnungen nach außen ankündigen – hier: Allgemeinmedizin und Kinderheilkunde[152] – sowie

---

147 67,9 % aller Verfassungsbeschwerden werden innerhalb eines Jahres entschieden, 20,9 % der Beschwerden innerhalb von 2 Jahren. Lediglich die verbleibende Anzahl der Verfassungsbeschwerden dauert drei Jahre und länger, vgl. die Statistik unter www.bverfg.de.

148 Diese positive Wende ist wohl zurückzuführen auf die Neubesetzung der für Werbe- und Wettbewerbssachen zuständigen 2. Kammer des 1. Senats des Bundesverfassungsgerichts: Richterin Renate Jaeger seit 1994, Richter Dr. Dieter Hömig seit 1995, sowie den heutigen Präsidenten des Bundesverfassungsgerichts Prof. Papier bzw. Prof. Bryde, vgl. hierzu die Homepage des Bundesverfassungsgerichts unter www.bverfg.de.

149 § 31 BVerfGG.
Untragbar und gesetzeswidrig daher die zweite Benetton-Entscheidung des Bundesgerichtshofes vom 15.11.2001 – I ZR 275/99 – VersR 2002, S. 456 ff., in welcher trotz der gegenteiligen Entscheidung des übergeordneten Bundesverfassungsgerichts vom 12.12.2000 – 1 BvR 1762/95 – die Benettonwerbung erneut wegen angeblicher Sittenwidrigkeit untersagt wurde. Dieses Urteil musste daher ein zweites Mal durch das Bundesverfassungsgericht aufgehoben werden, BVerfG, Urt. v. 11.3.2003 – 1 BvR 426/02 – (Benetton II) www.bverfg.de.

150 Vgl. hierzu Kapitel 4.1.2, S. 38.

151 Vgl. hierzu Kapitel 13.2.1, S. 344.

Facharzt für Sportmedizin.[153] Etwaige Verbote in der Weiterbildungsordnung der Ärztekammern sind verfassungswidrig.

- Ärzte – hier: Tierärzte – dürfen auch ohne bestimmten Anlass eine Zeitungsanzeige aufgeben.[154]

- Tätigkeitsschwerpunkte – hier: Implantologie – dürfen nach außen angekündigt werden, sofern der Zahnarzt nachweislich besondere Kenntnisse und Fähigkeiten im Bereich der oralen Implantologie erworben hat.[155]

- Sofern ein Arzt in dem von ihm ausgeübten Fachgebiet besondere Schwerpunkte setzt, darf er diese nach außen ankündigen.[156]

- Ärzte – hier: ein Orthopäde und ein Chirurg, die sich auf Knie- und Wirbelsäulenoperationen spezialisiert haben – dürfen sich unter besonderen Voraussetzungen selbst als Spezialist bezeichnen.[157]

- Freiberufler dürfen im Rahmen der beruflichen Selbstdarstellung auch mit ihren sportlichen Erfolgen werben; dies ist zulässige Imagewerbung.[158]

- Eine Broschüre mit Information über eine neue Behandlungsmethode – hier: Implantologie – wird nicht dadurch berufswidrig, dass sie neben sachlicher Information auch einige „Slogans“ enthält.[159]

- Freiberufler – hier: Rechtsanwälte – dürfen durch Sponsoring auf ihr Unternehmen aufmerksam machen. Der dezente namentliche Hinweis finanzieller Unterstützung durch Freiberufler ist zulässige sachliche Information und daher vom Grundrecht der Berufsfreiheit gedeckt.[160]

- Freiberufler – hier: Notare – dürfen ihr Briefpapier mit farbigen Logos versehen. Dies ist ein verfassungsrechtlich zulässiger Ausdruck der Präsentation.[161]

---

152 BVerfG, Urt. v. 29.10.2002 – 1 BvR 525/99 –, vgl. Kapitel 7.1.2.1, S. 81 ff.

153 BVerfG, Beschl. v. 9.3.2000 – 1 BvR 1662/97 –, vgl. Kapitel 7.1.2.2, S. 82 ff.

154 BVerfG, Beschl. v. 18.2.2002 – 1 BvR 1644/01 -, vgl. Kapitel 8.2.2.1, S. 126 ff.

155 BVerfG, Beschl. v. 23.7.2001 – 1 BvR 872/00 -, vgl. Kapitel 7.4.6.1, S. 97. Zur Problematik der Tätigkeitsschwerpunkte vgl. ausführlich Kapitel 7.4, S. 91 ff.

156 BVerfG, Beschl. v. 6.7.2002 – 1 BvR 1063/00 – www.bverfg.de für das Informationsrecht der Rechtsanwälte.

157 BVerfG, Beschl. v. 8.1.2002 – 1 BvR 1147/01 -, vgl. Kapitel 7.6.6.1, S. 115 ff. mit kritischer Stellungnahme der *Autorin*.

158 BVerfG, Beschl. v. 4.8.2003 – 1 BvR 2108/02 -, vgl. Kapitel 8.10.5.4, S. 193.

159 BVerfG, Beschl. v. 4.7.2000 – 1 BvR 547/99 –, vgl. Kapitel 10.3.6, S. 247 ff.

160 BVerfG, Beschl. v. 17.4.2000 – 1 BvR 721/99 –, vgl. Kapitel 8.10.2, S. 188.

161 BVerfG, Beschl. v. 24.7.1997 – 1 BvR 1863/96 -, GRUR 1991, S. 71, vgl. hierzu Kapitel 8.5.2.1, S. 149.

3.2.1.2 Kernaussagen des BVerfG zum ärztlichen Werberecht

Berufliche Werbung bedarf keiner besonderen Anlässe.[162]

Für interessengerechte und sachangemessene Informationen, die keinen Irrtum erregen, muss im rechtlichen und geschäftlichen Verkehr Raum bleiben.[163]

Neuerungen müssen möglich sein. Nicht jede Maßnahme, mit der ein gewisser Werbeeffekt verbunden ist, stellt eine berufswidrige Werbung dar.[164]

Welche Werbeformen als üblich, angemessen oder als übertrieben bewertet werden, unterliegt zeitbedingten Veränderungen; dem Wandel – auch außerhalb der freien Berufe – ist Rechnung zu tragen.[165]

Allein aus dem Umstand, dass eine Berufsgruppe ihre Werbung anders als bisher üblich gestaltet, kann nicht gefolgert werden, dass dies unzulässige Werbung ist.[166]

3.2.2 Der Europäische Gerichtshof für Menschenrechte

Zur Sicherstellung der Europäischen Menschenrechtskonvention[167] wurde der **Europäische Gerichtshof für Menschenrechte (EGMR)** mit Sitz in **Strassburg** geschaffen.[168] Der Europäische Gerichtshof für Menschenrechte ist eine unabhän-

---

162 BVerfG, Beschl. v. 18.2.2002 – 1 BvR 1644/01 – www.bverfg.de, vgl. hierzu ausführlich Kapitel 8.2.2.1, S. 126 ff.

163 So zuerst BVerfG, GRUR 1986, S. 382 (385); BGH v. 20.5.1999 – I ZR 40/97 – WRP 1999, S. 1136; zuletzt BVerfG, Beschl. v. 4.7.2000 – 1 BvR 547/99 – www.bverfg.de.

164 BVerfG, Beschl. v. 24.7.1997 – 1 BvR 1863/96 –, GRUR 1998, S. 71.

165 BVerfG, Beschl. v. 17.4.2000 – 1 BvR 721/99 – www.bverfg.de.

166 BVerfG, Beschl. v. 17.4.2000 – 1 BvR 721/99 – www.bverfg.de.

167 Vgl. hierzu Kapitel 3.1.5, S. 28 ff.

168 Die Zahl der Richter entspricht derjenigen der EMRK-Staaten (zur Zeit 43). Sie werden von der Parlamentarischen Versammlung des Europarates auf 6 Jahre gewählt. Zu den Einzelheiten vgl. www. coe.int./T/D/Menschenrechtsgerichtshof/ und *Oppermann*, Rn. 91 ff.

gige Institution und nicht zu verwechseln mit dem Europäischen Gerichtshof in Luxemburg.

Wird eine Verletzung der Menschenrechte behauptet, so kann jede natürliche Person, nichtstaatliche Organisation oder Personenvereinigung eine sogenannte **Individualbeschwerde** erheben,[169] sofern die **innerstaatlichen Rechtsmittel erschöpft** wurden.[170]

Der Europäische Gerichtshof für Menschenrechte hatte sich **zweimal** mit dem deutschen **ärztlichen Werbeverbot** zu befassen. Er hatte sowohl im Jahr 1985 (*Dr. Barthold*[171]) als auch im Jahr 2002 (*Dr. Stambuk*[172]) in der berufsgerichtlichen Sanktion, die wegen ausführlicher Presseartikel über diese Ärzte und deren Behandlungsweise ausgesprochen wurde – eine Verletzung der Meinungsfreiheit des Art. 10 EMRK bejaht und beide vorinstanzlichen Urteile aufgehoben.

Neben dem Europäischen Gerichtshof für Menschenrechte spielt vor allem der **Europäische Gerichtshof (EuGH)** in Luxemburg eine **überragende Rolle** für die **Kontrolle** und **Entwicklung** des **Europarechts.**[173] Er sichert die Wahrung des Rechts bei der Auslegung und Anwendung des EG-Vertrages.[174]

Die **deutschen Fachgerichte** sind unter bestimmten Voraussetzungen **verpflichtet**, den beiden Europäischen Gerichtshöfen Rechtsfragen zur Entscheidung vorzulegen. Dies ist nach Maßgabe des **Bundesverfassungsgerichts** dann der Fall, wenn zu entscheidungserheblichen Fragen des Gemeinschaftsrechts einschlägige Rechtsprechung des Europäischen Gerichtshofes noch nicht vorliegt oder wenn eine vorliegende Rechtsprechung die entscheidungserhebliche Frage möglicherweise noch nicht erschöpfend beantwortet hat. Verletzt ein Gericht diese Vorlagepflicht, so stellt dies einen verfassungswidrigen Entzug des gesetzlichen Richters dar.[175]

---

169 Es kann allerdings nur die Verletzung durch einen Staat (einschliesslich des „eigenen") geltend gemacht werden, nicht eine Missachtung der Rechte durch Private, *Oppermann*, Rn. 85.

170 Art. 26 EMRK.Voraussetzung für die Zulässigkeit der Individualbeschwerde ist ferner eine entsprechende Unterwerfungserklärung, die inzwischen von fast allen Mitgliedstaaten abgegeben wurde, vgl. *Oppermann*, Rn. 81.

171 EGMR Strassburg, Urt. v. 25.3.1985 – 10/1983/66/101 – (Dr. Barthold), EuGRZ 1985, S. 170 ff.

172 EGMR Strassburg, Urt. v. 17.10.2002 – 37928/97 – (Dr. Stambuk/Deutschland), NJW 2003, S. 497 ff., vgl. hierzu auch Kapitel 8.8.2.1, S. 168.

173 Der EuGH hat seinen Sitz in Luxemburg und besteht aus 15 Richtern sowie acht Generalanwälten, die unabhängig von den Richtern zur Vorbereitung der Entscheidung Rechtsgutachten erstellen und Voten vorschlagen. Diese sog. Schlussanträge, von denen die Richter abweichen können, werden gemeinsam mit der Entscheidung veröffentlicht und enthalten wesentlich ausführlichere Stellungnahmen, was für die Analyse von Entscheidungen, die selbst oft nur knapp begründet sind, hilfreich ist.

174 Art. 220 EGV.

175 Art. 101 Abs. 1 S. 2 GG, vgl. BVerfG, Beschl. v. 9.1.2001 – 1 BvR 1036/99 – www.bverfg.de.

3.2.3 Rechtliche Hierarchie: Schaubild

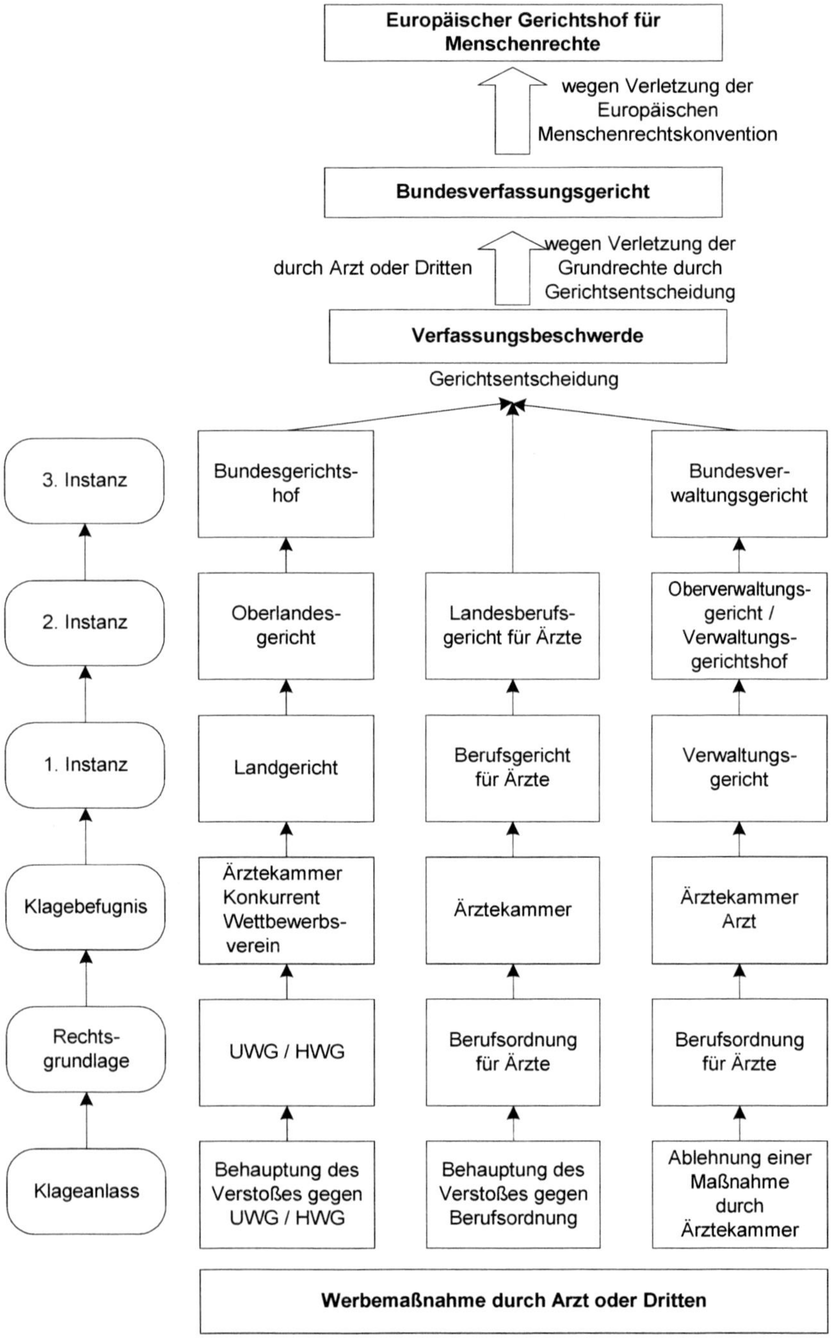

4 Das jahrzehntelange Werbeverbot

4.1 Wer war verantwortlich für das ärztliche Werbeverbot?

Es wird innerhalb der Ärzteschaft häufig angenommen, die Werbebeschränkungen würden durch einen Landes- oder Bundesgesetzgeber erlassen. Tatsächlich war das **ärztliche Werbeverbot** jedoch **niemals** auf **gesetzlicher Ebene normiert**. Es wurde stets durch die **ärztlichen Delegierten selbst** erlassen und ohne gesetzlich näher konkretisierten Rahmen ausschließlich in den **Berufsordnungen** der Ärzte geregelt.[176]

4.1.1 Deutscher Ärztetag – Erlass der Musterberufsordnung

Leitbild für die Berufsordnungen der Landesärztekammern ist die Musterberufsordnung (MBO).[177] Sie dient als **Mustersatzung** einer Berufsordnung und wird vom **Deutschen Ärztetag**, der bundesdeutschen Gesamtvertretung der Ärzteschaft,[178] beschlossen. Die Musterberufsordnung soll einer **„allgemeinen ärztlichen Standesauffassung"** **Ausdruck** verleihen und erkennen lassen, was nach Auffassung der Berufsangehörigen dem Wesen und der Würde des Berufsstandes entspricht.[179]

---

176 Für die Anwaltschaft hingegen hat der Bundesgesetzgeber den rechtlich zulässigen Rahmen erlaubter Werbung selbst definiert. Diese Vorschrift wurde in die – von der Bundesrechtsanwaltskammer erlassene – Berufsordnung aufgenommen und nur geringfügig ergänzt.

177 Die aktuelle Fassung des Regelwerks lautet:
(Muster-)Berufsordnung in der Fassung der Beschlüsse des 100. Deutschen Ärztetages 1997 in Eisenach, geändert durch die Beschlüsse des 103. Deutschen Ärztetages 2000 in Köln, geändert durch die Beschlüsse des 105. Deutschen Ärztetages 2002 in Rostock.

178 Der Deutsche Ärztetag ist die Hauptversammlung der Bundesärztekammer, das „Parlament der Ärzteschaft". Die 17 deutschen Ärztekammern entsenden insgesamt 250 Delegierte zu der einmal im Jahr tagenden Versammlung. Zu den Aufgaben des Deutschen Ärztetages gehört es, länderübergreifende Regelungen zum Berufsrecht (z.B. die Musterberufsordnung und die Musterweiterbildungsordnung) zu erarbeiten und zu verabschieden sowie die Positionen der Ärzteschaft zu aktuellen gesundheits- und sozialpolitischen Diskussionen der Gesellschaft zu artikulieren und sie der Öffentlichkeit zu vermitteln, vgl. Homepage der Bundesärztekammer unter www.bundesaerztekammer.de.

179 *Baumbach/Hefermehl*, § 1 UWG Rn. 673; *Taupitz*, S. 67.

Die Musterberufsordnung selbst entfaltet keine unmittelbaren Rechtswirkungen für die Ärzte. Rechtsverbindlich sind nur die auf der Grundlage der Musterberufsordnung durch die Vertreterversammlungen der Landesärztekammern beschlossenen Berufsordnungen.[180]

Die Umsetzung der Musterberufsordnung in die jeweiligen Berufsordnungen erfolgt meist in enger Anlehnung an ihre Vorgaben. Oft wird die Musterberufsordnung sogar **wortgleich** in die eigene Berufsordnung **umgesetzt**. Die **Ausführungen in diesem Buch** können sich – angesichts der Vielzahl der Berufsordnungen – aus Gründen der **Übersichtlichkeit** ausschließlich an der **Musterberufsordnung orientieren**.

4.1.2 Landesärztekammern – Erlass der Berufsordnungen

Die Berufsordnungen werden von den **(Landes-) Ärztekammern**[181] in Form einer Satzung[182] erlassen. Die Befugnis zum Erlass solcher Berufsordnungen folgt aus der **Kompetenzordnung des Grundgesetzes**: Danach ist es Aufgabe der einzelnen Bundesländer, die Berufsausübung der Ärzte *nach* deren Zulassung zu regeln und im Zusammenhang mit der Ordnung des ärztlichen Berufsbildes Werbevorschriften zu normieren.[183] Diese Aufgaben wurden durch Landesrecht den Landesärztekammern übertragen.[184]

180 Zum aktuellen Stand der Umsetzung der MBO 2002 durch die Landesärztekammern in Satzungsrecht vgl. Anhang Kapitel 15.1, S. 351 ff.

181 Die Landesärztekammern sind autonome Berufsverbände in Form von Körperschaften des öffentlichen Rechts. Ihr Zweck ist es, die beruflichen Interessen ihrer Mitglieder im weitesten Sinne zu fördern und ihre ordnungsgemässe Berufsausübung im Allgemeininteresse zu gewährleisten; BVerfG, Beschl. v. 9.5.1972 – 1 BvR 518/62 und 308/64 – BVerfGE 33, S. 125 ff. (157). Zu den weiteren Aufgaben der Ärztekammern vgl. die Selbstdarstellung in der Homepage der Bundesärztekammer unter www.bundesaerztekammer.de.

182 Satzungen sind Rechtsvorschriften, die aufgrund gesetzlich eingeräumter Autonomie mit Wirksamkeit für die ihr angehörigen und unterworfenen Personen erlassen werden. Die Verleihung von Satzungsautonomie hat ihren Sinn darin, den entsprechenden gesellschaftlichen Gruppen die Regelung solcher Angelegenheiten, die sie selbst betreffen und die sie in überschaubaren Bereichen am sachkundigsten beurteilen können, eigenverantwortlich zu überlassen und dadurch den Abstand zwischen Normgeber und Norm-adressat zu verringern, vgl. zuletzt BVerfG, Beschl. v. 8.3.2002 – 1 BvR 1974/96 – DVBl 2002, S. 835 ff. Zugleich wird der Gesetzgeber davon entlastet, sachliche und örtliche Verschiedenheiten berücksichtigen zu müssen, die für ihn oft schwer erkennbar sind und auf deren Veränderungen er nicht rasch genug reagieren könnte; BVerfG, Beschl. v. 9.5.1972 – 1 BvR 518/62 und 308/64 – BVerfGE 33, S. 125 ff. (156, 157).

183 BVerfG, Beschl. v. 19.11.1985 – 1 BvR 934/82 – MedR 1986, S. 128 m.w.N.; BVerfG, Beschl. v. 9.5.1972 – 1 BvR 518/62 und 308/64 – BVerfGE 33, S. 125 ff. (155).

184 Das Satzungsrecht übt die Vertreterversammlung der Ärztekammer aus. Die Vertreterversammlung ist ein von den Ärzten regelmäßig selbst gewähltes Organ der Ärztekammer; in ihr sind ausschließlich Ärzte vertreten.

Die Landesärztekammern haben von ihrer Rechtsetzungsbefugnis durchweg Gebrauch gemacht und Berufsordnungen in Form von Satzungen beschlossen.

Jede Landesärztekammer eines Bundeslandes hat ihre eigene Berufsordnung für Ärzte.[185]

Die **Ermächtigung der Landesärztekammern**, anstelle der Parlamente selbst als **Normgeber** zu fungieren und entsprechende Werbebeschränkungen zu erlassen, ist grundsätzlich **verfassungsgemäß.**[186] Standesrechtliche Werbebeschränkungen verstoßen auch **nicht** gegen die in der **Europäischen Menschenrechtskonvention** verankerte Meinungsfreiheit.[187] Zwar beeinflussen Werbebeschränkungen auch das Bild des Arztes in der Öffentlichkeit. Doch handelt es sich um herkömmliche Beschränkungen, die für eine eigenverantwortliche Ordnung durch Berufsverbände durchaus geeignet scheinen.[188]

Die **Rechtsetzung durch Berufsverbände** kann nach Ansicht des **Bundesverfassungsgerichts** allerdings auch **spezifische Gefahren** für die Betroffenen und die Allgemeinheit mit sich bringen. Zum Nachteil der Berufsanfänger und Außenseiter kann sie ein Übergewicht von Verbandsorganen oder ein verengtes Standesdenken begünstigen, das notwendigen Veränderungen und Auflockerungen festgefügter Berufsbilder hinderlich ist.[189] Daher müssen die berufsrechtlichen Regelungen den Grundsätzen der Verfassung entsprechen:[190]

---

185 Es gibt also bundesweit 17 Berufsordnungen für Ärztinnen und Ärzte. Zum aktuellen Stand der Umsetzung der MBO 2002 durch die Landesärztekammern in Satzungsrecht vgl. Anhang Kapitel 15.1, S. 351 ff.
Die Berufsordnung für Rechtsanwälte ist demgegenüber bundesweit einheitlich geregelt, was der Übersichtlichkeit und damit der Rechtszufriedenheit dient.

186 St. Rspr. des BVerfG, zuletzt BVerfG, Beschl. v. 4.7.2000 – 1 BvR 547/99 – www.bverfg.de; BVerfG, Beschl. v. 22.5.1996 – 1 BvR 744/88 u.a. – BVerfGE 94, S. 372 ff (390 ff.); BVerfG, Beschl. v. 19.11.1985 – 1 BvR 38/78 – MedR 1986, S. 134.
Zur Zulässigkeit standesrechtlicher Beschränkungen vgl. auch Kapitel 9.3, S. 208 ff.
Kritisch zur Normsetzungsbefugnis der standesrechtlichen Selbstverwaltungskörperschaften demgegenüber *Gaidzik*, AusR 2001, S. 6 ff und *Papier/Petz*, NJW 1994, S. 1554 ff. Zu den sachlichen Grenzen der Normierungsgewalt der Kammern, vgl. umfassend *Taupitz*, S. 801 ff. Zu den Tendenzen weitestgehender Wettbewerbsregulierungen durch die Humanmedizinerkammern, vgl. auch *Oehlers*, S. 42 ff.

187 EGMR Strassburg, Urt. v. 17.10.2002 – 37928/97 – (Dr. Stambuk/Deutschland), NJW 2003, S. 497 ff. Vgl. zu Art. 10 EMRK Kapitel 3.1.5, S. 28 ff.

188 BVerfG, Beschl. v. 19.11.1985 – 1 BvR 934/82 – MedR 1986, S. 128 mit ausführlicher Begründung. Für diesen Bereich bedarf es keiner zusätzlichen inhaltlichen Vorgaben, so BVerfG, Beschl. v. 22.5.1996 – 1 BvR 744/88 u.a. – BVerfGE 94, S. 372 ff. (390 ff.).

189 BVerfG, Beschl. v. 9.5.1972 – 1 BvR 518/62 und 308/64 – BVerfGE 33, S. 125 ff. (159).

190 Das zulässige Ausmaß von Beschränkungen hängt im Einzelnen von der Intensität des Eingriffs ab. Es muss vom Gesetzgeber den Berufsverbänden in der Ermächtigung um so deutlicher vorgegeben werden, je empfindlicher Berufsangehörige in ihrer freien beruflichen Betätigung beeinträchtigt werden, BVerfG, Beschl. v. 22.5.1996 – 1 BvR 744/88 u.a. – BVerfGE 94, S. 372 ff. (390 ff.) = MedR 1996, S. 511 ff.

Selbstverständlich ist, dass das vom Verband gesetzte Recht
seinem materiellen Inhalt nach mit höherrangigem Recht,
vor allem mit dem Grundgesetz, voll in Übereinstimmung stehen muss.

Das Bundesverfassungsgericht 1972 [191]

4.1.3 Normenpyramide: Schaubild

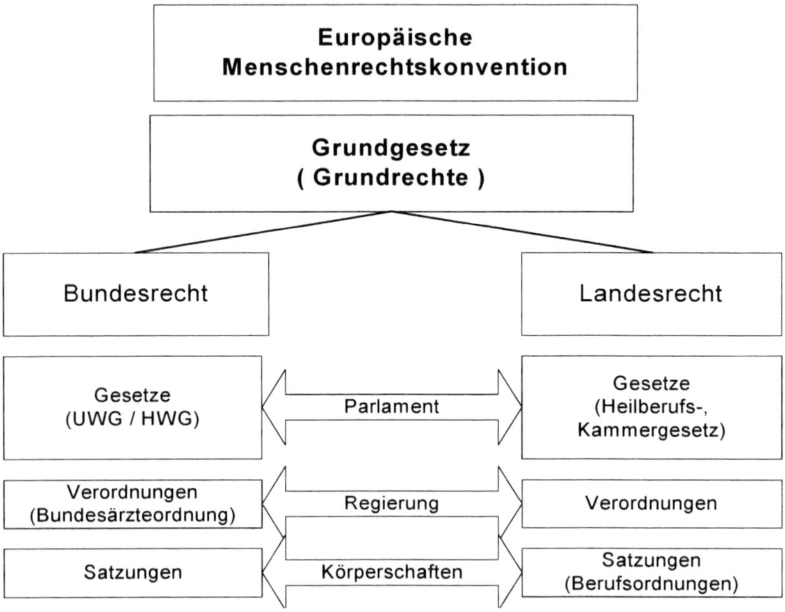

4.1.4 Traditionelle Begründungen des Werbeverbots

Noch bis vor kurzem wurde postuliert, das Werbeverbot zähle zu den ärztlichen Grundpflichten schlechthin.[192] Der Verzicht auf Werbung entspreche der Natur des ärztlichen Berufes als freier Beruf und stelle eines der Wesensmerkmale dar.[193]

191 BVerfG, Beschl. v. 9.5.1972 – 1 BvR 518/62 und 308/64 – BVerfGE 33, S. 125 ff. (160).

192 *Ratzel/Lippert*, §§ 27, 28 Rn. 1; *Rieger*, MedR 1999, S. 513.
Grund hierfür mag im 19. Jahrhundert der Kampf gegen die sogenannte „Kurpfuscherei" gewesen sein, da die Erfolge dieser „Kurpfuscher" nach früherer Ansicht nicht zuletzt auf der Wirksamkeit besonders marktschreierischer Reklame beruhe, welche den Ärzten aufgrund ihrer Anstandspflichten unmöglich sei, vgl. *Gaidzik*, AusR 2001, S. 6.
Zum historischen Ursprung der Werbebeschränkungen für Ärzte vgl. *Ehlers*, S. 535.

193 *Rieger*, in *Engler/Räpple/Rieger*, S. 105 Rn. 218.

Mittelbar diene das Werbeverbot dem Schutz der Werbeposition der Kollegen als Mitbewerber.[194] Die Ärzte sollten in der Öffentlichkeit einheitlich auftreten, die Verhinderung des Wettbewerbs zwischen Ärzten sei mithin ein schutzwürdiger Verbotszweck.[195] Nicht auf die Person des Arztes, sondern auf seine Tätigkeit komme es an.[196]

Das Werbeverbot solle ferner dazu beitragen, das berufliche Verantwortungsgefühl des Arztes und das Vertrauen der Öffentlichkeit in den Berufsstand zu stärken.[197] Es wolle eine Verfälschung des ärztlichen Berufsbildes durch Verwendung von Werbemethoden verhindern, wie sie in der gewerblichen Wirtschaft üblich seien.[198] Die ärztliche Berufsausübung solle sich nicht an ökonomischen Erfolgskriterien, sondern an medizinischen Notwendigkeiten orientieren.[199] Das Werbeverbot beuge somit einer gesundheitspolitisch unerwünschten Kommerzialisierung des Arztberufes vor.[200] Es wolle damit langfristig negativen Rückwirkungen auf die medizinische Versorgung entgegenwirken.[201] Die Bevölkerung solle darauf vertrauen dürfen, dass der Arzt sich nicht von Gewinnstreben leiten lasse, sondern seinen Beruf im Dienste der Gesundheit des Einzelnen und in Verantwortung für die Volksgesundheit ausübe.[202] Im übrigen erhöhe eine gesteigerte Werbetätigkeit im freiberuflichen Dienstleistungsbereich den Kostenfaktor, was letztlich auf das Klientel umgelegt würde. Es sei daher der rapide Anstieg der Gebühren zu befürchten.[203]

Das standesrechtlich auferlegte Werbeverbot mitsamt seinen Ausformungen sei in der Ärzteschaft ganz unumstritten, weshalb Verletzungen der Standesnormen auch vom Standpunkt der Allgemeinheit zu missbilligen seien.[204]

Nicht nur die Ärzteschaft, auch die Rechtsprechung akzeptierte das – von der Ärzteschaft selbst auferlegte – jahrzehntelange ärztliche Werbeverbot unter Berufung auf „vernünftige Erwägungen des Gemeinwohls." Es sei daher verfassungsrechtlich grundsätzlich nicht zu beanstanden.[205]

---

194 BGH, Urt. v. 14.4.1994 – I ZR 12/92 – MedR 1995, S. 113; vgl. auch *Taupitz*, S. 494 ff. Dieses Argument ist jedoch spätestens seit der 2. Facharztentscheidung des Bundesverfassungsgerichts hinfällig, vgl. hierzu Kapitel 7.1.2.2, S. 82 und Kapitel 9.4.3, S. 214.

195 OVG Lüneburg, Urt. v. 15.8.1988 – 8 OVG A 45/87 – MedR 1989, S. 99 m.w.N. zur verwaltungsrechtlichen Rechtsprechung.

196 *Piper*, S. 450.

197 OLG Koblenz, Urt. v. 13.2.1997 – 6 U 1500/96 – WRP 1997, S. 478 m.w.N.

198 BVerfG, Urt. v. 19.11.1985 – 1 BvR 934/82 – BVerfGE 71, S. 162 ff. (173).

199 Zuletzt OLG Bamberg, Urt. v. 20.12.2000 – 3 U 227/00 –.

200 BVerfG, Beschl. v. 11.2.1992 – 1 BvR 1531/90 – NJW 1992, S. 2341; zuletzt noch BGH Urt. v. 10.11.1999 – I ZR 121/97 – NJW 2000, S. 1789.

201 *Piper*, S. 456. Zu den strengen Anforderungen an dieses Argument s. zuletzt BVerfG, Urt. v. 29.10.2002 – 1 BvR 525/99 – www.bverfg.de.

202 OLG Koblenz, Urt. v. 13.2.1997 – 6 U 1500/96 – WRP 1997, S. 478.

203 *Löwe*, S. 546.

204 OLG Hamburg, Urt. v. 13.8.1987 – 3 U 95/87 – GRUR 1988, S. 141 ff.

205 BVerfG, Beschl. v. 9.5.1972 – 1 BvR 518/62 und 308/64 – BVerfGE 33, S. 125 ff. (170).

4.2 Das Werbeverbot und seine Nachteile für Ärzte

4.2.1 Missbrauch innerhalb der Kollegenschaft

Es zeigte sich, dass die Ärztekammern, die Berufsgerichte und die Wettbewerbszentrale nicht nur die „schwarzen Schafe“ verfolgten, die es freilich auch im ärztlichen Bereich gibt. Es wurde auch eine erhebliche Energie darauf verwendet, gegen solche „Verstöße“ vorzugehen, deren angebliche Verwerflichkeit vor allem den Patienten nicht einleuchtete: demjenigen Adressatenkreis, dessen Schutz das Werbeverbot doch eigentlich bezweckte.[206]

Wirklich bedenklich war dies, wenn die berufsrechtliche Verfolgung auf Anzeigen längst etablierter Ärzte und Einrichtungen beruhte, die sich das Verfolgungspotential von Ärztekammern und Berufsgerichten zunutze machten, um sich gegen ärztliche „Newcomer“ zu wehren, die naturgemäß mehr auf sich aufmerksam machen müssen, als die schon etablierte Konkurrenz.[207] Das ärztliche Werbeverbot wurde damit vor allem als ein **Mittel gegen den ärztlichen Wettbewerb** eingesetzt und zum **Schutz vor unwillkommener Konkurrenz** instrumentalisiert.[208] Genau dies ist jedoch unzulässig, da Werbeverbote nicht aus Gründen des Konkurrenzschutzes ausgesprochen oder verfolgt werden dürfen.[209] Werbeverbote und Werbebeschränkungen dürfen ausschließlich zum **Schutz der Gesundheit** des Einzelnen und der Bevölkerung erlassen werden, da sich Kranke leicht verunsichern und beeinflussenlassen. Sie sollen deshalb vor Täuschung, Irreführung und Anpreisung bewahrt werden.[210]

Selbst der **Gesundheitsaspekt** wurde **missbraucht** und damit **banalisiert**, wie Bundesverfassungsrichterin *Jaeger* zutreffend feststellt:

---

206 Zum Schutz der Patienten als Gemeinwohlbelang vgl. Kapitel 9.3.2, S. 210.
Kritisch ebenso *Kleine-Cosack*, der feststellt, die freien Berufe hätten schon seit dem In-Kraft-Treten des Grundgesetzes 1949 den erforderlichen Anpassungsprozess an das Grundgesetz verpasst und auf dem Altar der Freiberuflichkeit elementare Freiheitsrechte wie die Meinungs- und Berufsfreiheit vielfach geopfert.

207 Nach Aussage von *Andreas/Debong/Bruns* beruhen die vor den Berufsgerichten durchgeführten Verfahren wegen berufswidriger Werbung praktisch nie auf Patientenanzeigen, sondern immer auf Beschwerden „der lieben Kollegen“, die eifersüchtig darüber wachen, dass ihr ärztlicher Konkurrent sich keine Wettbewerbsvorteile verschafft, vgl. S. 43. Dies deckt sich mit der Erfahrung der *Autorin* in ihrer eigenen Anwaltskanzlei.
In diesem Sinne insgesamt kritisch zum ärztlichen Werbeverbot bereits *Bruns*, S. 204 ff., ebenso *Schulte*, S. 56 ff. m.w.N.

208 Vgl. beispielhaft den jahrelangen Streit zwischen zwei ärztlichen Konkurrenten über ein an der Privatwohnung des beschuldigten Arztes angebrachtes Schild von 30 cm x 40 cm und dessen Facharztangabe: BerufsG f. Heilberufe beim VG Frankfurt a.M., Urt. v. 6.12.2001 – 21 BG 1568/00 (V) –. Das Gericht hatte den Arzt schließlich vom Vorwurf berufswidriger Werbung freigesprochen und den Rügebescheid der Ärzte- und Landesärztekammer aufgehoben.

209 Vgl. hierzu Kapitel 9.4.3, S. 214 ff.

210 St. Rspr., zuletzt OLG Hamm, Urt. v. 14.9.2000 – 4 U 57/00 – und BVerfG, Beschl. v. 4.7.2000 – 1 BvR 547/99 – www.bverfg.de, vgl. hierzu auch Kapitel 9.3.2, S. 210 ff.

„Der Futterneid der Leistungserbringer führt zu Streitigkeiten zwischen Etablierten und Reformern sowie zu kleinlichen Abmahnungen unter Kollegen aus Konkurrenzneid, aber immer unter dem Stichwort „Gefährdung der Volksgesundheit“.[211]

4.2.2 Existentielle Beeinträchtigungen aufgrund hoher Investitionen

Soweit durch das Werbeverbot nicht nur anpreisende, irreführende oder heilversprechende Werbung verhindert, sondern zugleich auch sachliche Hinweise auf spezielle Indikationen und Behandlungsmethoden unterbunden werden sollten, konnte dies den **Nerv ärztlicher Tätigkeit empfindlich treffen**. Denn damit wurde den Ärzten weitestgehend die Möglichkeit genommen, aktiv auf die Anbahnung und das Zustandekommen von Behandlungsverhältnissen hinzuwirken und das berufliche sowie ökonomische Ergebnis mit zu bestimmen.[212]

Allein der Kauf und die Einrichtung einer Arztpraxis durch neu zugelassene, meist junge Ärzte erfordern Investitionen, die andere Freiberufler in dieser Höhe nur selten tätigen müssen.

Werden außerdem **hochspezialisierte und kostenintensive Behandlungsmethoden** angeboten, die zwangsläufig auch ökonomische Rentabilitätsgesichtspunkte in den Blickpunkt rücken lassen, ist der Arzt möglicherweise in seiner Existenz betroffen. Dasselbe gilt für die **Etablierung neu entwickelter** und deshalb regelmäßig auch **umstrittener Behandlungsmethoden** ebenso wie für den Einsatz **teurer Medizinprodukte**.[213] Oftmals trifft verschiedenes zusammen, weshalb die Belastung der beruflichen Betätigungsfreiheit durch ärztliche Informationsverbote nicht mehr zumutbar war. Das galt umso mehr, als der Wille des einzelnen Arztes zur Fortentwicklung des medizinischen Instrumentariums und zur Spezialisierung zugleich den Motor darstellt, der für ein funktionierendes Gesundheitswesen auf hohem Niveau unerlässlich ist.[214]

---

211 *Jaeger*, S. 265.

212 Die Anwälte erkannten bereits beim Anwaltstag 1996, dass man dem wachsenden Konkurrenzkampf nicht durch einen lediglich vermeintlichen Schutz vor Konkurrenz mittels standesrechtlicher Werbeverbote begegnen dürfe, vgl. *Kort*, GRUR 1997, S. 702 m.w.N.

213 Vgl. zur Werbung für Medizinprodukte Kapitel 8.10.4, S. 189 ff.

214 Hierzu ausführlich und überzeugend schon *Papier/Petz*, NJW 1994, S. 1553 ff.

4.2.3 Wettbewerbsnachteile gegenüber Kliniken

Eines der vordringlichsten Anliegen der **Gesundheitsreform 2000** war die **Verzahnung des ambulanten mit dem stationären Bereich.**[215] Krankenhäuser können heute im Rahmen der sogenannten integrierten Versorgung auch mit Arztpraxen kooperieren.[216]

Kliniken war Werbung schon seit Jahren grundsätzlich erlaubt. Sie dürfen nach neuester Rechtsprechung sogar für **ambulante Leistungen** werben, die typischerweise nicht in Krankenhäusern, sondern von niedergelassenen Ärzten erbracht werden.[217] Diese Entwicklung führte jedoch zu **erheblichen Wettbewerbsverzerrungen und Wettbewerbsnachteilen**, solange es Ärzten weiterhin verboten blieb, für ihre ambulanten Leistungen zu werben.[218] Denn unter dem Gesichtspunkt der **Gleichbehandlung** und dem Aspekt gleicher Wettbewerbsbedingungen ist heute eine Privilegierung der Kliniken gegenüber den Arztpraxen nicht mehr zu rechtfertigen.[219] Hier konkurrieren im **Klinikbereich** einerseits **Großkapitalgeber** unter dem haftungsrechtlich privilegierten Mantel rechtlicher **Kapitalgesellschaften** mit andererseits **selbständigen persönlich haftenden Ärzten,** denen die Ausübung ihrer ärztlichen Tätigkeit im Rahmen einer GmbH oder sonstigen Gesellschaft sogar ausdrücklich verboten ist.[220]

Ein Vergleich dieser beiden Unternehmensformen ergibt, dass die niedergelassenen Ärzte ein erheblich **größeres finanzielles Risiko** auf ihren persönlichen Schultern tragen und sich – im Gegensatz zu Kliniken und Instituten – nicht auf gesellschaftsrechtliche Haftungsbeschränkungen berufen können. Dies gilt insbesondere für diejenigen Arztpraxen, die sich auf apparate- und kapitalintensive Behandlungsmethoden spezialisiert haben, selbst wenn sie mit anderen Ärzten eine Kooperation eingehen.[221] Die heute vermehrt eintretenden **Insolvenzen von Arztpraxen** bestä-

---

215 Begründung des Entwurfs des Gesundheitsreformgesetzes 2000, BT-Dr. 14/1245, sub A.II.

216 §§ 140 b ff. SGB V. Aus diesem Grund wurde die entsprechende Vorschrift der Musterberufsordnung geändert, um die Krankenhäuser in die Praxisverbundregelung aufzunehmen, vgl. die Regelung D II Nr. 11 Abs. 3 MBO.

217 Vgl. hierzu Kapitel 12.2.4.4, S. 325 ff.

218 So auch BGH, Urt. v. 8.6.2000 – I ZR 269/97 – WRP 2001, S. 28 ff., der es als nicht zu rechtfertigende Ungleichbehandlung ansah, wenn gewerbliche Zahninstitute für die dort angebotenen zahnärztlichen Leistungen in einer Form werben dürften, wie es niedergelassenen Zahnärzten verboten wäre. **Unzutreffend** und **nicht vertretbar** hingegen die Konsequenz des BGH, dem Institut ein Anzeigenverbot auszusprechen („Dentalästhetica“ in Auto Motor Sport), heute durch die Rechtsprechung des Bundesverfassungsgerichts überholt.

219 So auch *Cramer/Henkel*, MedR 2000, S. 572.
Zur Gleichbehandlung einer berufsgenossenschaftlichen Unfallklinik mit einer Universitätsklinik, deren beamtete ärztliche Direktoren der berufsrechtlichen Gewalt der Ärztekammern nicht unterliegen, bei einer Zeitungs-Serie „Spitzen-Medizin in Rhein-Main“ vgl. BerufsG f. Heilberufe, VG Frankfurt a.M., Urt. v. 19.6.2000 – 21 BG 4/99 (V) –.

220 Vgl. hierzu Kapitel 12.4, S. 331 ff.

221 Vgl. zur rechtlichen Unterscheidung zwischen ärztlichen Generalisten und Spezialisten insbesondere *Papier/Petz*, NJW 1994, S. 1553 ff.

tigen die Vermutung eines nahezu unabschätzbar gewordenen Kostenrisikos für Ärzte. Die Argumente für das Klinikprivileg sind also für Arztpraxen gleichermaßen berechtigt.[222]

> Die Verzahnung der ambulanten und stationären Leistungen hat zur Folge, dass die niedergelassenen Ärzte dieselben Werberechte haben wie Kliniken.[223]

Dies gebietet die **Rechtseinheitlichkeit** und die damit einhergehende **Rechtssicherheit** und **Rechtszufriedenheit**. Es war daher höchste Zeit, durch die Aufhebung der ärztlichen Werbeverbote die gebotene **wettbewerbsrechtliche Gleichstellung im Gesundheitswesen** herzustellen.

4.3 Das Werbeverbot und seine Gefahren für Patienten

4.3.1 Gefahren durch mangelnde Information

Rechtsanwälte und **Steuerberater**, die früher ebenfalls einem strengen Werbeverbot unterlagen, dürfen schon seit einigen Jahren für ihre berufliche Tätigkeit in sachlicher Form werben.[224] In den vergangenen Jahren wurde immer wieder behauptet, diese Entwicklung sei wegen der Einzigartigkeit ärztlicher Dienstleistungen nicht auf die Ärzte übertragbar.[225]

Die Unterschiede der von Ärzten einerseits und Anwälten oder Steuerberatern andererseits erbrachten Dienstleistungen sind in der Tat erheblich: Steuerberater oder Rechtsanwälte nehmen vornehmlich **vermögensrechtliche** Interessen ihrer Mandanten wahr. Eventuelle Haftungsschäden wirken sich daher meist nur in der **Ver-**

---

222 Vgl. hierzu die weiteren Ausführungen in Kapitel 12.2, S. 318 ff.

223 Unvertretbar, da die aktuelle Rechtsprechung des BVerfG nicht würdigend, daher auch BGH, Urt. v. 31.10.2002 – I ZR 60/00 -, GRUR 2003, S. 353.

224 § 43 b BRAO i.V.m. §§ 6 ff. BORA, § 57 StBerG und § 52 WPO erlauben Werbung auch ohne konkreten Anlass, soweit diese über die berufliche Tätigkeit in Form und Inhalt sachlich unterrichtet und nicht auf die Erteilung eines Auftrages im Einzelfall gerichtet ist.

225 So z.B. OLG Hamburg, MedR 1997, S. 177; Gerichtshof für die Heilberufe Niedersachsen, Urt. v. 10.5.1995 – 1 S 1/94 – MedR 1996, S. 285.
Dieser **unzutreffenden Rechtsbehauptung** ist die Bundesverfassungsrichterin *Jaeger* (vgl. S. 264) endgültig entgegen getreten: *„Die Gruppen der Freiberufler sind weitgehend austauschbar. Man kann sich deshalb den Wirkungen der Rechtsprechung nicht dadurch entziehen, dass man sich als Rechtsanwalt von Apothekern und als Arzt von Steuerberatern zu unterscheiden glaubt.“*

mögenssphäre der Klienten aus. **Ärzten** hingegen sind die **Gesundheits- und Lebensinteressen** ihrer Patienten anvertraut. Hierbei wird verkannt, dass nicht nur eine unrichtige Behandlung, sondern auch eine unrichtige und unvollständige Information die Patienten erheblich gefährden kann.

Wie soll der Patient in einer hochspezialisierten Medizin und einem immer komplexeren Gesundheitswesen den für ihn am besten qualifizierten Arzt finden, wenn er über den Arzt nicht mehr weiß als Namen, Adresse und Gebietsbezeichnung?

Angesichts der Intensität eines möglichen fehlerhaften Eingriffes ist es daher unabdingbar, den Patienten bereits im Vorfeld und außerhalb der Arztpraxis umfassende Informationen über die ärztlichen Qualifikationen und das ärztliche Leistungsangebot zu liefern.[226]

Die Frage, worüber der Patient bei der **Wahl eines Arztes** informiert werden muss, war bislang allerdings wenig diskutiert.[227] Die Frage, worüber der Patient bei einer medizinischen Behandlung informiert und aufgeklärt werden muss, füllt demgegenüber ganze Rechtsbibliotheken und Entscheidungssammlungen und dürfte im Arzthaftungsrecht das am meisten diskutierte Problem sein.

Noch heute wird die umfassende Information der Patienten über die Behandlung *innerhalb* der Arztpraxis als „Aufklärung" bezeichnet – die Patienteninformation *außerhalb* der Praxis als „Werbung" abqualifiziert.[228]

Damit einher ging folglich nicht nur eine **Einschränkung der freien Arztwahl.**[229]

Für gewisse körperliche Eingriffe, die auch von Nichtärzten erbracht werden können, konnte der Mangel an Information darüber hinaus zur Folge haben, dass Patienten auf gewerbliche, nicht ausgebildete und unprofessionelle Anbieter ausweichen mussten, bei welchen eine Behandlung oftmals die Gefahr weiterer Gesundheitsbeschädigungen barg.

226 So auch ausführlich *Barth*, etwa S. 225 ff. u. 448 ff.

227 Allerdings hat *Barth* mit seinem grundlegenden und überzeugenden juristischen Werk „Medizinermarketing: Vom Werbeverbot zur Patienteninformation" erheblich zur Vertiefung der bisherigen Erkenntnisse beigetragen.

228 *Barth*, S. 5. Information schafft jedoch Sicherheit und beeinflusst die Behandlung positiv, während fehlende oder ungenügende Information Misstrauen und Angst aufkommen lässt, vgl. *Barth*, S. 167.

229 Vgl. hierzu näher Kapitel 3.1.2, S. 17 ff.

4.3.2 Gefahren durch Werbung unprofessioneller Anbieter

Welche **reellen Gesundheitsgefahren** sich **aufgrund des ärztlichen Werbeverbotes** für Patienten entwickeln konnten, wurde durch die Modeerscheinung des „Piercing"[230] erschreckend deutlich: Piercing wird in 98 % aller Fälle unter **verheerenden hygienischen Bedingungen** durchgeführt. Hieraus resultieren **gravierende Gesundheitsschäden** wie beispielsweise Vereiterungen, wulstige Verbrennungsnarben und sogar irreversible Nervenschädigungen.[231] Dies liegt daran, dass Piercing (ebenso wie das Tätowieren) von jedem Ungelernten lediglich auf der Basis eines Gewerbescheins durchgeführt werden kann.[232] Paradoxerweise dürfen diese Anbieter für ihre Leistungen auch noch **Werbung betreiben** und zwar in einer Form, wie sie jedem Gewerbetreibenden erlaubt ist, also **auch in anpreisender Weise.**[233]

Diejenigen **Ärzte** hingegen, die angesichts der Erfahrung und Behandlung solcher Gesundheitsschäden dazu übergegangen waren, die Nachfrage dieser Leistungen in den medizinisch einwandfreien Verhältnissen ihrer eigenen Praxis zu befriedigen, durften hierüber bis vor kurzem **nicht einmal sachlich informieren**![234]

Dies führte zwangsläufig dazu, dass sich Kunden angesichts der fehlenden ärztlichen Information in **unprofessionelle Hände** begaben und erhebliche Gesundheitsgefahren riskierten, deren Folgen später mittels ärztlicher Hilfe und auf Kosten der Krankenkassen wieder beseitigt werden müssen.[235] Diese aktuellen Entwicklungen vor allem im Bereich der sog. „Schönheitseingriffe" führte die bisherige Argumentation zur Aufrechterhaltung der Werbeverbote völlig ad absurdum, denn:

Nicht die Werbung des Arztes stellt eine Gesundheitsgefährdung dar, sondern die Werbung unprofessioneller Anbieter für invasive Schönheitseingriffe.

Dies konnte von der Ärzteschaft, die sich die Werbebeschränkungen selbst auferlegte, nicht wirklich gewollt sein.

---

230 Piercing ist das Durchstechen von Ringen und Steckern vor allem in Lippe, Zunge, Brustwarzen sowie im Genitalbereich.

231 Aussage der Deutschen Gesellschaft für Plastische und Wiederherstellungschirurgie, vgl. die Berichte „Piercing macht kank" im *Spiegel* v. 4.2.2001 und „Nach der ersten Freude fliessen oft Tränen" in der *Ärztezeitung* v. 26.2.2001.

232 Oft sogar im Freien oder auf Flohmärkten.

233 Vgl. zum Verbot der anpreisenden Werbung für Ärzte Kapitel 10.3, S. 242.

234 Vgl. hierzu auch den Fall in Kapitel 10.2.4.8, S. 236.

235 Die Kosten belaufen sich auf Millionenhöhe, s. die genannten Artikel in Fußnote 231 Diesen Gesundheitsgefahren wäre nur dadurch zu begegnen, dass **lediglich Ärzte** Piercings überhaupt durchführen und über das Angebot solcher Leistungen **informieren dürfen.**

4.4 Der zulässige „werbliche Nebeneffekt“

Die höchstrichterliche Rechtsprechung hatte angesichts des strengen ärztlichen Werbeverbotes zunehmend zwischen **gezielter Werbung** im engeren Sinne und sogenanntem **werbewirksamem Verhalten** unterschieden.[236]

Werbe*wirksames* Verhalten bedeutet, dass die Darstellung ihrem Zweck nach nicht auf Werbung, sondern beispielsweise auf **Aufklärung, Meinungsäußerung** oder **Information** gerichtet ist. Typischerweise ist eine solche Maßnahme nicht nur informativ, sondern bewirkt als Begleiterscheinung einen sogenannten „**werblichen Nebeneffekt**“ und ist damit zugleich werbewirksam.[237] Dies darf auch sein:

Es gibt keine vernünftigen Erwägungen des Gemeinwohls dafür, alle Angaben und Zusätze, die nicht als zulässige Berufsqualifikation oder als Titel auf einem Praxisschild erscheinen dürfen, ohne Rücksicht auf ihren Sinn und Zweck sowie ihren Informationswert für Dritte generell zu verbieten.

Das Bundesverfassungsgericht 1993 [238]

Das **Bundesverfassungsgericht** forderte daher bei der rechtlichen Beurteilung einer Werbemaßnahme eine **Abwägung** zwischen dem Grundrecht auf freie Berufsausübung und dem Schutzzweck der Werbebeschränkungen:[239]

Nicht jede Maßnahme, mit der ein gewisser Werbeeffekt verbunden ist, stellt eine berufswidrige Werbung dar.

Das Bundesverfassungsgericht 1997 [240]

---

236 So etwa BVerfG, Beschl. v. 24.7.1997 – 1 BvR 1863/96 -, GRUR 1991, S. 71 u. BVerfG, Beschl. v. 17.4.2000 – 1 BvR 721/99 – www.bverfg.de. Zuvor bereits EGMR Strassburg, Urt. v. 25.3.1985 – 10/1983/66/101 – (Dr. Barthold), EuGRZ 1985, S. 170 ff. Vgl. zur Entwicklung der Rechtsprechung seit den sechziger Jahren des 20. Jahrhunderts *Gaidzik*, AusR 2001, S. 6 ff.

237 In diesem Sinne ist auch die Definition der *Autorin* zu verstehen: *„Jede Information in eigener Sache ist zugleich Werbung“*, vgl. Kapitel 2.1.1 (am Ende), S. 5 ff.

238 BVerfG, Beschl. v. 21.4.1993 – 1 BvR 166/89 – MedR 1993, 348.

239 BVerfG, Beschl. v. 19.11.1985 – 1 BvR 934/82 – MedR 1986, S. 128; vgl. zu dieser Entscheidung Kapitel 8.7.2.3, S. 161. Ebenso das Bundesverwaltungsgericht, Urt. v. 13.11.1997 – 3 C 44/96 – NJW 1998, S. 2759.
Vgl. zum Erfordernis eines konkreten Bezuges zum Schutzgut Kapitel 9.4.2, S. 213.

240 BVerfG, Beschl. v. 24.7.1997 – 1 BvR 1863/96 –, GRUR 1998, S. 71.
In diesem Sinne schon fortschrittlich VG Braunschweig, Urt. v. 25.11.1998 – 1 A 1042/96 – (Akupunktur), vgl. hierzu auch Kapitel 7.3.2.1, S. 89.

> Wird aber an werbewirksames Verhalten ein ebenso strenger Maßstab angelegt wie für die gezielte berufliche Werbung, so wird der Umfang und die Tragweite des Grundrechts der Berufsfreiheit verkannt.

Das Bundesverfassungsgericht 1997 [241]

> Solange die sachangemessene Information im Vordergrund steht, wird ein gewisser Werbeeffekt in Kauf genommen. Denn vorrangig ist das Recht der Berufsangehörigen auf freie Meinungsäußerung und das Informationsbedürfnis der Bevölkerung.

Das Bundesverfassungsgericht 1993 [242]

Ähnlich das Bundesverwaltungsgericht:

> Angaben, die sachlich richtig sind, der Befriedigung eines berechtigten Informationsbedürfnisses dienen und weder durch das verwendete Medium noch durch ihre Aufmachung einen spezifischen werblichen Charakter erhalten, sind nach Inhalt und Gestaltung keine gezielte Werbung, sondern allenfalls eine Maßnahme, die einen werblichen Nebeneffekt haben mag.

Bundesverwaltungsgericht 1997 [243]

Schließlich der Europäische Gerichtshof für Menschenrechte:

> Der Bericht kann durchaus einen Werbeeffekt für den Arzt und seine Praxis gehabt haben, das war aber gemessen am Hauptinhalt des Artikels zweitrangig.

Der Europäische Gerichtshof für Menschenrechte 2002 [244]

---

241 BVerfG, Beschl. v. 24.7.1997 – 1 BvR 1863/96 –, GRUR 1998, S. 71.

242 BVerfG, Beschl. v. 21.4.1993 – 1 BvR 166/89 – MedR 1993, S. 348; vgl. auch *Rieger*, Kommentar zu BVerfG, Beschl. v. 21.4.1993 – 1 BvR 166/89 – MedR 1993, S. 348.

243 BVerwG, Urt. v. 13.11.1997 – 3 C 44/96 – NJW 1998, S. 2759, vgl. zu diesem Urteil Kapitel 8.6.4.3, S. 157.

244 EGMR Strassburg, Urt. v. 17.10.2002 – 37928/97 – (Dr. Stambuk/Deutschland), NJW 2003, S. 497 ff.

5 Die Aufhebung des ärztlichen Werbeverbotes

5.1 Entwicklung

5.1.1 Die Novellierung der MBO 2000

Eine erste zaghafte Lockerung des Werbeverbotes erfolgte im Mai 2000, nachdem die Ärzteschaft den **dringenden Handlungsbedarf** eingesehen hatte.[245] Geändert wurde die Systematik des § 27 MBO: Waren bislang ärztliche Angaben als angebliche Werbemaßnahmen grundsätzlich verboten und nur einzelne Informationen ausnahmsweise erlaubt, so wurde jetzt den Ärzten ein grundsätzliches Informationsrecht über ihre Berufstätigkeit eingeräumt, welches lediglich ausnahmsweise durch das Verbot berufswidriger Werbung beschränkt war.[246]

Dieses Informationsrecht unterlag jedoch weiterhin den umfangreichen standesrechtlichen Einschränkungen: Denn die seitenlangen und kleinlichen Verbote des **Kapitels D I**[247] blieben Bestandteil der Musterberufsordnung und standen damit in einem erheblichen Widerspruch zu dem neu eingeräumten Recht auf sachliche Information sowie zur aktuellen Rechtsprechung des Bundesverfassungsgerichts. Vor allem war festzustellen, dass diese Änderung von den Ärztekammern in ihrer juristischen Tragweite weder ernst genommen noch bei der Beurteilung ärztlicher Werbemaßnahmen berücksichtigt wurde.

Mit dieser minimalen Novellierung von 2000 wurde lediglich eine Forderung erfüllt, welche die höchstrichterliche Rechtsprechung schon seit Jahren aufgestellt hatte: Im Hinblick auf die Freiheit der Berufsausübung dürfe ein berufsrechtliches Werbeverbot nicht dahin ausgelegt werden, dass *jede* Werbung unzulässig sei; ein solches Werbeverbot dürfe sich vielmehr nur gegen eine *berufswidrige* Werbung richten.[248]

> Für interessengerechte und sachangemessene Informationen,
> die keinen Irrtum erregen, muss im rechtlichen
> und geschäftlichen Verkehr Raum bleiben.

Ständige Rechtsprechung des Bundesverfassungsgerichts [249]

---

245 Vgl. zum Erlass der Berufsordnungen und damit der Werbeverbote durch die Ärzteschaft selbst, Kapitel 4.1.1, S. 37 ff.

246 Vgl. zu den Beweggründen für die Novellierung der MBO 2000 sowie zur Erläuterung und synoptischen Darstellung der MBO 2000 und MBO 1997 ausführlich die Erstauflage dieses Buches, S. 27.

247 Vgl. den Abdruck des Kapitels D I im Anhang, Kapitel 15.3, S. 354 ff.

248 St. Rspr., vgl. nur BVerfG, Beschl. v. 11.11.1999 – 1 BvR 754/98 – www.bverfg.de, BGH, Urt. v. 3.12.1998 – I ZR 11ZR – NJW 1999, S. 2444.

249 BVerfG, Beschl. v. 21.4.1993 – 1 BvR 166/89 – MedR 1993, S. 348.

Die *Autorin* hatte daher in der Erstauflage dieses Buches die weiterhin bestehenden Restriktionen streng **kritisiert** und die Aufhebung dieser gesamten Vorschriften sowie die Regelung des ärztlichen Werberechts in einer Generalklausel gefordert.[250] Ebenso das Oberlandesgericht München:

> *„... der Vorwurf der Berufswidrigkeit gebührt vielmehr der „informationellen Bevormundung" und „Entmündigung" des Bürgers durch Standesorganisationen, die weit mehr als der staatliche Gesetzgeber der Gefahr erliegen können, nicht Gemeinwohlbelange, sondern einseitige ideologische oder ökonomische Standesinteressen zu verfolgen."*[251]

5.1.2 Die Novellierung der MBO 2002

Den **weiteren konsequenten Schritt** haben die ärztlichen Delegierten erst im **Mai 2002** endgültig **vollzogen**:[252] Die **seitenlangen Reglementierungen** des Kapitels D I wurden **gestrichen**. Man hat den eigenen ärztlichen Kollegen doch zugetraut, den Begriff „sachliche Information" – unter Berücksichtigung der neuen Definition verbotener berufswidriger Werbung – selbständig zu verstehen und umzusetzen.[253]

Es war hierzu einige Überzeugungskraft erforderlich gewesen. Denn angesichts der *„Kaskade von monatlichen Entscheidungen des Bundesverfassungsgerichts zu Fragen der Werbung von Ärzten, Zahnärzten, Tierärzten und Rechtsanwälten"* wurde die Frage aufgeworfen:

> *„Wenn nach der neuesten Rechtsprechung fast alles erlaubt und kaum etwas verboten ist, warum überhaupt noch eine Regelung zur ärztlichen Kommunikation in der Berufsordnung? Warum verzichten wir nicht auf eine Regelung?"*[254]

---

[250] So auch das Bundesverfassungsgericht in einer späteren Entscheidung zum ärztlichen Werberecht: *„Gerade für das Verhalten im Wettbewerb ist es aber erforderlich, dass die Berufsausübungsregelungen mit genügender Klarheit für die Rechtsunterworfenen und Rechtsanwender das erlaubte Verhalten von unlauterem Wettbewerb unterscheiden."* BVerfG, Beschl. v. 18.2.2002 – 1 BvR 1644/01 – www.bverfg.de, vgl. hierzu ausführlich Kapitel 8.2.2.1, S. 126 ff.

[251] OLG München, Urt. v. 30.11.2000 – 6 U 2849/00 –, Zitat aus *Papier/Petz*, NJW 1994, S. 1553 ff.

[252] Anlässlich des 105. Deutschen Ärztetags in Rostock.

[253] Dies hätte schon bei der Novellierung im Mai 2000 erfolgen können, nachdem das Bundesverfassungsgericht bereits im April 2000 festgestellt hatte: *„Der einzelne Berufsangehörige hat es **im Rahmen des allgemeinen Wettbewerbsrechts** in der Hand, in welcher Weise er sich für die interessierte Öffentlichkeit darstellt, solange er sich in dem durch schützenswerte Gemeinwohlbelange gezogenen Rahmen hält"*; BVerfG, Beschl. v. 17.4.2000 -1 BvR 721/99 – www.bverfg.de.

[254] Dr. *Ingo Flenker* (Präsident der Ärztekammer Westfalen-Lippe) beim 105. Deutschen Ärztetag Mai 2002, vgl. www.bundesaerztekammer.de.

Nach eingehender Diskussion waren die Delegierten jedoch zur zutreffenden Auffassung gelangt, dass prinzipiell an einer werberechtlichen Regelung im ärztlichen Standesrecht festgehalten werden sollte. Freiberufliche Tätigkeit zeichne sich dadurch aus, dass eben nicht wie für gewerbliche Leistungen geworben werde; vielmehr sei auch dem **Patientenschutz Rechnung zu tragen**. Selbst generalisierende Regelungen könnten dazu beitragen, die **Qualität der Information** zu **sichern** – ein Ziel, welches die Ärzteschaft nicht aufgeben sollte. Der Blick über die deutschen Grenzen im Vergleich mit den anderen **europäischen Berufsordnungen** zeige, dass in Europa ebenfalls an **Wettbewerbsvorschriften** für die Ärzte **festgehalten** werde. Allerdings seien nicht mehr Regelungen aller Details erforderlich, die Neufassung könne sich vielmehr auf generalklauselartige Bestimmungen beschränken.[255]

Der Deutsche Ärztetag wurde in dieser Entscheidung später durch den **Europäischen Gerichtshof für Menschenrechte** bestätigt, der seine Rechtsprechung zu den Werbebeschränkungen der Rechtsanwälte auf die Ärzteschaft übertrug und diese ebenfalls für grundsätzlich zulässig erklärte.[256]

5.1.3 Die Neufassung des § 27 MBO 2002

§ 27 MBO 2002

(1) Zweck der nachstehenden Vorschriften der Berufsordnung ist die Gewährleistung des Patientenschutzes durch sachgerechte und angemessene Information und die Vermeidung einer dem Selbstverständnis des Arztes zuwiderlaufenden Kommerzialisierung des Arztberufs.

(2) Auf dieser Grundlage sind dem Arzt sachliche berufsbezogene Informationen gestattet.

(3) Berufswidrige Werbung ist dem Arzt untersagt. Berufswidrig ist insbesondere eine anpreisende, irreführende oder vergleichende Werbung. Der Arzt darf eine solche Werbung durch andere weder veranlassen noch dulden. Werbeverbote aufgrund anderer gesetzlicher Bestimmungen bleiben unberührt.

(4) Der Arzt kann

1. nach der Weiterbildungsordnung erworbene Bezeichnungen,
2. nach sonstigen öffentlich-rechtlichen Vorschriften erworbene Qualifikationen,
3. Tätigkeitsschwerpunkte

---

255 Vgl. vorhergehende Fußnote.

256 EGMR Strassburg, Urt. v. 17.10.2002 – 37928/97 – (Dr. Stambuk/Deutschland), NJW 2003, S. 497 ff., vgl. hierzu Kapitel 9.3, S. 208.

und

4. organisatorische Hinweise

ankündigen.

Die nach Nr. 1 erworbenen Bezeichnungen dürfen nur in der nach der Weiterbildungsordnung zulässigen Form geführt werden. Ein Hinweis auf die verleihende Ärztekammer ist zulässig. Andere Qualifikationen und Tätigkeitsschwerpunkte dürfen nur angekündigt werden, wenn diese Angaben nicht mit solchen nach geregeltem Weiterbildungsrecht erworbenen Qualifikationen verwechselt werden können.

(5) Die Angaben nach Abs. 4 Nr. 1 bis 3 sind nur zulässig, wenn der Arzt die umfassten Tätigkeiten nicht nur gelegentlich ausübt.

(6) Die Ärzte haben der Ärztekammer auf deren Verlangen die zur Prüfung der Voraussetzungen der Ankündigung erforderlichen Unterlagen vorzulegen. Die Ärztekammer ist befugt, ergänzende Auskünfte zu verlangen.

5.1.4 Die Konsequenzen der Novellierung

Das gesamte Kapitel D I wurde gestrichen; einige wenige Regelungen aus Kapitel D I wurden auf die übrigen Vorschriften der MBO „verteilt".

§ 27 MBO regelt heute generalklauselartig die Abgrenzung zwischen zulässiger Information und berufswidriger Werbung.

Die Änderungen haben heute folgende Konsequenzen:

- Alle Werbeträger, wie z.B. Praxisschilder, Briefbögen, Rezeptvordrucke, Internetpräsentationen oder Anzeigen werden rechtlich gleich behandelt. Auch Rundfunk- und Fernsehwerbung ist zulässig.[257] Es wird bei der Beurteilung ärztlicher Werbung folglich nicht mehr zwischen den verschiedenen Medien unterschieden.[258]
- Neben den Qualifikationen, die nach Weiterbildungsrecht erworben wurden, sind künftig folgende weitere Angaben zulässig:
  - Sonstige öffentlich-rechtliche Qualifikationen
  - Tätigkeitsschwerpunkte
  - Organisatorische Hinweise.

[257] So ausdrücklich Nr. 4 Auslegungsgrundsätze BÄK zu §§ 27 ff. MBO vom 10.9.2002, vgl. hierzu auch Kapitel 5.2.4, S. 61.

[258] Zur Unzulässigkeit von Telefon- und Faxwerbung vgl. Kapitel 10.5.1.2, S. 268 ff.

- Informationen über die berufliche Tätigkeit des Arztes sind unabhängig von besonderen Anlässen (etwa Urlaub, Praxisvertretung, Änderung der Sprechstundenzeiten etc.) zulässig.
- Für Verzeichnisse wurde die bisherige Sonderregelung beibehalten.[259]
- § 17 Abs. 4 MBO 2002 legt den obligatorischen Inhalt des Praxisschildes fest; fakultativ sind weitere Angaben zulässig.[260]
- § 18 Abs. 3 MBO 2002 regelt den Inhalt des Praxisschildes bei ausgelagerten Praxisräumen.[261]
- § 22 a MBO 2002 enthält Regelungen zur Ankündigung von Kooperationen.[262]

5.2 Die neuen Auslegungskriterien des § 27 Abs. 1 MBO 2002

5.2.1 Gewährleistung des Informationsanspruchs im Interesse der Patienten

§ 27 MBO 2002 enthält einen neuen ersten Absatz, der für die Beurteilung ärztlicher Informations- und Werbemaßnahmen durch die Ärztekammern und Gerichte als **sachgerechter Auslegungsmaßstab** gelten darf. So wurde erstmalig der **Schutz der Patienten durch Information** explizit aufgenommen:

> Zweck der nachstehenden Vorschriften der Berufsordnung
> ist die Gewährleistung des Patientenschutzes durch
> sachgerechte und angemessene Information ... .

§ 27 Abs. 1 Musterberufsordnung 2002

---

259 Vgl.hierzu Kapitel 8.6, S. 151 ff.
260 Vgl.hierzu Kapitel 8.1, S. 119 ff.
261 Vgl.hierzu Kapitel 8.1, S. 119 ff.
262 Vgl.hierzu Kapitel 7.6.1, S. 108 ff. und Kapitel 7.6.5, S. 113 ff.

Damit wurde dem **Informationsanspruch der Patienten,** wie ihn das Bundesverfassungsgericht in einer Vielzahl von Entscheidungen artikuliert hatte, in der Musterberufsordnung eine rechtliche Verankerung gegeben.[263]

Für interessengerechte und sachangemessene Informationen,
die keinen Irrtum erregen, muss im rechtlichen
und geschäftlichen Verkehr Raum bleiben.

Das Bundesverfassungsgericht in ständiger Rechtsprechung [264]

Die immer weiter fortschreitende Spezialisierung und Subspezialisierung der Ärzte sowie die Weiterentwicklung in der Medizin können Patienten nicht ansatzweise überschauen. Daher ist es richtig, dass Ärzte ihnen die erforderlichen Informationen selbst zugänglich machen können. So kann die Grundlage für die notwendige Einwilligung der Patienten in eine ärztliche Behandlung geschaffen werden.

Durch wahrheitsgemäße Angaben werden die Patienten bei der Suche nach fachlich kompetenten und für sie besonders geeigneten Ärzten unterstützt.

Das Bundesverfassungsgericht 2002 [265]

Diese Beschränkungen beziehen sich im Bereich der Gesundheitswerbung insbesondere auf die Verbote des Heilmittelwerbegesetzes.[266]

Jede Information, die den Informationsanspruch der Patienten über ärztliche Leistungen und Angebote angemessen, sachgerecht, wahrheitsgemäß und nachprüfbar befriedigen kann, ist somit zulässig.[267]

---

263 Vgl. hierzu bereits Kapitel 3.1.2, S.17 ff.
Das Bundesjustizministerium hat im Sinne dieses Informationsanspruchs am 19.3.2003 eine als „**Patientencharta**" bezeichnete Patientenbroschüre „Patientenrechte in Deutschland" veröffentlicht, vgl. www.bmj.de.

264 Das Bundesverfassungsgericht in ständiger Rechtsprechung, so zuerst BVerfG, GRUR 1986, S. 382 ff. (385); BGH v. 20.5.1999 – I ZR 40/97 – WRP 1999, S. 1136; zuletzt BVerfG, Beschl. v. 4.7.2000 – 1 BvR 547/99 – www.bverfg.de.

265 BVerfG, Urt. v. 29.10.2002 – 1 BvR 525/99 – www.bverfg.de = NJW 2003, S. 879 ff. = DVBl 2003, S. 262 ff.

266 Vgl. Kapitel 10.6, S. 285 ff.

267 Vgl. hierzu ausführlich Kapitel 6, S. 65 ff.

5.2.2 Beschränkung des Informationsrechts zum Schutze der Patienten

Die Neufassung des § 27 Abs. 1 MBO 2002 gewährt nicht nur die Freiheit zur ärztlichen Information; die Vorschrift beinhaltet zugleich eine **Beschränkung** dieser Informationsfreiheit.[268]

> Das Recht eines Arztes, seine Meinung zu äußern und die Öffentlichkeit über einen Sachverhalt zu informieren, umfasst nicht unwahre Äußerungen. Denn die Allgemeinheit ist an unrichtigen Informationen nicht interessiert, weshalb von einem grundrechtlich schützenswerten Recht nicht gesprochen werden kann.

Bundesgerichtshof 1997 [269]

Wann immer eine Angabe oder Information **dem Interesse der Patienten nicht dient**, oder es gar **gefährdet**, besteht kein Anspruch auf Veröffentlichung oder Öffentlichkeit – hat eine solche Angabe keine „Daseinsberechtigung". Dies gilt insbesondere für falsche und irreführende Angaben, etwa über Ausbildung, Qualifikation, vorgespiegelte Kenntnisse oder Fähigkeiten. Patienten sollen damit vor unseriösen, marktschreierischen oder geldgierigen Ärzten geschützt werden.[270]

> Unter bestimmten Umständen kann auch die Veröffentlichung sachlicher und wahrheitsgemäßer Werbung Beschränkungen unterworfen werden, um Rechte Dritter zu schützen oder weil die Beschränkung wegen besonderer Umstände bei bestimmten Geschäftstätigkeiten oder Berufen geboten ist.

Der Europäische Gerichtshof für Menschenrechte 2002 [271]

Diese Beschränkungen beziehen sich im Bereich der Gesundheitswerbung insbesondere auf die Verbote des Heilmittelwerbegesetzes.[272]

Die Beschränkung ärztlicher Informationswerbung und der damit einhergehende Eingriff in die Berufsfreiheit ist stets sorgfältig abzuwägen mit dem Schutz der Patienten und den Gemeinwohlbelangen der Bevölkerung.[273]

---

268 Zur Zulässigkeit standesrechtlicher Beschränkungen vgl. Kapitel 9.3, S. 208.

269 BGH, Urt. v. 9.10.1997 – I ZR 92/95 – WRP 1998, S. 172.

270 So zutreffend *Andreas/Debong/Bruns*, S. 43. Vgl. hierzu auch anschaulich die beiden Kapitel 10.6.6.2, S. 290 („Krebs ist heilbar") und 10.5.3.1, S. 274 („Rabatte auf Schönheitsbehandlungen für die mitgebrachten Freunde") .

271 EGMR Strassburg, Urt. v. 17.10.2002 – 37928/97 – (Dr. Stambuk/Deutschland), NJW 2003, S. 497 ff.

272 Vgl. hierzu Kapitel 10.6, S. 285 ff.

273 Vgl. hierzu die Ausführungen in Kapitel 9.3, S. 208 ff.
Zur berufswidrigen Werbung vgl. umfassend Kapitel 10, S. 217 ff.

5.2.3 Keine Kommerzialisierung des Arztberufes

5.2.3.1 Grundlagen

Die Neufassung des § 27 Abs. 1 MBO 2002 enthält ein weiteres Postulat:

> Zweck der nachstehenden Vorschriften der Berufsordnung ist ...
> ... die Vermeidung einer dem Selbstverständnis des Arztes zuwiderlaufenden Kommerzialisierung des Arztberufs.

§ 27 Abs. 1 Musterberufsordnung 2002

Der Deutsche Ärztetag hat mit diesem Auslegungskriterium den wiederholten Mahnungen – vor allem des Bundesverfassungsgerichts – zur Vermeidung einer Kommerzialisierung des Arztberufes Rechnung getragen:

> Die ärztliche Berufsausübung soll sich nicht am ökonomischen Erfolg, sondern an medizinischen Notwendigkeiten orientieren. Das Vertrauen darauf, dass der Arzt nicht aus Gewinnstreben bestimmte Untersuchungen vornimmt, Behandlungen vorsieht oder Medikamente verordnet, soll erhalten bleiben.

Das Bundesverfassungsgericht 2002 [274]

> Verboten sind neben irreführender Werbung insbesondere aufdringliche Werbemethoden, die Ausdruck eines rein geschäftsmäßigen, ausschließlich am Gewinn orientierten Verhaltens sind.

Das Bundesverfassungsgericht 2000 [275]

> Berufswidrig sind neben irreführenden Angaben auch solche, die geeignet erscheinen, das Schutzgut der Volksgesundheit zu beeinträchtigen. Das kann bereits dadurch geschehen, dass Ärzte Kranken aus Gewinnstreben falsche Hoffnungen machen.

Das Bundesverfassungsgericht 2000 [276]

---

274 BVerfG, Urt. v. 29.10.2002 – 1 BvR 525/99 – www.bverfg.de.
275 BVerfG, Beschl. v. 17.4.2000 – 1 BvR 721/99 – www.bverfg.de.
276 BVerfG, Beschl. v. 4.7.2000 – 1 BvR 547/99 – www.bverfg.de.

Berufswidrige Werbung unterscheidet sich von legitimer ärztlicher Information – die gleichfalls geeignet ist, für ärztliche Leistungen einzunehmen – dadurch, dass sie auf den „Verkauf" ärztlicher Leistungen abzielt.

Ärztegerichtshof Saarland 2001 [277]

5.2.3.2 Gebotene Zurückhaltung

Die Behauptung, eine konkrete Werbemaßnahme bewirke eine „berufswidrige" Kommerzialisierung des Arztberufes, ist allerdings mit gebotener **Zurückhaltung** zu treffen:[278]

Ärzte haben eine langjährige Ausbildung absolviert, sind dem Wohle der Gesundheit ihrer Patienten verpflichtet und müssen sich bei Arzthaftungsfehlern unter Umständen zivil- und strafrechtlich verantworten. Diese beruflichen Verpflichtungen und Sorgen stehen für die meisten Ärzte nach wie vor im Vordergrund.[279]

Die **Arztpraxis** ist im übrigen ein **Unternehmen**,[280] dessen Existenz nur dann gesichert ist, wenn **dauerhaft Gewinne** erzielt werden. Die in Deutschland niedergelassenen Ärzte müssen – wollen sie angesichts der finanziellen Lage des Gesundheitssystems und des zunehmenden Konkurrenzkampfes überleben – auch wirtschaftlich denken.[281] Sie sind keine Beamten oder Angestellten, sondern leben von dem verbleibenden Gewinn, der sich nach Abzug der Ausgaben von den Einnahmen ergibt. Zunächst geht es für viele um die Sicherung ihrer eigenen Existenz und derjenigen ihrer Mitarbeiter.

Der Gewinn einer Arztpraxis ist nach Abzug der laufenden Kosten und Ausgaben die Lebensgrundlage des Arztes.
Die Gewinnerwirtschaftung ist somit existenziell für jede Arztpraxis.

---

277 ÄrzteGH Saarland, Urt. v. 10.10.2001 – ÄGH 2/01 – NJW 2002, S. 839 ff.

278 Demgegenüber strenger *Laufs* in „Werbende Ärzte?", der feststellt, es seien *„materielle Begehrlichkeiten der Behandler ins Kraut geschossen"*.

279 Anstatt etwaige „kleine Sünden" zu verfolgen, sollten Ärztekammern und Gerichte vielmehr den wenigen schwarzen Schafen streng begegnen. Dass dies leider nicht immer der Fall ist, zeigt das Beispiel in Kapitel 10.6.6.2, S. 290 („Krebs ist heilbar").

280 Nach ständiger Rechtsprechung des **Europäischen Gerichtshofes** umfasst der Begriff des **Unternehmens** im Wettbewerbsrecht jede eine wirtschaftliche Tätigkeit ausübende Einheit unabhängig von ihrer Rechtsform und der Art ihrer Finanzierung. Eine wirtschaftliche Tätigkeit ist jede Tätigkeit, die darin besteht, Güter oder Dienstleistungen auf einem bestimmten Markt anzubieten, vgl. zuletzt EuGH (Plenum), Urt. v. 19.2.2002 – Rs. C-309/99 – (Wouters), Nr. 46, 27; NJW 2002, S. 877 ff.
Vgl. zum Unternehmensbegriff auch *Palandt* § 14 BGB.

281 Vgl. hierzu auch Kapitel 4.2.2, S. 43.

Verhalten, das geeignet ist, einen **Beitrag zur beruflichen Entfaltung** der Leistungserbringer und zugleich zur **Gesunderhaltung der Bevölkerung** zu leisten, darf nicht ohne weiteres als gewerblich gebrandmarkt werden.[282] Entsprechend **zurückhaltend** äußerte sich auch das **Bundesverfassungsgericht** in seinem Facharzt-Urteil zur Kommerzialisierung des Arztberufes:

> Wird das Bedürfnis der Öffentlichkeit an wahrheitsgemäßen, verständlichen und auch im Übrigen in angemessener Form erfolgenden Information befriedigt, ist regelmäßig weder eine Kommerzialisierung des Arztberufs noch eine Verunsicherung der Patienten zu besorgen.[283]

Es ist kaum einsichtig, weshalb der „mündige Patient", der in allen anderen Lebensbereichen von Werbung geradezu überschüttet wird, ausgerechnet auf dem Gebiet der Gesundheitswerbung zum willenlosen Opfer werbender Ärzte werden sollte. Ein kritischer Umgang mit Werbung und vollmundigen Versprechungen gehört heute zur allgemeinen Sozialisation.[284] Weshalb sollten die Patienten nicht auch zu einem vernünftigen Umgang mit Werbung im Gesundheitswesen befähigt sein?[285]

Dennoch darf die Werbung für Ärzte und medizinische Leistungen nicht Ausdruck reinen Gewinnstrebens sein. Die **Bundesverfassungsrichterin** *Renate Jaeger* beschreibt dies anschaulich wie folgt:

> *„Nicht jeder muss ein Albert Schweitzer sein, nicht jeder ein Armutsgelübde ablegen und nach den Regeln eines Ordens leben. Aber ein Schuss Altruismus gehört zum ärztlichen Berufsethos. Wer das nicht einfordert, untergräbt die Vertrauensbasis, ohne die auch die ärztliche Effizienz und Heilungschancen beim Patienten gefährdet sind, weil diese auch von Erwartung und Vertrauen, von psychologischen Faktoren abhängen. Gewinnstreben mit Maß, aber nicht als oberste Maxime, ist einzufordern."*[286]

Ein Beispiel ausschließlich kommerzieller Ausrichtung ärztlicher Leistungen ist das Angebot eines Schönheitsarztes, auf **Schönheitsoperationen Frühlingsrabatte** sowie **Rabatte für jede weitere** mitgebrachte **Person** zu gewähren.[287]

---

282 So zutreffend *Jaeger*, S. 263.
283 BVerfG, Urt. v. 29.10.2002 – 1 BvR 525/99 – („Führen mehrer Facharztbezeichnungen") www.bverfg.de.
284 Zu den intellektuellen Anforderungen des EuGH an den Verbraucher vgl. Kapitel 10.2.2.2, S. 225.
285 Ebenso *Andreas/Debong/Bruns*, S. 43.
286 *Jaeger*, S. 263.
287 Vgl. hierzu das Urteil des LG Frankfurt/Oder in Kapitel 10.5.3.1, S. 274.

Rein kommerzielle Interessen sind auch demjenigen Arzt zu unterstellen, der für seine Behandlungsmethode unter grober Missachtung verschiedener Rechtsvorschriften mit der Anzeige wirbt „Krebs ist heilbar!“[288]

Dieser „**Ausverkauf**“ medizinischer Behandlung ist auch künftig streng zu unterbinden. Der Gesundheits- und Vertrauensschutz der Patienten und Verbraucher hat Vorrang vor dem allzu offensichtlichen Profitstreben einiger Ärzte.

5.2.4 Die Auslegungsgrundsätze der Bundesärztekammer

Die **Berufsordnungsgremien der Bundesärztekammer** haben anlässlich der Neufassung der werberechtlichen Vorschriften am 10.9.2002 sogenannte Auslegungsgrundsätze zu den §§ 27 ff. MBO beschlossen. Diese sollen dem Arzt die Informationsmöglichkeiten erläutern sowie die mit der Anwendung der Vorschriften befassten Personen bei ihrer Arbeit unterstützen.

Die Auslegungsgrundsätze enthalten die aktuellen Vorschriften zum ärztlichen Werberecht und erläutern – unter Berufung auf die Rechtsprechung des Bundesverfassungsgerichts – die Gründe für die letzte Novellierung. Schließlich bieten die Auslegungsgrundsätze begleitende Erklärungen und Erläuterungen darüber, was die Bundesärztekammer als erlaubte beziehungsweise als berufswidrige Werbung ansieht. Abgedruckt sind ferner die Vorschriften des Heilmittelwerbegesetzes.

Einige Landesärztekammern haben diese Auslegungsgrundsätze übernommen und ihren ärztlichen Mitgliedern auf der **Homepage** zur Verfügung gestellt.[289] Andere Landesärztekammern haben diese Auslegungsgrundsätze – teilweise bewußt – nicht veröffentlicht, sondern nutzen diese **lediglich** als **internes Arbeitspapier**.[290] Die „Auslegungsgrundsätze“ sind hinsichtlich ihrer **Rechtsqualität** als norminterpretierende **interne Verwaltungsvorschrift** im Sinne einer **kommentierenden Auslegungshilfe** anzusehen, nicht jedoch als eine die Ärzte oder Gerichte bindende Norm.[291]

Zwar stimmt die *Autorin* nicht in allen Punkten mit der Auffassung der Bundesärztekammer überein. Dies gilt insbesondere für einige der als anpreisend oder berufswidrig erklärten Werbemaßnahmen,[292] sofern diese Auffassung mit der Rechtsprechung des Bundesverfassungsgerichtes nicht in Einklang zu bringen ist: Der Streit zwischen Ärzten und Ärztekammern fände kein Ende, wenn die Kammern anhand dieser selbst definierten Kriterien erneut die werberechtlichen Entscheidungen des Bundesverfassungsgerichts ignorieren würden. Denn eine durch die Rechtspre-

---

288 Vgl. hierzu Kapitel 10.6.6.2, S. 290.
289 So etwa die Ärztekammern Niedersachsen und Westfalen-Lippe.
290 Auch die Bundesärztekammer hat diese Grundsätze inzwischen nicht mehr auf ihrer Homepage abgebildet.
291 Vgl. zu den verschiedenen Arten der Verwaltungsvorschriften *Maurer*, S. 624 ff.
292 Vgl. hierzu Kapitel 10.5.6, S. 283 ff.

chung überholte, als verfassungswidrig beurteilte Standesauffassung kann nicht durch die „Hintertüre“ dieser Auslegungsgrundsätze wieder eingeführt werden.[293]

Abgesehen von dieser Kritik ermöglichen die Auslegungsgrundsätze den Ärzten allerdings einen guten Kurzüberblick des aktuellen Werberechts einschließlich des Heilmittelwerberechts. Diese Hilfestellung ist durchaus zu begrüßen.

Die Meinung der Bundesärztekammer wurde – soweit in den Auslegungsgrundsätzen artikuliert – bei den betreffenden Fragestellungen stets mit dargestellt. Von einem vollständigen Abdruck dieser Auslegungsgrundsätze im Anhang wurde aus Platzgründen abgesehen.

5.3 Stellungnahme der Autorin zur Novellierung des Werberechts

Die Novellierung der Berufsordnung und die Schaffung einer werberechtlichen Generalklausel sind zu begrüßen. Angesichts der möglichen Vielfalt der Fallgestaltungen sind detaillierte Regelungen grundsätzlich nicht sinnvoll. Der **Gesetzgeber** muss auf allgemein formulierte Regeln zurückgreifen und darf Generalklauseln verwenden, die die Berufspflichten pauschal umschreiben.[294]

Eine gute Rechtsetzung ist gekennzeichnet durch die abstrakte und generelle Beschreibung unendlich vieler vorstellbarer Lebenssachverhalte.

Wollte man versuchen, all diese Sachverhalte normativ zu erfassen, so führte dies – wie zuvor Kapitel D I der Musterberufsordnung – zu endlos langen und verwirrenden Regelungen und damit zu einer erheblichen Rechtsunsicherheit, die in einem Rechtsstaat zu vermeiden ist.[295] Die **Methoden der Rechtswissenschaft** – insbesondere die verschiedenen Kriterien der Auslegung[296] – reichen zur juristischen Beurteilung werberechtlicher Sachverhalte anhand der Generalklausel des § 27

293 Vgl. dazu auch Kapitel 9.2.6.2, S. 204.

294 So das **Bundesverfassungsgericht** bereits 1972: *„Es entspricht der Natur allen Standesrechts, dass die Berufspflichten der Standesangehörigen nicht in einzelnen Tatbeständen erschöpfend umschrieben werden können, sondern in einer **Generalklausel** abgedruckt sind, welche die Berufsangehörigen zu gewissenhafter Berufsausübung und zu achtungs- und vertrauenswürdigem Verhalten innerhalb und außerhalb des Berufs anhält, die nähere Bestimmung der sich hieraus ergebenden einzelnen Pflichten aber der Aufsichtspraxis der Standesorgane und der Rechtsprechung der Berufsgerichte überlässt.“* BVerfG, Beschl. v. 9.5.1972 – 1 BvR 518/62 und 308/64 – BVerfGE 33, S. 125 ff.

295 Diese Rechtsunklarheit ist angesichts der weit verstreuten, unübersichtlichen und nahezu undurchschaubaren Regelungen im gesamten Bereich des Arzt- und Medizinrechts ohnehin zu beklagen.

MBO 2002 aus. Immerhin ist das für ihre Auslegung maßgebliche **Leitbild der Ärzteschaft** bereits in § 1 MBO deutlich umrissen:

> Der Arzt dient der Gesundheit des einzelnen Menschen und der Bevölkerung. Ärztinnen und Ärzte haben ihren Beruf gewissenhaft auszuüben und dem ihnen im Zusammenhang mit dem Beruf entgegengebrachten Vertrauen zu entsprechen.

§ 1 Abs. 1 S. 1 i.V.m. § 2 Abs. 2 Musterberufsordnung

Anhand dieser Maßgaben und einer entsprechenden Konkretisierung des ärztlichen Berufsbildes durch die **Rechtsprechung** und die **juristische Literatur** wird es den Ärzten möglich sein, die Rechtslage zu erkennen und ihr Verhalten danach einzurichten.[297] Im übrigen werden sich auch die Patienten auf eine mögliche Vielfalt ärztlicher Informationen einstellen und diese als aufmerksame und kritische Bürger richtig einzuordnen wissen.

§ 27 MBO 2002 vermag zugleich einen möglichen reklamehaften Wildwuchs in Form von Irreführung, Anpreisung oder sonstigen Wettbewerbsverstößen wirksam zu verbieten. Schließlich unterliegt auch das **ärztliche Werbeverhalten** dem allgemeinen **Wettbewerbsrecht**.[298] Dieses ist in wenigen Generalklauseln geregelt und hat mit Hilfe der Rechtsprechung schon seit Jahrzehnten unlautere und irreführende Werbe- und Wettbewerbshandlungen einzugrenzen vermocht.

Daher sind die **Ärztekammern** und **Gerichte** zum Schutze der Patienten und im Interesse der sich redlich verhaltenden Ärzteschaft aufgefordert, etwaige schwarze Schafe, wie sie selbstverständlich in jedem Berufsstand zu finden sind, herauszufiltern und die entsprechenden rechtlichen Maßnahmen zu ergreifen.

Dies gilt auch für den Wellness- und Schönheitsbereich,[299] der offensichtlich ein enormes Marktpotential birgt. Damit einhergehend ist auch in dieser Branche ein erbitterter Konkurrenzkampf zu erwarten und bereits jetzt zu beobachten.[300] Es ist daher gut vorstellbar, dass die Ärztekammern und Gerichte künftig nicht mehr den Ärzten zu ihrem Recht auf Information verhelfen müssen, sondern den Verbrauchern und Patienten zu ihrem Recht auf zutreffende sowie sachliche Gesundheitsinformation. Diese Aufgabe sollte **ernstgenommen** werden. Denn zumeist sind es

---

296 Nach Wortsinn, Systematik, Sinn und Zweck des Normgebers und Übereinstimmung mit der Verfassung, vgl. hierzu umfassend *Larenz/Canaris*, S. 133 ff.

297 So das BVerfG bereits für die Apotheker im Beschl. v. 22.5.1996, BVerfGE 94, S. 372 ff. (394).

298 Vgl. hierzu die Kapitel 9.2, S. 197 ff. und 10.2, S. 220 ff.

299 Vgl. zur Werbung für Schönheitsmedizin Kapitel 11, S. 307 ff.

300 Vgl. etwa die berufswidrige Werbung mit Frühlings- und Mengenrabatten, Kapitel 10.5.3.1, S. 274.

nur wenige skrupellose Berufsangehörige, die das Ansehen eines gesamten Berufsstandes beeinträchtigen können.

Die Liberalisierung des ärztlichen Werberechts ist zu begrüßen.
Sie darf jedoch nicht zu einer Verunsicherung der Patienten führen.

6 Was ist sachliche Werbung?

6.1 Das Erfordernis der Sachlichkeit ärztlicher Werbung

6.1.1 Der besondere Vertrauensvorschuss durch die Patienten

Die Werbung der Ärzte muss sachlich sein.[301]

Die Dienstleistungen der Ärzte und Anwälte, der Steuerberater und Wirtschaftsprüfer sind zwar wirtschaftliche Güter, denn sie erfordern – wie die Güter anderer Unternehmer – den Einsatz von Betriebsfaktoren und finanziellen Mitteln. Im Gegensatz zur Herstellung von Produkten sind die Dienstleistungen der Freiberufler jedoch **abstrakt, unsichtbar** und **kaum greifbar**, deshalb **für den Verbraucher** meist **schwer zu erfassen**. Ein materielles Produkt kann durch ein besonderes Design attraktiv gestaltet werden. Bei der Dienstleistung ist dies unmöglich.[302]

Die Dienstleistungen der Freiberufler sind Vertrauensgüter, deren Wert sich erst nach der Erbringung oder Nutzung herausstellt.[303]

Dienstleistungen können also typischerweise nicht vor dem Erwerb beurteilt werden, wie dies bei den meisten Produkten der Fall ist, da sie nicht auf Vorrat produziert werden.

Der Vertragspartner eines Freiberuflers leistet folglich einen **Vertrauensvorschuss**; er hat hierbei gar keine andere Wahl, wenn er den Arzt oder Anwalt nicht kennt und dessen Leistungen entsprechend einschätzen kann.

---

301 § 27 II MBO 2002, vgl. Anhang 15.2, S. 353. Dasselbe gilt für die Werbung der Anwälte, Wirtschaftsprüfer und Steuerberater.

302 *Oehme/Oehme*, S. 43: die immaterielle, meist geistige Leistung muss daher eine materielle, konkretisierende Ausdrucksform finden, zum Beispiel durch Leistungsangebot, Personal, Ausstattung, Ort oder Informationsbroschüren.

303 *Kort*, GRUR 1997, S. 701 ff.; *Scholz*, in *Maunz/Dürig*, Art. 12 GG Rn. 256; *Gleißner-Klein*, S. 79 ff. Oftmals kann die Qualität der ärztlichen oder anwaltlichen Dienstleistung noch nicht einmal nach ihrer Erbringung beurteilt werden: Denn ebenso wie mancher Prozess aufgrund der Rechtslage selbst vom „besten“ Anwalt nicht „zu gewinnen“ ist, kann manche Krankheit auch vom „besten“ Arzt nicht geheilt werden oder umgekehrt ohne entsprechende ärztliche Behandlung von alleine heilen.

6.1.2 Der Schutz dieses Vertrauens durch das Standesrecht

Dieser Vertrauensvorschuss **der Patienten** ist zu schützen.

> Die Gesundheit ist ein zu hohes Gut, als dass man die Unterschiede im Leistungsspektrum und in der Qualität der Leistungserbringer als Patient ausschließlich durch Versuch und Irrtum herausfinden möchte.[304]

Daher verpflichten sich die meisten Freiberufler zur Einhaltung selbst geschaffener **Standesordnungen,** die entsprechende Berufspflichten enthalten:[305]

> Ärztinnen und Ärzte haben ihren Beruf gewissenhaft auszuüben und dem ihnen im Zusammenhang mit dem Beruf entgegengebrachten Vertrauen zu entsprechen.

§ 2 Abs. 2 Musterberufsordnung

Der Sinn und Zweck solcher Regelungen liegt unter anderem in der **Darstellung der Vertrauenswürdigkeit, Seriosität und Fachkompetenz der Berufsangehörigen,** auf die der Klient soll vertrauen können. Standesordnungen sollen der Gesellschaft die qualifizierte und vertrauenswürdige Erfüllung der Berufsaufgabe nachweisen.[306] Sie dienen damit auch der **Imagepflege** und stellen **vertrauensbildende Maßnahmen** gegenüber der Allgemeinheit und den Auftraggebern dar.[307]

> Das Vertrauen darauf, dass der Arzt nicht aus Gewinnstreben bestimmte Untersuchungen vornimmt, Behandlungen vorsieht oder Medikamente verordnet, soll erhalten bleiben.

Das Bundesverfassungsgericht 2002 [308]

Ärzte sind daher verpflichtet, in **sachlicher** und zugleich **seriöser** Weise zu **informieren**, **aufzuklären** und zu **werben**.

---

304 *Jaeger* (Bundesverfassungsrichterin), S. 268.

305 Vgl. hierzu Kapitel 4.1.2, S. 38.

306 *Taupitz*, S. 510. Zum Erfordernis sachlicher Werbung durch die Anwaltschaft als unabhängigem Organ der Rechtspflege vgl. BVerfG, Beschl. v. 4.8.2003 (Werbung mit sportlichen Erfolgen) – 1 BvR 2108/02 – www.bverfg.de.

307 *Taupitz*, S. 546.

308 BVerfG, Urt. v. 29.10.2002 – 1 BvR 525/99 – www.bverfg.de.

6.2 Die Kriterien der Sachlichkeit

Das **Gebot der Sachlichkeit** ärztlicher Werbung muss sich auf **drei Kriterien** beziehen: auf den **Inhalt** der Information einerseits, auf die Art und Weise ihrer **Darstellung** andererseits und schließlich auf die Art der **Kommunikation**.

Eine sachliche Information kann in unsachlicher Weise dargestellt werden, ebenso wie auf einem zulässigen Werbeträger inhaltlich unzulässige Informationen enthalten sein können. So ist die Angabe der Adresse einer Arztpraxis inhaltlich zwar sachlich. Wird sie jedoch auf dem Werbebanner eines Flugzeugs zur Schau getragen, so ist die sachliche Information aufgrund der Art ihrer Präsentation als aufdringlich und damit als berufswidrig anpreisende Werbung zu bewerten.

Die Behauptung, man sei der beste Arzt Deutschlands kann demgegenüber in einer zulässigen Broschüre einer Arztpraxis plaziert werden, ist jedoch inhaltlich unsachlich, da sie auf einer subjektiven, nicht nachprüfbaren Einschätzung beruht; damit ist diese Angabe in unzulässiger Weise anpreisend und vergleichend.

Schließlich sind nicht alle Werbeträger als Informations- und Kommunikationsmittel erlaubt. Eine aufdringliche oder mit Kosten für den Empfänger verbundene Werbung ist grundsätzlich unzulässig.

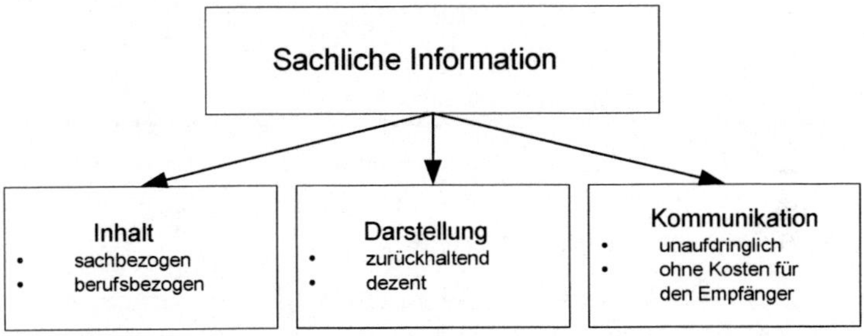

Diese Kriterien werden nachfolgend umfassend dargestellt.

6.2.1 Sachlichkeit des Inhalts

Zwischen der Werbung und dem Werbeobjekt soll ein **innerer sachlicher Zusammenhang** bestehen. Im allgemeinen Wirtschaftsverkehr ist dieser Grundsatz nur ein **Zielbild** der Werbung.[309] **Verstöße** fallen erst dann rechtlich ins Gewicht, wenn sie **grob unsachlich** und damit unlauter sind oder wenn sie **gegen besondere gesetzliche Regelungen verstoßen,** wie etwa die **Berufsordnung für Ärzte**:[310] Die Werbung der Ärzte muss sachlich sein.

> Dem Arzt sind sachliche berufsbezogene Informationen gestattet.
>
> § 27 Abs. 2 Musterberufsordnung 2002

Diesem Gebot ist inhaltlich dann entsprochen, wenn die Information **sachbezogen** ist. Daran würde es beispielsweise fehlen, wenn eine Praxis für Schönheitschirurgie mit dem Foto einer Luxuslimousine oder einer schicken Segelyacht wirbt. Eine solche Darstellung wäre nicht sachbezogen, da teure Autos nichts mit medizinisch-kosmetischen Eingriffen zu tun haben. Unsachlich wäre ferner die **suggestive Verbindung** von Schönheit mit Erfolg oder Reichtum.

> Die Information muss einen inneren sachlichen Zusammenhang zur ärztlichen Berufstätigkeit aufweisen.[311]

Sachliche Information muss sich demzufolge auf die **beschreibende** Angabe von Tatsachen beschränken. Diese müssen auch **für den Patienten verständlich** sein.[312] Die Informationswerbung einer Arztpraxis muss ferner **berufsbezogenen** und **unterrichtenden Charakter haben.**

Angaben über **Qualifikationen**, **Zusatzqualifikationen** oder **besondere Ausbildungs- und Fortbildungsmaßnahmen** sind berufsbezogene und sachliche Informationen, ebenso Angaben über die in der Praxis durchgeführten **Untersuchungs- und Behandlungsmethoden**. Ärzte dürfen auch auf ihre **besonderen Erfahrungen** auf einem bestimmten **Behandlungsgebiet** hinweisen.[313]

---

309 Daher ist es im allgemeinen Geschäftsverkehr nicht bereits unsachlich, wenn ein Gewerbetreibender mit der besonderen Höflichkeit der Bedienung, der Pracht der Verkaufsräume und sonstigen Ausstattungen wirbt oder seine Waren in Film, Funk und Fernsehen anpreist. Das sind im allgemeinen Geschäftsverkehr keine Unlauterkeitsmomente, ebenso nicht schon die Tatsache, dass in suggestiver Form geworben wird. Vgl. zur gefühlsbetonten Werbung jedoch Kapitel 10.5.5, S. 281.

310 *Baumbach/Hefermehl,* vor §§ 3-8 UWG Rn. 6.

311 *Baumbach/Hefermehl*, vor §§ 3-8 UWG Rn. 6.

312 Ebenso Nr. 3.2. Auslegungsgrundsätze BÄK zu §§ 27 ff. MBO vom 10.9.2002.

313 BVerfG, Beschl. v. 17.7.2003 – 1 BvR 2115/02 – www.bverfg.de.

Keine berufswidrige Werbung liegt in der wahrheitsgemäßen, sachlichen Unterrichtung, die dazu dient, ein Informationsbedürfnis des Publikums zu befriedigen.[314]

Sachlich unterrichtend und berufsbezogen ist ferner die Darstellung des **beruflichen Werdegangs**. So dürfen Ärzte ihre berufliche Entwicklung, ihre Studienorte, **besondere Studien- und Fortbildungsaufenthalte**, bestimmte **Tätigkeiten** oder eigene **Publikationen** in ihre Homepage stellen.[315] Ärzte dürfen auch ihre **Examensnoten** und sonstige **Abschlussprüfungen** bekannt machen, falls sie sich aufgrund herausragender Leistungen einen Werbeeffekt versprechen. Sofern diese Angaben zutreffen und die Ärztekammer dies gegebenenfalls überprüfen kann,[316] sind solche Angaben als berufsbezogene sachliche Information **grundsätzlich zulässig**.

Zulässig ist auch eine reine **Imagewerbung mit sportlichen Erfolgen**, soweit diese nachprüfbar sind und im entferntesten Sinne einen Bezug zur Berufsausübung aufweisen.[317] Ein Verbot der Veröffentlichung solcher sportlicher Qualifikationen würde den Schutz spezifischer berufsbezogener Gemeinwohlbelange erfordern und bedürfte einer nachvollziehbaren, stichhaltigen Begründung.[318] Denn zu den durch Art. 12 Abs. 1 GG geschützten berufsbezogenen Handlungen gehört in der beruflichen Außendarstellung der Hinweis auf erworbene Kenntnisse und Fähigkeiten, die einerseits in rechtmäßig erlangten Titeln ihren Niederschlag gefunden haben können, andererseits aber auch in anderer Weise dokumentiert sein können.[319]

Nicht erforderlich ist allerdings eine **umfassende** Darstellung des gesamten Angebotes oder die Angabe sämtlicher veröffentlichungsfähiger Daten. Denn Werbung dient dem Wettbewerber dazu, seine Ware oder Leistung darzustellen, indem er ihre Vorzüge ins rechte Licht rückt. Er braucht nicht auf etwaige Nachteile der eigenen Leistung hinzuweisen. Dadurch unterscheidet sich die Werbung ihrem Wesen nach von der objektiven Information, insbesondere einem Warentest. Durch ein Gebot der Vollständigkeit würde die Werbung ihre Schlagkraft und ihr Wesen ein-

---

314 St. Rspr. des Bundesverfassungsgerichts, grundlegend BVerfG, Urt. v. 19.11.1985 – 1 BvR 934/82 – BVerfGE 71, S. 162 ff. (173 ff.), zuletzt BVerfG, Beschl. v. 4.8.2003 (Werbung mit sportlichen Erfolgen) – 1 BvR 2108/02 – www.bverfg.de.

315 Nicht vertretbar (ebenso wohl *Spickerhoff*, S. 1760) daher die Entscheidung des OLG Köln, Urt. v. 9.3.2001 – 6 U 127/00 -, NJW-RR 2002, S. 204 ff.: Das OLG hatte eine entsprechende Darstellung eines Zahnarztes im Internet als unzulässige Werbung untersagt, weil eine solche Darstellung reklameähnliche Züge aufweise und mit dem Berufsbild eines Zahnarztes nicht zu vereinbaren sei (nicht rechtskräftig).

316 Zum Überprüfungsrecht der Ärztekammer vgl. Kapitel 7.4.10, S. 105 ff.

317 Vgl. hierzu Kapitel 8.10.5.4, S. 193.

318 BVerfG, Beschl. v. 4.8.2003 – 1 BvR 2108/02 – www.bverfg.de; vgl. zu den Grenzen standesrechtlicher Werbebeschränkungen Kapitel 9.4, S. 211 ff.

319 BVerfG, Beschl. v. 4.8.2003 – 1 BvR 2108/02 – www.bverfg.de.

büßen.[320] Allein die Angabe eines Namens oder einer Firma – etwa in einem Sponsoring-Hinweis – enthält bereits die sachliche Information über die **Existenz** des Unternehmens.[321]

Berufsbezogen sind ferner sämtliche Angaben, die sich auf **weitere Dienstleistungen** und **Serviceangebote** innerhalb der Arztpraxis oder im Rahmen der Berufsausübung beziehen.[322] Allerdings wurde es als **berufswidrig** angesehen, dass eine **Dialysepraxis** in einer Anzeige zugleich für die **Vermietung von Ferienwohnungen** in einem Schloss wirbt und Sonderkonditionen für Dialyse-Patienten anbietet. Denn die Werbung für Ferienwohnungen, die im Eigentum des behandelnden Arztes stehen, weist nicht mehr auf ärztliche Leistungen hin, sondern auf solche, die sich die Patienten auch anderweitig beschaffen können.[323]

Eine Werbung mit Selbstverständlichkeiten ist unzulässig.[324]

Es darf sich jedoch **nicht** um die Angabe von **Selbstverständlichkeiten** handeln, wie etwa *Blutdruckmessung* oder *metallfreie Kronen*. Denn die Angabe von Selbstverständlichkeiten, die in jeder Arztpraxis und von jedem Arzt bereits aufgrund von medizinischen Qualitätsstandards und ärztlichen Berufspflichten erwartet werden darf, **entbehrt** eines **besonderen Informationswertes**.[325]

Der Inhalt ärztlicher Informationswerbung ist sachlich, wenn die Angaben objektiv richtig und nachprüfbar sind.

Die angegebenen Informationen müssen in angemessener Weise **nachprüfbar** sein. **Nicht nachprüfbar** und damit unsachlich ist nach Ansicht der *Autorin* beispielsweise die Angabe von **Operations-, Behandlungs- oder Erfolgszahlen**.[326] Auch Anwälten ist die Angabe von Erfolgs- oder Umsatzzahlen untersagt.[327] **Nachprüfbar** ist demgegenüber die **Dauer** der ärztlichen Berufsausübung oder das **Datum der Approbation**.

---

320 Unvollständige Angaben werden aber dann unzulässig, wenn sie hierdurch irreführend sind und dem Wahrheitsgrundsatz widersprechen, *Baumbach/Hefermehl*, vor §§ 3-8 UWG Rn. 7; vgl. hierzu auch ausführlich Kapitel 10.2, S. 220 ff.

321 Vgl. hierzu Kapitel 8.10.5.1, S. 190.

322 Vgl. hierzu Kapitel 8.9, S. 176.

323 OLG Rostock, Urt. v. 6.2.2002 – 2 U 33/01 –, vgl. hierzu auch Kapitel 10.5.3.2, S. 276.

324 Vgl. hierzu Kapitel 10.2.5, S. 237 ff.

325 OLG Düsseldorf, Urt. v. 18.7.2000 – 20 U 27/00 –.

326 Umstritten, vgl. hierzu Kapitel 7.8.2, S. 109 ff.

327 § 6 Abs. 3 Berufsordnung der Rechtsanwälte.

> Sachangemessen sind verständliche Aussagen, die den möglichen Patienten nicht verunsichern, sondern ihn als mündigen Patienten befähigen, von der freien Arzt- und Klinikwahl Gebrauch zu machen.

Das Bundesverfassungsgericht 2003 [328]

Die notwendige Sachlichkeit des Inhalts ist schließlich geprägt durch die **wertungsfreie** Darstellung vorhandener Umstände oder Gegebenheiten. Die Angaben dürfen daher – solange es um die **berufliche Selbstdarstellung** geht – **keine subjektiven Einschätzungen** und **Meinungen** über die eigenen Leistungen enthalten. Die Selbstbezeichnung als „Spezialist" etwa oder die Beschreibung einer selbst entwickelten Behandlungsmethode als „bahnbrechende ärztliche Leistungen" oder gar die Behauptung, man werde bald einen Nobelpreis erhalten, gehen allesamt über eine beschreibende Information und Tatsachendarstellung hinaus und enthalten unsachliche subjektive sowie anpreisende Elemente.[329]

Unsachlich sind auch **Schlagworte**,[330] soweit sie darüber hinaus keinerlei Informationswert besitzen, sowie **suggestive Äußerungen** oder **persönliche Herabsetzungen**.[331]

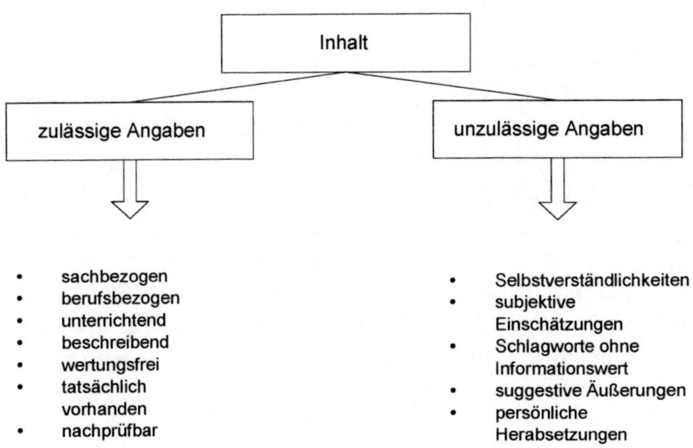

328 BVerfG, Beschl. v. 17.7.2003 – 1 BvR 2115/02 – www.bverfg.de.

329 Vgl. hierzu ausführlich Kapitel 10.3, S. 242 ff. Zur Zulässigkeit der Bezeichnung als Spezialist im Einzelfall vgl. Kapitel 7.6.6.1, S. 115 ff.

330 Vgl. aber hierzu auch Kapitel 10.3.6, S. 247.

331 *Baumbach/Hefermehl*, § 1 UWG Rn. 393. Vgl. hierzu auch Kapitel 10.4.5.5, S. 265 und Kapitel 10.4.3.2, S. 258.

6.2.2 Sachlichkeit der Darstellung

Ärztliche Werbung muss nicht nur hinsichtlich des Informationswertes sachlich sein; sie muss auch in sachlicher Weise präsentiert werden. Das Gebot der Sachlichkeit erfordert daher eine gewisse **Nüchternheit** in der **Darstellung**, also eine **zurückhaltende** und **dezente Gestaltung** der Information. Die Darstellung muss der Information **angemessen** sein. Eine Darstellung in lauter, bunter oder aufdringlicher Weise, wie sie in der gewerblichen Wirtschaft üblich und erlaubt ist, könnte die Grenze der Sachlichkeit überschreiten, wobei es hier stets auf eine individuelle rechtliche Beurteilung des konkreten Einzelfalls ankommt. Das **Bundesverfassungsgericht** äußerte sich in der Sponsoringentscheidung zur Frage der Sachlichkeit wie folgt:

Die äußere Form ist von großer Zurückhaltung, also nicht unsachlich.[332]

Unsachlich wären etwa **riesige Plakate**, **überdimensionierte Leuchtreklame** an Gebäuden oder das zuvor beschriebene **Werbebanner** in der Luft. Ein Praxisschild, welches die in einer Berufsordnung vorgegebenen Maße überschreitet, ist demgegenüber nicht ohne weiteres als aufdringlich und damit als unsachlich zu qualifizieren.[333]

Selbstdarstellung ist eine Frage des Geschmacks – dieser ist nicht justiziabel.

Die Ärztekammern und Gerichte haben daher – insbesondere bei der Entscheidung über die Sachlichkeit einer **Darstellung** – Zurückhaltung zu üben. Denn Form und Stil einer Präsentation der eigenen Person oder Leistungen enthalten stets auch eine **individuelle Haltung** und **Meinungsäußerung**, die unter besonderem verfassungsrechtlichem Schutz steht. Der eine liebt Hochglanz, der andere Umweltpapier; der eine Arzt entscheidet sich für eine exklusive Praxisausstattung in teurer Lage, während der Kollege in bescheideneren Räumlichkeiten eine Kinderecke bietet. All dies gehört im weitesten Sinne ebenfalls zur werblichen Darstellung des Arztes und seiner Praxis – und war immer schon erlaubt.

Für die Beurteilung der Sachlichkeit ist jeweils
auf den konkreten Einzelfall abzustellen.[334]

---

[332] BVerfG, Beschl. v. 17.4.2000 – 1 BvR 721/99 – , vgl. Kapitel 8.10.5.1, S. 190 ff.

[333] Vgl. zum Praxisschild Kapitel 8.1, S. 119 ff.

[334] Das **OLG Schleswig-Holstein traf bei der** rechtlichen Beurteilung einer ausführlichen Patientenbroschüre eine ausgesprochen **diffenzierte und beispielhafte Entscheidung. Bemerkenswert** ist hierbei auch die sorgfältige und notwendige Bezugnahme auf die Vorschriften des Kassenarztrechts, welche erst eine umfassende und richtige Gesamtbeurteilung der konkreten Werbemaßnahme ermöglicht, vgl. OLG Schlesw.-Holst., Urt. v. 3.4.2001 – 6 U 89/2000 – MedR 2001, S. 579 ff.

6.2.3 Sachlichkeit der Kommunikation

6.2.3.1 Zulässige Kommunikationsmittel / Werbeträger

Für die Beurteilung einer zulässigen oder unzulässigen Werbung ist das als Werbeträger genutzte *Medium* ohne entscheidende Bedeutung. Entscheidend ist die Art und Weise der Außendarstellung.[335]

Die Übermittlung und Veröffentlichung sachlicher Informationen ist nicht auf bestimmte Werbeträger begrenzt. Grundsätzlich kann **jeder Werbeträger** als Kommunikationsmittel für eine sachliche Darstellung **zur Verfügung stehen**. Eine **ungewöhnliche**, bislang nicht praktizierte Art der **Darstellung** ist daher **nicht** zugleich **unsachlich**.

Denn es ist schwerlich möglich, aus dem Werbeträger unmittelbar auf eine Gefährdung der Gesundheit der Bevölkerung oder mittelbar auf einen Vertrauensschwund der Öffentlichkeit in die berufliche Integrität des Arztes zu schließen, solange sich die Werbemittel im Rahmen des Üblichen bewegen.[336]

Neuerungen müssen möglich sein.
Nicht jede Maßnahme, mit der ein gewisser Werbeeffekt verbunden ist, stellt eine berufswidrige Werbung dar.

Das Bundesverfassungsgericht 1997 [337]

Ärztliche Informationswerbung, die beispielsweise durch die Werbeträger **Radio**, **Fernsehen**[338] oder **Internet**[339] präsentiert wird, ist nicht ohne weiteres unsachlich, wenngleich diese Werbeträger für Ärzte bislang unüblich waren, also noch neu und ungewöhnlich sind. Auch eine **Zeitungsanzeige** oder ein sonstiges **Inserat** mit der

---

335 BVerfG, Beschl. v. 18.2.2002 – 1 BvR 1644/01 – www.bverfg.de; so schon OLG Koblenz, Urt. v. 13.2.1997 – 6 U 1500/96 – WRP 1997, S. 478.

336 BVerfG, Beschl. v. 18.2.2002 – 1 BvR 1644/01 – www.bverfg.de, vgl. zur Gesundheitsgefährdung und zum Vertrauensschwund als Gemeinwohlbelang Kapitel 9.3.2, S. 210.

337 BVerfG, Beschl. v. 24.7.1997 – 1 BvR 1863/96 –, GRUR 1998, S. 71.

338 Zur Zulässigkeit der Ankündigung geänderter Sprechzeiten durch das **Radio** vgl. nur den Hinweis des **Bundesverfassungsgerichts** in BVerfG, Beschl. v. 18.2.2002 – 1 BvR 1644/01 – www.bverfg.de.
Radio- und Fernsehwerbung sind auch nach Nr. 4 Auslegungsgrundsätze BÄK zu §§ 27 ff. MBO vom 10.9.2002 ausdrücklich erlaubt, vgl. dazu auch Kapitel 5.2.4, S. 61.

339 Zur Werbung im Internet vgl. Kapitel 8.4, S. 140.

Angabe der Praxisadresse und weiteren patientenrelevanten Informationen sind heute grundsätzlich zulässig, ohne dass ein bestimmter Anlass vorliegen muss.[340]

Zeitungsanzeigen sowie die „Gelben Seiten" gehören zu den klassischen sachlichen Kommunikationsmitteln.

Das **Plakat** für ein Kultur- oder Sportereignis ist ebenfalls ein zulässiger Werbeträger, wenn es einen dezent gehaltenen **Sponsoring-Hinweis** auf die finanzielle Unterstützung durch eine Arztpraxis enthält. Diese Informationswerbung ist nicht ohne weiteres aufdringlich oder unsachlich.[341] Entscheidend ist nicht der – als Kommunikationsmittel verwendete – Werbeträger, sondern allein die Art und Weise der Darstellung auf diesem Werbeträger.

Ärztliche Rundschreiben mit Informationsmaterial, Praxisbroschüren oder Einladungen zu Vorträgen oder Kursen, die auf dem **Postwege** versandt werden, sind **wettbewerbsrechtlich uneingeschränkt zulässig**,[342] denn der Empfänger ist durch Werbebriefe nicht unmittelbar in seiner Privatsphäre betroffen. Er kann – ohne direkten Einfluss des Absenders – vom Inhalt des Schreibens Kenntnis nehmen oder es sofort wegwerfen. Im übrigen liegen die **Kosten** der Briefkastenwerbung – im Gegensatz zur Werbung per Fax oder E-Mail – ausschließlich beim Absender. Etwas anderes gilt für die Briefkastenwerbung bzw. die Postwurfsendung nur dann, wenn die Adressaten ausdrücklich erklärt haben, dass sie keine entsprechende Werbung wünschen.[343]

Nach den Auslegungsgrundsätzen der Bundesärztekammer[344] gelten **Postwurfsendungen** und **Mailingaktionen** demgegenüber als anpreisende und damit berufswidrige Werbung. Diese Verbote sind angesichts der geänderten höchstrichterlichen Rechtsprechung unzulässig. Wenn das Bundesverfassungsgericht sogar eine Radio- oder Fernsehwerbung ausdrücklich für zulässig erklärt,[345] ist kein stichhaltiger Grund oder Gemeinwohlbelang ersichtlich, weshalb nicht auch Postwurfsendungen zulässig sein sollten.[346]

Die Briefkastenwerbung durch Werbebriefe, Handzettel, Prospekte und andere Wurfsendungen oder „Mails" ist nicht wettbewerbswidrig.

---

340 BVerfG, Beschl. v. 18.2.2002 – 1 BvR 1644/01 – www.bverfg.de, vgl. hierzu eingehend Kapitel 8.2, S. 123 ff.

341 Vgl. hierzu Kapitel 8.10.2, S. 188.

342 *Baumbach/Hefermehl*, § 1 UWG Rn. 71 m.w.N.; *Jaeger-Lenz*, S. 62; vgl. hierzu auch Kapitel 8.3.2, S. 130.

343 So heute ausdrücklich § 7 Abs. 2 Nr. 1 UWGE-BReg. v. 9.5.2003 – BR-Drucks. 301/03.

344 Nr. 3.3.1. Auslegungsgrundsätze BÄK zu §§ 27 ff. MBO vom 10.9.2002

345 BVerfG, Beschl. v. 18.2.2002 – 1 BvR 1644/01 – www.bverfg.de.

346 Zum Erfordernis eines Gemeinwohlbelanges bei berufsbeschränkenden Werbeverboten vgl. Kapitel 9.4, S. 211 ff.

Nicht jede Arztpraxis kann sich einen Fernseh- oder Radiospot leisten. Wer auf kostengünstigere Art und Weise auf sich aufmerksam machen will und sich daher für eine Mailingaktion entscheidet, wäre im Vergleich zu größeren Arztpraxen oder Kliniken erheblich benachteiligt, wenn man der Auffassung der Bundesärztekammer folgen und diese Art des Werbeträgers für unzulässig erklären würde.[347]

Bei Briefkastensendungen zum Zwecke der Werbung ist allerdings nach den Grundsätzen des Wettbewerbsrechts darauf zu achten, dass das Schreiben eine **gültige Absender-Adresse** der Arztpraxis enthält, so dass der Empfänger gebührenfrei eine Aufforderung zur Einstellung solcher Nachrichten schicken kann.[348]

6.2.3.2 Unzulässige Kommunikationsmittel

Nicht alle Kommunikationsmittel oder Werbeträger sind wettbewerbsrechtlich zulässig. **Untersagt** ist insbesondere die Werbung per **Telefax**, **Telefon**, **E-Mail** und **SMS**, sofern nicht der Empfänger in diese Form der Informationsübermittlung eingewilligt hat. Damit gilt diese Form der Kommunikation auch für Ärzte als **berufswidrige** Werbung im Sinne des § 27 Abs. 3 S. 1 MBO 2002. Vgl. hierzu **ausführlich** unter dem Titel „**Unzumutbare Belästigung**" Kapitel 10.5.1, S. 267 ff.

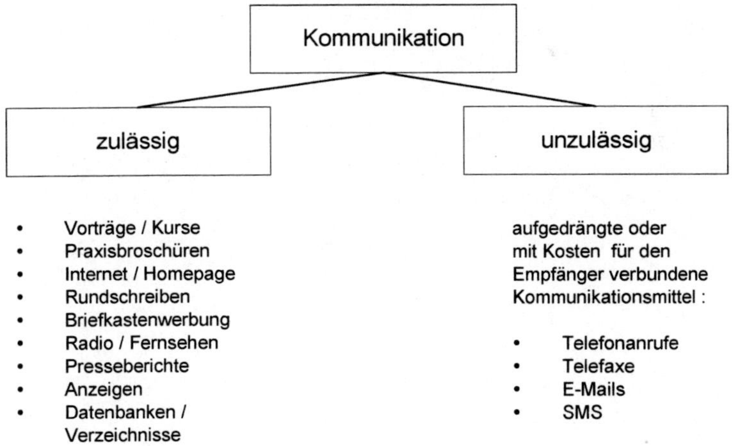

---

347 Vgl. zur Versendung und Beilage von Praxisbroschüren Kapitel 8.3.2, S. 130 ff. und zum Recall-System Kapitel 8.9.3, S. 179 ff.

348 Vgl. § 7 Abs. 2 Nr. 4 UWGE-BReg. v. 9.5.2003 – BR-Drucks. 301/03.

7 Inhaltlich zulässige Angaben / Informationen

7.1 Angabe von Qualifikationen nach der Weiterbildungsordnung

7.1.1 Grundlagen

Die Weiterbildung dient der Sicherung der Qualität ärztlicher Berufsausübung.[349]

Ärzte können alle nach der Weiterbildungsordnung erworbenen Bezeichnungen ankündigen.[350] Dies sind die **Fachgebietsbezeichnungen**,[351] **Schwerpunktbezeichnungen**[352] und die in der Weiterbildungsordnung vorgesehenen **Zusatzbezeichnungen.**[353]

---

349 Vgl. § 1 Entwurf Muster-Weiterbildungsordnung (M-WBO) 2003.
Die Weiterbildungsordnungen (WBO) werden von den Landesärztekammern in Anlehnung an die M-WBO der Bundesärztekammer als Satzung erlassen. Die WBO legt die Fachgebietsbezeichnungen, die Schwerpunkt- und Zusatzbezeichnungen und die Voraussetzungen für deren Erwerb fest. Nach erfolgreichem Abschluss der Weiterbildungszeit erteilt die zuständige Ärztekammer eine entsprechende Anerkennung, welche zur Führung der erworbenen Bezeichnung berechtigt.
Vgl. weiter zum Novellierungsentwurf der M-WBO 2003 durch den 106. Deutschen Ärztetag 2003 in Köln: www.bundesaerztekammer.de.

350 § 27 Abs. 4 Nr. 1 MBO 2002.
Der erfolgreiche Abschluss der Weiterbildung, der nach Erfüllung der vorgeschriebenen Weiterbildungsinhalte und -zeiten durch eine bestandene Prüfung nachgewiesen wird, bestätigt die fachliche Kompetenz, vgl. § 2 Abs. 5 Entwurf M-WBO 2003.

351 Ein **Gebiet** ist ein definierter Teil in einer **Fachrichtung der Medizin**. Die Gebietsdefinition bestimmt die Grenzen für die Ausübung der fachärztlichen Tätigkeit. Wer innerhalb eines Gebietes die vorgeschriebenen Weiterbildungsinhalte und -zeiten abgeleistet und in einer Prüfung die dafür erforderliche Fachkompetenz nachgewiesen hat, erhält eine **Facharztbezeichnung**, vgl. § 2 Abs. 2 Entwurf M-WBO 2003, www.bundesaerztekammer.de.

352 Ein **Schwerpunkt** ist eine auf der Facharztausbildung **aufbauende Spezialisierung im Gebiet**. Wer die innerhalb eines Schwerpunktes vorgeschriebenen Weiterbildungsinhalte und -zeiten abgeleistet und in einer Prüfung die dafür erforderliche fachliche Kompetenz nachgewiesen hat, erhält eine **Schwerpunktbezeichnung**, vgl. § 2 Abs. 3 Entwurf M-WBO 2003, www.bundesaerztekammer.de.

353 Eine **Zusatz-Weiterbildung** beinhaltet die **Spezialisierung** in Weiterbildungsinhalten, die **zusätzlich zu den Facharzt- und Schwerpunktweiterbildungsinhalten** abzuleisten sind, sofern nichts anderes geregelt ist. Wer in der Zusatz-Weiterbildung die vorgeschriebenen Weiterbildungsinhalte und -zeiten abgeleistet und in einer Prüfung die dafür erforderliche fachliche Kompetenz nachgewiesen hat, erhält eine **Zusatzbezeichnung**. Sind Weiterbildungszeiten gefordert, müssen diese zusätzlich zu den festgelegten Voraussetzungen zum Erwerb der Bezeichnungen abgeleistet werden, sofern nichts anderes geregelt ist. Die Gebietsgrenzen fachärztlicher Tätigkeit werden durch Zusatz-Weiterbildungen nicht erweitert, vgl. § 2 Abs. 4 Entwurf M-WBO 2003, www.bundesaerztekammer.de.

Ziel der Weiterbildung ist der geregelte Erwerb festgelegter Kenntnisse, Erfahrungen und Fertigkeiten, um nach Abschluss der Berufsausbildung besondere ärztliche Kompetenzen zu erlangen.

Durch die Weiterbildung zum Facharzt vertieft der Arzt seine medizinische Kompetenz auf einem bestimmten Fachgebiet in besonderer Weise. Auf der Grundlage der einheitlichen ärztlichen Berufsausbildung stellt sie dem Arzt besondere Aufgaben, führt ihm einen besonderen Patientenkreis zu und eröffnet ihm die besonderen wirtschaftlichen Chancen, die mit der fachärztlichen Tätigkeit verbunden sind.

Das Bundesverfassungsgericht 2000 [354]

Die erworbenen Bezeichnungen müssen in der nach der Weiterbildungsordnung zulässigen Form geführt werden.[355] Allerdings wird man auch all diejenigen Bezeichnungen für zulässig halten müssen, die in den allgemeinen Sprachgebrauch eingegangen sind – so etwa „Orthopäde“ anstatt „Facharzt für Orthopädie“.[356]

Wer mehrere Facharztbezeichnungen erworben hat, darf diese grundsätzlich alle ankündigen.[357]

Etwaige Verbote in den Weiterbildungsordnungen, den Kammer- oder Heilberufsgesetzen sind verfassungswidrig und daher nichtig.[358]

Bislang war es den **Allgemeinärzten** nach den Weiterbildungsordnungen der Landesärztekammern (mit Ausnahme von Sachsen) **nicht gestattet**, einen **zweiten Facharzttitel** zu führen, selbst wenn sie diesen nach langjähriger Zusatzausbildung

---

354 BVerfG, Beschl. v. 9.3.2000 – 1 BvR 1662/97 – www.bverfg.de mit Verweis auf die erste Facharztentscheidung des BVerfG, Beschl. v. 9.5.1972 – 1 BvR 518/62 und 308/64 – BVerfGE 33, S. 125 ff. (161).

355 § 27 Abs. 4 S. 2 MBO 2002.

356 Erstaunlich und rechtlich unhaltbar insoweit das an eine Tierärztin gerichtete Verbot einer Tierärztekammer, die Bezeichnung „Tierärztliche Praxis“ zu verwenden, obwohl in der Berufsordnung für Tierärzte selbst der Begriff „Tierärztliche Praxis“ mehrfach genannt wird. Zu Recht hatte das VG Minden aufgrund seiner Zweifel an der Rechtmäßigkeit dieser Kammerverfügung den Sofortvollzug beseitigt, VG Minden, Beschl. v. 9.1.2001 – 7 L 453/00 –.

357 BVerfG, Urt. v. 29.10.2002 – 1 BvR 525/99 – www.bverfg.de.
Ärzte mit mehreren Gebietsbezeichnungen sind allerdings nicht verpflichtet, beide oder mehrere Fachgebiete in der ärztlichen Praxis tatsächlich auszuüben, vgl. hierzu BSG, Urt. v. 26.1.2000 – B 6 KA 53/98 R – NJW 2001, S. 919.

358 Sie wurden von der *Autorin* bereits in der Vorauflage entsprechend kritisiert, vgl. dort S. 71.

erworben hatten.[359] Dieses Verbot wollte ein **Facharzt für Allgemeinmedizin**, der zugleich die Facharztqualifikation für **Kinderheilkunde** erworben hatte, nicht hinnehmen. Er provozierte durch eine Selbstanzeige bei der Ärztekammer ein Berufsgerichtsverfahren, indem er darauf hinwies, dass er auf Briefbögen, Rezeptvordrukken und in Zeitungsanzeigen neben seiner Gebietsbezeichnung „Allgemeinmedizin" auch die Gebietsbezeichnung „Kinderarzt" führe. Das Bezirksberufsgericht sprach dem Arzt daraufhin eine sogenannte Warnung aus und verhängte damit das geringstmögliche Sanktionsmittel.[360] Die beim Landesberufsgericht eingelegte Berufung war erfolglos. Erst die Verfassungsbeschwerde beim Bundesverfassungsgericht verhalf dem Arzt zu seinem Recht.[361]

Die Bekanntmachung einer ärztlichen Qualifikation, die in einem förmlich geregelten Anerkennungsverfahren rechtmäßig erworben ist, wird vom Schutz des Art. 12 Abs. 1 GG umfasst.[362]

Ein **Urologe**, der die in der Weiterbildungsordnung vorgesehene **Zusatzbezeichnung „Umweltmedizin"** offiziell erworben hat, darf diese Zusatzbezeichnung nach außen führen.[363] Auch eine Fachärztin für **Anästhesie** darf die Zusatzbezeichnung "**Psychotherapie**" erwerben und darüber informieren, denn dies stellt eine sinnvolle und zweckmäßige Ergänzung der Fachgebietsbezeichnung dar.[364]

---

359 Es widerspreche dem Sinn der Gebietsbezeichnung „Allgemeinmedizin", daneben weitere Gebietsbezeichnungen zuzulassen, weil sich der Allgemeinmediziner nicht in einem engeren Bereich spezialisiere, sondern seine Weiterbildung in der Vertiefung des allgemeinärztlichen Wissens und Könnens bestehe, vgl. etwa die Begründung des Gesetzesentwurfes der Landesregierung Baden-Württemberg zu dem maßgeblichen § 39 Kammergesetz vom 16.3.1995, LT-Drucks. 6/8650, S. 36.
Dahinter stehe die Vorstellung einer grundsätzlichen Funktionenteilung zwischen Allgemeinärzten und Spezialisten, wie sie sich in der strengen Teilung von hausärztlicher und fachärztlicher Versorgung im Rahmen der vertragsärztlichen Strukturen der gesetzlichen Krankenversicherung wiederfinde. Die Bindung des Facharztes an das Fachgebiet mache nur Sinn, wenn daneben nicht eine allgemeinärztliche Tätigkeit ausgeübt werden könne. Der Allgemeinmediziner sei ein Generalist, dessen Tätigkeitsspektrum berufsrechtlich sehr breit definiert werde. Ein Allgemeinmediziner sei schwerlich in der Lage, seiner Fortbildungsverpflichtung in der Allgemeinmedizin und in einem Spezialgebiet zu entsprechen. Fehle das Verbot, würde sich das auf die Qualität der Berufsausübung und damit letztlich negativ auf die medizinische Versorgung der Bevölkerung auswirken. Zur weiteren Begründung vgl. BVerfG, Urt. v. 29.10.2002 – 1 BvR 525/99 – www.bverfg.de.

360 Vgl. hierzu Kapitel 13.2.2, S. 345.

361 BVerfG, Urt. v. 29.10.2002 – 1 BvR 525/99 -, vgl. hierzu Kapitel 7.1.2.1, S. 81 ff.

362 BVerfG, Urt. v. 29.10.2002 – 1 BvR 525/99 – www.bverfg.de.

363 VG Stuttgart, Urt. v. 5.11.1999 – 4 K 1000/99 – MedR 2000, S. 376 ff.

364 VG Saarlouis, Urt. v. 22.5.2000 – 1 K 89/99 – MedR 2001, S. 468.

Der wahrheitsgemäße Hinweis auf rechtsförmlich erworbene fachliche Qualifikationen stellt keine unzulässige Werbung dar.[365]

Ein **Arzt**, der zugleich **Apotheker** ist, darf neben seiner Arztbezeichnung auch die Berufsbezeichnung als Apotheker führen. Es handelt sich hierbei um eine besondere Qualifikation, die ihn auch hinsichtlich seiner ärztlichen Tätigkeit auszeichnet. Ein entsprechendes **Verbot** des **Verwaltungsgerichtshofs Baden-Württemberg**[366] ist nach Überzeugung der *Autorin* **verfassungswidrig**. Denn es ist kein Gemeinwohlinteresse ersichtlich, welches durch die Ankündigung einer Doppelqualifikation im medizinischen Bereich gefährdet sein könnte. Vielmehr ist davon auszugehen, dass Patienten bei ihrer Suche nach einem geeigneten Arzt besondere Qualifikationen entsprechend würdigen.

Zutreffende Angaben über besondere Kenntnisse und Fähigkeiten als Gefährdungen dieses Gemeinwohlbelangs zu begreifen, verbietet sich von vornherein, wenn die Qualifikation in einem förmlich geregelten Anerkennungsverfahren rechtmäßig erworben ist. Das Informationsbedürfnis der Bevölkerung kann ohne solche Hinweise nicht befriedigt werden.

Das Bundesverfassungsgericht 2002 [367]

Das **Urteil des VGH** ist angesichts der Rechtsprechung des Bundesverfassungsgerichts daher **nicht haltbar**.

Nach einer aktuellen Entscheidung des Bundesgerichtshofs ist selbst die **gleichzeitige Ausübung des Arztberufes und des Anwaltsberufes zulässig**: Die Rechtsanwaltskammer kann daher nicht verlangen, die anwaltliche Tätigkeit künftig aufzugeben, sofern nicht **nachweislich** eine Beeinträchtigung der beruflichen Qualität sowie der Belange der Mandanten zu verzeichnen ist:

Die Freiheit der Berufswahl nach Art. 12 GG umfasst die Freiheit, mehrere Berufe zu wählen und nebeneinander auszuüben.

Bundesgerichtshof 2003 [368]

---

365 BVerfG, Beschl. v. 9.3.2000 – 1 BvR 1662/97 – www.bverfg.de mit Verweis auf die erste Facharztentscheidung des BVerfG, Beschl. v. 9.5.1972 – 1 BvR 518/62 und 308/64 – BVerfGE 33, S. 125 ff. (161).

366 VGH Bad-Württ., Urt. v. 28.3.2000 – 9 S 1195/99 – NJW 2001, S. 1810 ff. = ArztRecht 2000, S. 252 ff.

367 BVerfG, Urt. v. 29.10.2002 – 1 BvR 525/99 – www.bverfg.de = NJW 2003, S. 879 ff. = DVBl 2003, S. 262 ff.

368 BGH, Beschl. v. 17.3.2003 – AnwZ (B) 3/02.

7.1.2 Maßgebliche Rechtsprechung

7.1.2.1 Zulässige Ankündigung mehrerer Facharztbezeichnungen

Urteil

Fachärzte für Allgemeinmedizin, die eine weitere Facharztbezeichnung erworben haben, dürfen diese nach außen ankündigen.

Das Bundesverfassungsgericht 2002 [369]

Aus den Urteilsgründen

Zu den durch Art. 12 Abs. 1 GG geschützten berufsbezogenen Handlungen gehört die berufliche Außendarstellung der Grundrechtsträger, mit der den Nachfragern die erforderlichen Informationen für die Inanspruchnahme der Dienste vermittelt werden. An Art. 12 Abs. 1 GG zu messen ist daher das Verbot, erworbene Kenntnisse und Fähigkeiten, die in rechtmäßig erlangten Titeln und Berufsbezeichnungen ihren Niederschlag gefunden haben, im Berufsleben zu benutzen.

Solche Verbote stellen einen empfindlichen Eingriff dar,
weil das Verschweigen von Kompetenz im selbständig ausgeübten Beruf
dazu führt, dass die Leistungen nicht konkret angeboten und
von den Patienten nicht nachgefragt werden können.

Es ist nicht erkennbar, inwiefern die medizinische Versorgung der Bevölkerung gefährdet sein könnte, wenn einem Arzt mit einer Doppelqualifikation neben der Betätigung in beiden Bereichen die Benennung seiner beiden Qualifikationen erlaubt wird. Da es dem Arzt unbestrittenermaßen möglich ist, die Anerkennung als Facharzt für mehr als eine Fachrichtung zu erwerben, kann ihm nicht von vornherein abgesprochen werden, auch mehrere Fachgebiete wissenschaftlich und praktisch zu beherrschen. Wieso dann Gefahren in der Offenlegung der Mehrfachqualifikationen liegen sollen, ist nicht ersichtlich. Es geht demnach bei dem angegriffenen Verbot vornehmlich um den mit der Ankündigung verbundenen Werbeeffekt, nicht aber um ein Tätigkeitsverbot mit Schutzfunktion für die Bevölkerung.

---

369 BVerfG, Urt. v. 29.10.2002 – 1 BvR 525/99 – www.bverfg.de = NJW 2003, S. 879 ff. = DVBl 2003, S. 262 ff.

Stellungnahme

Dieses Urteil war längst überfällig, da die Ärztekammern die deutlichen Aussagen der „Sportarztentscheidung"[370] ignoriert und das Verbot von Mehrfach-Bezeichnungen bei Allgemeinärzten nicht aufgehoben hatten.

Wenn ein Arzt schon eine völlig fachfremde Ausbildung absolvieren und diesen Beruf neben dem Arztberuf praktizieren darf – z.B. als Arzt und Rechtsanwalt[371] – so muss es ihm erst recht erlaubt sein, neben seiner Tätigkeit auf dem Gebiet der Allgemeinmedizin auch eine weitere Facharzttätigkeit auszuüben.[372]

Im übrigen hatte das Bundesverfassungsgericht eine entsprechende Entscheidung bereits im Jahre 1972 gefällt.[373]

7.1.2.2 Die Bezeichnung „Facharzt für Sportmedizin" ist zulässig

Urteil

Die in der früheren DDR rechtmäßig erworbene Facharztbezeichnung „Facharzt für Sportmedizin" darf auch dann weitergeführt werden, wenn eine entsprechende Facharztbezeichnung in einem Bundesland nicht vorgesehen ist. Ein auf die Weiterbildungsordnung gestütztes Verbot ist ein unzulässiger Eingriff in die Berufsfreiheit des Art. 12 GG.

Das Bundesverfassungsgericht 2000 [374]

---

370 Vgl. hierzu Kapitel 7.1.2.2, S. 82.

371 BGH, Beschl. v. 17.3.2003 – AnwZ (B) 3/02.

372 Von der *berufsrechtlichen* Möglichkeit, neben dem Facharzt für Allgemeinmedizin einen weiteren Facharzttitel führen zu dürfen, ist jedoch die *kassenärztliche Abrechnungsfrage* strikt zu trennen: Fachärztliche Leistungen für gesetzlich krankenversicherte Patienten dürfen nach den derzeitigen kassenärztlichen Abrechnungsvorschriften des EBM von Hausärzten nicht abgerechnet werden. Diese Regelung wurde durch die Gesundheitsreform 2000 noch verschärft.

373 BVerfG, Beschl. v. 9.5.1972 – 1 BvR 518/62 und 308/64 – BVerfGE, 33, S. 125 ff. (170): *„Die Angabe rechtsförmlich erworbener fachlicher Qualifikationen ist das herkömmliche Mittel der Ankündigung nichtgewerblicher freiberuflicher Leistungen. Der wahrheitsgemäße Hinweis hierauf ist keine unzulässige Werbung. Der Beschwerdeführer sieht mit Recht einen Widerspruch darin, dass die Führung mehrerer Facharztbezeichnungen auf dem Praxisschild und auf Briefbögen unzulässig, bei wissenschaftlichen, schriftstellerischen oder gutachterlichen Äußerungen jedoch zulässig sein soll."*

374 BVerfG, Beschl. v. 9.3.2000 – 1 BvR 1662/97 – www.bverfg.de mit Verweis auf die erste Facharztentscheidung des BVerfG, Beschl. v. 9.5.1972 – 1 BvR 518/62 und 308/64 – BVerfGE 33, S. 125 ff. (161).

Sachverhalt

Ein Arzt, Jahrgang 1942, hatte 1968 in der DDR die Approbation und 1973 die Anerkennung als „Facharzt für Sportmedizin" erhalten. Seit 1990 betreibt er in Baden-Württemberg eine ärztliche Privatpraxis und führt die Bezeichnung „Facharzt für Sportmedizin", „Naturheilverfahren". Im Frühjahr 1996 wurde er von der Ärztekammer aufgefordert, die Bezeichnung „*Fach*arzt für Sportmedizin" nicht mehr zu führen, da eine solche Bezeichnung in der Weiterbildungsordnung Baden-Württemberg nicht vorgesehen und die Facharztbezeichnung „Sportmedizin" für die Bevölkerung entbehrlich sei.[!] Ausreichend sei die in der Weiterbildungsordnung vorgesehene *Zusatz*bezeichnung Sportmedizin.

Das Verwaltungsgericht bestätigte dieses Verbot, da den Ärzten in Baden-Württemberg nur die Führung derjenigen Gebiets-, Teilgebiets- oder Zusatzbezeichnungen erlaubt sei, die in der Weiterbildungsordnung des Landes enthalten sind. Die Berufung gegen dieses Urteil war vom Verwaltungsgerichtshof Baden-Württemberg nicht angenommen worden.[!] Erst die beim **Bundesverfassungsgericht** eingelegte **Verfassungsbeschwerde** war **erfolgreich**.

Aus den Urteilsgründen

Der Entschluss, sich zum Facharzt auszubilden und die ärztliche Tätigkeit künftig auf ein Fachgebiet zu beschränken, ist in aller Regel auf Dauer angelegt, er ist eine Lebensentscheidung.

Hat der Arzt aber rechtsförmlich eine fachliche Qualifikation dieser Art erworben, so können nur Gemeinwohlbelange von erheblichem Gewicht ein Verbot rechtfertigen, auf diese Qualifikation hinzuweisen und damit die freie Berufsausübung erheblich zu beeinträchtigen. Weder der föderalistische Aufbau der Bundesrepublik noch die Regelung des Arztrechts in Länderkompetenz allein können solche Gemeinwohlbelange darstellen. Auch gesundheitliche Versorgungsbedürfnisse können das Führen einer einmal erworbenen Facharztbezeichnung nicht verbieten.

Der Konkurrenzschutz stellt ebenfalls keinen Gemeinwohlbelang dar. Denn die Ärzte genießen keinen Schutz vor Konkurrenten, die andere Qualifikationen erworben haben. Im übrigen wären die Kammern nicht legitimiert, mit ihren Weiterbildungsordnungen in den Wettbewerb allein zum Zwecke des Schutzes der im eigenen Land weitergebildeten Ärzte einzugreifen.[375]

[375] Vgl. zum Konkurrenzschutz Kapitel 9.4.3, S. 214.

7.1.2.3 Urologie und Umweltmedizin

Urteil

Ein Urologe, der die Zusatzbezeichnung „Umweltmedizin" offiziell erworben hat, darf diese Bezeichnung nach außen führen. Die Ärztekammer kann dies nicht verbieten.

Verwaltungsgericht Stuttgart 1999 [376]

7.2 Akademische Grade und Titel

7.2.1 Grundlagen

Medizinisch-akademische Grade wie **Professoren-** oder **Doktortitel** und weitere ärztliche Titel dürfen immer dann angegeben werden, wenn sie formell und materiell rechtmäßig erworben wurden und das jeweilige **Landesrecht** zur Titelführung berechtigt. In den meisten Bundesländern ist das Recht des Führens akademischer und ausländischer Grade im **Hochschulgesetz** bzw. im **Universitätsgesetz** geregelt.[377] Nur noch in Rheinland-Pfalz, Saarland und Hessen gilt das Gesetz über die Führung akademischer Grade[378] und die entsprechende Verordnung zur Durchführung des Gesetzes über die Führung akademischer Grade.[379]

7.2.2 Doktortitel

Der Doktortitel ist ein **akademischer Grad**, der von den Fakultäten der Hochschulen und Universitäten durch **Promotion** verliehen wird. Rechtsgrundlage hierfür sind die rahmenrechtliche Regelung des § 18 HRG, die entsprechenden **Hochschulgesetze** der Länder sowie die **Promotionsordnungen** der jeweiligen Hochschulen.

Voraussetzung für die Zulassung zur medizinischen Promotion ist die erfolgreiche Ablegung der ärztlichen Prüfung sowie die Fertigung einer Dissertation und Able-

376 VG Stuttgart, Urt. v. 5.11.1999 – 4 K 1000/99 – MedR 2000, S. 376 ff.
377 Zur Rechtslage in den jeweiligen Bundesländern, vgl. *Zimmerling*, Rn. 86 ff.
378 GFaG v. 07.6.1939, RGBl. I, S. 985.
379 DVO-GFaG v. 21.6.1939, RGBl. I, S. 1326.

gung einer mündlichen Prüfung. Das Recht zur Führung des Doktortitels („Dr. med.") entsteht mit Aushändigung der Promotionsurkunde.[380]

Ein Doktortitel bietet im Verkehr den Anschein einer erhöhten Gewähr für die Fähigkeiten, die Zuverlässigkeit und den guten Ruf seines Trägers.[381] Wird der Doktortitel unberechtigt geführt, ohne dass die in der **Promotionsordnung** einer **deutschen Hochschule** normierten Voraussetzungen erfüllt sind, so wird der Rechtsverkehr über diese besonderen Qualifikationen getäuscht. Es liegt daher tatbestandlich sowohl ein Verstoß gegen das **Irreführungsverbot** nach § 3 UWG[382] als auch der **Straftatbestand** der **„unerlaubten Titelführung"** nach § 132 a Abs. 1 Ziff. 1 i.V.m. Abs. 2 StGB vor.

Bei der Ausübung der Heilkunde ist ein „Doktor" im übrigen nur der **Dr. med.**, **nicht** dagegen der **Dr. phil.**, so dass dies zur Vermeidung einer Irreführung im Geschäftsverkehr gegebenenfalls klarzustellen ist.[383]

7.2.3 Professorentitel

Die Bezeichnung „Professor" wird in verschiedener rechtlicher Bedeutung gebraucht. Sie kann Amts- oder Dienstbezeichnung, eine akademische Würde oder bloßer Ehrentitel sein.[384]

Die Bezeichnung **„Professor"** darf nach den jeweiligen Hochschul- oder Universitätsgesetzen der Länder dann geführt werden, wenn sie auf Vorschlag der medizinischen Fakultät (Fachbereich) durch die Hochschule oder das zuständige Landesministerium verliehen worden ist.[385] Dasselbe gilt für die von einer medizinischen Fakultät einer **ausländischen wissenschaftlichen Hochschule** verliehene Bezeichnung, sofern sie der **deutschen Bezeichnung „Professor" gleichwertig** ist. Hierüber entscheidet je nach Landesrecht das **Kultus-** oder **Wissenschaftsministe-**

---

380 *Jansen*, in *Rieger* (Hrsg.): Lexikon des Arztrechts, Nr. 1500, Rn. 1-3.

381 BGH, Urt. v. 10.11.1969 – 1 ZR 273/67 – BGHZ 53, 65 ff. (68).

382 *Baumbach/Hefermehl*, § 3 UWG Rn. 418.

383 *Baumbach/Hefermehl*, § 3 UWG Rn. 419.

384 Beim beamteten oder dem sich im Angestelltenverhältnis befindenden Professor einer Universität fällt der akademische Titel mit der dienstrechtlichen Bezeichnung zusammen. Lediglich Inhaber eines akademischen Titels ist dagegen der zum Professor ernannte, habilitierte Privatdozent und in der Regel der nicht habilitierte Honorarprofessor. Der akademische Titel wird ebenso wie ein akademischer Grad für das ganze Leben verliehen; zum Teil wird allerdings vom Landesgesetzgeber normiert, dass bei Vorliegen besonderer Umstände die Weiterführung des Professorentitels untersagt werden kann, z.B. bei Unwürdigkeit, vgl. hierzu weiter *Jansen*, in *Rieger* (Hrsg.): Lexikon des Arztrechts, Nr. 4410 und *Zimmerling*.

385 Zu den Voraussetzungen des Erwerbs eines Professorentitels vgl. *Zimmerling*.

rium, gegebenenfalls auch die zuständige **Ärztekammer**. Die Bezeichnung ist in der Fassung der ausländischen Verleihungsurkunde zu führen.[386]

7.2.4 Ausländische akademische Grade

Ausländische akademische Grade dürfen in Deutschland nur dann geführt werden, wenn eine entsprechende **Genehmigung des Kultus- bzw. Wissenschaftsministeriums** vorliegt.[387] Gegen diese Genehmigungspflicht bestehen nach Auffassung des **Bundesverfassungsgerichts** weder verfassungsrechtliche noch europarechtliche Bedenken. Denn mit einem solchen Genehmigungsvorbehalt wird es der Verwaltung ermöglicht, die im Ausland erworbenen Titel und Grade zu prüfen, bevor sie vom Erwerber in Deutschland geführt werden dürfen. Hierdurch dient die Regelung dem **Schutz der Öffentlichkeit vor Täuschung** und ist aus vernünftigen Erwägungen des Gemeinwohls gerechtfertigt.[388]

7.2.5 Akademische Grade und Irreführung

In der Werbung kann die Führung eines rechtmäßig erworbenen Titels wegen der Gefahr der Irreführung der Patienten auch völlig untersagt sein.

Aus der öffentlich-rechtlichen Befugnis zur Titelführung ergibt sich nicht zugleich die Befugnis, diesen Titel auch **in der Werbung zu benutzen**: Ist die Bezeichnung „Professor“ beispielsweise nicht von einer medizinischen, sondern von einer anderen Fakultät verliehen worden, so darf sie nur unter **Angabe der Fakultäts- und Hochschulzugehörigkeit** geführt werden.[389] Zwar stellt der Verbraucher nicht mehr auf das klassische Professorenbild ab, wonach die Verleihung eines Professorentitels regelmäßig eine Habilitation, die Übertragung eines besoldeten Hoch-

386 Diese Vorschrift war früher in Kapitel D I Nr. 2 Abs. 8 MBO geregelt. Nach der völligen Streichung des Kapitels D I haben jedoch einige Ärztekammern dieser Vorschrift in ihrer Berufsordnung beibehalten, so etwa Baden-Württemberg, § 27 Abs. 4 BO; Hessen, § 27 Abs. 4 BO.

387 Die Genehmigungspflicht wird in den Bundesländern unterschiedlich geregelt, vgl. hierzu das vorherige Kapitel 7.2.1, S. 84.

388 BVerfG, Beschl. v. 18.2.1999 – 2 BvR 335/98 – NJW 1999, S. 2960 ff. = NVwZ 1999, S. 866.

389 OLG Hamburg, Urt. v. 20.2.2002 – 5 U 100/01 -, KG Berlin, Urt. v. 22.3.2002 – 5 U 8811/00 – NJW-RR 2003, S. 64 ff. So ausdrücklich auch § 27 Abs. 7 S. 4 BO Hessen; ebenso Nr. 3.3.2. Abs. 3 Auslegungsgrundsätze BÄK zu §§ 27 ff. MBO vom 10.9.2002.

schullehramtes sowie die Forschungs-, Lehr- und Verwaltungstätigkeit an dieser Hochschule voraussetzt. In der Arztwerbung erwartet aber noch heute ein nicht unerheblicher Teil der Patienten, dass die **herkömmlichen Merkmale eines Professorentitels wenigstens teilweise erfüllt** sind.[390] Dies gilt insbesondere für **Honorarprofessuren**:

> Wer mit dem Titel „Prof. h.c.“ für ärztliche Leistungen werben will, muss diesen Ehrentitel auch für ärztliche Leistungen erhalten haben, nicht etwa für arztfremde Verdienste.

Denn der allgemeine Verkehr verbindet mit der Angabe „Prof. h.c.“ in der ärztlichen Darstellung die **Vorstellung**, der **Honorarprofessor** sei für dessen **besondere ärztliche Leistungen** erteilt worden. Ist dies tatsächlich nicht der Fall und wird die Honorarprofessur beispielsweise für die Verdienste um die Ornithologie erteilt, so wird der Verkehr durch die werbende Angabe in wettbewerbs- und berufswidriger Weise irregeführt.[391]

Demgegenüber darf ein Arzt, der aufgrund seiner langjährigen Tätigkeit an einer Fachhochschule im Bereich der **Medizintechnik** einen Professorentitel ehrenhalber (Prof. h.c.) verliehen bekam, diesen Titel auch bei seiner Tätigkeit im Krankenhaus nach außen führen. Maßgeblich ist hierbei, dass der Professorentitel einen **engen Bezug zum medizinischen Bereich** aufweist.[392]

---

390 OLG Hamburg, Urt. v. 20.2.2002 – 5 U 100/01 –.

391 OLG Hamburg, Urt. v. 20.2.2002 – 5 U 100/01 –. Vgl. zur irreführenden Werbung mit Professorentiteln auch Kapitel 10.2.3.1, S. 226 ff.

392 VG Oldenburg, Urt. v. 12.12.2000 – 12 A 3047/99 – MedR 2002, S. 35.

7.3 Qualifikationen nach sonstigen öffentlich-rechtlichen Vorschriften

7.3.1 Grundlagen

Ärzte dürfen heute alle weiteren Qualifikationen ankündigen, die sie nach sonstigen öffentlich-rechtlichen Vorschriften erworben haben.[393] Hierzu zählen beispielsweise weitere **Zertifikate der Ärztekammern** oder durch Fortbildung erworbene **EU-Qualifikationen**. Auch solche Qualifikationen und **kassenärztliche Abrechnungsbefugnisse**, die zur Sicherung der Strukturqualität nach § 135 SGB V erworben wurden, dürfen angekündigt werden. Dabei handelt es sich um **genehmigungspflichtige Leistungen** wie z.B. Kernspintomographie, Schlafapnoe, LDL-Elimination, Arthroskopische Operationen, Stoßwellenlithrotripsie, also um solche Qualifikationen, hinsichtlich derer ein besonderes Informationsinteresse der Patienten ohne Irreführungsgefahr besteht.[394]

Der Arzt ist berechtigt, jedoch nicht mehr verpflichtet, darauf hinzuweisen, dass es sich um eine Qualifikation handelt, die von der Ärztekammer verliehen wurde.[395]

Auch außerhalb des Weiterbildungsrechts und des Vertragsarztrechts finden sich **gesundheitsrechtliche Vorschriften**, welche an eine Qualifikation des Arztes besondere Anforderungen stellen. In Frage kommen hier zum Beispiel die **Fliegerärztliche Untersuchungsstelle**, die **Gelbfieberimpfstelle** oder die **Schwangerschaftskonfliktsberatungsstelle**. Im Recht der Berufsgenossenschaften handelt es sich um die Qualifikation als „D-Arzt" oder „H-Arzt".

Weitere Qualifikationen werden auch von **Berufsverbänden** oder sonstigen **privaten Organisationen** und **ärztlichen Gesellschaften** verliehen. Hier ist die verleihende Institution zumindest durch einen Klammerzusatz anzugeben, um für das Publikum klarzustellen, dass es sich nicht um eine offiziell verliehene Qualifikation handelt. Im übrigen müssen sich diese privatrechtlichen Zertifikate oder Qualifikationsnachweise deutlich von den Bezeichnungen der Weiterbildungsordnung unterscheiden, um eine **Verwechslungsgefahr auszuschließen**.[396]

---

393 § 27 Abs. 4 S. 1 Nr. 2 MBO 2002.
394 Nr. 3.6.2 a Auslegungsgrundsätze BÄK zu §§ 27 ff. MBO vom 10.9.2002.
395 § 27 Abs. 4 S. 3 MBO 2002.
396 Vgl. zur Verwechslungsgefahr ausführlich Kapitel 7.4.7, S. 98 ff.

7.3.2 Maßgebliche Rechtsprechung

7.3.2.1 Zulässige Angabe „Akupunktur“

Urteil

Ein Arzt darf die Bezeichnung „Akupunktur“ nach außen führen, wenn er tatsächliche Kenntnisse in dieser Behandlungsmethode erworben hat und diese durch entsprechende Diplome nachweisen kann.

Bundesverwaltungsgericht 2001 [397]

Aus den Urteilsgründen

Die Akupunktur ist eine Behandlungsmethode, deren Anwendung Ärzten erlaubt ist. Das geht schon aus der Tatsache hervor, dass die GOÄ die Akupunktur seit dem 1.1.1996 unter Nrn. 269 und 269 a als abrechnungsfähige Leistung aufführt. Es handelt sich aber um eine Behandlungsmethode, die nicht jeder Arzt beherrscht und anbietet. Der Arzt, bei dem diese Voraussetzungen vorliegen, hat daher ein berechtigtes Interesse, das Publikum über sein spezifisches Leistungsspektrum zu informieren. Auf der anderen Seite besteht bei der heilungsuchenden Bevölkerung eine verbreitete Nachfrage nach dieser Heilmethode. Sie hat ein Recht darauf zu erfahren, bei welchen Ärzten sie ein entsprechendes Angebot finden kann. Es wäre unzumutbar zu verlangen, der Patient solle durch individuelle Nachfrage bei beliebigen Ärzten die entsprechende Klärung herbeiführen.

Stellungnahme

Im entschiedenen Fall hatte der Arzt nicht nur die in der Weiterbildungsordnung geregelte **Zusatzbezeichnung „Homöopathie**“ erworben. Er war darüber hinaus auch im Besitz des **A-Diploms** und **B-Diploms** der Deutschen Akademie für Akupunktur und Aurikulo-Medizin.

Nur wenn in besonderen Bereichen bestimmte **Qualifikationen** tatsächlich **nachgewiesen** werden können, sind Behandlungsmethoden wie „Akupunktur“ oder etwa „Traditionelle Chinesische Medizin“ ankündigungsfähig.[398]

---

[397] BVerwG, Urt. v. 5.4.2001 – 3 C 25.00 – NJW 2001, S. 3425 ff. = DVBl 2001, S. 1372 ff.; so bereits zutreffend VG Braunschweig, Urt. v. 25.11.1998 – 1 A 1042/96 – .

[398] Vgl. hierzu ausführlich das nachfolgende Kapitel „Tätigkeitsschwerpunkte“ 7.4, S. 91.

7.3.2.2 Zulässige Angabe einer im Ausland erworbenen Qualifikation

Urteil

Ein Arzt, der von der Österreichischen Ärztekammer (ÖÄK) gemäß deren Fortbildungsrichtlinien das ÖÄK-Diplom *Komplementäre Medizin: Diagnostik und Therapie nach Dr. F.X. Mayr* erworben hat, darf diese Bezeichnung auch in Deutschland nach außen führen.

Bayerisches Verwaltungsgericht München 2002 [399]

Aus den Urteilsgründen

Aus der Richtlinie der Österreichischen Ärztekammer über den Erwerb des Diploms folgt, dass das hier interessierende Diplom nicht etwa aufgrund einer „Selbstberühmung" des Arztes vergeben wird, sondern dass der Erwerb eines entsprechenden Zertifikats eine zeitlich aufwändige und inhaltlich eingehende Ausbildung voraussetzt, die zumindest in normähnlicher Weise geregelt ist. Vor diesem Hintergrund, vor allem aber im Hinblick darauf, dass die Zuerkennung des Diploms die Absolvierung einer theoretischen und praktischen Prüfung voraussetzt, kann kein Zweifel daran bestehen, dass dem Inhaber einer solchen Urkunde der Besitz einer „ärztlichen Qualifikation" im Sinne eines Befähigungsnachweises attestiert wird.

---

399 VG München, Urt. v. 11.6.2002 – M 16 K 00.4995 –, MedR 2003, S. 308 ff.

7.4 Angabe von Tätigkeitsschwerpunkten

7.4.1 Grundlagen

Die Angabe von Tätigkeitsschwerpunkten ist heute zulässig, soweit der Arzt die umfassten Tätigkeiten nicht nur gelegentlich ausübt.[400] Diese Informationen besagen, dass der Arzt über besondere Erfahrungen verfügt und auf diesem Gebiet nachhaltig tätig ist.

> Die Angabe von speziellen Tätigkeitsbereichen und ihre Verbreitung entsprechen einem Informationsbedürfnis des Publikums, weil sich die Berufsangehörigen in unterschiedlichen Gebieten spezialisieren.

Das Bundesverfassungsgericht 2001 [401]

Eigenverantwortlich mitgeteilte Angaben der Ärzte über ihre Tätigkeit und fachliche Spezialisierung sind nach Auffassung des **Bundesverfassungsgerichtes** allerdings nur mit der Maßgabe zulässig, dass diese Angaben in **sachlicher Form** erfolgen und **nicht irreführend** sind.[402] Eine **Irreführung** der Patienten kommt dann in Betracht, wenn ein Arzt tatsächlich gar keinen Tätigkeitsschwerpunkt und besondere Kenntnisse auf dem angegebenen Gebiet hat.[403]

Die Werbung mit Tätigkeitsschwerpunkten ist daher unter Berücksichtigung der **Weiterbildungsordnung differenziert** zu beurteilen, um dem **Patientenschutz** entsprechend Rechnung zu tragen und eine **Irreführung** zu vermeiden.[404]

---

400 § 27 Abs. 4 Nr. 4 i.V.m. Abs. 5 MBO 2002.

401 BVerfG, Beschl. v. 18.10.2001 – 1 BvR 881/00 – m.w.N., www.bverfg.de; WRP 2001, S. 1437 ff. Für die **Anwälte** erklärte das Bundesverfassungsgericht bereits 1994 die Verwendung selbstgewählter Tätigkeitsschwerpunkte durch Rechtsanwälte (hier **Arztrecht** und **Wettbewerbsrecht**) für zulässig, BVerfG, Beschl. v. 5.12.1994 – 1 BvR 1229/90 – MedR 1995, S. 155.

402 BVerfG, Beschl. v. 18.10.2001 – 1 BvR 881/00 – m.w.N., www.bverfg.de; WRP 2001, S. 1437 ff. Unhaltbar und zwischenzeitlich überholt ist daher beispielsweise die Entscheidung des BerufsG f. Heilberufe Sachsen-Anhalt, Beschl. v. 28.7.1999 – BG Ä 6/96 –, wonach es einer Ärztin untersagt wurde, auf ihrem Praxisschild die Angabe „Nierensprechstunde und Dialyse“ zu führen, obwohl sie, was nicht bestritten wurde, in der ehemaligen DDR die „Anerkennung als Subspezialist der Fachrichtung Pädiatrie auf dem Subspezialisierungsgebiet Nephrologie“ erhalten hatte.

403 BVerfG, Beschl. v. 23.7.2001 – 1 BvR 872/00 – www.bverfg.de.

404 Kritisch ebenso *Schulte*, S. 87.

7.4.2 Gebietskonkretisierende Tätigkeitsschwerpunkte

Zunächst ist festzustellen, ob die vom Arzt genannten Tätigkeitsschwerpunkte lediglich dessen ausgeübte **Facharzt-** oder **Schwerpunktbezeichnung** in zulässiger Weise **konkretisieren** oder **präzisieren.** Denn die Facharzt-, Schwerpunkt- oder Zusatzbezeichnung hat gerade den Sinn, über den Erwerb einer Qualifikation zu informieren. Dabei kommt es auf das **Informationsbedürfnis** der **Adressaten** an, denen das gesamte Spektrum der ärztlichen Kenntnisse, die für den Erwerb einer entsprechenden Bezeichnung vorausgesetzt werden, nicht geläufig sein dürfte. So darf eine **radiologische Gemeinschaftspraxis** beispielsweise auf ihrem Praxisschild angeben: *„Röntgendiagnostik, Computertomographie, Kernspintomographie, Ultraschall, Nuklearmedizin, Positronen-Emmissions-Tomographie, Strahlentherapie“.*[405]

Solange sich die Hinweise als **wahrheitsgemäße Konkretisierung der fachlichen Qualifikation** darstellen, kann weder ein Irrtum noch ein verzerrtes Bild des von einem Facharzt angebotenen Spezialwissens entstehen.[406] Ähnlich die Definition der **Bundesärztekammer**:

> Unter Tätigkeitsschwerpunkt ist ein Angebot bestimmter Leistungen zu verstehen, denen sich ein Arzt besonders widmet. Dies wird häufig eine Behandlung in einem Gebiet bezeichnen, das enger als seine Gebietsbezeichnung ist.[407]

Weisen die Tätigkeitsschwerpunkte also einen konkreten Bezug zur Facharzt- oder Schwerpunktbezeichnung auf, weil sie zum **Kernbereich** der erworbenen Qualifikation gehören, ist deren Ankündigung uneingeschränkt zulässig.[408] Allerdings darf **keine Verwechslungsgefahr** mit Qualifikationen der Weiterbildungsordnung entstehen.

> Die Angabe eines Tätigkeitsschwerpunktes, der die offiziell erworbenen Qualifikationen lediglich konkretisiert, ist zulässig, sofern hierdurch keine Verwechslungsgefahr mit gleichnamigen oder vergleichbaren Qualifikationen der Weiterbildungsordnung entsteht.

Wer sich beispielsweise als Internist auf die Venen spezialisiert hat, darf den Begriff **„Tätigkeitsschwerpunkt Phlebologie“** nur dann führen, wenn er auch die entspre-

---

405 BerufsG f. Heilberufe beim VG Mainz, Urt. v. 11.9.2002 – Kf 346/01.MZ –.

406 So das Bundesverfassungsgericht für die Präzisierung einer Fachanwaltsbezeichnung der Rechtsanwälte, BVerfG, Beschl. v. 25.4.2001 – 1 BvR 494/00 – www.bverfg.de.

407 Nr. 3.6.3 Auslegungsgrundsätze BÄK zu §§ 27 ff. MBO vom 10.9.2002.

408 BVerfG, Beschl. v. 25.4.2001 – 1 BvR 494/00 – www.bverfg.de.

chende Zusatzbezeichnung erworben hat. Denn die Spezialisierung in „Phlebologie" ist eine in der **Weiterbildungsordnung** geregelte **Zusatzqualifikation**, die erst nach entsprechender Weiterbildungszeit und dem Erwerb der vorgeschriebenen Weiterbildungsinhalte erlangt werden kann. Diese Qualifikation darf nicht dadurch entwertet werden, dass die Angabe „Phlebologie" mit dem Hinweis „Tätigkeitsschwerpunkt" zulässig wäre, ohne den Erwerb der Zusatzbezeichnung zu erlangen. Denn dies führt zu der in § 27 Abs. 4 S. 3 MBO 2002 beschriebenen Verwechslungsgefahr und damit zur Berufswidrigkeit der Information.[409]

7.4.3 Gebietsexterne Tätigkeitsschwerpunkte

Differenzierter ist die Angabe solcher Tätigkeitsschwerpunkte zu betrachten, die nicht auf den bereits erworbenen Qualifikationen nach der Weiterbildungsordnung beruhen, sondern sich auf „gebietsfremde", weitere ärztliche Leistungen beziehen.

Das Bundesverfassungsgericht verlangt hier zu Recht einen **überprüfbaren besonderen Kenntnisstand**. Denn nur durch entsprechenden Kenntnisnachweis kann eine **Irreführung** der Patienten vermieden und gewährleistet werden, dass der Arzt die angegebenen Tätigkeitsschwerpunkte tatsächlich besser beherrscht als der Durchschnitt seiner Berufskollegen.[410]

> Ein nicht überprüfbarer Kenntnisstand kann zu einer möglichen Irreführung der Patienten führen.[411]

Der Arzt kann seine besonderen Kenntnisse und Fähigkeiten beispielsweise durch **entsprechende Praxis**, **Fortbildungsveranstaltungen**, **vertiefende Veranstaltungen im Studium**, besondere **Auslandsaufenthalte** oder etwa durch **Veröffentlichungen** belegen. So darf beispielsweise ein Arzt, der nachweislich über besondere Diplome oder Zertifizierungen im Gebiet der **„Traditionellen Chinesischen Medizin"** verfügt, diese nach außen auch entsprechend ankündigen.[412]

---

409 Zur Verwechslungsgefahr vgl. ausführlich das nachfolgende Kapitel 7.4.7, S. 98 ff.

410 So das Bundesverfassungsgericht für die Rechtsanwälte über die Angabe von Interessenschwerpunkten nach individueller Selbsteinschätzung: BVerfG, Beschl. v. 12.9.2001 – 1 BvR 2265/00 – www.bverfg.de. Ebenso OLG Hamm, Urt. v. 11.2.2003 – 4 U 148/02 – www.justiz.nrw.de.

411 BVerfG, Beschl. v. 12.9.2001 – 1 BvR 2265/00 – www.bverfg.de. In diesem Sinne kritisch schon zuvor BVerfG, Nichtannahmebeschluss v. 16.5.2001 – 1 BvR 2252/00 – www.bverfg.de.

412 Überholt und zum damaligen Zeitpunkt bereits nicht vertretbar daher OLG Hamburg, Urt. v. 23.4.1998 – 3 U 258/97 – MedR 2000, S. 329 ff.

Bei der Überprüfung dieses besonderen Kenntnisstandes steht den Landesärztekammern eine entsprechende **Regelungsbefugnis**[413] und **Kontrollkompetenz**[414] zu. Zum Schutze des Vertrauens der Patienten in die medizinische Qualität der Ärzte sollten die Ärztekammern zügig bestimmte Kriterien für die zulässige Angabe von Tätigkeitsschwerpunkten festlegen und dies nicht den Gerichten überlassen. Irreführende oder degradierende Regelungen, wie sie in Kapitel 7.4.7, S. 98 ff. dargestellt und kritisiert werden, sind dabei allerdings zu vermeiden.

7.4.4 Praktische Ausübung der Tätigkeitsschwerpunkte

Die Novellierung des § 27 MBO 2002 verpflichtet die Ärzte ausdrücklich dazu, die nach außen angekündigten Qualifikationen auch tatsächlich auszuüben.[415] Wer die von der Ankündigung umfassten Tätigkeiten demgegenüber nur gelegentlich ausübe, soll zu einer Ankündigung nicht befugt sein. Nach Auffassung der Bundesärztekammer ist dies dann der Fall, wenn die angekündigten Tätigkeitsschwerpunkte **mindestens 20 % der Gesamtleistung** ausmachen.[416]

Das Erfordernis einer regelmäßigen und quantitativen Ausübung der angekündigten Tätigkeit kann sich richtigerweise lediglich auf die Angabe von **Tätigkeitsschwerpunkten** beziehen.[417] So wohl auch das Bundesverfassungsgericht:

> Der Hinweis hätte allenfalls dann zu unterbleiben, wenn einmal erworbene Kenntnisse und Fähigkeiten nicht praktisch umgesetzt werden, so dass bei den Patienten die irrtümliche Vorstellung entsteht, den erworbenen Kenntnissen und Fähigkeiten entspreche auch ein praktischer *Tätigkeits*schwerpunkt.

Das Bundesverfassungsgericht 2001 [418]

Der Wortlaut des § 27 Abs. 5 MBO bezieht das Erfordernis der nachhaltigen Tätigkeit allerdings auch auf die „Bezeichnungen nach der Weiterbildungsordnung" und die „sonstigen nach öffentlich-rechtlichen Vorschriften erworbenen Qualifikatio-

---

413 So schon für die Anwaltschaft BVerfG, Nichtannahmebeschluss v. 16.5.2001 – 1 BvR 2252/00 – www.bverfg.de; BVerfG, Beschl. v. 25.4.2001 – 1 BvR 494/00 –. OLG Hamm, Urt. v. 11.2.2003 – 4 U 148/02 – www.justiz.nrw.de.
Zum Überprüfungsrecht der Ärztekammern vgl. Kapitel 7.4.10, S. 105.

414 Vgl. hierzu Kapitel 7.4.10, S. 105.

415 *Die Angaben nach Abs. 4 Nr. 1 bis 3 sind nur zulässig, wenn der Arzt die umfassten Tätigkeiten nicht nur gelegentlich ausübt,* § 27 Abs. 5 MBO 2002.

416 Nr. 3.6 Auslegungsgrundsätze BÄK zu §§ 27 ff. MBO vom 10.9.2002.

417 § 27 Abs. 5 MBO 2002 bezieht jedoch nach seinem Wortlaut ausdrücklich auch die Angaben nach der Weiterbildungsordnung mit ein.

418 BVerfG, Beschl. v. 23.7.2001 – 1 BvR 872/00 – www.bverfg.de mit Hervorhebung durch die *Verfasserin.*

nen". Eine *Facharzt*bezeichnung dürfte danach nur im Falle der tatsächlichen Berufsausübung genannt werden. So wäre es beispielsweise einer Orthopädin, die vorübergehend zum Zwecke der Kindererziehung beruflich aussetzt, in dieser Zeit nicht gestattet, sich als Orthopädin zu bezeichnen. Diese Beschränkung wäre rechtlich nicht vertretbar, da eine förmlich erworbene Facharztqualifikation nach den Entscheidungen des Bundesverfassungsgerichts immer geführt werden darf, selbst wenn diese Tätigkeit vorübergehend nicht ausgeübt wird. Das gleiche gilt für alle anderen förmlich und offiziell erworbenen Zusätze und Qualifikationen:

> *Auch gesundheitliche Versorgungsbedürfnisse können das Führen einer einmal erworbenen Facharztbezeichnung nicht verbieten.*[419]

7.4.5 Zahlenmäßige Beschränkung der Schwerpunktangaben

Während die Musterberufsordnung 2000 die Angabe von Tätigkeitsschwerpunkten noch auf maximal drei Untersuchungs- oder Behandlungsmethoden begrenzt hatte,[420] enthält die aktuelle Fassung des § 27 MBO 2002 keine zahlenmäßige Beschränkung mehr.

Der **Deutsche Ärztetag** hatte diese Frage sehr wohl diskutiert. Eine Begrenzung wurde allerdings für entbehrlich gehalten, weil die Ankündigung als Tätigkeitsschwerpunkt ohnehin nur erfolgen dürfe, sofern die Tätigkeit nicht nur gelegentlich ausgeübt werde.[421]

Das **Bundesverfassungsgericht** hält eine Beschränkung der Angebote auf eine bestimmte Zahl für durchaus möglich:

> **Urteil**
>
> Es ist nicht von vornherein ausgeschlossen, dass nach Abwägung aller Belange nur eine beschränkte Zahl vorgegebener Leistungsangebote oder Schwerpunkte benannt werden darf. Dabei ist auf die sich wandelnden Bedürfnisse der Patienten und die von den Berufsangehörigen selbst vorangetriebene Spezialisierung Rücksicht zu nehmen.
>
> Das Bundesverfassungsgericht 2001 [422]

---

419 BVerfG, Beschl. v. 9.3.2000 – 1 BvR 1662/97 – www.bverfg.de mit Verweis auf die erste Facharztentscheidung des BVerfG, Beschl. v. 9.5.1972 – 1 BvR 518/62 und 308/64 – BVerfGE 33, S. 125 ff. (161).

420 Kapitel D I Nr. 5 Abs. 2 a MBO 2000, vgl. Anhang Kapitel 15.3, S. 354 ff.

421 *Dr. Ingo Flenker*, Präsident der Ärztekammer Westfalen-Lippe, Referat beim 105. Deutschen Ärztetag, vgl. www.bundesaerztekammer.de.

422 BVerfG, Beschl. v. 23.7.2001 – 1 BvR 872/00 – www.bverfg.de.

Auch **Anwälte** kennen eine **Begrenzung** auf **maximal fünf Schwerpunkte**, hiervon drei Tätigkeitsschwerpunkte und zwei weitere Interessenschwerpunkte.[423] Dies bedeutet freilich nicht, dass Anwälte nicht auch in mehr als fünf Gebieten tätig werden dürften; eine Informationswerbung nach außen ist jedoch nur für eine begrenzte Gebietsauswahl möglich.[424]

Die Praxis wird zeigen, ob die Landesärztekammern in ihren Berufsordnungen künftig doch wieder eine zahlenmäßige Begrenzung von Schwerpunktangaben vorsehen werden. Die schwere Überprüfbarkeit der Frage, ob und inwieweit die angegebenen Tätigkeitsschwerpunkte tatsächlich durch besondere Kenntnisse belegt und in der Praxis ausgeübt werden, mag für eine entsprechende Beschränkung sprechen.

Urteil

Die Anzahl von vier – teils umfangreichen – sogenannten Praxisschwerpunkten ist nicht hinzunehmen, weil Schwerpunkt einer Zahnarztpraxis nur ein relativ kleiner Bereich des Spektrums zahnärztlicher Tätigkeit ist. Der Zahnarzt kann nicht umgekehrt weitere Bereiche zahnärztlicher Tätigkeit zu seinen „Praxisschwerpunkten" erklären und auf diese Weise dort eine besondere Qualifikation für sich in Anspruch nehmen.

Oberlandesgericht Köln 2001 [425]

---

[423] Zur Kritik an der Bezeichnung „Interessenschwerpunkt" vgl. Kapitel 7.5, S. 106.

[424] Im übrigen ist jedenfalls im Bereich der Anwaltschaft eine solche Begrenzung nicht sachwidrig. Denn es ist kaum vorstellbar, dass sich Anwälte fundiert in mehr als fünf unterschiedlichen Rechtsgebieten auskennen und auf dem aktuellen Stand der Rechtsprechung und Literatur halten können. Andererseits ist auch zu berücksichtigen, dass die Anwaltschaft bislang nur einige wenige Fachanwaltsbezeichnungen geschaffen hat und die Anwälte daher tatsächlich darauf angewiesen sind, entsprechende Tätigkeitsschwerpunkte ankündigen zu können. Ärzte kennen demgegenüber inzwischen fast 40 Facharztbezeichnungen, darüber hinaus etliche Schwerpunkt- und Zusatzbezeichnungen. Diese wesentlichen Unterschiede rechtfertigen auch eine unterschiedliche Beurteilung der ärztlichen Tätigkeitsschwerpunkte.

[425] OLG Köln, Urt. v. 4.5.2001 – 6 U 201/00 – NJW-RR 2001, S. 1570 ff.
Viel weiter dagegen OLG Düsseldorf, Beschl. v. 5.10.2001 – 27 U 6/01 –, wonach zwei Mund-Kiefer-Gesichtschirurgen unter der Rubrik „Schwerpunkte" sogar „Englisch und Griechisch" sowie Selbstverständlichkeiten wie etwa „Prophylaxe" und „Zahnmedizin" nennen durften.

7.4.6 Maßgebliche Rechtsprechung

7.4.6.1 Tätigkeitsschwerpunkt „Implantologie"

Urteil

Tätigkeitsschwerpunkte – hier: Tätigkeitsschwerpunkt Implantologie – dürfen nach außen angekündigt werden.

Das Bundesverfassungsgericht 2001 [426]

Aus den Urteilsgründen

Solange der Normgeber nicht ausdrücklich den Hinweis auf Spezialgebiete verboten hat, bleibt eine verfassungskonforme Auslegung der Berufsordnung dahin möglich, dass der Hinweis auf das Leistungsangebot eines Zahnarztes allgemein unter Werbung gefasst werden kann. Eine solche Auslegung ist verfassungsrechtlich geboten, weil kein Gemeinwohlbelang erkennbar ist, der die in dem Verbot liegende Beschänkung der Berufsfreiheit rechtfertigen könnte.

Wer in dieser Form wirbt, muss allerdings auch über besondere Erfahrungen verfügen.

Der Hinweis hätte allenfalls dann zu unterbleiben, wenn einmal erworbene Kenntnisse und Fähigkeiten nicht praktisch umgesetzt werden, so dass bei den Patienten die irrtümliche Vorstellung entsteht, den erworbenen Kenntnissen und Fähigkeiten entspreche auch ein praktischer Tätigkeitsschwerpunkt.

7.4.6.2 Tätigkeitsschwerpunkt „Kosmetische Chirurgie"

Urteil

Ein Facharzt für Chirurgie, der sich auf kosmetische Chirurgie spezialisiert hat, darf über sein Leistungsangebot und die Behandlungsmethoden umfassend informieren.

Landgericht Berlin 2003 [427]

---

426 BVerfG, Beschl. v. 23.7.2001 – 1 BvR 872/00 – www.bverfg.de; so zuvor bereits OLG Schleswig, Urt. v. 5.12.2000 – 6 U 64/00 -, NJW 2001, S. 2811.

427 LG Berlin, Urt. v. 30.1.2003 – 16 O 561/02 –.

Stellungnahme

Im vorliegenden Fall hatte ein *Facharzt für Chirurgie* in zulässiger Weise für entsprechende schönheitsmedizinische Leistungen geworben. Unzulässig ist es demgegenüber, die Begriffe „kosmetische Chirurgie" oder „Schönheitschirurgie" zu verwenden, ohne dass der behandelnde Arzt die **Facharztausbildung Chirurgie, Plastische Chirurgie** oder **Mund-Kiefer-Gesichts-Chirurgie** erworben hat.[428]

7.4.7 Keine Irreführung durch Verwechslungsgefahr

7.4.7.1 Grundlagen

Die Angabe von Tätigkeitsschwerpunkten kann irreführend sein.

Nach § 27 Abs. 4 MBO 2002 dürfen zwar Tätigkeitsschwerpunkte und solche Qualifikationen genannt werden, die außerhalb der Bezeichnungen der Weiterbildungsordnung verliehen werden, sei es von einer Ärztekammer,[429] einer kassenärztlichen Einrichtung, einer Krankenkasse[430] oder aufgrund sonstiger öffentlich-rechtlicher Vorschriften.

Diese Angaben müssen jedoch von den offiziellen Facharzt-, Schwerpunkt- oder Zusatzbezeichnungen deutlich zu unterscheiden sein. Sie dürfen nicht **zu einer Verwechslungsgefahr** und daher zu einer Irreführung der Patienten führen. Diese Verpflichtung ist in der Berufsordnung ausdrücklich normiert:

> Andere Qualifikationen und Tätigkeitsschwerpunkte dürfen nur angekündigt werden, wenn diese Angaben nicht mit solchen nach geregeltem Weiterbildungsrecht erworbenen Qualifikationen verwechselt werden können.

§ 27 Abs. 4 S. 4 Musterberufsordnung 2002

Die Vorschrift dient vor allem dem Schutz der Patienten: Diese sollen darauf vertrauen dürfen, dass den behaupteten ärztlichen Qualifikationen tatsächlich **beson-**

---

428 Vgl. hierzu unter dem Stichwort „Verwechslungsgefahr" ausführlich das nachfolgende Kapitel 7.4.7, S. 98 sowie Kapitel 11.2.2, S. 313.

429 Beispielsweise zertifizierte Fortbildungen oder besondere Ärztekammer-Diplome.

430 Zum Beispiel Akupunktur-Vereinbarungen im Rahmen sogenannter Modellversuche.

dere theoretische und **praktische Kenntnisse** zugrunde liegen. Auch das **Bundesverfassungsgericht** hat wiederholt auf das Verbot einer – auf Verwechslung beruhenden – möglichen Irreführung hingewiesen:

> *Als berufswidrig gilt unter anderem das Führen von Zusätzen, die im Zusammenhang mit den geregelten Qualifikationsbezeichnungen und Titeln zu Irrtümern und damit zu einer Verunsicherung der Kranken führen können, was das Vertrauen in den Arztberuf untergraben und langfristig negative Auswirkungen auf die medizinische Versorgung der Bevölkerung haben könnte.*[431]

7.4.7.2 Irreführung durch Fortbildungszertifikat der Zahnärztekammer

Urteil

Bezeichnungen, die von einer Ärztekammer aufgrund einer zertifizierten Fortbildungsmaßnahme verliehen werden, können dann irreführend sein, wenn eine Verwechslungsgefahr mit bereits existierenden Facharztbezeichnungen besteht.

Verwaltungsgerichtshof Baden-Württemberg 2001 [432]

Sachverhalt und Urteilsgründe

Eine Landeszahnärztekammer hatte als freiwillige Fortbildungsmaßnahme sogenannte **Kammerzertifikate** eingeführt, unter anderem für die Gebiete *„Zahnärztliche Chirurgie"* und *„Kieferorthopädie"*. Zahnärzte, die mangels entsprechender Ausbildung die Facharztbezeichnung „Kieferchirurg" nicht führen dürfen, hätten aufgrund dieser neuen Fortbildungsmaßnahme das Recht erworben, die Bezeichnung „Kammerzertifikat Fortbildung Kieferorthopädie" und „Kammerzertifikat Zahnärztliche Chirurgie" anzukündigen.

Hiergegen hatten drei Kieferorthopäden erfolgreich geklagt.[433] Der Verwaltungsgerichtshof hatte durch die Einführung dieser Kammerzertifkate zu Recht eine **Verwechslungsgefahr** mit der Gebietsbezeichnung „Kieferchirurgie" gesehen. Hieraus könnte den Kieferorthopäden eine **ungleiche Konkurrenz** entstehen. Durch die Möglichkeit, bereits aufgrund des Kammerzertifikats „Fortbildung Kieferorthopä-

---

431 BVerfG, Beschl. v. 18.10.2001 – 1 BvR 881/00 – m.w.N., www.bverfg.de = WRP 2001, S. 1437 ff.; BVerfG, Beschl. v. 23.7.2001 – 1 BvR 872/00 – www.bverfg.de.

432 VGH Bad.-Württ., Urt. v. 10.7.2001 – 9 S 2320/00 – MedR 2001, S. 583 ff. = NVwZ-RR 2002, S. 42 ff.

433 Zunächst hatten sie per einstweiliger Anordnung erwirkt, dass diese Befugnis bis 30. Juni 2001 vorläufig untersagt wird, VGH Bad.-Württ., Beschl. v. 12.12.2000 – 9 S 2321/00 – und – 9 S 2323/00–.

die" im werbenden Verkehr nach außen auf besondere Kenntnisse und Fähigkeiten in der Kieferorthopädie hinzuweisen, werde die **Rechtsstellung** der weitergebildeten Kieferorthopäden weitgehend **entwertet**. Der Wettbewerbsvorsprung, den ein Kieferorthopäde gegenüber dem Zahnarzt aufgrund seiner zusätzlichen mehrjährigen Ausbildung gewonnen habe, werde beseitigt: der weitergebildete Kieferorthopäde hierdurch „**entprivilegiert**".

Stellungnahme

Dieser Entscheidung ist zuzustimmen. Wieso sollte ein Zahnarzt, der nicht zugleich ausgebildeter Kieferorthopäde ist, diese jahrelange Ausbildung „überspringen" und durch eine Fortbildung, die weder nach Tagen noch nach Stunden bemessen ist, dem Publikum suggerieren können, er sei sogar ein „fortgebildeter" Kieferorthopäde? Dies ist **wettbewerbswidrig** und zugleich **irreführend**. Denn die Patienten, die über das ärztliche und zahnärztliche Aus- und Weiterbildungssystem typischerweise nicht Bescheid wissen, werden durch diese Bezeichnung nur weiter verwirrt. Handelt es sich hier um einen Zahnarzt, der auch ein bisschen Kieferchirurgie beherrscht? Ist dann der „richtige" Kieferchirurg überflüssig geworden? Die Kammer-Bezeichnungen bergen daher eine erhebliche Gefahr der Irreführung auch für den informierten Verbraucher.

Ein mögliches „Kammerzertifikat Fortbildung Kieferorthopädie" kann nur von **Kieferorthopäden** erworben werden, die sich in ihrem eigenen Fachgebiet fortbilden, um sich beispielsweise auf dem aktuellen Stand der kieferorthopädischen Medizin zu halten.[434] Zahnärzte, die nicht auch Kieferorthopäden sind, können sich in dem Gebiet der Kieferorthopädie auch nicht fortbilden. Denn der Begriff „Fortbildung" impliziert das Vorhandensein einer „Grundbildung", über welche ausschließlich die Kieferorthopäden verfügen.

7.4.7.3 Kritik an VGH Baden-Württemberg: „Oralchirurgie"

Ein weiteres Urteil des VGH Baden-Württemberg ist angesichts der zuvor ergangenen Rechtsprechung demgegenüber **widersprüchlich und unverständlich**: Der VGH hatte die Angabe „ **Tätigkeitsschwerpunkt Oralchirurgie**" durch Zahnärzte ohne entsprechende offizielle Qualifikation für zulässig erachtet, obwohl die Weiterbildungsordnung der Zahnärztekammer – ebenso wie für die Kieferorthopädie – eine förmlich zu erwerbende Gebietsbezeichnung „Oralchirurg" vorsieht. Auch hiergegen hatten drei Oralchirurgen Klage geführt, die vom Gericht jedoch abgewiesen wurde. In der Angabe Tätigkeitsschwerpunkt sei lediglich die Information über eine „*durch berufliche Praxis erworbene Routine*" zu sehen. Dies ergebe sich schon aus dem Wortsinn; eine durch Ausbildung erworbene besondere berufliche Qualifikation werde damit nicht behauptet.[435]

---

[434] Zur Zertifizierung einer freiwilligen Fortbildung vgl. auch Kapitel 10.2.5.5, S. 239.
[435] VGH Baden-Württemberg, Urt. v. 17.12.2002 – 9 S 2738/01 – (nicht rechtskräftig).

Diese Entscheidung ist **sehr zu kritisieren**:

Es ist nicht nachvollziehbar, weshalb das „Kammerzertifikat" der Zahnärztekammer „entprivilegierend" wirken sollte, eine auf Selbsteinschätzung der Zahnärzte beruhende Angabe desselben Inhaltes demgegenüber nicht.

Im übrigen darf bezweifelt werden, dass die Patienten tatsächlich zwischen den Fachgebiets-, Schwerpunkt- und Zusatzbezeichnungen einerseits und den Tätigkeitsschwerpunkten andererseits zu differenzieren wissen. Es ist vielmehr anzunehmen, dass die Patienten die Angabe „Tätigkeitsschwerpunkt" als eine besondere, offiziell erworbene Qualifikation verstehen. Darin liegt jedoch die **Verwechslungsgefahr** für die Patienten, die nach den Forderungen des **Bundesverfassungsgerichts dringend zu vermeiden** ist.[436]

Das Urteil bewirkt zugleich eine **Entprivilegierung** der offiziell qualifizierten Oralchirurgen. Denn sämtliche Bezeichnungen der **Weiterbildungsordnung** setzen eine **„durch berufliche Praxis erworbene Routine"** ja gerade voraus: So muss grundsätzlich eine **Weiterbildungszeit** absolviert werden, um beispielsweise die Durchführung einer Mindestanzahl bestimmter Behandlungen oder Diagnoseverfahren – und damit eine berufliche Routine – nachweisen zu können. Läßt man dessen ungeachtet dieselben Qualifikationsangaben ohne entsprechende Weiterbildungszeit und mündliche Prüfung lediglich mit der Bezeichnung „Tätigkeitsschwerpunkt" zu, so werden die offiziellen Qualifikationen nach der Weiterbildungsordnung überflüssig.

Es ist nicht erklärlich, weshalb eine Zahnärztekammer die Bezeichnung „Tätigkeitsschwerpunkt" auch für solche – durch die Weiterbildungsordnung geschützten – Angaben zulässt. Denn durch diese Regelung nimmt sie sehenden Auges einen Qualitätsverlust der ärztlichen Informationen und Leistungen sowie eine Irreführung, zumindest eine erhebliche Verunsicherung der Patienten in Kauf.

7.4.7.4 Kritik an KG Berlin: „Plastische Chirurgie"

Ebenso unvertretbar ist ein Urteil des Kammergerichts Berlin:[437] Das Gericht hatte es einem Arzt erlaubt, sich in den Gelben Seiten unter der Rubrik „Ärzte für Plastische Chirurgie" eintragen zu lassen, obwohl dieser Arzt **kein Facharzt für Plastische Chirurgie** ist, sondern **HNO-Arzt**. Er hatte lediglich die in der Weiterbildungsordnung vorgesehene **Zusatzbezeichnung** „Plastische Operationen"

---

436 BVerfG, Beschl. v. 18.10.2001 m.w.N. – 1 BvR 881/00 – www.bverfg.de = WRP 2001, S. 1437 ff.; BVerfG, Beschl. v. 23.7.2001 – 1 BvR 872/00 – www.bverfg.de, vgl. hierzu auch Kapitel 7.4.7.1, S. 98 ff.

437 KG Berlin, Urt. v. 22.3.2002 – 5 U 8811/00 – NJW-RR 2003, S. 64 ff.

erworben. Auch hierfür gab es eine eigene Rubrik in den Gelben Seiten, in welcher der HNO-Arzt eingetragen war.

Irreführend ist neben der Eintragung in die Rubrik „Plastische Operationen" die weitere **Eintragung unter der Rubrik „Ärzte für Plastische Chirurgie"**. Denn diese Bezeichnung suggeriert, es handle sich bei den in dieser Rubrik genannten Ärzten um **Fachärzte** für Plastische Chirurgie. Abzustellen ist hierbei auf den maßgeblichen Bedeutungsgehalt einer Aussage durch die Verbraucher, nicht auf weitere mögliche – jedoch eher unwahrscheinliche – Interpretationsmöglichkeiten.

Es kann von den Patienten nicht erwartet werden, dass sie sich mit den komplizierten Vorschriften der Weiterbildungsordnung auskennen, um die „echten" Fachärzte von denjenigen Ärzten zu unterscheiden, die lediglich eine Zusatzausbildung erworben haben oder nur mit selbstgewähltem Tätigkeitsschwerpunkt werben.

Herausgeber solcher Verzeichnisse werden die entsprechenden **Rubriken** daher mit der **Ärztekammer** sorgfältig **abzustimmen** haben.[438] Denn auch im Bereich der Schönheitschirurgie und Schönheitsmedizin muss zum Schutze der Verbraucher jede Verwechslungsgefahr vermieden werden.[439]

7.4.7.5 Kritik an OLG Hamburg: „Deutsche Gesellschaft für Plastische Chirurgie"

Zu kritisieren ist ferner eine Entscheidung des OLG Hamburg:[440] Ein Arzt hatte in seiner Werbebroschüre angegeben, dass er der „Deutschen Gesellschaft für Plastische und Wiederherstellungschirurgie" angehöre. Er war jedoch **kein Facharzt für Plastische Chirurgie**. Dennoch sah das Gericht diese Angabe als *„mit überwiegender Wahrscheinlichkeit nicht irreführend"* an. Denn es gebe keine ausreichenden Anhaltspunkte dafür, dass aus der Mitgliedschaft in einem ärztlichen Fachverband der Schluss einer bestimmten Fachqualifikation gezogen werde, um Mitglied dieser Gesellschaft zu werden.

Dies sieht die *Autorin* anders: Der Begriff „Plastische Chirurgie" ist grundsätzlich nur den Fachärzten für plastische Chirurgie vorbehalten, auch wenn er Namensbestandteil einer Gesellschaft ist. Freilich kann die Gesellschaft auch solche Kollegen aufnehmen, die den entsprechenden Facharzttitel nicht erworben haben. Dies be-

438 Vgl. zur Veranwortlichkeit der Herausgeber entsprechender Verzeichnisse nur BGH, Urt. v. 10.4.1997 – I ZR 3/95 – WRP 1997, S. 1059 ff.

439 Vgl. zum Überprüfungsrecht der Ärztekammern Kapitel 7.4.10, S. 105 ff., vgl. zur Werbung für Schönheitsmedizin Kapitel 11, S. 307 ff.

440 Hans. OLG, Urt. v. 20.2.2002 – 5 U 1000/01 –.

deutet aber nicht, dass **mit der Mitgliedschaft** auch nach außen **geworben** und damit der Eindruck erweckt werden darf, es lägen entsprechende fachärztliche Qualifikationen vor. Dieser Fall ist vergleichbar mit dem Professorentitel, der im beruflichen Verkehr dann nicht geführt werden darf, wenn er nicht auch für medizinische Leistungen erworben wurde.[441]

Ebenso unvertretbar ist schließlich ein Urteil, welches einem Arzt die Angabe „Diabetologe DDG – **Schwerpunktpraxis Diabetes**" gestattete, obwohl dieser nicht die in der Weiterbildungsordnung ausdrücklich vorgesehene Zusatzbezeichnung Diabetologie erworben hatte.[442]

7.4.8 Tätigkeitsschwerpunkte und Ansicht der Autorin

Die vorgenannten Urteile sind deshalb zu kritisieren, weil die Gerichte die Rechtsprechung des Bundesverfassungsgerichtes auch auf solche Fallkonstellationen anwenden, die mit den entschiedenen Fällen nicht vergleichbar und daher auch nicht analogiefähig sind: Es wird nämlich **übersehen**, dass das Bundesverfassungsgericht beispielsweise die Schwerpunkt-Angabe **„Implantologie"** nur deshalb zugelassen hatte, weil es jedenfalls zum damaligen Zeitpunkt gerade **keine** in der **Weiterbildungsordnung enthaltene Qualifikation** für den Bereich der Implantologie gab.[443]

Für diesen Fall ist die Zulassung eines Tätigkeitsschwerpunktes richtig, da der Fortschritt in der Medizin maßgeblich den medizinischen **Pionier- und Forschungsgeist** derjenigen Ärzte benötigt, die neue Methoden, Behandlungen oder Untersuchungen entwickeln und sich in bestimmten neuen Bereichen spezialisiert haben. Vielfach wurden erst aufgrund des Engagements dieser spezialisierten Ärzte neue Bezeichnungen in die Weiterbildungsordnung aufgenommen, etwa die heutige Zusatzbezeichnung „Handchirurgie".[444] Diese Entwicklung würde im niedergelassenen Sektor erheblich gebremst, wenn man für den Zeitraum einer fehlenden Regelung die Angabe als „Tätigkeitsschwerpunkt" verbieten würde.

Sofern die Weiterbildungsordnungen der Ärzte- oder Zahnärztekammern jedoch eine entsprechende Schwerpunkt- oder Zusatzqualifikation vorsehen oder einführen, kann der Zeit- und Kostenaufwand für deren Erwerb nicht dadurch unterlaufen werden, dass namensgleiche oder namensverwandte „Tätigkeitsschwerpunkte" benannt und nach außen geführt werden dürfen.[445]

---

441 Vgl. hierzu Kapitel 7.2.5, S. 86 und Kapitel 10.2.3.1, S. 226.

442 LandesberufsG f. Heilberufe, OVG NRW, Urt. v. 29.1.2003 – 6t A 4560/00.T–.

443 BVerfG, Beschl. v. 23.7.2001 – 1 BvR 873/00 – NJW 2001, S. 2788, vgl. hierzu Kapitel 7.4.6.1., S. 97.

444 Ebenso beispielsweise die Schmerztherapie, vgl. hierzu auch Kapitel 7.6.6.3, S. 117.

Eine fehlende Qualifikation nach der Weiterbildungsordnung kann nicht als „Tätigkeitsschwerpunkt" bezeichnet werden.

Führte man die gegenteilige Ansicht konsequent weiter, so würden künftig sogar die Facharztbezeichnungen überflüssig. Denn jeder Arzt könnte bereits nach seiner Approbation ohne weitere Facharztausbildung mit der Angabe „Tätigkeitsschwerpunkt: Chirurgie" oder „Tätigkeitsschwerpunkt: Kinderkrankheiten" werben. Weshalb sollte er dann noch eine langjährige Spezialausbildung absolvieren, wenn er seine berufliche Routine selbst einschätzen dürfte? Auf die Spitze getrieben würde sogar die Approbation als Arzt überflüssig, wenn schon jeder Medizinstudent oder Medizin-Interessierte unter Berufung auf die freie Berufsausübung schreiben dürfte: „Tätigkeitsschwerpunkt: Ärztliche Behandlung".

Die Liberalisierung des Werberechts darf weder zu einer Irreführung der Patienten noch zu einer informativen Inflation führen.

Es kann den Patienten nicht zugemutet werden, sich über die Qualifikationen der jeweiligen Weiterbildungsordnung eines Bundeslandes[446] und die Erteilung weiterer Zertifikate durch die verschiedensten ärztlichen Gesellschaften und Vereinigungen zu informieren. Geregelte Qualifikationsnachweise bleiben daher auch künftig unabdingbar.

7.4.9 Die Regelungsbefugnis der Landesärztekammern

Es ist die Aufgabe der Bundesärztekammer und der Landesärztekammern, für die Zulässigkeit bestimmter Angaben und Tätigkeitsschwerpunkte **Kriterien** und **Leitlinien** zu entwickeln.[447] Eine klare Regelung liegt im besonderen Interesse der hilfesuchenden Patienten, die sich angesichts ihrer eigenen fehlenden Beurteilungskraft auf entsprechende Informationen über die behauptete ärztliche Kompetenz verlassen müssen. Eine entsprechende Vorgabe der Ärztekammern liegt aber auch

---

445 Für diejenigen Ärzte, die auf dem neu eingeführten Schwerpunkt bereits seit Jahren spezialisiert sind, ermöglichen sinnvolle **Übergangsregelungen** eine sachgerechte Lösung. Vgl. zum Erwerb von **Fachgebiets- und Zusatzbezeichnungen** im Wege des **Übergangsrechts**: VGH Bad-Württ., Urt. v. 20.6.2000 – 9 S 2116/99 – ArztRecht 2001, S. 44 ff.; VGH Bad-Württ., Urt. v. 28.3.2000 – 9 S 1994/99 – ArztRecht 2001, S. 130; OVG NRW, Urt. v. 16.11.2000 – 13 A 2267/99 – ArztRecht 2001, S. 219.

446 Mit einem Umfang von durchschnittlich 80 Seiten je Landesärztekammer!

447 Vgl. hierzu umfassend Kapitel 7.4, S. 91.

im Interesse der **Ärzteschaft** selbst, die ihren **Ruf** und ihren Einsatz nicht durch leichtfertige Selbstanpreisungen einiger ärztlicher Kollegen gefährden sollte.

Die im Kapitel „Was ist berufswidrige Werbung“[448] vorgestellten Urteile sind immerhin Zeugnis für mögliche Auswüchse im Rahmen der Außendarstellung und müssen durch sachgerechte, verfassungskonforme Gesetze gelöst und sodann von der Rechtsprechung und Literatur interpretiert und fortentwickelt werden. Die Ärztekammern sind folglich gehalten, entsprechende **Qualitätsparameter** sowie eine **einheitliche Terminologie** zu entwickeln und somit ihren öffentlich-rechtlichen Aufgaben im Dienst der Gesundheit der Patienten nachzukommen.[449] Die sachgerechte **Regelung** der beruflichen Selbstdarstellung ist immerhin maßgeblicher Teil ihres gesetzlichen Auftrages. So auch das **Bundesverfassungsgericht**:

> *In welcher Weise die (Zahn-)Ärzte ihre besonderen Kenntnisse und Erfahrungen nachzuweisen und ihre nachhaltige Tätigkeit auf einem Spezialgebiet darzulegen hätten, ließe sich durch den Satzungsgeber in praktikabler Weise festlegen.*[450]

7.4.10 Das inhaltliche Überprüfungsrecht der Ärztekammern

> Die Ärzte haben der Ärztekammer auf deren Verlangen die zur Prüfung der Voraussetzungen der Ankündigung erforderlichen Unterlagen vozulegen. Die Ärztekammer ist befugt, ergänzende Auskünfte zu verlangen.

§ 27 Abs. 6 Musterberufsordnung 2002

Die Ärztekammer kann anlassbezogen die Überprüfung der ärztlichen Information vornehmen. Hierzu sind auf Verlangen die zur Prüfung der Voraussetzung der Ankündigung erforderlichen Unterlagen innerhalb einer angemessenen Frist vorzulegen und Auskünfte zu erteilen.[451]

Gegen dieses **Überprüfungsrecht** der Ärztekammer bestehen grundsätzlich **keine rechtlichen Bedenken**, im Gegenteil. Es ist gerade die **gesetzliche Aufgabe der Ärztekammern**, die Einhaltung der Berufspflichten und damit auch die wahrheitsgemäße und richtige Ankündigung von ärztlichen Qualifikationen und Bezeichnungen durch die Ärzte zu überprüfen und gegebenfalls zu sanktionieren.[452] Dies hat auch das **Bundesverfassungsgericht** klargestellt:

---

448 Kapitel 10.1 ff., S. 217 ff.

449 *Jaeger* (Bundesverfassungsrichterin), S. 268.

450 BVerfG („Implantologie“), Beschl. v. 23.7.2001 – 1 BvR 872/00 – www.bverfg.de.

451 Nr. 3.8 Auslegungsgrundsätze BÄK zu §§ 27 ff. MBO vom 10.9.2002.

452 Vgl. die Heilberufs-, bzw. Kammergesetze der Bundesländer.

Dem berechtigten Interesse der Kammern an Qualitätssicherung ist Rechnung zu tragen. Dies setzt voraus, dass die Selbstdarstellung überprüfbar bleibt. Die berufsrechtlichen Regelungen über die zulässigen Angaben beruhen auf der Gemeinwohlbindung der (Zahn-)Ärzte und der hiermit korrespondierenden Funktion der Kammern, einen Teil staatlicher Überwachung in Eigenverantwortung zu übernehmen.[453]

7.5 Interessenschwerpunkte

Die ärztliche Musterberufsordnung erlaubt die Angabe „Interessenschwerpunkt" nicht.[454] Dies ist zu begrüßen. Denn das **Bundesverfassungsgericht** hat diesen – im anwaltlichen [!] Werberecht eingeführten – Begriff zu Recht streng **kritisiert**:

> ***Interessenschwerpunkte*** *sind* ***wenig aussagekräftig****, da sie nur besagen, dass sich der Rechtsanwalt für ein bestimmtes Rechtsgebiet interessiert. Weder wird umschrieben, inwiefern sich bloße juristische Interessen von einem Interessenschwerpunkt unterscheiden, noch enthält die Norm Vorgaben dazu, ob diese Bezeichnungen weit gespannte Rechtsgebiete oder eng gefasst Spezialmaterien erfassen sollen. Die nummerische Beschränkung lässt eher auf Gebietsbezeichnungen schließen; der* ***nicht überprüfbare Kenntnisstand*** *und die hierdurch* ***ermöglichte Irreführung*** *der Rechtssuchenden lässt ein engeres Verständnis wünschenswert erscheinen. ... Es besteht* ***keine Berufspflicht****, sich auf solche Interessenschwerpunkte zu beschränken, die dem Rechtsanwalt wenigstens durch* ***Fortbildungsveranstaltungen****, wenn schon nicht durch* ***entsprechende Praxis****, besser vertraut sind als dem Durchschnitt seiner Berufskollegen.*
>
> *Die* ***Gefahr der Irreführung*** *würde nur dann* ***vermieden****, wenn das Berufsrecht entweder nur den Begriff des Interesses verwendete oder aber die Interessenschwerpunkte* ***vom Nachweis besonderer Kenntnisse abhängig machte****, die beispielsweise im* ***Studium****, durch* ***vorherige Berufstätigkeit*** *oder durch* ***Veröffentlichungen*** *belegt werden könnten. Diese den Belangen einer geordneten Rechtspflege zuwiderlaufende Wirkung beruht ... auf der* ***unzulänglichen Regelung der Interessenschwerpunkte*** *in der Berufsordnung für Rechtsanwälte.*[455]

---

453 BVerfG („Implantologie"), Beschl. v. 23.7.2001 – 1 BvR 872/00 – www.bverfg.de.

454 Anders demgegenüber einige Berufsordnungen der Zahnärzte, vgl. etwa die Berufsordnung Baden-Württemberg.

455 BVerfG, Beschl. v. 12.9.2001 – 1 BvR 2265/00 – www.bverfg.de mit Hervorhebungen durch die *Verfasserin*. In diesem Sinne kritisch schon zuvor BVerfG, Nichtannahmebeschluss v. 16.5.2001 – 1 BvR 2252/00 – www.bverfg.de. Auch OLG Hamm sieht in der Angabe von Interessenschwerpunkten eine besondere Gefahr der Irreführung, vgl. Urt. v. 11.2.2003 – 4 U 148/02 – www.justiz.nrw.de.

Dieser Kritik ist uneingeschränkt zu folgen: Der Begriff „Interessenschwerpunkt" erinnert an Lebensläufe von Jugendlichen und die dort enthaltenen Angaben über deren Hobbys, wie etwa: „Ich interessiere mich für Lesen, Pferde und Kino". Ob und inwieweit neben diesem behaupteten Interesse auch tatsächliche oder besondere Fähigkeiten und Kenntnisse vorliegen, besagt der Begriff „Interessenschwerpunkt" indes nicht.

Eine solche Unklarheit ist gerade im medizinischen Bereich dringend zu vermeiden. Die Ankündigung bestimmter Angaben muss zum Schutze der Patienten stets einher gehen mit der tatsächlichen und besonderen Befähigung der Ärzte zur Ausübung entsprechender Leistungen. Andernfalls haben solche Angaben zu unterbleiben. Etwaige Erlaubnisse zur Ankündigung von „**Interessenschwerpunkten**" in den **Berufsordnungen** der Ärzte oder Zahnärzte sollten daher **schnellstmöglich gestrichen** und durch konkrete sowie terminologisch einheitliche und überprüfbare Qualitätskriterien ersetzt werden.[456]

---

[456] Ebenso *Jaeger* (Bundesverfassungsrichterin), S. 268.

7.6 Weitere zulässige Angaben

7.6.1 Medizinisch relevante Angaben

Folgende weitere Angaben dürfen, sofern die Voraussetzungen vorliegen, auf dem Praxisschild und allen weiteren zulässigen Werbeträgern[457] genannt werden:

Zulassung zu den **Krankenkassen, hausärztliche Versorgung, Durchgangsarzt** oder **D-Arzt, H-Arzt, Dialyse,** Zugehörigkeit zu einem **Praxisverbund,**[458] **Bereitschafts-** oder **Notfallpraxis** bzw. **Lehrpraxis der Universität X.**[459]

Ein Arzt, der Belegarzt ist, darf auf seine belegärztliche Tätigkeit durch den Zusatz „**Belegarzt**" und die Hinzufügung des Namens des Krankenhauses, in dem er die belegärztliche Tätigkeit ausübt, hinweisen.

Ein Arzt darf mitteilen, dass er **ambulante Operationen** ausführt, die über kleine chirurgische Eingriffe hinausgehen, falls er die von der Ärztekammer hierfür beschriebenen Voraussetzungen erfüllt.

Ein Arzt kann mit der Bezeichnung „**Praxisklinik**" eine besondere Versorgungsweise und Praxisausstattung ankündigen, wenn er im Rahmen der ambulanten Versorgung bei Bedarf eine ärztliche und pflegerische Betreuung auch über Nacht gewährleistet und sämtliche von der Ärztekammer geforderten notwendigen **Qualitätssicherungsmaßnahmen** für eine solche Bezeichnung erfüllt. Hierfür sind die einschlägigen Vorschriften und Richtlinien der zuständigen Landesärztekammer zu beachten.[460]

Bei **ärztlichen Kooperationen** im Sinne einer **Gemeinschaftspraxis** oder **Ärztepartnerschaft**[461] sind die Namen und Arztbezeichnungen aller in der Gemeinschaft zusammengeschlossenen Ärzte anzuzeigen.[462] Bei Partnerschaften[463] darf der Arzt, wenn die Angabe seiner Berufsbezeichnung vorgesehen ist, nur gestatten, dass die Bezeichnung Arzt oder eine andere führbare Bezeichnung angegeben wird. Der Zusammenschluss ist ferner mit dem Zusatz „Gemeinschaftspraxis" oder „Partnerschaft" anzukündigen. Schließen sich mehrere Ärzte in der Rechtsform einer Partnerschaftsgesellschaft zusammen, dürfen diese weiterhin den Begriff der Gemeinschaftspraxis verwenden.

---

457 Vgl. hierzu ausführlich das nachfolgende Kapitel 8, S. 119 ff.
458 § 22 a Abs. 4 MBO 2002 i.V.m. Kapitel D II Nr. 11 MBO.
459 So ausdrücklich Nr. 3.7 Auslegungsgrundsätze BÄK zu §§ 27 ff. MBO vom 10.9.2002.
460 Die Voraussetzungen sind geregelt in § 115 Abs. 2 Nr. 1 SGB V. Danach ist die Praxisklinik eine Einrichtung, in welcher die Versicherten durch Zusammenarbeit mehrerer Vertragsärzte ambulant und stationär versorgt werden, vgl. hierzu auch *KassKomm.*
461 Zur Befugnis, Kooperationen zu bilden, vgl. Kapitel D II Nr. 8 und Nr. 9 MBO.
462 § 22 a Abs. 1 MBO 2002.
463 Zur Möglichkeit, Partnerschaften zu gründen, vgl. Kapitel D II Nr. 10 MBO.

Auch eine ärztliche Partnerschaftsgesellschaft darf sich als Gemeinschaftspraxis bezeichnen.[464]

Die Gemeinschaftspraxis sollte dann jedoch den Zusatz „und Partner" oder „Partnerschaft" führen, um den gesellschaftsrechtlichen Unterschied zwischen der BGB-Gesellschaft und der ins Partnerschaftsregister einzutragenden Partnerschaftsgesellschaft zu dokumentieren.[465] Hat eine ärztliche Gemeinschaftspraxis oder Partnerschaft **mehrere Praxissitze**, so ist für jeden Partner zusätzlich der Praxissitz anzugeben.[466]

Zulässig sind auch Hinweise auf eine **Referententätigkeit** oder auf **Veröffentlichungen**, solange diese Angaben zutreffend und nachprüfbar sind.[467]

Es ist Ärzten auch gestattet, eine im Ausland verliehene medizinische Qualifikation – hier: „Diagnostik und Therapie nach Dr. **F.X.Mayr**" zu führen.[468]

7.6.2 Angabe von Erfolgs- und Patientenzahlen

Die **Angabe von Patientenzahlen** ist nach Auffassung der *Autorin* als **berufswidrige** Werbung zu beurteilen.[469] Auch das Oberlandesgericht München hatte es einer Klinik untersagt, auf die Anzahl der bislang behandelten Patienten (hier 13.000 operierte Patienten) hinzuweisen.[470] Dieses Urteil wurde allerdings vor allem im Hinblick auf das Verbot, sich als Spezialist zu bezeichnen, vom Bundesverfas-

---

464 OLG Schleswig, Beschl. v. 18.9.2002 – 2 W 80/02 – NJW-RR 2003, S. 173: *„Die durch § 1 Abs. III PartGG eingeräumte Rechtsetzungsbefugnis wird von der Landesärztekammer überschritten, wenn sie durch die Berufsordnung die gemeinschaftlich zusammengeschlossenen Ärzte auf eine bestimmte Namensangabe festlegt."*

465 Diese Zusätze dürfen nach § 11 PartGG allerdings nur dann geführt werden, wenn tatsächlich eine nach diesem Gesetz vorgesehene Partnerschaftsgesellschaft gegründet und eingetragen ist.

466 § 22a MBO 2002, diese Vorschrift wurde mit der Novellierung 2002 neu eingefügt.

467 Nicht vertretbar und mit der Rechtsprechung des Bundesverfassungsgerichts unvereinbar daher OLG München, Urt. v. 21.10.1999 – 20 U 2435/99 – MedR 2000, S. 370.

468 Bayerisches VG München, Urt. v. 11.6.2002 – M 16 K 00.4995 -, vgl. zu diesem Urteil auch Kapitel 7.3.2.2, S. 90.

469 Ebenso wohl *Schulte*, der das Verbot der Nennung von Erfolgsziffern aus dem Irreführungsverbot des § 3 UWG ableitet, vgl. S. 111.
Anders hingegen ÄrzteGH Saarland, Urt. v. 10.10.2001 – ÄGH 2/01 – NJW 2002, S. 839 ff., wonach der Hinweis auf die hohe – in die Tausende gehende – Zahl der von einer Frauenarztpraxis durch Fortpflanzungsmedizin erfolgreich behandelten Patienten das Vertrauen in die ärztliche Kompetenz stärken könne, ohne das Vertrauen in die rein medizinische Orientierung ärztlichen Handelns zu erschüttern. Anderer Auffassung auch *Kleine-Cosack.*

470 OLG München, Urt. v. 30.6.2000 – 29 U 6146/99 –.

sungsgericht aufgehoben.[471] Dieser Ansicht ist nicht zu folgen: Denn Erfolgs- oder Patientenzahlen sind **objektiv kaum nachprüfbar**.

Wer sollte – angesichts der ärztlichen Schweigepflicht – überprüfen, ob der Arzt tatsächlich die von ihm behauptete Anzahl von Patienten behandelt hat?

Den Ärztekammern oder den Gerichten ist die Überprüfung solcher Angaben sicherlich nicht zuzumuten. Zur Vermeidung von Auswüchsen ist die Angabe von Patientenzahlen daher als anpreisende und damit berufswidrige Werbung zu beurteilen. Ähnlich auch das **Werberecht der Rechtsanwälte**: Die anwaltliche Berufsordnung verbietet die Angabe von Erfolgs- und Umsatzzahlen. Auch **Hinweise** auf die Betreuung bestimmter **Mandate** oder Mandanten in Rundschreiben oder Broschüren sind **nur** dann **zulässig**, soweit der Mandant **ausdrücklich eingewilligt** hat.[472]

Die Ärzte müssten also – um mit Patientenzahlen werben zu dürfen – die Patienten um Entbindung von der ärztlichen Schweigepflicht bitten, um zur Überprüfung der genannten Patientenzahlen eine vollständige Patientenliste vorlegen zu können.[473]

Wer also mit seiner besonderen **ärztlichen Erfahrung** werben will, muss sich auf die Angabe der **Dauer seiner ärztlichen Berufsausübung** oder des **Zeitpunkts der Approbation** beschränken. Falls auch die Ärztekammern die Angabe von Erfolgs- und Umsatzzahlen unterbinden wollen, werden sie dies in der Berufsordnung ausdrücklich normieren oder einen konkreten Nachweis für etwaige Angaben verlangen müssen.[474]

7.6.3 Organisatorische Hinweise

Ankündigungsfähig sind auch organisatorische Hinweise, also Angaben, welche die „Organisation“ der Inanspruchnahme des Arztes durch Patienten sowie den **organisatorischen Ablauf in der Praxis** selbst betreffen.

Zulässig sind sämtliche Angaben zur Kommunikation mit dem Arzt, also die **Adresse** der Praxis, die Adresse der **Privatwohnung** sowie **weitere Kommunikationsverbindungen**. Unter die Kommunikationsverbindungen fallen nicht nur die

---

471 BVerfG („Spezialist“), Beschl. v. 8.1.2002 – 1 BvR 1147/01 – www.bverfg.de.; vgl. hierzu Kapitel 7.6.6.1, S. 115.

472 § 6 Abs. 3 Berufsordnung für Anwälte.

473 Es darf bezweifelt werden, dass sich die Patienten hiermit einverstanden erklären, nur um dem Arzt zu einem Wettbewerbsvorteil zu verhelfen.

474 Vgl. hierzu bereits Kapitel 7.4.9, S. 104 und Kapitel 7.4.10, S. 105.

Funktelefonnummer, sondern auch die **E-Mailadresse** sowie die Angabe der **Internetadresse (Domain),**[475] falls der Arzt eine eigene Homepage unterhält.

Hinweise auf **Sprechstunden**, **Sondersprechstundenzeiten**, Erreichbarkeit außerhalb der Sprechstunde, **Praxislage** in Bezug auf öffentliche Verkehrsmittel (Straßenplan), Angabe über **Parkplätze**, besondere Einrichtungen für **Behinderte** sind ebenfalls zulässige praxisorganisatorische Angaben.

Bietet die Arztpraxis weiteren Service (z.B. **Kinderbetreuung**, **Abholservice** etc.), so darf auch mit solchen dienstleistungsbezogenen Angaben geworben werden.[476]

Wer keine Kassenzulassung hat, darf seine Praxis als „**Privatpraxis**" bezeichnen. Ein Fehlen dieser Angabe kann zu erheblichen Missverständnissen und zu einer **Irreführung** derjenigen **Patienten** führen, die **gesetzlich krankenversichert** sind: Denn Kassenpatienten können nur offiziell zugelassene Kassenärzte konsultieren, wenn sie die ärztlichen Leistungen nicht ausdrücklich aus eigener Tasche bezahlen wollen.[477] Die Bezeichnung als Privatpraxis **muss** daher **ausdrücklich gefordert** werden.[478]

Werden **ausgelagerte Praxisräume** unterhalten (hier **Laserbehandlungsräume**), so dürfen Ärzte nach einem aktuellen Urteil des **Bundesverwaltungsgerichts** auch dort ein entsprechendes **Hinweisschild** anbringen und auf die in diesen Räumlichkeiten durchgeführten Untersuchungs- und Behandlungsmethoden hinweisen.[479]

---

475 Vgl. zur Domain auch Kapitel 8.4.4, S. 143.

476 Vgl. zur Erbringung besonderer Dienstleistungen und Werbemaßnahmen auch Kapitel 8.9, S. 176 ff.

477 Kassenärzte können stets auch privatärztlich tätig werden; Privatärzte ohne Kassenzulassung können demgegenüber lediglich privatärztlich, nicht auch kassenärztlich tätig sein. Der Arzt ist gegenüber einem Kassenpatienten zur privatärztlichen Liquidation nur berechtigt, wenn der Patient durch schriftliche Aufklärung und entsprechend unterschriebene Erklärung auf die fehlende Erstattungsfähigkeit und die Selbstzahlungspflicht ausdrücklich hingewiesen wurde.

478 **Verfehlt** daher das Urteil des OLG Düsseldorf (Urt. v. 4.6.1996 – 20 U 133/95 –), welches die Angabe „Privatpraxis" wegen des Anscheins besonderer Exklusivität verboten hatte. Dieses Urteil wurde in der Vorauflage (S. 83 ff.) ausführlich dargestellt und kritisiert. Ebenso **unvertretbar** BerufsG f. Heilberufe in Schleswig, Urt. v. 23.8.2000 – BG 10/99 –.

479 BVerwG, Urt. v. 18.3.2003 – 3 C 23/02 – in Aufhebung des vorinstanzlichen Urteils des OVG NRW v. 15.2.2002 – 13 A 5128/00 -, welches die Bezeichnung „Laserbehandlungsräume" noch wegen angeblicher Irreführung der Patienten untersagt hatte.
Vgl. auch die neu eingefügte Vorschrift des § 18 Abs. 3 MBO 2002: *„Mit Genehmigung der Ärztekammer darf der Arzt ausgelagerte Praxisräume mit einem Hinweisschild kennzeichnen, welches seinen Namen, seine Arztbezeichnung und einen Hinweis auf die in den ausgelagerten Praxisräumen durchgeführten Untersuchungs- und Behandlungsmethoden enthält."*

7.6.4 Angabe von Ortsbezeichnungen

7.6.4.1 Grundlagen

Es ist zulässig, die Bezeichnung der Arztpraxis mit einer **bestimmten Ortsbezeichnung** zu verbinden, sofern hierbei nicht zugleich eine Irreführung oder Alleinstellung, also eine Anpreisung vorliegt. So gibt es keinen triftigen Grund, die Bezeichnung „**Röntgenpraxis am Hauptbahnhof**" zu untersagen, sofern es sich um die einzige Praxis am angegebenen Ort handelt. Denn die Bezeichnung stellt lediglich eine Lokalisierung der Praxis dar.[480] Eine **unzulässige Alleinstellung** wäre demgegenüber beispielsweise die Angabe „Kinderarztpraxis Frankfurt", weil es in Frankfurt mehr als eine Kinderarztpraxis gibt.

Existiert aber in einem **bekannten Gebäude** einer Stadt lediglich **eine Arzt- oder Zahnarztpraxis**, so ist kein Grund ersichtlich, die Angabe einer besonderen oder bekannten Lage zu verbieten.[481] Freilich mag eine solche Angabe einen erheblichen Werbe-Effekt haben.

Jede bekannte und exklusive Adresse bewirkt einen „positiven" Werbeeffekt. Dies macht die Angabe jedoch nicht unzulässig.

Wer dort seine Praxis unterhält, wird typischerweise zugleich eine exklusive Miete bezahlen – dies obliegt ebenso seiner freien unternehmischen Entscheidung wie die kostspielige Durchführung anderer Werbemaßnahmen.

Unterhält ein Zahnarzt seine Praxis in einem Gebäude, welches „im Stadttor" heißt und örtlich auch wegen anderer öffentlicher Einrichtungen sowie dessen moderner Architektur stadtbekannt ist, so ist kein Grund ersichtlich, die Bezeichnung „**Zahnarztpraxis im Stadttor**" zu verbieten. Voraussetzung hierfür ist allerdings, dass dies dort die **einzige Zahnarztpraxis** ist. Die gegenteilige Auffassung des **OLG Düsseldorf**,[482] eine solche Ortsangabe erwecke den Anschein einer gegenüber anderen Zahnarztpraxen qualitativ besonderen Praxis, scheint sehr konstruiert. „Besonders" ist allenfalls die örtliche Lage – nicht mehr und nicht weniger besagt eine solche Angabe.

---

480 Nicht mehr vertretbar daher GH f. Heilberufe Niedersachsen, Urt. v. 10.5.1995 – 1 S 1/94 – MedR 1996, S. 285, welcher diese Bezeichnung für berufswidrig hielt.

481 Vgl. zur zulässigen Bezeichnung als „Ärztehaus" Kapitel 7.6.6.4, S. 118.

482 OLG Düsseldorf, Urt. v. 16.8.2001 – 2 U 138/00 – NJW-RR 2002, S. 472. Vgl. zu einem ähnlich unhaltbaren Urteil des OLG Düsseldorf den Hinweis in Fn. 458.

7.6.4.2 Maßgebliche Rechtsprechung

> **Urteil**
>
> Die Bezeichnung „Ärztehaus T-Strasse GmbH“ im allgemeinen Geschäftsverkehr ist zulässig.
>
> Landgericht Cottbus 1996 [483]

Aus den Urteilsgründen

In dem Ärztehaus befinden sich Praxisräume verschiedener Arztpraxen und anderer Heilberufler. Das Auftreten als „Ärztehaus T-Strasse GmbH“ ist im allgemeinen Geschäftsverkehr, insbesondere gegenüber Versorgungsbetrieben, An- und Zulieferern sowie eventuellen Handwerkern zulässig. Die Bezeichnung dient lediglich dazu, auf Anhieb den Sitz der Gesellschaft zu lokalisieren. Eine Werbung für die im Hause beschäftigten Ärzte ist damit im sonstigen geschäftlichen Verkehr nicht oder nur unwesentlich verbunden.

7.6.5 Kritik am Verbot der Angabe „Praxisgemeinschaft“

Zusammenschlüsse zu Organisationsgemeinschaften dürfen nach wie vor **nicht angekündigt** werden.[484] Dies betrifft insbesondere die häufig vorzufindende **Praxisgemeinschaft** zwischen Ärzten. Dieses **Verbot** ist **unhaltbar** und bedeutet für die Praxispartner eine **ungerechtfertigte Benachteiligung** gegenüber anderen Kooperationen oder gegenüber einem Praxisverbund.[485] Denn es wird verkannt, dass gerade die **Praxisgemeinschaft** meist eine **wesentlich engere Kooperation** darstellt **als der Praxisverbund** zwischen verschiedenen Arztpraxen, Kliniken oder zwischen verschiedenen Heilberuflern.[486]

Ärzte, die Praxisräume, medizinische Geräte und Personal teilen, arbeiten typischerweise auch dann eng zusammen, wenn sie nicht unter gemeinsamer Arztnummer erscheinen.[487] Dieser **medizinisch-fachliche Austausch** zwischen den Praxispartnern kommt insbesondere den Patienten zugute und dient grundsätzlich der **Qualitätssteigerung**. Im übrigen kennen Patienten die gesellschaftsrechtliche Unterscheidung zwischen Gemeinschaftspraxis und Praxisgemeinschaft meist nicht –

---

483 LG Cottbus, Urt. v. 27.8.1996 – 3 O 154 / 96 – NJW 1997, S. 2458.

484 § 22 a Abs. 3 MBO 2002, als Ersatz für die gestrichene Vorschrift des Kapitel D I Nr. 2 Abs. 11 MBO 2000.

485 Auch *Schulte* hält einen Hinweis auf eine tatsächlich bestehende Praxisgemeinschaft für ohne weiteres zulässig, S. 106.

486 § 22 a Abs. 4 MBO 2002. Die Zugehörigkeit zu einem Praxisverbund hingegen darf ausdrücklich angekündigt werden.

es wird sie auch kaum interessieren. Eine Irreführung der Patienten ist schwer vorstellbar.[488]

Es gibt keinen überzeugenden Grund,
die Angabe „Praxisgemeinschaft“ zu verbieten.[489]

Angesichts der zunehmenden Zusammenschlüsse und „Fusionen“ auch im ärztlichen Bereich ist das **Verbot der Fortführung des Namens** eines nicht mehr berufstätigen, eines ausgeschiedenen oder verstorbenen Partners ebenfalls rechtlich zweifelhaft.[490] Dies gilt vor allem dann, wenn der **Kaufpreis** einer Arztpraxis entscheidend vom „**guten Namen**“ des Arztes geprägt war, der gleichzeitig seinen hierdurch erworbenen Patientenstamm und einen bestimmten (geldwerten) Ruf mit überträgt.

---

487 Bei der Praxisgemeinschaft werden – ebenso wie bei der Gemeinschaftspraxis – typischerweise die Raum-, Praxis- und Personalkosten geteilt. Jeder Arzt rechnet jedoch – im Unterschied zur Gemeinschaftspraxis – getrennt und selbständig gegenüber der Kassenärztlichen Vereinigung oder gegenüber den Privatpatienten ab. Die Praxisgemeinschaft wird folglich – im Unterschied zur Gemeinschaftspraxis – nicht unter einer einheitlichen Arztnummer geführt. Vielmehr hat jeder Arzt eine eigene Arztnummer und damit eine eigene arztrechtliche Selbständigkeit.

488 Patienten gehen typischerweise auch bei Gemeinschaftspraxen zu dem einmal gewählten Arzt. Im übrigen arbeiten die Partner einer Gemeinschaftspraxis oft ebenso wenig zusammen, wie die Partner einer Praxisgemeinschaft. Häufig ist die Konstellation anzutreffen, dass die Praxis abwechselnd nur von einem Arzt besetzt ist.
Die weitere Frage der gegenseitigen Vertretungsbefugnisse betrifft lediglich die kassenärztliche Abrechnungsfähigkeit und ist eine rein interne Angelegenheit zwischen den kooperierenden Ärzten.

489 Einen Haftungsnachteil riskieren die Patienten durch diese Angabe nicht, im Gegenteil.

490 § 22 a Nr. 1 S. 3 MBO 2002 als Ersatz für die gestrichene Vorschrift des Kapitel D I Nr. 2 Abs. 9 S. 3 MBO 2000. Anwälte kennen dieses Verbot übrigens nicht.

7.6.6 Maßgebliche Rechtsprechung

7.6.6.1 Bezeichnung als Spezialist in einer Klinikbroschüre

Urteil

Die Bezeichnung eines bestimmten Arztes als Spezialist – hier: Wirbelsäulen- bzw. Kniespezialist – stellt grundsätzlich eine interessengerechte und sachangemessene Information dar. Es handelt sich um die Angabe, dass ein Arzt auf einem Gebiet, das enger ist als seine Gebietsbezeichnung, Fachmann ist. Ein Arzt, der besondere Erfahrungen auf einem Teilgebiet hat, hat ein berechtigtes Interesse, das Publikum darüber zu informieren. Dies gilt jedenfalls für Kliniken, die mit einer Broschüre auf ihre Leistungen aufmerksam machen.

Das Bundesverfassungsgericht 2002 [491]

Aus den Urteilsgründen

Ein solcher Arzt bietet ein besonderes Behandlungsspektrum an, das möglicherweise alle Orthopäden oder Chirurgen beherrschen, in dem er sich aber einer ihn auszeichnenden besonderen Praxis rühmen kann, weil er sich diesem Teilbereich besonders gewidmet hat. Auch die Patienten haben ein legitimes Interesse daran, zu erfahren, welche Ärzte über solche vertieften Erfahrungen verfügen.

Die Gefahr einer Verwechslung mit Facharztbezeichnungen besteht nicht, da beide Bezeichnungen einen unterschiedlichen Bedeutungsgehalt aufweisen: Unter der Bezeichnung „Spezialist" wird ein Fachmann verstanden, der über besondere Erfahrungen in einem engeren (medizinischen) Bereich verfügt, während die Facharztbezeichnung eine förmliche erworbene Qualifikation darstellt.

Da die Ärzte jeweils 7.000 Operationen an der Wirbelsäule und mehr als 13.000 Operationen im Bereich des Knies durchgeführt haben, ist es legitim, sie als Spezialisten zu bezeichnen. Es mag Bereiche geben, in denen eine Spezialisierung nach anderen Kriterien festzulegen ist. Jedenfalls ist aber die ungewöhnlich große Zahl gleichartiger Operationen ein ausreichender Indikator für die Spezialisierung.

Stellungnahme und Kritik

Dieses Urteil könnte dazu verleiten, dass die werbewirksame Bezeichnung als „Spezialist" in **inflationärer** Weise verwendet wird. Zwar wurde darauf hingewiesen, dass es sich hier um das Faltblatt einer **Privatklinik** handelte und die Klinikwerbung zum damaligen Zeitpunkt nicht den Restriktionen der ärztlichen Berufsordnung unterworfen war. Die Werbung sei allerdings dann unzulässig, wenn den

---

491 BVerfG, Beschl. v. 8.1.2002 – 1 BvR 1147/01 – www.bverfg.de = NJW 2002, S. 1331 ff. Anders noch zuvor OLG München, Urt. v. 30.6.2000 – 29 U 6146/99 –.

als Spezialisten bezeichneten Ärzten zugleich Patienten im niedergelassenen Bereich zugeführt werden sollen.

Diese Aussagen sind unglücklich und **widersprüchlich**. So bleibt unberücksichtigt, dass die in der Klinikbroschüre als „Spezialisten" bezeichneten Ärzte zugleich die Gesellschafter und Geschäftsführer dieser Klinik sind, also deren unmittelbare Betreiber. Die Ärzte haben diese Werbung folglich selbst veranlasst und profitieren ausschließlich und unmittelbar davon.

Schließlich kann auch ein niedergelassener Arzt in dem beschriebenen Maße ein Spezialist sein, etwa wenn er zuvor jahrelang in einer Klinik arbeitete und sich nun in eigener Arztpraxis niederläßt. Es wäre mit dem Gleichheitsgrundsatz nicht zu vereinbaren, die Zulässigkeit der Bezeichnung als Spezialist von der gewählten rechtlichen Gesellschaftsform abhängig zu machen. Ärzte sähen sich noch immer gezwungen, nur zum Zwecke der Werbung eine Klinikkonzession zu beantragen und „pro forma" noch zwei Zimmer mit Betten vorzuhalten, obwohl sie ausschließlich oder überwiegend ambulante Leistungen erbringen. Dies kann nicht sein und wäre auch nicht wünschenswert. Ein Arzt erbringt keine besseren Leistungen, nur weil er in einer Privatklinik tätig ist.

Ärzte, die wirklich spezialisiert sind, dürfen dies auch sagen;
sie müssen allerdings eine Überprüfung dieser Angaben durch die
Ärztekammer hinnehmen – dies gilt für Kliniken ebenso wie für Arztpraxen.

Das Urteil enthält für die Ärztekammern eine weitere Schwierigkeit: Wenn das Bundesverfassungsgericht die Eigenbezeichnung als „Spezialist" aufgrund der behaupteten Zahl der behandelten Patienten für zulässig erklärt, so muss es den Gerichten oder Ärztekammern möglich sein, diese behaupteten Zahlen (hier angeblich insgesamt über 21.000 Operationen) zu überprüfen. Immerhin hat das Bundesverfassungsgericht gerade die Überprüfung dieser Angaben durch die Kammern selbst gefordert.[492]

Sollen die Ärztekammern oder Gerichte alle Behandlungsscheine durchsehen und damit die Zahlenangabe überprüfen? Dies ist kaum zumutbar.[493] Fehlt aber eine Überprüfungsmöglichkeit, so fehlen auch entsprechende Sanktionsmöglichkeiten mit der Folge, dass zu Werbezwecken auch phantasiehafte Zahlen genannt werden könnten, ohne besondere Rechtsfolgen zu riskieren. Dies ist sicherlich nicht im Interesse der Patienten, die nach ständiger höchstrichterlicher Rechtsprechung vor Verunsicherung durch anpreisende oder kommerzielle Werbung geschützt werden sollen.[494]

---

492 Vgl. hierzu Kapitel 7.4.10, S. 105.
493 Vgl. hierzu auch die in Kapitel 7.8.2, S. 109 ff. vertretene Auffassung der *Autorin*.
494 Vgl. hierzu Kapitel 9.3.2, S. 210.

7.6.6.2 Zulässiger Hinweis auf ausgelagerte Praxisräume

Urteil

Augenärzte, die in Apparategemeinschaft mit anderen Kollegen ausgelagerte Praxisräume unterhalten, dürfen dort ein entsprechendes Hinweisschild mit der Angabe „Laserbehandlungsräume" sowie eine Telefonnummer anbringen.

Bundesverwaltungsgericht 2003 [495]

Aus den Urteilsgründen

Der Zusatz „Laser ..." kann zwar einen werbenden Gehalt haben, weil er auf die von den Ärzten in den ausgelagerten Praxisräumen eingesetzte Technik verweist. Es kann hier offen bleiben, ob für einen solchen Hinweis schon deshalb ein besonderes Informationsbedürfnis besteht, weil die Behandlung mit Lasergeräten nicht zu den üblichen Methoden der niedergelassenen Augenärzte gehört. Darauf kommt es aber nicht an. Der Zusatz beschränkt sich nämlich auf eine objektiv richtige und knappe Information. Er macht deutlich, dass in den fraglichen Räumen ausschließlich Laserbehandlungen stattfinden. Er beugt damit dem sonst nahe liegenden Irrtum vor, an dieser Stelle würden die vier beteiligten Augenärzte ihre Praxis ausüben.[496]

7.6.6.3 Zulässige Bezeichnung als „Schmerzzentrum"

Urteil

Die Bezeichnung einer Arztpraxis als „Schmerzzentrum" ist ausnahmsweise dann zulässig, wenn sich aus den konkreten Umständen eine herausragende Stellung dieser Einrichtung ergibt.

Berufsgericht für Heilberufe beim VG Frankfurt 2002 [497]

---

495 BVerwG, Urt. v. 18.3.2003 – 3 C 23/02 –.

496 Vgl. auch Kapitel 7.6.3, S. 110 einschließlich Fn. 479

497 BerufsG am VG Frankfurt, Urt. v. 5.3.2002 - 21 BG 5711/00 (V) - NJW-RR 2002, S. 1064 ff.

Stellungnahme

Die Bezeichnung einer Arztpraxis als „Zentrum“ ist typischerweise unzulässig und wettbewerbswidrig.[498] Die Bezeichnung als „Schmerzzentrum“ basierte vorliegend allerdings auf mehreren **Besonderheiten**: In der Praxis sind drei Anästhesisten und eine Psychologin tätig. Einer dieser Ärzte hatte verschiedene Vereinigungen auf dem Gebiet der Schmerztherapie gegründet, etwa die Deutsche Schmerzliga sowie eine Hospiz-Einrichtung, die jedenfalls bis 1999 an der Adresse des Praxissitzes ihren Sitz hatten. Dieser Arzt hatte sich auch als Autor zahlreicher Fachveröffentlichungen zum Thema Schmerztherapie einen Namen geschaffen. Er hatte sich ferner für die Aufnahme von Abrechnungsziffern in die GOÄ und den EBM zur Vergütung schmerztherapeutischer Behandlungen eingesetzt sowie die Aufnahme der Fachrichtung „Spezielle Schmerztherapie“ als Zusatzbezeichnung in den Weiterbildungsordnungen bewirkt.

7.6.6.4 Zulässige Bezeichnung als „Ärztehaus“

Urteil

Die Bezeichnung „Ärztehaus“ ist weder irreführend noch berufswidrig. Der Durchschnittspatient verbindet damit allein die Vorstellung, dass sich verschiedene Ärzte in dem bezeichneten Gebäude befinden. Die Beschriftung hilft dem Patienten allein dabei, sich zu orientieren. Sie vermittelt nicht den Eindruck, hier werde nicht mehr im wohlverstandenen Interesse der Kranken, sondern aufgrund kommerzieller Interessen gehandelt. Eine besondere Ausstattung der hier betriebenen Praxen wird vom Patienten nicht erwartet.

Berufsgericht für Heilberufe beim VG Greifswald 1996 [499]

---

498 Vgl. hierzu Kapitel 10.2.4.2, S. 232.

499 BerufsG f. Heilberufe beim Verwaltungsgericht Greifswald, Urt. v. 30.9.1996 – BG 19/96 –; a.A. noch LandesberufsG f. Heilberufe in Bayern, Urt. v. 19.4.1982 – LBGÄ-2/81 –. Auch das OLG Hamburg hatte 1981 die Verwendung des Begriffs „Ärztehaus“ als irreführend angesehen, weil angeblich nicht unerhebliche Teile des Verkehrs zwischen den Arztpraxen Beziehungen vermuteten, die eine intensivere oder kostengünstigere Behandlung gewährleisten, Urt. v. 29.10.1981 – 3 U 27/81 – WRP 1982, S. 278. Diese Auffassung ist nicht vertretbar, denn ein „informierter“ Verbraucher würde diese Annahme wohl kaum treffen, vgl. zum informierten Verbraucher auch Kapitel 10.2.2.2, S. 225.

8 Zulässige Werbeträger

8.1 Das Praxisschild

8.1.1 Grundlagen

Mit der Novellierung der Musterberufsordnung 2002 wurde das gesamte Kapitel D I aufgehoben.[500] Es enthielt eine Vielzahl werberechtlicher Restriktionen: Allein die **Vorschrift** über Inhalt und Form des **Praxisschildes** umfasste **mehr als drei Seiten Regelungstext**, unter anderem eine Begrenzung des Praxisschildes auf die Größe von 35 cm x 50 cm.

Für das **Praxisschild** ist heute lediglich ein kurzer Hinweis in dem neugefassten § 17 Abs. 4 MBO 2002 verblieben:

§ 17 Abs. 4 MBO 2002

Die Niederlassung ist durch ein Praxisschild kenntlich zu machen.
Der Arzt hat auf seinem Praxisschild den Namen, die (Fach-)Arztbezeichnung, die Sprechzeiten sowie ggf. die Zugehörigkeit zu einer Berufsausübungsgemeinschaft gem. § 22 i.V.m. Kapitel D II Nr. 8 anzugeben.
Ärzte, welche nicht unmittelbar patientenbezogen tätig werden, können von der Ankündigung durch ein Praxisschild absehen, wenn sie dies der Ärztekammer anzeigen.

Fakultativ sind auf dem **Praxisschild weitere Angaben** möglich. Die Vorschrift des § 17 Abs. 4 MBO 2002 soll nach der Intention des Satzungsgebers lediglich sicherstellen, dass das Praxisschild die zur Information der Patienten notwendigen **Mindestinhalte** aufweist, nachdem nunmehr vieles erlaubt ist.[501]

Unterhält ein Arzt sogenannte **ausgelagerte Praxisräume**, so darf er auch für diese Räume ein **Praxisschild** anbringen, welches seinen Namen, seine Arztbezeichnung und einen Hinweis auf die in den ausgelagerten Praxisräumen durchgeführten Untersuchungs- und Behandlungsmethoden enthält.[502]

---

500 Zur Novellierung der MBO 2002 vgl. Kapitel 5.1, S. 53 ff.
Kapitel D I ist im Anhang abgedruckt, vgl. S. 354 ff.

501 Referat des Präsidenten der Ärztekammer Westfalen-Lippe, *Dr. Ingo Flenker* beim 105. Deutschen Ärztetag Mai 2002, www.bundesaerztekammer.de.

502 § 18 Abs. 3 MBO 2002, mit der Novellierung der MBO 2002 neu eingefügt.
Vgl. hierzu auch Fn. 479
Ausgelagerte Praxisräume dürfen auch in den Gelben Seiten angekündigt werden, vgl. hierzu Kapitel 8.6.4.3, S. 157.

Die **Größe des Praxisschildes** ist heute nicht mehr reglementiert. Allerdings wurde es als **berufswidrig** angesehen, dass eine radiologische Praxis die ca. **75 Meter lange Fensterfront** ihrer Praxis mit dem Praxislogo und großformatigen Hinweisen auf die Behandlungsangebote versehen hatte.[503]

Das Praxisschild darf auch ein **Logo** enthalten.[504]

Die **Anzahl der Praxisschilder** ist heute nicht mehr beschränkt. Durch die Streichung des Kapitels D I ist die Verpflichtung entfallen, ein zweites Praxisschild ausdrücklich durch die Ärztekammer genehmigen zu lassen.[505]

Im Falle der **Praxisverlegung** ist ein Hinweis auf die neue Praxisadresse für die Dauer eines halben Jahres zulässig.[506]

Das Praxisschild muss kein „klassisches Schild" sein (etwa aus Messing oder Plexiglas o.ä.). Daher spricht auch nichts dagegen, anstelle eines typischen Praxisschildes einen **Monitor** mit sog. „**Touch-screen**" anzubringen. Es muss den Ärzten überlassen bleiben, den sachlichen Hinweis auf ihre Existenz und ihr Angebot in einer individuellen Weise darzustellen, solange eine berufswidrige Herausstellung unterbleibt.

Zu kritisieren ist die **Verpflichtung**, **Sprechstundenzeiten** angeben zu **müssen**. Sie zwingt den Arzt, seinen Patienten stets zu den genannten Zeiten zur Verfügung zu stehen. Dies ist angesichts der ärztlichen Überversorgung in vielen Gebieten und der gleichzeitig begrenzten Finanzlage der gesetzlichen Krankenversicherungen nicht nachvollziehbar. **Zumindest für** reine **Privatärzte**, die ohne kassenärztliche Zulassung und ohne damit einhergehende sozialrechtliche Verpflichtung gegenüber den gesetzlich versicherten Patienten tätig sind, **entbehrt** diese Verpflichtung einer **überzeugenden Begründung**. Darüber hinaus stellt sich die

---

503 Diese Werbemaßnahme lasse jede Zurückhaltung vermissen und nähere sich den Werbemethoden der gewerblichen Wirtschaft, insbesondere des Dienstleistungs- und Einzelhandelsgewerbes an. Sie leiste so dem Eindruck der Kommerzialisierung des Arztberufes und damit Zweifeln an der beruflichen Integrität des Arztes Vorschub. Eine solche Werbung könne durchaus als anpreisend bzw. als übertrieben oder marktschreierisch im Sinne der Rechtsprechung des Bundesverfassungsgerichts angesehen werden, BerufsG f. Heilberufe beim VG Mainz, Urt. v. 11.9.2002 – Kf 346/01.MZ -, bestätigt durch OVG Rheinland-Pfalz, Urt. v. 17.4.2003 – LBGH A 11762/02-OVG -, vgl. zu diesem Urteil auch Kapitel 10.3.7.8, S. 253.

504 Vgl. hierzu auch Kapitel 8.5.2.1, S. 149 ff.

505 Es war ohnehin nicht ersichtlich, weshalb ein zweites Praxisschild oder selbst mehrere Praxis- und Hinweisschilder unsachlich, anpreisend oder aufdringlich sein sollten. Die Frage nach der Zulässigkeit von Schildern ist seit jeher eine Frage des öffentlichen Baurechts, sie gehört nicht in das ärztliche Standesrecht.
Das frühere Kapitel D I Nr. 2 Abs. 12 b MBO 2000 erlaubte nur bei Vorliegen besonderer Umstände, zum Beispiel bei versteckt liegenden Praxiseingängen, mit Zustimmung der Ärztekammer weitere Arztschilder.

506 So ausdrücklich Nr. 4 Abs. 3 Auslegungsgrundsätze BÄK zu §§ 27 ff. MBO vom 10.9.2002.

Frage, ob die Verpflichtung, **überhaupt** ein **Praxisschild anzubringen**, rechtmäßig ist.[507]

8.1.2 Maßgebliche Rechtsprechung

8.1.2.1 Zulässiges Praxisschild auch an der Privatadresse

Urteil

Ein Arzt darf auch an seiner Privatadresse ein Praxisschild – unter anderem mit seiner Facharztbezeichnung – anbringen, sofern diese Angaben sachlich, berufsbezogen und inhaltlich zutreffend sind.

Berufsgericht für Heilberufe beim VG Frankfurt a.M. 2001 [508]

8.1.2.2 Zur Größe des Praxisschildes

Urteil

Das Praxisschild darf auf einem Sockel von 60 cm Höhe und 60 cm Breite errichtet sein und eine Gesamthöhe von 2,40 m haben.

Landesberufsgericht für Heilberufe beim OVG Rheinland-Pfalz 2003 [509]

---

507 Anwälte sind nach neuerer berufsgerichtlicher Rechtsprechung nicht mehr verpflichtet, ein Kanzleischild anzubringen. Dies ist schon deshalb zu begrüssen, weil das Erfordernis eines Schildes auch bau- oder mietrechtliche Probleme aufwerfen kann. Im übrigen will der Anwalt – aufgrund seiner Spezialisierung – eventuell gerade nicht diejenige Klientel ansprechen, die zufällig am Praxisschild vorbei läuft. Das ist als Freiberufler natürlich auch sein gutes Recht.

508 BerufsG f. Heilberufe beim VG Frankfurt/M., Urt. v. 6.12.2001 – 21 BG 1568/00 (V) –.

509 LandesberufsG, Urt. v. 17.4.2003 – LBGH A 11762/02-OVG –, Vorinstanz: BerufsG f. Heilberufe beim VG Mainz, Urt. v. 11.9.2002 – Kf 346/01.MZ –.

8.1.2.3 Zulässigkeit mehrerer Praxisschilder

Urteil

Die Regelung der höchstzulässigen Zahl der Praxisschilder kann einen unverhältnismäßigen Eingriff in die Berufsfreiheit darstellen. Bei Vorliegen besonderer räumlicher Umstände kann es zur Information der Patienten gerechtfertigt sein, auch mehr als zwei Praxisschilder, mit denen ohnehin nur ein geringer Werbeeffekt verbunden ist, anzubringen.

Landesberufsgericht für Heilberufe beim OVG Rheinland-Pfalz 1998 [510]

8.1.2.4 Zulässige Beleuchtung des Praxisschildes

Urteil

Das Praxisschild „Ärztehaus“ darf beleuchtet sein. Mit der Beleuchtung ist nicht zwingend Anpreisung und Reklame verbunden, die bei der Außendarstellung von Ärzten generell vermieden werden soll. Ob Werbung dieser Art übertrieben erscheint, lässt sich nur im Einzelfall entscheiden.

Berufsgericht für Heilberufe beim Verwaltungsgericht Greifswald 1996 [511]

---

510 LandesberufsG f. Heilberufe beim OVG Rheinland-Pfalz, Urt. v. 23.9.1998 – LBGH A 10744/98 – NJW 1999, S. 3429.

511 BerufsG f. Heilberufe beim VG Greifswald, Urt. v. 30.9.1996 – BG 19/96 – und – BG 26/95 –. Ebenso BerufsG f. Heilberufe beim VG Mainz, Urt. v. 11.9.2002 – Kf 346/01.MZ –.

8.2 Anzeigen / Inserate

8.2.1 Grundlagen

Zeitungsanzeigen und sonstige Inserate sind heute grundsätzlich zulässig.[512]

Ein besonderer Anlass hierzu – wie etwa die Niederlassung, eine Änderung der Sprechstundenzeit oder die Rückkehr aus dem Urlaub – ist nicht mehr Voraussetzung für die Befugnis, eine Anzeige zu schalten.[513] Dies hat das Bundesverfassungsgericht im Februar 2002 anläßlich der Anzeige eines Tierarztes entschieden:

Berufliche Werbung bedarf keiner besonderen Anlässe.

Das Bundesverfassungsgericht 2002 [514]

---

[512] BVerfG, Beschl. v. 18.2.2002 – 1 BvR 1644/01 – www.bverfg.de; BGH, Urt. v. 15.5.2003 – I ZR 217/00 – www.bundesgerichtshof.de.

[513] Die Zulässigkeit von Zeitungsanzeigen war zuvor in Kapitel D I Nr. 3 MBO 2000 geregelt, vgl. Anhang 15.3, S. 354. Anzeigen für die Arztpraxis waren danach grundsätzlich verboten. Bekannte Ausnahmen von diesem Verbot waren die Niederlassung oder die Zulassung eines Arztes. Entsprechende Anzeigen durften nur dreimal in der gleichen Zeitung innerhalb eines Zeitraumes von drei Monaten veröffentlicht werden. Im übrigen waren Anzeigen in den Zeitungen nur bei Praxisaufgabe, Praxisübergabe, längerer Abwesenheit von der Praxis oder Krankheit sowie bei Verlegung der Praxis und bei der Änderung der Sprechstundenzeit oder der Fernsprechnummer gestattet.
Manche Ärzte behalfen sich angesichts dieser Beschränkungen damit, ein vermeintliches Stellengesuch aufzugeben, um mit der Darstellung der in der Praxis angebotenen Behandlungs- und Untersuchungsmethoden die hierfür „richtige" Arzthelferin zu finden. Diese kleinen Tricks, zu denen Ärzte sich gezwungen sahen, waren eine traurige Konsequenz eines seit langem überholten Werbeverständnisses der Ärzte.

[514] BVerfG, Beschl. v. 18.2.2002 – 1 BvR 1644/01 – www.bverfg.de, vgl. zu diesem Urteil Kapitel 8.2.2.1, S. 126 ff.
Überholt ist damit das Urteil des **Bundesgerichtshofs**, welches einem zahnärztlichen Institut untersagt hatte, in der Zeitschrift „auto, motor und sport" für zahnärztliche Leistungen zu werben, vgl. BGH, Urt. v. 8.6.2000 – I ZR 269/97 – WRP 2001, S. 28 ff. („Dentalästhetica"). Die Begründung, eine solche Anzeige sei auch deshalb zu verbieten, weil dem Zahnarzt heute über das Internet andere Formen der Darstellung des eigenen Leistungsangebotes zur Verfügung stünden, entbehrte ohnehin einer logischen und überzeugenden Argumentation. Immerhin hatte das BVerfG bereits in seiner „Apotheker-Entscheidung" aus dem Jahre 1996 entschieden: *„Ausführungen dazu, warum bestimmte Werbemittel generell als unsachlich, übertrieben oder gar marktschreierisch zu gelten hätten, fehlen... Es ist nicht ersichtlich, dass bestimmte Werbeträger – entgegen ihrem erklärten Zweck und abweichend von der sonstigen Werbepraxis – generell geeignet wären, das Vertrauen der Öffentlichkeit in die berufliche Integrität des Werbenden zu schmälern."* BVerfGE 94, S. 372 ff. (392).: Beschl. v. 22.5.1996 – 1 BvR 744/88 u.a. – = MedR 1996, S. 511 ff.

Daraufhin wurde mit der Novellierung der MBO 2002 auch das Anzeigenverbot aufgehoben, das von der *Autorin* in der Vorauflage streng kritisiert worden war.[515]

Zulässig sind folglich auch für Ärzte sogenannte **Präsentations-Anzeigenkampagnen**, wie sie gelegentlich von den Zeitungen für **bestimmte Berufszweige** angeboten werden. Ärzte dürfen sich in solchen Anzeigen mit den zulässigen Angaben und Informationen der Öffentlichkeit präsentieren, wobei die Größe der Anzeige sowie die Erscheinungshäufigkeit grundsätzlich keiner Reglementierung mehr unterliegt.

Zwar können Anzeigen aufgrund ihres Formats, ihrer Häufigkeit oder ihrer Aufmachung **übertrieben** und damit **anpreisend** wirken. Ob dies der Fall ist, läßt sich allerdings nur durch eine angemessene **Würdigung aller maßgeblichen Umstände** feststellen.[516] Es bedarf hierbei einer konkreten Darlegung, weshalb eine beanstandete Anzeige zugleich das Vertrauen der Patienten in die Seriosität eines Arztes in Frage zu stellen mag.

In einer Zeitungsanzeige dürfen die Ärzte sowie das Praxispersonal auch mit Foto abgebildet sein.[517]

Eine **Anzeige** darf auch auf dem **Einband**, also auf der Vorder- oder Rückseite eines **Telefonbuches** erscheinen.[518] Allein die Tatsache, dass diese Art der Werbung für Ärzte noch neu und untypisch ist, führt nicht zur Unzulässigkeit des Werbemediums. Denn zum einen sind die Ärzte heute in der Wahl des Werbeträgers frei, vor allem wenn es um Printmedien geht. Zum anderen wird die Anzeige auf der Titelseite eines Telefonbuches kaum zu einem erheblichen Vertrauensverlust führen. Denn nach den heutigen Anschauungen erscheint sie den Verbrauchern nicht als so über-

515 Vgl. Vorauflage dieses Buches, S. 86 ff.: *„Der Zeitungsleser weiß meist nicht, dass der Arzt – abgesehen von der Änderung der Sprechstundenzeit oder der Telefonnummer – allein wegen Urlaubs- oder Krankheitsabwesenheit die Möglichkeit hat, auf seine Existenz in der Zeitung überhaupt hinzuweisen. Diese Beschränkungen sind beschämend. Denn der Arzt ist – um überhaupt eine Anzeige schalten zu dürfen – gezwungen, einem breiten Publikum höchst private Dinge wie Urlaub oder Krankheit mitzuteilen, die er – wie andere Unternehmer auch – wahrscheinlich eher diskret behandeln möchte. Ob die allseits bekannte Anzeige „Aus dem Urlaub zurück" besonders positive Wirkungen auf die Leser- und Patientenschaft zeigt, mag bezweifelt werden. Eher ist es doch so, dass sich die Leser denken: „Aha, war der Arzt schon wieder im Urlaub ... ". Auch die Mitteilung, ein Arzt sei nun wieder genesen und in der Praxis tätig, ist sicherlich nicht besonders werbewirksam. Weshalb sollten Ärzte nicht gelegentlich eine Annonce in die Zeitung setzen dürfen? Eine sachlich gehaltene Anzeige über die Existenz der Arztpraxis wird ebenso wenig die Gesundheit der Patienten gefährden wie entsprechende Anzeigen durch Kliniken und Sanatorien."*

516 BVerfG, Beschl. v. 18.2.2002 – 1 BvR 1644/01 – www.bverfg.de.

517 OLG Rostock, Urt. v. 6.2.2002 – 2 U 33/01 –.

518 So für die Anwälte zutreffend OLG Hamm, Urt. v. 11.2.2003 – 4 U 148/02 – www.justiz.nrw.de.

trieben und geschäftsmäßig, dass sie mit dem Berufsbild eines Freiberuflers nicht in Einklang zu bringen ist.[519]

Die **Dauerhaftigkeit** einer auf dem Telefoneinband abgedruckten Anzeige von mindestens einem Jahr und die damit verbundene **Vorzugsstellung des Werbenden** lässt eine solche Werbung ebenfalls nicht als unangemessen oder übertrieben erscheinen. Es liegt vielmehr in der Natur der Sache, dass jeder, der eine bevorzugte und begrenzte Werbefläche anmietet, damit zwangsläufig Konkurrenten ausschließt. Derjenige, der zuerst kommt, darf sich regelmäßig einen solchen **Vorteil** sichern, auch das ist Ausfluss der Berufsausübungsfreiheit.[520]

Die Anzeige darf auch **bundesweit** erscheinen. Es wäre eine durch nichts zu rechtfertigende Diskriminierung, wenn die in einem kleinen Dorf gelegene Arztpraxis darauf angewiesen wäre, eine Anzeige in ihrem Lokalblatt aufzugeben, während die Frankfurter Arztpraxis mit einer Anzeige in der FAZ die Leser bundesweit erreichen kann.[521]

Eine **Stellenanzeige**, die von der Arztpraxis aufgegeben wird, kann nach einer Entscheidung des **Bundesgerichtshofes** zugleich eine **Werbemaßnahme** sein. Dies ist dann der Fall, wenn in der Stellenanzeige zugleich **blickfangmäßig** hervorgehoben **für die Güte** der Erzeugnisse **des Unternehmens** geworben wird. Denn eine solche Anzeige wird aufgrund ihrer Art und Größe nicht nur von Stellensuchenden, sondern nach der Lebenserfahrung auch von Abnehmern der Produkte gelesen. Enthält eine Stellenanzeige eine entsprechende Selbstpräsentation und die Darstellung bestimmter Eigenschaften und Tätigkeiten des Unternehmens, so liegt neben dem Aussagegehalt zugleich eine **Imagewerbung** vor. Daher muss eine solche Stellenanzeige wegen ihrer **Werbewirkung** mit den Regeln des lauteren Wettbewerbs vereinbar sein.[522]

Entscheidend ist der Wahrheitsgehalt und die Sachlichkeit der Informationen.

---

519 Es ändert auch nichts daran, dass die Titelseite eines Telefonbuches als Werbeträger insofern untypisch ist, als dass dort nur ganz wenige Werbungen Platz haben, vgl. OLG Hamm, Urt. v. 11.2.2003 – 4 U 148/02 – www.justiz.nrw.de.

520 OLG Hamm, Urt. v. 11.2.2003 – 4 U 148/02 – www.justiz.nrw.de. Vgl. zum zulässigen Wettbewerb unter Ärzten Kapitel 2.2.2, S. 13 sowie zum Ausschluss der Konkurrenz durch Werbung Kapitel 9.4.3, S. 214 ff.

521 **Nicht vertretbar** und angesichts des Anzeigenurteils des Bundesverfassungsgerichts vom 18.2.2002 völlig **unverständlich** daher auch eine weitere gegenteilige Entscheidung des BGH v. 11.7.2002 – I ZR 219/01 – NJW-RR 2002, S. 1685.

522 BGH, Urt. v. 5.12.2002 – I ZR 115/00 – www.bundesgerichtshof.de = NJW 2003, S.1814.

8.2.2 Maßgebliche Rechtsprechung

8.2.2.1 Ärzte dürfen ohne Anlass Anzeigen schalten

Urteil

Auch Ärzte dürfen in einer Zeitung auf ihre Praxis aufmerksam machen. Eines besonderen Anlasses für eine solche Anzeige bedarf es nicht. Etwaige Beschränkungen in den Berufsordnungen sind verfassungswidrig.

Das Bundesverfassungsgericht 2002 [523]

Sachverhalt

Ein Tierarzt warb in einer Zeitung, die alle 14 Tage kostenlos an alle Haushalte verteilt wird, mit einer kleinen Anzeige von 4,5 cm x 2,5 cm. Angegeben waren neben dem Hinweis auf die tierärztliche Praxis für Kleintiere auch die Praxisadresse sowie die Sprechzeiten. Die Wettbewerbszentrale[524] hatte den Tierarzt zur Unterlassung dieser Anzeigen und zur Übernahme der Abmahnkosten[525] aufgefordert. Die Anzeige verstoße gegen die Berufsordnung, wonach nur bei besonderen Anlässen eine Anzeige geschaltet werden dürfe. Nachdem der Tierarzt diese Unterlassungserklärung nicht abgegeben hatte, scheiterte die Wettbewerbszentrale zunächst in erster Instanz vor dem Landgericht. Es sei widersprüchlich, wenn zwar eine standesgemäße Werbung zulässig, eine angemessen gestaltete Anzeige hingegen verboten wäre. Das Oberlandesgericht verurteilte den Tierarzt demgegenüber zur Unterlassung dieser Anzeigen, da nur die sachliche Informationswerbung, nicht jedoch die reine Aufmerksamkeitswerbung den Grundrechtsschutz verdiene. Die Verfassungsbeschwerde beim Bundesverfassungsgericht war erfolgreich:

Aus den Urteilsgründen

Auch die Angehörigen der freien Berufe dürfen grundsätzlich durch Zeitungsanzeigen werben, sofern diese nicht nach Form, Inhalt oder Häufigkeit übertrieben wirken.

---

523 BVerfG, Beschl. v. 18.2.2002 – 1 BvR 1644/01 – www.bverfg.de (mit Verweis auf das Buch der *Autorin*).

524 Vgl. zur Wettbewerbszentrale Kapitel 13.1.2, Fn. 1239.

525 Von insgesamt 315,65 DM.

Eine Beschränkung ist nur dann mit Art. 12 Abs. 1 GG vereinbar, wenn dem Schutz der Berufsfreiheit durch eine Würdigung aller maßgeblichen Unstände angemessen Rechnung getragen wird. Format, Auflage und Leserkreis können dabei ebenso bedeutsam sein, wie ihr Charakter und ihre Aufmachung.

Die Berufsordnung der Tierärzte[526] *gestattet nur anlassbezogene Anzeigen, etwa zur Bekanntgabe der Niederlassung (Praxiseröffnung und -verlegung), zur Änderung von Sprechstundenzeiten oder zu urlaubsbedingten Schließungen. Solche Informationen der Kunden einer Tierarztpraxis entsprechen einer selbstverständlichen Höflichkeit und helfen, unnötige Verzögerungen bei der Behandlung kranker Tiere zu vermeiden. Mit Werbung können sie nicht gleichgesetzt werden, auch wenn solche Bekanntmachungen werbewirksam sind.*

Außerdem ist die Norm hinsichtlich der zulässigen Häufigkeit und Größe der Anzeigen so restriktiv, dass auf den unaufmerksamen Tierhalter nur wenig Rücksicht genommen wird. Damit genügt die Norm insgesamt den verfassungsrechtlich gezogenen Grenzen nicht. Sie schränkt die Tierärzte schon hinsichtlich dringend gebotener Informationen in einer Weise ein, die es dem Tierhalter unnötig erschwert, auch nur die jeweiligen Öffnungszeiten von Tierarztpraxen zu erfahren. Gemeinwohlbelange können hierfür nicht angeführt werden.

Stellungnahme

Selbst wenn eine Umsetzung der MBO 2002 durch die Landesärztekammern noch nicht erfolgt sein sollte,[527] hat ein Anzeigenverbot selbstverständlich keine Rechtswirkung mehr: es ist nichtig, auch wenn es formal noch in einer Berufsordnung existieren sollte.[528] Ärzte können – ebenso wie **Zahnärzte**, **Psychologen** oder **Heilpraktiker** – heute ohne Anlass Zeitungsanzeigen schalten und damit auf ihre Praxis aufmerksam machen.

Das Bundesverfassungsgericht hatte in seiner Begründung übrigens mit erstaunlicher Selbstverständlichkeit auf eine frühere Entscheidung aus dem Jahre 1996 verwiesen, in der es den Apothekern erlaubt worden war, ohne Anlass und weitere Beschränkungen Anzeigen zu schalten.[529] Diese lapidare Bezugnahme überrascht deshalb, weil Ärzte und Apotheker in der juristischen Literatur bislang nicht in dieser Weise gleichgesetzt worden waren. Man hatte immer darauf verwiesen, dass **Apotheker** durch den Verkauf von Arzneimitteln **vornehmlich gewerblich** tätig

---

526 Hier § 14 der Berufsordnung der Tierärztekammer Nordrhein vom 15.1.1997, geändert durch die Satzung zur Änderung der Berufsordnung vom 19.11.1999.

527 Vgl. zum Stand der Satzungsänderungen den Anhang Kapitel 15.1, S. 351.

528 Vgl. zur Bindungswirkung der Urteile des Bundesverfassungsgerichts Kapitel 3.2.1, S. 29.

529 BVerfGE 94, S. 372 ff.: Beschl. v. 22.5.1996 – 1 BvR 744/88 u.a. – = MedR 1996, S. 511 ff. mit eingehender Darlegung der den Apotheken zugewiesenen gesetzlichen Aufgaben.

seien[530], was eine unterschiedliche Behandlung in der Außendarstellung rechtfertige.

8.2.2.2 Hinweis auf besondere Behandlungsmethoden in Zeitungsanzeige

Urteil

Ein Arzt darf in einer Zeitungsanzeige auch auf sein ärztliches Leistungsspektrum und besondere Behandlungsmethoden im Bereich der Schönheitsmedizin hinweisen.

Landgericht Hamburg 2001 [531]

Sachverhalt und Stellungnahme

Ein Dermatologe wies in verschiedenen Zeitungsannoncen auf die in seiner Praxis angebotenen ambulanten schönheitsmedizinischen Behandlungen hin. Die Anzeige enthielt folgende Angaben:

- *Schwangerschaftsstellen- und Cellulitisbehandlung*
- *Gewebeauffüllung*
- *Peelings*
- *Medizinische Kosmetik*
- *Piercing*
- *Falten- und Narbenbeseitigung*
- *Gefäß- und Haarentfernung*
- *Laser-Therapie von Tätowierungen und Pigmentflecken*

Das Landgericht Hamburg hatte bereits im April 2001 – also noch vor der Anzeigen-Entscheidung des Bundesverfassungsgerichts vom Februar 2002 und der daraufhin erfolgten Aufhebung des Anzeigenverbotes im Mai 2002 – den Inhalt dieser Zeitungsanzeige für zulässig gehalten.[532] Dies ist auch deshalb bemerkenswert,

---

530 So das Bundesverfassungsgericht selbst: „*Der selbständige Apotheker betreibt ein Handelsgewerbe und ist gewerbesteuerpflichtig. Er zählt jedoch im Rahmen des verfassungsrechtlich gebilligten überkommenen Berufsbildes zu den sogenannten freien Berufen.*“ BVerfGE 94, S. 372 ff. (375). Und später: „*Der Apotheker ist nicht nur Angehöriger eines freien Berufs, sondern zugleich Kaufmann. Er steht hinsichtlich der apothekenfreien Arzneimittel und des Randsortiments im allgemeinen Wettbewerb und muss werbend auf sich aufmerksam machen dürfen.*“ BVerfGE 94, S. 372 ff. (393).

531 LG Hamburg, Urt. v. 10.4.2001 – 312 O 17/01 – NJW-RR 2001, S. 1551.

532 Wobei es sich durch die *Autorin*, die diesen Fall anwaltlich vertreten hatte, ausführlich über den aktuellen Wandel in der höchstrichterlichen Rechtsprechung und die Gefahren durch das Anzeigenverbot der Ärzte informieren ließ, vgl. hierzu auch Kapitel 4.3.2, S. 47.

weil die Ärztekammer Hamburg zum damaligen Zeitpunkt – im Gegensatz zu den meisten anderen Bundesländern – noch nicht einmal die Änderungen der Musterberufsordnung 2000 in die eigene Berufsordnung umgesetzt hatte und folglich in Hamburg formaljuristisch sogar noch ein strenges Werbeverbot bestand![533]

8.2.2.3 Zeitungsanzeige mit Fotos der Ärzte und des Personals

Urteil

Die Zeitungsanzeige einer Arztpraxis (hier Dialyse-Praxis) darf auch Lichtbilder der behandelnden Ärzte und des nichtärztlichen Personals enthalten. Denn es kann für die Dialysepatienten vertrauensbildend sein, vorab zu erfahren, wie die Personen aussehen, die sie im Urlaub pflegen.

Oberlandesgericht Rostock 2002 [534]

8.2.2.4 Hervorgehobene Anzeige ist zulässig

Urteil

Es ist zulässig, für Hotelgäste, die Privatpatienten sind, einen Bereitschaftsdienst in Form einer GmbH zu betreiben und diesen als „Ärztlicher Hotelservice" in Telefonbüchern zu annoncieren. Die Annonce darf auch hervorgehoben gestaltet sein. Es entspricht dem Interesse der Öffentlichkeit, über derartige Dienstleistungsangebote informiert zu werden. Eine berufswidrige Werbung zugunsten derjenigen Ärzte, die durch Vermittlung Besuche bei den erkrankten Hotelgästen vornehmen, liegt nicht vor.

Bundesgerichtshof 1999 [535]

---

533 Dies zeigt jedoch, dass manche unterinstanzlichen Gerichte durchaus bereit sind, angesichts „besserer Argumente" noch vor einer Grundsatzentscheidung des Bundesverfassungsgerichts den Wandel des Rechts mitzugestalten.

534 OLG Rostock, Urt. v. 6.2.2002 – 2 U 33/01 –.

535 BGH, Urt. v. 20.5.1999 – I ZR 54/97 – WRP 1999, S. 1139.

8.3 Praxisbroschüren / Patienteninformationen

8.3.1 Grundlagen

Innerhalb der Arztpraxis sind **Broschüren**, **Praxiszeitungen**, **Patienteninformationen**, **Flyer**, **Visitenkarten** und ähnliche Unterlagen zum Zwecke der Information der Patienten grundsätzlich erlaubt.[536]

> Es ist nicht nachvollziehbar, weshalb es niedergelassenen Ärzten verwehrt sein soll, in ihrer Praxis durch allgemein gehaltenes Informationsmaterial über von ihnen beherrschte Untersuchungs- und Behandlungsmethoden zu informieren.

Das Bundesverfassungsgericht 2000 [537]

Die inhaltlichen Angaben sowie die Ausgestaltung der Praxisunterlagen müssen mit den Kriterien des § 27 MBO 2002 vereinbar sein. Praxisbroschüren dürfen folglich sämtliche **berufsbezogenen Informationen** enthalten, die sich auf die Erbringung ärztlicher Leistungen beziehen, **nicht berufswidrig** sind und mit den Vorschriften des **Heilmittelwerbegesetzes** in Einklang stehen.[538] Hinsichtlich der **inhaltlichen** Zulässigkeit dieser Angaben wird auf die Ausführungen der jeweiligen Kapitel 6 und 10 verwiesen.

8.3.2 Dürfen Praxisbroschüren auch an Dritte versandt werden?

Uneinigkeit besteht noch immer darüber, ob unaufgeforderte „**Rundschreiben**" im Sinne von Postwurfsendungen („**mailings**") auch an solche Personen erlaubt sind, die nicht bereits Patienten der Arztpraxis sind. Die Musterberufsordnung enthält **kein ausdrückliches Verbot ärztlicher Rundschreiben.** Sachliche Informationen im Sinne einer Informationswerbung sind danach grundsätzlich erlaubt.

---

[536] Eine Reglementierung des Inhalts entsprechender Patienteninformationen existiert nicht mehr, die frühere Regelung des Kapitel D I Nr. 5 MBO 2000 wurde aufgehoben.

[537] BVerfG, Beschl. v. 4.7.2000 (Implantatentscheidung) – 1 BvR 547/99 – www.bverfg.de m.w.N., vgl. zu diesem Urteil Kapitel 10.2.2.2, S. 270.

[538] Praxisbroschüren sollen grundsätzlich **sachlich** gehalten sein, vgl. zu den Kriterien der Sachlichkeit Kapitel 6.2, S. 67 ff. Sie dürfen jedoch nicht verboten werden, weil Beschreibung der Behandlungs- oder Untersuchungsmethoden auch sloganähnliche Aussagen enthalten, sofern insgesamt der **sachliche Inhalt überwiegt**. Dies gilt nicht nur für Broschüren, die in Kliniken ausliegen, sondern auch für solche innerhalb von Arztpraxen, BVerfG, Beschl. v. 4.7.2000 m.w.N. – 1 BvR 547/99 – www.bverfg.de, vgl. zu diesem Urteil Kapitel 10.3.6, S. 247.

Rundschreiben dürfen aber nicht nur an die eigenen Patienten, sondern auch an potentielle Patienten versandt werden, die noch nicht in einem Behandlungsverhältnis mit dem Arzt stehen. Auch diese Werbung ist von der ärztlichen Informationsfreiheit umfasst. So hatte der **Bundesgerichtshof** es einer Anwaltskanzlei gestattet, an 120 Personen, die bislang keine Mandanten der Kanzlei waren, ein Rundschreiben zu senden und damit auf sich aufmerksam zu machen:

> Dass sich der Rechtsanwalt mit seiner Werbung an Personen gewandt hat, bei denen er ein generelles Interesse an seinen Leistungen erwarten durfte und die er deshalb als Auftraggeber zu gewinnen hoffte, ist rechtlich nicht zu beanstanden.[539]

Nach Ansicht des OLG München überschreitet selbst die Versendung von 30.000 Kanzleibroschüren nicht die Grenzen der Sachlichkeit.[540]

Weshalb demgegenüber die unaufgeforderte Versendung von Rundschreiben durch Arztpraxen oder Kliniken unzulässig sein sollte, ist nicht einsehbar.[541] Es ist auch nicht entscheidend, ob die Versendung des Prospekts **unaufgefordert** oder auf **individuelle Anfrage** hin erfolgt,[542] sofern dies auf dem **Postwege** und nicht etwa per E-Mail oder per Telefax geschieht.[543] Es wird für die Verbraucher keinen Unterschied machen, ob die Informationswerbung in einer **Zeitungsanzeige** erscheint oder per Post durch einen unverlangt übersandten Prospekt.[544]

Ebenso das **Bundesverfassungsgericht**:

> *Ausführungen dazu, warum bestimmte Werbemittel generell als unsachlich, übertrieben oder gar marktschreierisch zu gelten hätten, fehlen... Es ist nicht ersichtlich, dass bestimmte Werbeträger – entgegen ihrem erklärten Zweck und abweichend von der sonstigen Werbepraxis – generell geeignet wären, das Vertrauen der Öffentlichkeit in die berufliche Integrität des Werbenden zu schmälern.*[545]

---

539 BGH, Urt. v. 15.3.2001 – I ZR 337/98 – WRP 2002, S. 71 ff. = BRAK-Mitt. 2001, S. 229 ff.

540 OLG München, Urt. v. 29.3.2000 – 29 U 2007/00 – NJW 2000, S. 2824.

541 „Die Gruppen der Freiberufler sind weitgehend austauschbar. Man kann sich deshalb den Wirkungen der Rechtsprechung nicht dadurch entziehen, dass man sich als Rechtsanwalt von Apothekern und als Arzt von Steuerberatern zu unterscheiden glaubt." Bundesverfassungsrichterin Jaeger, S. 264.

542 So auch *Schulte*, S. 77; *Rieger*, MedR 1999, S. 513.

543 Zur Unzulässigkeit dieser Kommunikationswege vgl. Kapitel 10.5.1.2, S. 268 ff.

544 So auch *Ratzel*, MBO, §§ 27, 28 Rn. 17; *Rieger*, MedR 1999, S. 513.

545 BVerfGE 94, S. 372 ff. (392): Beschl. v. 22.5.1996 – 1 BvR 744/88, 1 BvR 60/89 u. 1 BvR 1519/91 – = MedR 1996, S. 511 ff.

Sachlich richtige und überprüfbare Informationen über ärztliche Leistungen stellen grundsätzlich keine Gesundheitsgefährdung der Bevölkerung dar.[546] Schließlich würde ein Verbot von Postwurfsendungen dazu führen, dass die fortschrittlichen, meist jüngeren Patienten in kurzer Zeit sämtliche Informationen über Ärzte und Arztpraxen im **Internet** abfragen können, wohingegen meist ältere Menschen noch darauf angewiesen wären, sich in **die Arztpraxis zu begeben**, um dort eine Patientenbroschüre oder weitere Informationen zu erhalten.[547]

Auch nach **allgemeinem Wettbewerbsrecht** ist die sogenannte **„Briefkastenwerbung“** – im Vergleich zu Telefaxen, Anrufen, E-Mails oder SMS – grundsätzlich zulässig, also **nicht „unlauter“** im Sinne des § 1 UWG.[548]

Sachliche Informationen dürfen auch an diejenigen Personen versandt werden, die noch keinen „Behandlungsvertrag“ mit dem Arzt geschlossen haben.[549]

Postwurfsendungen beanspruchen den Patienten nicht in finanzieller Hinsicht und treffen ihn nicht unmittelbar in seiner Privatsphäre (im Gegensatz etwa zu Telefonanrufen oder Telefaxen). Bei fehlendem Interesse können die Briefe ignoriert und weggeworfen werden. Es besteht also kein Anlass anzunehmen, die Briefkastenwerbung eines Arztes wirke manipulativer als etwa eine Niederlassungsanzeige in einer großen Tageszeitung.[550]

Es gibt daher keinen ersichtlichen Grund, sachlich gehaltene Rundschreiben der Ärzte noch immer für unzulässig zu erklären. Eine Beeinträchtigung des Vertrauens der Patienten und der Allgemeinheit in die berufliche Integrität ist bei Rundschreiben durch niedergelassene Ärzte ebenso wenig zu befürchten wie bei Rundschreiben durch Kliniken.[551]

[546] Immerhin stellt der Bundesverfassungsrichter *Steiner* zutreffend fest: *„Der Arzt ist, bei allem Respekt vor den anderen Heil- und Gesundheitsberufen, der wichtigste Garant für die Volksgesundheit“.*

[547] Ähnlich *Gaidzik*, AusR 2001, S. 6 ff.

[548] *Baumbach/Hefermehl,* § 1 UWG Rn. 71, vgl. hierzu bereits Kapitel 6.2.3, S. 73 ff.

[549] So für die Rechtsanwälte BGH, Urt. v. 15.3.2001 – I ZR 337/98 – NJW 2001, S. 2886 ff.

[550] Ebenso *Kort*, GRUR 1997, S. 701 ff.

[551] Insoweit überholt OLG München, Urt. v. 16.4.1992 – 6 U 4140/91 – MedR 1993, S. 24 und OLG Hamburg, Urt.v. 5.5.1994 – 3 U 281/93 / 312 O 318/93 – MedR 1994, S. 451, sowie BGH, Urt. v. 9.7.1998 – I ZR 72/96 – GRUR 1999, S. 179.

8.3.3 Dürfen Praxisbroschüren ausgelegt oder beigelegt werden?

Praxisbroschüren dürfen als sogenannte Flyer auch ausgelegt werden, z.B. in Fitness-Studios, Apotheken, Kliniken und ähnlichen Einrichtungen, die einen Gesundheitsbezug aufweisen. Die MBO 2002 enthält kein ausdrückliches Verbot der Auslage von Praxisbroschüren oder Patienteninformationen. Demgegenüber stellt nach Ansicht der **Bundesärztekammer** das **Auslegen von Hinweisen** auf die eigene Tätigkeit / Praxis bei anderen Leistungserbringern im Gesundheitswesen (z.B. in Apotheken, Fitness-/Wellnesseinrichtungen, Massagepraxen) **berufswidrige Werbung** dar.[552]

Dieser Ansicht kann nicht gefolgt werden: Immerhin sind die **Praxisinformationen** in einer **Homepage weltweit abrufbar**. Auch die zwischenzeitlich zulässige Zeitungsanzeige kann oftmals viele tausend oder hunderttausend Leser erreichen. Es gibt daher keinen überzeugenden Grund, die Auslage von Praxisflyern in externen Einrichtungen zu verbieten, solange sich die Broschüre inhaltlich im rechtlich zulässigen Rahmen bewegt.

> Praxisbroschüren dürfen auch ausgelegt werden.

Die potentiellen Patienten werden von solchen Flyern immerhin deutlich weniger berührt als durch die ebenfalls zulässige Briefkastenwerbung.[553] Denn jeder kann selbst entscheiden, diese Unterlagen mitzunehmen oder liegenzulassen, wohingegen die Postwurfsendung zumindest aus dem Briefkasten und in die Hand genommen werden muss.

Auch nach Auffassung des **Bundesverfassungsgerichts** dürfen **Klinikbroschüren** in **Fitness-Studios** und ähnlichen Einrichtungen ausgelegt sowie in der **Sommer- und Winterbroschüre** eines **Sportveranstalters** beigelegt werden:

> Diese Art der Verbreitung des Faltblattes ist weder ungewöhnlich noch aufdringlich; sie rechtfertigt es nicht, die Werbung als anpreisende, vorwiegend kommerzielle und damit verbotene Werbung zu qualifizieren.

Das Bundesverfassungsgericht 2002 [554]

---

552 Nr. 3.3.4 Auslegungsgrundsätze BÄK zu §§ 27 ff. MBO vom 10.9.2002.

553 Vgl. hierzu das vorherige Kapitel 8.3.2, S. 130 ff.

554 BVerfG, Beschl. v. 8.1.2002 – 1 BvR 1147/01 – www.bverfg.de.
Ebenso OLG Stuttgart, Urt. v. 17.10.2002 – 2 U 40/02 – GRUR 2003, S. 119 ff. für die Verteilung von Werbefaltblättern eines gewerblichen Unternehmens, welches „cosmetische und medizinische Laserbehandlungen“ anbietet, die teilweise auch von einem Arzt durchgeführt werden.

Wenngleich hier die Faltblattwerbung einer **Klinik** zur Debatte stand, kann für Arztpraxen und niedergelassene Ärzte nichts anderes gelten: denn eine entsprechende Einschränkung der Berufsfreiheit erfordert den Schutz eines wichtigen Gemeinschaftsgutes. Wieso aber sollten Gemeinwohlinteressen – vor allem das Patientenvertrauen in die berufliche Integrität der Werbenden – bei einer Werbung durch Arztpraxen mehr gefährdet sein als bei einer Werbung durch Kliniken?

Ärzte dürfen ihre Praxisbroschüren daher – ebenso wie Kliniken – auch ausserhalb ihrer Praxis auslegen oder anderen Printmedien beilegen.

8.3.4 Maßgebliche Rechtsprechung

8.3.4.1 Patienteninformationen über neue Methoden sind zulässig

Urteil

Ärzte dürfen in ihrer Arztpraxis durch allgemein gehaltenes Informationsmaterial über von ihnen beherrschte Untersuchungs- und Behandlungsmethoden informieren und die Patienten dadurch mit einer andersartigen Methode bekannt machen.

Das Bundesverfassungsgericht 2000 [555]

Aus den Urteilsgründen

An einer sachlich zutreffenden und dem Laien verständlichen Informationswerbung über eine neue Behandlungsmethode besteht ein Allgemeininteresse. Die Broschüren sollen zwar grundsätzlich sachlicher Natur sein und über die Methode informieren. Zulässig sind aber selbst folgende Äußerungen, solange sich diese Anpreisungen nur auf die Methode und nicht auf den behandelnden Arzt beziehen:

- *„Ihre Gesundheit ist unser Anliegen"*
- *„Der Natur ein Stück näher"*
- *„Implantate – ein guter Weg"*
- *„Zahn für Zahn mehr Lebensqualität"*
- *„sicher – bequem – ästhetisch"*

Zwar gehen solche Äußerungen über den Rahmen einer sachangemessenen Information hinaus und unterstreichen die Vorteile der beworbenen Methode. Es ist aber kaum vorstellbar, dass durch diese Slogans ein Irrtum der Patienten entstehen kann.

[555] BVerfG, Beschl. v. 4.7.2000 (Implantatentscheidung) m.w.N. – 1 BvR 547/99– www.bverfg.de, vgl. hierzu auch ausführlich Kapitel 10.3.6, S. 247.

Es ist auch nicht ersichtlich, mit welchen vernünftigen Gemeinwohlbelangen die Informationsbroschüre lediglich wegen dieser Äußerungen insgesamt verboten werden kann. Es ist ferner nicht nachvollziehbar, weshalb es niedergelassenen Ärzten verwehrt sein soll, in ihrer Praxis durch allgemein gehaltenes Informationsmaterial über von ihnen beherrschte Untersuchungs- und Behandlungsmethoden zu informieren.

8.3.4.2 Broschüren dürfen in externen Einrichtungen ausgelegt werden

Urteil

Das Auslegen einer Klinikbroschüre in Fitness-Studios und ähnlichen Einrichtungen ist zulässig. Diese Art der Verbreitung des Faltblattes ist weder ungewöhnlich noch aufdringlich; sie rechtfertigt es nicht, die Werbung als anpreisende, vorwiegend kommerzielle und damit verbotene Werbung zu qualifizieren.

Das Bundesverfassungsgericht 2002 [556]

8.3.4.3 Broschüren dürfen in anderen Medien beigelegt werden

Urteil

Eine Klinikbroschüre darf in der Sommer- und Winterbroschüre eines Sportveranstalters beigelegt werden. Diese Art der Verbreitung des Faltblattes ist weder ungewöhnlich noch aufdringlich; sie rechtfertigt es nicht, die Werbung als anpreisende, vorwiegend kommerzielle und damit verbotene Werbung zu qualifizieren.

Das Bundesverfassungsgericht 2002 [557]

---

556 BVerfG, Beschl. v. 8.1.2002 – 1 BvR 1147/01 – www.bverfg.de, vgl. hierzu auch die Ausführungen in Kapitel 8.3.3, S. 133.

557 BVerfG, Beschl. v. 8.1.2002 – 1 BvR 1147/01 – www.bverfg.de, vgl. hierzu auch die Ausführungen in Kapitel 8.3.3, S. 133.

8.3.4.4 Praxisprospekte dürfen auf fachärztlichen Symposien ausgelegt werden

Urteil

Ein Facharzt für Chirurgie, der sich auf kosmetische Chirurgie spezialisiert hat, darf seine umfangreiche Praxisbroschüre bei einem ärztlichen Fachsymposium auslegen. Zweck der Werbebeschränkungen ist die Gewährleistung des Patientenschutzes. Daher ist die Werbung von Ärzten gegenüber anderen Personen als Patienten, insbesondere gegenüber Kollegen, von dieser Vorschrift nicht erfasst.

Landgericht Berlin 2003 [558]

8.3.4.5 Zulässige Versendung von Informationsunterlagen an Patienten

Urteil

Unterlagen über eine bestimmte Therapie (hier Sauerstoff-Mehrschritt-Therapie nach Manfred v. Ardenne) dürfen auf Anfrage an Interessenten durch einen Idealverein übersandt werden, dessen Zweck in der Förderung dieser Therapie besteht.

Bundesgerichtshof 1995 [559]

Aus den Urteilsgründen:

Da diese Methode nicht zum Bereich der herkömmlichen Medizin, der sog. Schulmedizin, gehört, erwartet der Verkehr eine nähere Aufklärung und Information. Nach den Vorstellungen des Erfinders dieser Therapie hängt eine lang andauernde Wirkung der Therapie von der genauen Einhaltung bestimmter Behandlungsschritte ab.

Die Informationsunterlage darf folgende Aussage enthalten: „Nur der Therapeut, der die genaue Anwendung der Sauerstoff-Mehrschritt-Therapie garantiert, wird von Prof. von Ardenne autorisiert". Diese Aussage trägt den Besonderheiten der Behandlungsmethode Rechnung: Der Verkehr kann auch eine Information darüber erwarten, dass bestimmte Therapeuten in die Besonderheiten dieser – nicht zur Standardausbildung der Ärzte gehörenden – Behandlungsmethode eingewiesen worden sind und die Gewähr für eine genaue Einhaltung bieten. Diese Hinweise

---

558 LG Berlin, Urt. v. 30.1.2003 – 16 O 561/02 –.

559 BGH, Urt. v. 27.4.1995 – I ZR 116/93 – GRUR 1995, S. 612. Unhaltbar demgegenüber BGH, Urt. v. 9.7.1998 – I ZR 72/96 – GRUR 1999, S. 179.

tragen zur sachlichen Information bei und lassen keine unsachliche Beeinflussung oder Irreführung des Verkehrs befürchten.

Zulässig ist auch folgende Äußerung: „Selbstverständlich werden die Behandlungen unter erfahrener ärztlicher Beratung durchgeführt". Von dieser Aussage geht ebenfalls weder eine unsachliche Beeinflussung noch eine Irreführung des Verkehrs aus. Der Hinweis darauf, dass die Behandlungen unter ärztlicher Beratung durchgeführt werden, entspricht gerade bei einer nicht dem Bereich der herkömmlichen Medizin zuzurechnenden Behandlungsmethode einem besonderen Schutzbedürfnis möglicher Patienten. Es handelt sich daher um sachlich sogar notwendige Informationen.

Die versandten Unterlagen dürfen auch eine Liste derjenigen Ärzte enthalten, die in diesem Verfahren „eingewiesen" wurden.

Die Benennung der in die Sauerstoff-Mehrschritt-Therapie eingewiesenen Ärzte geht nicht über eine zulässige sachliche Information hinaus, insbesondere da sie auf ausdrückliche Anfrage übersandt wird. Insoweit besteht auch hier ein berechtigtes Bedürfnis der Interessenten nach einer Information über die Behandlung nach der o.g. Methode.

Urteil

Ein Augenarzt darf eine Patienteninformation verschicken und hierin eine neue Behandlungsmethode einschließlich möglicher Komplikationen vorstellen. Sofern der Arzt die Leistung nicht anpreist, sondern lediglich zu erkennen gibt, dass er die neueste Methode beherrsche, müssen Werbeeffekte für den Arzt hingenommen werden.

Landesberufsgericht für Ärzte Stuttgart 1995 [560]

Sachverhalt und Urteilsgründe

In der Patienteninformation hieß es u.a.:

> *„Der Eingriff wird in meiner Praxis* ***mit dem neuesten Laser Typ*** *durchgeführt ... Die Einzelheiten der Operation, Erfolgsaussichten und Komplikationsmöglichkeiten habe ich Ihnen vorgestellt. Ich werde sie mit Ihnen in einer ambulanten Voruntersuchung nochmals ausführlich besprechen.*
> *Die notwendige Voruntersuchung kann am selben Tag erfolgen. Sollte eine Behandlung für Sie in Frage kommen, so bitte ich Sie um Voranmeldung."*

560 LandesberufsG f. Ärzte, Stuttgart, Urt. v. 18.1.1995, MedR 1996, S. 387.

Zutreffend stellt das Landesberufsgericht fest, dass in dem Satz: *„Der Eingriff wird in meiner Praxis mit dem neuesten Laser Typ durchgeführt"* die sachliche Information überwiegt und daher eine werbende Herausstellung des Arztes nicht angenommen werden kann.

8.3.4.6 Zulässige Versendung von Ärztelisten durch eine Krankenkasse

Urteil

Eine Krankenkasse darf im Rahmen eines Modellvorhabens ihre versicherten Mitglieder anschreiben und über das Modellprojekt eines Ärztenetzes informieren. In dieser Patienteninformation darf auch eine Liste derjenigen Ärzte enthalten sein, die diesem Netz (Verbund) angeschlossen sind.

Oberlandesgericht München 2000 [561]

Zum Sachverhalt

Eine gesetzliche Krankenkasse vereinbarte mit der Kassenärztlichen Vereinigung, einer Ersatzkasse sowie mit verschiedenen Ärzten ein sog. „Medizinisches Qualitätsnetz" als Modellvorhaben gemäß § 63 SGB V.
Die versicherten Mitglieder wurden **durch Anschreiben** aufgefordert, in bestimmten Stadtteilen an diesem Modell-Projekt teilzunehmen. Dem Anschreiben war ein **Faltblatt** beigefügt, in dem die Vorzüge dieses Modells dargestellt wurden. Es enthielt ferner eine „**Ärzteliste**" mit der Angabe von **45 angeschlossenen Ärzten verschiedener Fachrichtungen** mit Namen, Adresse und Rufnummer. Das Faltblatt enthielt u.a. folgende Aussagen:

Weil die Zusammenarbeit zählt – Damit Ihre medizinische Versorgung verbessert werden kann.
Hier stehen Sie im Mittelpunkt: Beim Medizinischen Qualitätsnetz steht der Patient im Mittelpunkt. Dadurch wird für Sie eine medizinische Betreuung ermöglicht, die erfolgsorientiert, transparent und zugleich kostensparend ist.

Auf Wunsch erhalten Sie vom Arzt schriftliche Berichte, die Ihre persönlichen Gesundheits- und Behandlungsdaten enthalten.

Punkt für Punkt erfreulich: Die Netzärzte beabsichtigen, über individuelle Absprachen Ihre Wartezeit auf einen Arzttermin und in der Praxis zu verkürzen. Intensiver Informationsaustausch zwischen den Ärzten verhindert, dass Sie unnötig mehrfach untersucht werden.

---

561 OLG München, Urt. v. 30.11.2000 – 6 U 2849/00 –.
Zur wettbewerbsrechtlichen Beurteilung von Werbemaßnahmen gesetzlicher Krankenkassen vgl. *Koenig/Engelmann/Hentschel.*

> *Damit Sie optimal behandelt werden, stimmen die Ärzte Ihre Therapien und den Einsatz von Medikamenten aufeinander ab.*
> *Bei bestimmten Krankheitsbildern oder auf Ihren Wunsch wird die Meinung eines weiteren Arztes eingeholt.*

Die Ärztekammer hatte die Krankenkasse wegen berufswidriger Werbung zugunsten der genannten Ärzte verklagt. Landgericht und Oberlandesgericht München hatten die Klage abgewiesen.

Aus den Urteilsgründen

Bei keiner der gerügten Aussagen sind die Grenzen zulässiger Information überschritten: Unzulässige Übertreibungen sind nicht erkennbar. Die Aushändigung schriftlicher Berichte ist sinnvoll und eine gute Sache. Auch die weiteren Angebote sind Punkt für Punkt erfreulich.

> *Der Hinweis auf die Abkürzung der Wartezeit ist kaum an Nüchternheit zu überbieten. Das Verhindern von Mehrfachuntersuchungen wird sachlich dargestellt, ist billiger und, z.B. beim Röntgen, auch eindeutig gesünder.*

Auch die weiteren Floskeln sind nicht anreißerisch. Von einer Berufsstandesvergessenheit der angeschlossenen Ärzte, die die Krankenkasse schamlos ausnutze, kann nach alledem nicht gesprochen werden.

> *Eine Krankenkasse darf über ein neues Modell informieren, das ihr Kosten erspart, Beitragserhöhungen möglicherweise verhindert und zu einer sachgerechten und umfangreichen Patientenversorgung in zeitlicher und fachlicher Hinsicht führen soll.*

8.4 Internet / Homepage

8.4.1 Grundlagen

Ärzte dürfen eine **Homepage** im Internet unterhalten und dort ihre Praxis und ihre berufliche Tätigkeit vorstellen.[562] Eine Beschränkung hinsichtlich Darstellung und Umfang der Homepage existiert grundsätzlich nicht, sofern sich die Angaben auf sachliche, berufsbezogene und nachprüfbare Informationen beschränken und mit den Vorschriften des Heilmittelwerbegesetzes in Einklang stehen.[563]

Hierbei ist auch zu berücksichtigen, dass die Homepage einer Arztpraxis oder Klinik eine **Selbstpräsentation auf passiver Darstellungsplattform** ist.[564] Im Gegensatz zu Brief-, Wurfzettel- und E-Mailversand hat der Internetnutzer selbst eine Aktivität zu entfalten, um mit den auf einer Homepage bereit gestellten Angaben konfrontiert zu werden.[565] Internetwerbung wird daher typischerweise von solchen Patienten zur Kenntnis genommen, die nicht unaufgefordert durch Werbung beeinflusst werden, sondern sich selbst aktiv informieren.[566]

Der Arzt kann folglich auf seiner Homepage alle nach der Weiterbildungsordnung erworbenen Bezeichnungen, alle sonstigen nach öffentlich-rechtlichen Vorschriften erworbenen **Qualifikationen**, etwaige **Tätigkeitsschwerpunkte** sowie sonstige **organisatorische Hinweise** ankündigen.[567] Ferner dürfen etwaige weitere Qualifikationen und Tätigkeitsschwerpunkte angekündigt werden, wobei allerdings eine **Verwechslung** mit den Qualifikationen der Weiterbildungsordnung **ausgeschlossen** werden muss.[568]

Auf der Homepage dürfen die **Person des Arztes** sowie das gesamte **Praxispersonal** vorgestellt werden. Zulässig ist auch die Darstellung des **Lebenslaufes** des Praxispersonals oder des **beruflichen Werdegangs des Arztes**. **Fotos** des **Arztes** und des **Praxispersonals** sind ebenso erlaubt wie Fotos der **Arztpraxis**. Die Homepage darf auch das **Panorama der Stadt**, in welcher die Arztpraxis liegt, abbilden.[569]

Zulässig sind ferner medizinische Hinweise – beispielsweise zur häuslichen Zahnpflege[570] – oder **allgemeine Tipps zur Gesunderhaltung**.

---

562 Zu den Rechts- und Kollisionsfragen der Internetwerbung vgl. auch *Jaeger-Lenz*, S. 91 ff.; *Koch*, Internet-Recht. Zur Werbung von Anwälten im Internet vgl. *Steinbeck*.

563 Vgl. hierzu nachfolgendes Kapitel 8.4.3, S. 142.

564 BVerfG, Beschl. v. 17.7.2003 – 1 BvR 2115/02 – www.bverfg.de; AG Stuttgart, Urt. v. 4.6.2002 – 1 C 2871/02 – NJW 2002, S. 2572.

565 LG Berlin, Urt. v. 24.4.2001 – 15 O 391/00 – BB 2001, S. 1434 ff.

566 OLG München, Urt. v. 20.12.2001 – 29 U 4592/01 – NJW 2002, S. 760 ff.

567 Vgl. hierzu Kapitel 7.1, S. 77 ff.

568 Vgl. hierzu Kapitel 7.4.7, S. 98 ff.

569 OLG Köln, Urt. v. 4.5.2001 – 6 U 201/00 – NJW-RR 2001, S. 1570 ff.

570 OLG Köln, Urt. v. 4.5.2001 – 6 U 201/00 – NJW-RR 2001, S. 1570 ff.

Auf der Homepage sind sachliche berufsbezogene Informationen gestattet, die im Zusammenhang mit der Erbringung ärztlicher Leistungen stehen. Zulässig sind ferner organisatorische Hinweise zur Patientenbehandlung.

Sämtliche Seiten einer Homepage dürfen in den **Suchindex** der **Suchmaschinen aufgenommen** werden, sofern die Angaben inhaltlich zulässig sind. Damit können die Nutzer, auch wenn sie dabei (wie in jedem Haus üblich) über die „Eingangstüre" der Homepage gehen, hinter den weiteren Türen (sog. Schaltflächen) die gesuchten Informationen finden. Dies entspricht dem Grundrecht der Ärzte zur Information und dem Recht der Patienten auf umfassende Information. Schließlich suchen Patienten gerade mit Hilfe der Suchmaschinen mögliche Besonderheiten in einer Arztpraxis.

8.4.2 Die neuen Ankündigungspflichten auf der Homepage

Ärzte, die eine **Homepage** vorhalten, sind **„Dienste-Anbieter"** im Sinne des **Teledienstgesetzes** (TDG).[571] Denn die Darstellung ihres ärztlichen Dienstleistungsangebotes oder die Verlinkung auf andere Homepages zur Nutzung anderer Informationen stellt einen **Teledienst** dar.[572] Damit unterliegen auch Ärzte dem Teledienstgesetz und müssen den neu eingeführten **allgemeinen Informationspflichten** Rechnung tragen.[573] Ärzte sind daher auf ihrer Homepage zu folgenden Angaben verpflichtet:

- Name und Praxisanschrift;
- Telefon- und Fax-Nummer;
- E-Mail-Adresse;
- Angabe der zuständigen Landesärztekammer
  (als Hinweis darauf, welcher Kammer der Arzt angehört);

---

571 Gesetz vom 22. Juli 1997 (BGBl I, S. 1870), zuletzt geändert am 14.12.2001 (BGBl I, S. 3721). Zweck des Gesetzes ist es, einheitliche wirtschaftliche Rahmenbedingungen für die verschiedenen Nutzungsmöglichkeiten der elektronischen Informations- und Kommunikationsdienste zu schaffen, § 1 TDG.

572 Im Sinne des § 2 Abs. 2 Nr. 2 TDG. Teledienste sind elektronische Informations- und Kommunikationsdienste, die für eine individuelle Nutzung von kombinierbaren Daten bestimmt sind und denen eine Übermittlung mittels Telekommunikation zugrunde liegt, § 2 Abs. 1 TDG.

573 Eingeführt durch das „Elektronischer Geschäftsverkehr-Gesetz" (EGG) vom 14.12.2001, in Kraft seit 1.1.2002, BGBl I 2001, S. 3721 zur Umsetzung der Vorgaben der sog. „eCommerce"-Richtlinie vom 8.6.2000.

- im Falle der Kassenzulassung die Angabe der zuständigen kassenärztlichen Vereinigung;[574]
- die gesetzliche Berufsbezeichnung „Ärztin/Arzt" sowie die Angabe des Staates, in dem die Berufsbezeichnung verliehen worden ist;
- die ärztliche Berufsordnung der zuständigen Ärztekammer (als Bezeichnung der berufsrechtlichen Regelungen, denen der Arzt unterworfen ist) und ein Hinweis darauf, wie diese zugänglich ist.[575]

Ärzte, die in Form der **Partnerschaftsgesellschaft** niedergelassen sind, müssen das **Partnerschaftsregister** und die entsprechende Registriernummer angeben. Ärzte, denen aufgrund einer gewerblichen bzw. freiberuflichen nichtärztlichen Tätigkeit eine **Umsatzsteuer-Identifikationsnummer** zugeteilt worden ist, müssen diese auf der Homepage angeben.

Diese Angaben müssen nach § 6 Abs. 1 Nr. 3 TDG „leicht erkennbar, unmittelbar, erreichbar und ständig verfügbar gehalten" werden. Bei Nichterfüllung dieser allgemeinen Informationspflichten droht gemäß § 12 TDG ein **Bußgeld**.[576]

8.4.3 Unzulässige Angaben auf der Homepage

Unzulässig sind auf jeder ärztlichen Homepage **irreführende** sowie **anpreisende** Angaben. Zu beachten sind insbesondere die Vorschriften des **Heilmittelwerbegesetzes**, sofern auf der Homepage auf die Anwendung bestimmter Medikamente oder Verfahren hingewiesen wird.[577] In der anwaltlichen Praxis zeigt sich hier ein zunehmender Konflikt mit diesen Vorschriften.[578] Unzulässig sind ferner **Hinweise** auf **Hersteller pharmazeutischer Erzeugnisse, Medizinprodukte**[579] oder andere **Waren der Gesundheitsindustrie**. Stellen Unternehmen einem Arzt kostenlos den Platz für eine Homepage zur Verfügung, muss der Arzt beachten, dass er damit nicht zugleich für die Produkte der Firma werben darf.[580]

---

574 Es empfiehlt sich, jeweils die **vollständige Adresse**, einschließlich Telefon- und Faxnummer sowie die E-Mail- und Internetadresse der **Ärztekammer** und der **Kassenärztlichen Vereinigung** anzugeben. Es kann auch direkt ein Link dorthin verlegt werden, dies ist allerdings keine gesetzliche Pflicht. Jedenfalls sollten die angegebenen Daten und Links regelmäßig überprüft werden, da sich diese ändern können.

575 Die Ärztekammer Niedersachsen verpflichtet ihre ärztlichen Mitglieder nach § 28 a BO darüber hinaus, diese Informationen auch auf sonstigen Patienteninformationen, also vor allem auf Praxisbroschüren, anzugeben.

576 „*Wer vorsätzlich oder fahrlässig die oben genannten Auskunftspflichten nicht, nicht richtig oder nicht vollständig verfügbar hält, handelt ordnungswidrig. Diese Ordnungswidrigkeit kann mit einer Geldbuße bis zu 50.000,- € geahndet werden.*"

577 Vgl. zur berufswidrigen Werbung eingehend Kapitel 10, S. 217 ff.

578 Da das Heilmittelwerbegesetz nicht leicht verständlich ist, empfiehlt sich daher eine juristische Überprüfung der Homepage, um Auseinandersetzungen mit der Ärztekammer oder der Zentrale gegen unlauteren Wettbewerb zu vermeiden.

579 Vgl. hierzu aber Kapitel 8.10.4, S. 189.

Die ärztliche Homepage muss grundsätzlich frei bleiben von Werbebannern und Pop-up-Fenstern.

Eine **Ausnahme** gilt lediglich für Verlinkungen zu unterschiedlichen **Institutionen** des **Gesundheitswesens**, zu **Selbsthilfegruppen** oder **Informationsanbietern**, sofern es sich nicht zugleich um eine sogenannte „getarnte Werbung" des Arztes für bestimmte Unternehmen oder Produkte handelt.[581] Allerdings muss sich der Arzt im Falle der Verlinkung auf andere Homepages darüber im Klaren sein, dass er die Inhalte der verlinkten Seite unter Umständen mit zu verantworten hat, wenn er nicht einen **disclaimer** anbringt.[582]

8.4.4 Die Gestaltung von Domain-Namen

Neue Rechtsfragen ergeben sich bei der Gestaltung von Domain-Namen. Die Domain ist die – als Name oder Bezeichnung individuell wählbare – Internetadresse einer Homepage.

Auch die **Domain** ist grundsätzlich **Werbung.**[583] Die Frage, ob berufsbezeichnende oder tätigkeitsbeschreibende Domains gegen das Berufs- oder Wettbewerbsrecht verstoßen, war bislang äußerst umstritten.[584] Die Besonderheit einer Domain liegt darin, dass diese nur einmal vergeben werden kann. Denn für die Registrierung von Domainnamen gelten keine besonderen Regeln, allein maßgebend ist das **Prioritätsprinzip** – wer früher kommt, mahlt zuerst.

Streitig war, ob der Inhaber einer sogenannten **Gattungs-Domain** dann wettbewerbswidrig und irreführend handelt, wenn er in diesem Bereich tatsächlich nicht über eine marktbeherrschende Position verfügt. Bis zum Bundesgerichtshof ging der Streit etwa für die Domain „*Mitwohnzentrale.de*"[585] und „*presserecht.de*".[586]

Der **Bundesgerichtshof** hat zwischenzeitlich in verschiedenen Urteilen klargestellt, dass es **nicht wettbewerbswidrig** ist, einen entsprechenden Domainnamen zu besetzen, selbst wenn aufgrund des Suchverhaltens der Internetnutzer durchaus eine Kanalisierung der Kundenströme denkbar ist. Dies ist nach Ansicht des BGH

---

580 Zur unzulässigen Fremdwerbung für gewerbliche Unternehmen vgl. Kapitel 10.5.4.2, S. 278 ff.

581 Zur getarnten Werbung vgl. auch Kapitel 10.5.2, S. 271.

582 LG München I, Urt. v. 12.5.2000 – 4 HKO 6543/00 – MMR 2000, S. 566; LG Frankfurt, Urt. v. 27.5.1998 – 312 O 172/97- NJW CoR 1999, S. 111. Siehe auch § 5 Abs. 1-3 TDG

583 BGH, Beschl. v. 25.11.2002 – AnwZ (B) 41/02 – CR 2003, S. 355 für die Beurteilung der Domain einer Anwaltskanzlei mit der Angabe „presserecht.de" .

584 Vgl. den umfassenden Rechtsprechungsnachweis bei *Hoß*, Fn. 1.

585 BGH, Urt. v. 17.5.2001 – I ZR 216/99 – CR 2001, S. 777; ebenso OLG Hamburg, Urt. v. 6.3.2003 – 4 U 186/01 –.

586 BGH, Beschl. v. 25.11.2002 – AnwZ (B) 41/02 – CR 2003, S. 355.

aber nicht wettbewerbswidrig, da sich dieser Wettbewerbsvorteil systembedingt durch die Vergabe der Domains nach dem Prioritätsprinzip ergibt. Die Nutzung eines beschreibenden Domainnamens – etwa „**presserecht.de**" durch eine **Anwaltskanzlei** – ist auch nicht als reklamehaftes Sich-Herausstellen zu bewerten, sofern die Anwaltskanzlei **tatsächlich Informationen** zu diesem Gebiet **bereithält**.[587] Im übrigen kenne ein durchschnittlich informierter und verständiger Internet-Nutzer die Probleme, die mit der Eingabe von Gattungsbegriffen zu Recherchezwecken verbunden sind.[588]

Demgegenüber hält es die Bundesärztekammer für unzulässig, wenn der Domain-Name eine **Alleinstellung** für einen Ort oder eine Region signalisiert, die in dieser Form jedoch nicht besteht.[589] Soll ein entsprechendes berufs- oder wettbewerbsrechtliches Verbot haltbar sein, wird die beanstandete Bezeichnung anhand der Rechtsprechung des Bundesgerichtshofes sorgfältig auf eine etwaige Differenzierung zu prüfen sein.

Andererseits gelten auch für die Domain grundsätzlich die **Kriterien der Berufswidrigkeit** nach § 27 Abs. 3 MBO 2002. Danach darf der **Domain-Name weder irreführend noch anpreisend** sein. Unzulässig wären beispielsweise Bezeichnungen wie *„bester-Hausarzt"*, *„Top-Orthopäde"* oder ähnliche Domains.[590]

Zulässig ist hingegen die Verwendung der Fachgebietsbezeichnung in Verbindung mit dem eigenen Namen, wenn damit nicht eine Alleinstellung suggeriert wird, z.B. „drmaier-augenarzt.de" oder ähnliche Bezeichnungen.[591]

8.4.5 Der Interpretationsbeschluss der Bundesärztekammer

Der Vorstand der Bundesärztekammer fasste auf Basis der Musterberufsordnung 1997 am 14.2.1998 einen sog. „**Interpretationsbeschluss**".[592] Ärzte sollen dadurch bei ihrer Darstellung im Internet oder anderen Kommunikationsmedien unter Beachtung der berufsrechtlichen Vorschriften **unterstützt werden**. Der Interpretationsbeschluss wurde trotz der zweifachen Novellierungen der Musterberufsordnung bislang nicht angepasst und ist somit nicht auf dem aktuellen Stand. Allerdings erlaubte der Beschluss schon damals die umfassendsten Informationen auf einer Homepage. Gemeinsam mit den „**Auslegungsgrundsätzen** zu den

587 BGH, Beschl. v. 25.11.2002 – AnwZ (B) 41/02 – CR 2003, S. 355.
588 Vgl. zum Verbraucherleitbild auch Kapitel 10.2.2.2, S. 225.
589 Nr. 3.3.2 Auslegungsgrundsätze BÄK zu §§ 27 ff. MBO vom 10.9.2002.
590 Ebenso *Hoß*.
591 Z.B. „drmaier-augenarzt.de" oder ähnliche Bezeichnungen; vgl. hierzu auch BGH, Urt. v. 17.5.2001 – I ZR 216/99 –.
592 Abgedruckt im Deutschen Ärzteblatt 96, Heft 4 (29.1.1999), Seite A-228.

§§ 27 ff. MBO der Bundesärztekammer vom 10.9.2002“[593] bietet dieser Beschluss daher noch heute bei der Erstellung einer Homepage eine **brauchbare Hilfe**. Hält sich nämlich der Arzt an diese Vorgaben, so kann ihm in keiner Hinsicht der Vorwurf berufswidriger Werbung gemacht werden.

Der Beschluss enthält folgende **Unterscheidung**:

1. Informationen gegenüber Dritten auf einer **Homepage**[594]
2. Weitergehende Informationen, die nur über eine **Schaltfläche** auf der Homepage abgefragt werden können
3. Informationen gegenüber anderen Ärzten in einem **Intranet**

Zu 1.: Zulässige Informationen auf Seite 1 der Homepage
Name, Praxisanschrift einschließlich Telefon- und Fax-Nummer, E-Mail, Internet-Adresse, Bezeichnung als Arzt oder führbare Arztbezeichnung (Facharzt-, Schwerpunkt- und Zusatzbezeichnung), Sprechstunden, medizinisch-akademische Grade, ärztliche Titel, andere akademische Grade in Verbindung mit Fakultätsbezeichnung, Gemeinschaftspraxis, Partnerschaft, Privatwohnung und Telefonnummer / Fax-Nummer, Zulassung zu Krankenkassen, Durchgangsarzt, Belegarzt, ggf. Name des Krankenhauses*, Ambulante Operationen*, Praxisklinik*, ggf. Professor.

Die mit * gekennzeichneten Angaben dürfen nur dann geführt werden, wenn die in der Berufsordnung erforderlichen Voraussetzungen für die Führung dieser Bezeichnung vorliegen.

Über die genannten Angaben hinaus kann auf dieser Seite eine Schaltfläche **„weitere Informationen“** vorgesehen werden, über welche die nachfolgend genannten Informationen abgefragt werden können. Voraussetzung hierfür ist, dass durch verlässliche technische Verfahren sichergestellt ist, dass der Nutzer beim Suchprozess zunächst nur Zugang zu einer Homepage des Arztes erhalten kann, welche ausschließlich die unter 1. genannten Angaben enthält. Unter diesen Voraussetzungen sind dann die folgenden weiteren Informationen zulässig, soweit sie der ausgeübten Tätigkeit des Arztes entsprechen.[595]

---

593 Vgl. hierzu Kapitel 5.2.4, S. 61 ff. und Kapitel 10.5.6, S. 283 ff.

594 Gemeint ist damit die erste Seite der Homepage, also das Eingangsschild der Homepage, das mit dem Praxisschild vor der Arztpraxis verglichen werden kann.

595 Diese Beschränkung ist unzulässig. Jedenfalls müssen auch alle weiteren Informationen der ärztlichen Homepage grundsätzlich durch Suchmaschinen auffindbar sein, nicht nur diejenigen der ersten Seite. Andernfalls sind diese Restriktionen nicht haltbar.

Zu 2.: Weitergehende Informationen, die nur über eine Schaltfläche auf der Homepage abgefragt werden können

Sachliche Informationen über bestimmte medizinische Vorgänge, die in der Praxis des Arztes zur Vorbereitung des Patienten auf spezielle Untersuchungs- und Behandlungsmaßnahmen vorgehalten werden, Hinweise auf besondere Untersuchungs- und Behandlungsverfahren, soweit diese nicht den Kern seines Fachgebietes ausmachen, fakultative Weiterbildung, Fachkunde, weitere durch die Ärztekammer zuerkannte Qualifikationen, Geburtsjahr des Praxisinhabers, Zeitpunkt der Approbationserteilung, Zeitpunkt der Facharztanerkennung, die er führt, Zeitpunkt der Niederlassung, Sondersprechstunden, Sprachkenntnis, Konfession, besondere Einrichtungen für Behinderte, Erreichbarkeit außerhalb der Sprechstunden, Praxislage in Bezug auf öffentliche Verkehrsmittel, Angabe von Parkplätzen, Bilder des Praxisteams, Logo der Praxis, Zugehörigkeit zu einem Praxisverbund, Zusammenarbeit mit Selbsthilfegruppen, Anzeigen, z.B. über die Niederlassung, Urlaub, Vertretung etc.

Zu 3.: Informationen gegenüber anderen Ärzten in einem Intranet

In geschlossenen Netzen, d.h. solchen Computerkommunikationsnetzen, die nur Ärzten offen stehen (Intranet), darf **umfassend** über das Leistungsangebot der Praxis **informiert werden.**[596] Sämtliche Angaben müssen sich jedoch auch innerhalb der Kollegenschaft auf **sachliche Inhalte** begrenzen. Eine **anpreisende Herausstellung** des Arztes ist **unzulässig.**[597]

8.4.6 Maßgebliche Rechtsprechung

8.4.6.1 Zulässige Information auch im Internet

Urteil

Ärzte und Zahnärzte dürfen auch im Internet über ihre fachlichen Qualifikationen informieren. Sie dürfen sich zu diesem Zweck in ein Verzeichnis aufnehmen lassen, welches den Patienten bei ihrer Arztsuche Hilfestellung bieten will.

Das Bundesverfassungsgericht 2001 [598]

---

[596] Da es sich bei den Informationen innerhalb der Ärzteschaft um sogenannte „Fachkreise" handelt, darf im Intranet auch über schwere Krankheiten oder mittels solcher Methoden informiert werden, die nach dem Heilmittelwerbegesetz gegenüber dem Laienpublikum verboten wären, vgl. hierzu auch Kapitel 8.9.2, S. 177 ff. und Kapitel 10.6.9, S. 297 ff.

[597] Zur Anpreisung vgl. Kapitel 10.3, S. 242.

[598] BVerfG, Beschl. v. 18.10.2001 – 1 BvR 881/00 – www.bverfg.de = WRP 2001, S. 1437, vgl. zu dieser Entscheidung ausführlich Kapitel 8.6.4.1, S. 155.

8.4.6.2 Zulässige Hinweise auf häusliche Zahnpflege

Urteil

Auf der Homepage eines Zahnarztes dürfen auch Hinweise zur häuslichen Zahnpflege gegeben werden.

Oberlandesgericht Köln 2001 [599]

Aus den Urteilsgründen

Es ist nicht ersichtlich, dass Patienten durch die Befolgung der Hinweise etwa davon abgehalten werden könnten, regelmäßig bzw. rechtzeitig ihren Zahnarzt aufzusuchen. Der Text befasst sich ausschließlich mit der richtigen Pflege der Zähne, von der jeder Interessent weiß, dass dies mehrfach am Tage erforderlich ist. Anhaltspunkte dafür, dass Patienten einerseits die Hinweise sorgfältig beachten und sich dadurch besonders gesundheitsbewußt zeigen, andererseits aber gerade wegen der Hinweise ihren Zahnarzt bei Bedarf nicht rechtzeitig aufsuchen könnten, bestehen nicht.

8.4.6.3 Zulässige Werbung für Behandlungsform auf der Homepage

Urteil

Es ist zulässig, auf der Homepage eines Arztes für eine bestimmte Behandlungsform zu werben, solange diese Werbung nicht auf der ersten Seite plaziert ist.

Oberlandesgericht Koblenz 2000 [600]

Sachverhalt

Ein Allgemeinarzt unterhält im Internet eine Homepage, die auf der ersten Seite allgemeine Angaben über seine Praxis enthält. Von dort gelangt man über eine Schaltfläche zu weitergehenden Informationen, unter anderem zur „Sauerstoff-Mehrschritt-Therapie“[601] mit den folgenden Aussagen:

---

599 OLG Köln, Urt. v. 4.5.2001 – 6 U 201/00 -, NJW-RR 2001, S. 1570 ff.

600 OLG Koblenz, Urt. v. 30.5.2000 – 4 U 192/00 –. Die Beurteilung dieser Angaben basierte noch auf den Vorschriften der Berufsordnung für die Ärzte in Rheinland-Pfalz 1997 mit dem damals verankerten Werbeverbot.
Unvertretbar demgegenüber das Verbot des **OLG Köln**, wonach es unzulässig sein soll, auf der Homepage eines Zahnarztes Methoden der sogenannten „ästhetischen Zahnheilkunde“ mit den jeweiligen Vor- und Nachteilen darzustellen, Urt. v. 4.5.2001 – 6 U 201/00 – NJW-RR 2001, S. 1570 ff. (nicht rechtskräftig).

601 Vgl. hierzu auch Urteil des BGH v. 27.4.1995, Kapitel 8.3.4.5, S. 136.

Die Sauerstoff-Mehrschritt-Therapie mit ionisiertem Sauerstoff ist Lebensfreude. Nach dem Grundsatz „Vorbeugen ist besser als heilen" sollten Sie nicht länger warten, bis eine ernsthafte Erkrankung eingetreten ist. Werden Sie also wieder fit und agil durch die original Sauerstoff-Ionen-Mehrschritt-Therapie. Die Sauerstoff-Mehrschritt-Therapie kräftigt den Körper, mildert die Stressfolgen, mobilisiert die Abwehrkräfte, verbrennt Schlacken und Gifte, verbessert die Durchblutung und stabilisiert den Kreislauf. Wir führen diese Therapie durch, bitte fragen Sie per e-mail, Tel. oder Fax danach!

Es folgen weitere Angaben zur Medikation, Inhalation und zum Ergometer-Training.

Aus den Urteilsgründen

Die von dem Arzt ins Internet eingestellten Informationen sind mit den Grundsätzen erlaubter Werbung und dem Berufsbild des Arztes vereinbar. Die in der Berufsordnung aufgestellten formalen Voraussetzungen zur Gestaltung einer Homepage sind erfüllt, da die streitige Seite nicht sofort zugänglich ist. Damit ist sichergestellt, dass der Arzt nicht sofort und blickfangmäßig für ein Behandlungsverfahren wirbt.

Die Patienteninformation ist auch sachlich. Sie ist keineswegs marktschreierisch anpreisend, noch spricht sie in besonderer Weise die Gesundheitsängste der Bevölkerung an, sondern lediglich das ganz normale Gesundheitsbewusstsein.

Die Aussage „Werden Sie also wieder fit und agil durch die original Sauerstoff-Ionen-Mehrschritt-Therapie" ist nicht irreführend i.S.d. § 3 HWG.[602] *Sie erweckt nicht den falschen Eindruck, dass man allein und mit Sicherheit durch diese Therapie wieder fit und agil wird. Die Begriffe „fit" und „agil" sind zu allgemein und zu umfassend, als dass damit ein maßgeblicher Anteil des Durchschnittslesers die Aussagen dahingehend verstehen könnte, dieser Allgemeinzustand werde bei Anwendung der Therapie mit Sicherheit erreicht.*

> *Die Leser wissen, dass mangelnde Fitness und Agilität auch vielfältige andere Ursachen haben können, die allein durch die Sauerstoff-Mehrschritt-Therapie nicht zu beseitigen sind.*[603]

---

602 Vgl. zum Heilmittelwerbegesetz Kapitel 10.6, S. 285 ff.

603 OLG Koblenz, Urt. v. 30.5.2000 – 4 U 192/00 –. Vgl. zum „informierten Verbraucher" Kapitel 10.2.2.2, S. 225.

8.5 Briefkopf / Stempel / Rezeptvordruck / Logo

8.5.1 Grundlagen

Auf **Briefköpfen, Stempeln, Rezeptvordrucken** und im weiteren beruflichen Verkehr sind grundsätzlich all diejenigen **Angaben zulässig**, die auch in Praxisbroschüren oder auf der Homepage zulässig sind und der Maßgabe des neugefassten § 27 MBO entsprechen.[604]

Die Verwendung von **Logos** ist ebenso zulässig wie eine **farbliche Hervorhebung** auf Briefköpfen, Stempeln oder Rezeptvordrucken. Das frühere Verbot von Logos ist heute in der Musterberufsordnung nicht mehr enthalten. Die Bundesärztekammer hat im Gegenteil die Verwendung von Logos bei der ärztlichen Internetpräsentation ausdrücklich für zulässig erklärt.[605]

8.5.2 Maßgebliche Rechtsprechung

8.5.2.1 Graphische und farbliche Gestaltung des Briefbogens

Urteil

Die graphische und farbliche Gestaltung des Briefbogens stellt keine berufswidrige Werbung dar, sondern ist verfassungsrechtlich zulässig. Sie ist Ausdruck der Präsentation des Absenders; zugleich hat sie Wiedererkennungsfunktion. Was insoweit noch als üblich, angemessen oder als übertrieben bewertet wird, unterliegt zeitbedingten Veränderungen.

Das Bundesverfassungsgericht 1997 [606]

---

604 Die bislang existierende Vorschrift des Kapitel D I Nr. 5 Abs. 5 MBO 2000 wurde gestrichen. Zur inhaltlichen Zulässigkeit der Angaben auf Briefkopf, Stempel und Rezeptvordrucken wird insgesamt auf die Ausführungen in Kapitel 6, S. 65 ff. und Kapitel 7, S. 78 ff. verwiesen.

605 Vgl. hierzu den Interpretationsbeschluss der Bundesärztekammer, Kapitel 8.4.5, S. 144. Unvertretbar und überholt daher BerufsG f. Heilberufe in Schleswig, Urt. v. 23.8.2000 – BG 10/99 –.

606 BVerfG, Beschl. v. 24.7.1997 – 1 BvR 1863/96 – GRUR 1998, S. 71. Anders noch BVerfG, Nichtannahmebeschluss v. 22.1.1992 – 1 BvR 1096/90 – MedR 1993, S. 470.

Aus den Urteilsgründen

Ein Verbot, die Briefbögen weder farblich noch graphisch zu gestalten, schränkt die Berufsausübung unverhältnismäßig ein. So dienen auch die Papierqualität, die Verwendung eines bestimmten Schrifttyps und die Blattaufteilung eines Briefbogens sowie die hieraus ersichtliche Größe und Zusammensetzung einer Sozietät der werbewirksamen Selbstdarstellung. Gleichwohl werden diese Maßnahmen herkömmlich nicht als unzulässige Werbung angesehen. Dies beruht nicht zuletzt darauf, dass in der verfassungsrechtlich gebotenen Weise zwischen der Werbung im engeren Sinne und einem sogenannten werbewirksamen Verhalten unterschieden wird. Die Gestaltung von Briefbögen ist ebenso „lediglich werbewirksam" wie beispielsweise wissenschaftliche Veröffentlichungen oder die Verwendung der Berufsbezeichnung im privaten gesellschaftlichen Verkehr.

Neuerungen müssen möglich sein.

Stellungnahme

Das Urteil betraf die Briefbogengestaltung der Notare, denen noch heute jegliche berufswidrige Werbung untersagt ist.[607] Es ist jedoch selbstverständlich auch auf andere Freiberufler, insbesondere **auf Ärzte übertragbar.**[608]

8.5.2.2 Äskulapstab ist zulässiges Logo

Urteil

Die Darstellung eines Äskulapstabes auf dem Praxisschild ist zulässig. Der Äskulapstab stellt seit jeher das Sinnbild für den Heilberuf dar. Eine besondere Werbewirkung ist daher nicht ersichtlich.

Berufsgericht für Heilberufe beim Verwaltungsgericht Greifswald 1996 [609]

---

607 Das BVerfG hatte es verfassungsrechtlich nicht beanstandet, dass die Werbung der Notare engeren Maßstäben unterliegt als die Werbung der Rechtsanwälte. Denn Notare seien als zur Unparteilichkeit verpflichtete Träger eines öffentlichen Amtes strengeren Bindungen unterworfen als Rechtsanwälte.

608 „Die Gruppen der Freiberufler sind weitgehend austauschbar. Man kann sich deshalb den Wirkungen der Rechtsprechung nicht dadurch entziehen, dass man sich als Rechtsanwalt von Apothekern und als Arzt von Steuerberatern zu unterscheiden glaubt." Bundesverfassungsrichterin Jaeger, S. 264.

609 BerufsG beim VG Greifswald, Urt. v. 30.9.1996 – BG 19/96 – und – BG 26/95 –.

8.6 Verzeichnisse / Gelbe Seiten / Datenbanken / Ärztelisten

8.6.1 Grundlagen

Ärzte dürfen sich in **Verzeichnisse, Datenbanken** und sonstige **Informations-Medien** nach Fachrichtungen, Schwerpunkt- oder Zusatzbezeichnungen eintragen lassen. Ein klassisches Verzeichnis sind etwa die **Gelben Seiten.**

Arztsuchdienste und **Informationsdienste** für Patienten sind – unabhängig von der Herausgeberschaft – ebenfalls uneingeschränkt zulässig. Die Eintragung in „**amtliche**" Verzeichnisse – z.B. von Gesundheitsämtern, Krankenkassen, Ärztekammern, Universitäten, Kassenärztlichen Vereinigungen – ist ebenso erlaubt wie die Aufnahme ärztlicher Daten in Telefonbücher oder Branchenfernsprechbücher oder in Verzeichnisse **privater** Anbieter. Gerichtliche Verbote solcher Einrichtungen gehören der Vergangenheit an.[610]

Der Arzt kann sich in **mehrere Verzeichnisse** aufnehmen lassen; eine zahlenmäßige Beschränkung existiert nicht.[611] Zulässig ist auch die Eintragung in solche Verzeichnisse, die sich nicht ausschließlich auf Ärzte beziehen.[612] Unzulässig ist jedoch eine Eintragung, wenn ein Arzt der Aufnahme in das Verzeichnis **nicht ausdrücklich zugestimmt** hat. Verleger und Herausgeber haben daher angesichts des informationellen Selbstbestimmungsrechts der Ärzte ohne deren Einwilligung kein Recht zur Veröffentlichung ärztlicher Daten oder Informationen.[613]

Zulässig ist ferner die Erstellung von sogenannten **Ärztelisten:**

> Zu einer Informationsgesellschaft gehört auch eine Informationsmedizin. Ärzte-Listen sind eine Entscheidungshilfe für die Patienten und ein Ansporn für die Ärztekammern, sich einer verstärkten Transparenz der Qualität ärztlicher Leistungserbringer nicht länger zu verschließen.[614]

---

610 Etwa das gegen einen Verleger ausgesprochene Verbot, Ärzte zur Eintragung in das von ihm herausgegebene Branchenverzeichnis aufzufordern, OLG Hamburg, Urt. v. 13.8.1987 – 3 U 95/87 – GRUR 1988, S. 141 ff. Damals bewertete das Gericht die Aufnahme der angeschriebenen Ärzte in das Verzeichnis noch als „unlautere Berufsstandesvergessenheit". Das Urteil ist heute überholt.

611 Nr. 4 Auslegungsgrundsätze BÄK zu §§ 27 ff. MBO vom 10.9.2002.

612 Nach Nr. 4 Auslegungsgrundsätze BÄK zu §§ 27 ff. MBO vom 10.9.2002 ist eine gemeinsame Darstellung mit Psychologischen Psychotherapeuten jedoch zu vermeiden. Diese Vorgabe ist unter keinem Gesichtspunkt verständlich.

613 Nr. 4 Auslegungsgrundsätze BÄK zu §§ 27 ff. MBO vom 10.9.2002, vgl. hierzu auch Kapitel 3.1.3.2, S. 21 ff.

614 OLG München, Urt. v. 30.11.2000 – 6 U 2849/00 –, vgl. Kapitel 8.3.4.6, S. 138.

Solche Ärztelisten dürfen nach einer Entscheidung des Bundesverfassungsgerichts auch optisch hervorgehobene Rangeinstufungen, also ein sogenanntes „**Ranking**" beinhalten, sofern deutlich wird, auf welchen Kriterien die entsprechende Einstufung beruht.[615] Demgegenüber vertritt die **Bundesärztekammer** die Auffassung, dass Verzeichnisse in keinem Falle Angaben über die Vergütungshöhe oder ein „Ranking" enthalten dürfen.[616]

Bei der Eintragung des Arztes ist darauf zu achten, dass die genannten Facharzt- und Zusatzbezeichnungen **mit den Bezeichnungen der Weiterbildungsordnung übereinstimmen**.

Auch **Tätigkeitsschwerpunkte** dürfen in Verzeichnissen und Datenbanken genannt werden. Voraussetzung ist hierbei allerdings, dass die **Systematik** des Verzeichnisses deutlich **unterscheidet** zwischen den Qualifikationen der Weiterbildungsordnung, denjenigen nach **sonstigen öffentlich-rechtlichen Vorschriften erworbenen Qualifikationen** sowie den vom Arzt selbst ausgewiesenen **Tätigkeitsschwerpunkten** ohne entsprechende förmliche Qualifikation. Diese berechtigte berufsrechtliche Vorgabe ist den Verlegern und Herstellern entsprechender Verzeichnisse zum Schutze des Patientenvertrauens und zur Vermeidung einer Irreführung[617] durchaus zuzumuten. Denn Patienten sollen auch künftig ohne profunde Kenntnisse der umfangreichen Weiterbildungsordnung erfahren können, ob die veröffentlichten Angaben auf offiziellen Qualifikationen oder auf der eigenen Einschätzung des Arztes beruhen.

Die **Überprüfung** entsprechender Verzeichnisse auf Klarheit und korrekte Systematik wird daher auch weiterhin die **Aufgabe der Ärztekammern** sein.[618]

Eine **berufsrechtliche Regelung** der Verzeichnisse findet sich in § **28 MBO 2002**.[619]

---

615 BVerfG, Beschl. v. 7.11.2002 – 1 BvR 580/02 – www.bverfg.de für ein Ranking von Anwaltskanzleien, vgl. nachfolgendes Kapitel 8.6.4.2, S. 156. Vgl. auch das Urteil des OLG München, Kapitel 8.8.2.2, S. 169.

616 So soll beispielsweise ein Ranking nach Kundenfreundlichkeit unzulässig sein, Nr. 4 Auslegungsgrundsätze BÄK zu §§ 27 ff. MBO vom 10.9.2002. Dieses Ranking-Verbot ist durchaus vertretbar, da das Kriterium der Kundenfreundlichkeit objektiv kaum bestimmbar sein wird.

617 Vgl. hierzu ausführlich Kapitel 7.4.7, S. 98 ff.

618 Zum Überprüfungsrecht der Ärztekammer, vgl. Kapitel 7.4.10, S. 105.
Bei bundesweit verbreiteten Ärzteverzeichnissen überprüft diejenige Kammer, in der der Herausgeber seinen Sitz hat, das Verzeichnis auf die inhaltliche Übereinstimmung mit dem ärztlichen Berufsrecht.

619 Früher geregelt in Kapitel D I Nr. 4 MBO 2000.

§ 28 MBO 2002

Ärzte dürfen sich in Verzeichnisse eintragen lassen, wenn diese folgenden Anforderungen gerecht werden:

1. sie müssen allen Ärzten, die die Kriterien des Verzeichnisses erfüllen, zu denselben Bedingungen gleichermaßen mit einem kostenfreien Grundeintrag offen stehen
2. die Eintragungen müssen sich auf die ankündigungsfähigen Informationen beschränken
3. die Systematik muss zwischen den nach der Weiterbildungsordnung und nach sonstigen öffentlich-rechtlichen Vorschriften erworbenen Qualifikationen einerseits und Tätigkeitsschwerpunkten andererseits unterscheiden.

8.6.2 Kostenfreier Grundeintrag verfassungsgemäß?

§ 28 Abs. 1 MBO 2002 bestimmt, dass die Verzeichnisse allen Ärzten, die die Kriterien des Verzeichnisses erfüllen, zu denselben Bedingungen mit einem **kostenfreien Grundeintrag** offen stehen müssen.

Diese Verpflichtung ist zu **kritisieren**. So ist schon fraglich, **welche Angaben** noch zu dem sogenannten **Grundeintrag** gehören. Ist dies nebst Namen und Adresse lediglich die Angabe als „Arzt", oder gehört die Facharztbezeichnung, über die keinesfalls jeder Arzt verfügt, ebenfalls noch zum Grundeintrag? Sind die offiziell erworbenen Schwerpunkt- und Zusatzbezeichnungen dann nicht ebenfalls als Grundangabe zu bewerten, so dass lediglich sonstige Qualifikationen und Tätigkeitsschwerpunkte gegen Gebühr veröffentlicht werden dürfen?[620]

§ 28 Nr. 1 MBO ist auch deshalb **rechtlich bedenklich**, weil den Herausgebern von Verzeichnissen und Datenbanken soziale und gesellschaftliche Verpflichtungen gegenüber Ärzten zugemutet werden, für die es keinen überzeugenden Grund gibt. Weshalb soll es einem Privatunternehmer, der ein Verzeichnis über spezifische ärztliche Leistungen anbieten will, verwehrt sein, hierfür eine entsprechende Gegenleistung zu verlangen? Weshalb müssen Ärzte in sämtliche Verzeichnisse kostenlos aufgenommen werden, mit der Folge, dass der entsprechende Werbeeffekt von privaten Einrichtungen oder Unternehmen zu finanzieren ist?

Auch das **Bundesverfassungsgericht** hat – jedenfalls mittelbar – zu dieser Frage Stellung genommen und die monatlichen Kosten von 7,50 DM für die Aufnahme und Bereitstellung ärztlicher Daten für zulässig erklärt:

---

620 Das OLG Schleswig-Holstein beurteilt die Facharztangabe als Grundeintrag, die davon zu unterscheidenden Schwerpunktangaben im Sinne des § 2 der Weiterbildungsordnung demgegenüber als weitergehende Angaben, vgl. Urt. v. 6.7.1999 – 6 U 21/99 –.

> *„Insbesondere kann aus dem monatlichen Beitrag von 7,50 DM, den der Verein für die Teilnahme an dem Informationsdienst erhebt, keine Unkollegialität in der Person des Zahnarztes festgestellt werden."*[621]

Leistung und **Gegenleistung in Geld** ist das **typische Austauschmittel** in einem **marktwirtschaftlichen System**. Nur wenn der *Staat* oder eine seiner *Körperschaften* mit Steuermitteln oder Mitgliedsbeiträgen solche Verzeichnisse im Rahmen der gesetzlich normierten Aufgaben erstellt, ist aufgrund des Gleichbehandlungsgrundsatzes eine Pflicht zur kostenlosen Aufnahme der Ärzte zulässig oder sogar geboten.

Aus dem Grundrecht der Informationsfreiheit lässt sich ein Anspruch auf kostenlose Unterrichtung nicht ableiten.[622]

Allerdings muss auch ein kostenpflichtiges Verzeichnis der Vorschrift und Systematik des § 28 MBO 2002 entsprechen, da dies eine sachgerechte Reglementierung zum Schutze informationssuchender Patienten ist.

8.6.3 Hervorhebung in den Gelben Seiten

Ärzte dürfen sich in den „Gelben Seiten" auch durch **hervorgehobene Anzeige** (farbig unterlegt, Rahmen, größeres Format etc.) präsentieren. Anwälten ist dies ebenfalls erlaubt und zwar unabhängig von der Größe der Anzeige. Die Psychologischen Psychotherapeuten[623] erscheinen in den Gelben Seiten bereits seit einigen Jahren mit entsprechenden Hervorhebungen.

Ärzte waren in diesem Punkt demgegenüber noch extrem **zurückhaltend**. Für sie war eine Herausstellung in den Gelben Seiten angesichts des völligen Werbeverbotes bislang tabu – für Anwälte und andere Unternehmer ist dies lediglich eine finanzielle Entscheidung, denn die Hervorhebungen in den Gelben Seiten sind teuer. Inwieweit sich diese Investitionen lohnen, muss aber jedem Unternehmer selbst überlassen bleiben. Ein Verbot der Hervorhebung ist weder verfassungs- noch zeitgemäß. Denn eine hervorgehobene Anzeige erfüllt in keiner Hinsicht das Kriterium der Unsachlichkeit.[624]

Die Anzeige in den Gelben Seiten darf auch hervorgehoben gestaltet sein.

---

621 BVerfG („Zahnarztsuchservice"), Beschl. v. 18.10.2001 – 1 BvR 881/00 – WRP 2001, S. 1437 ff., vgl. zu diesem Urteil Kapitel 8.6.4.1, S. 155 ff.

622 BVerwG, Urt. v. 15.3.1968 – VII C 189,66 – BVerwGE 29, S. 214 ff (218); *Wendt*, in *Münch*: Art. 5 GG, Rn. 282 m.w.N.

623 Die ebenfalls am ärztlichen Honorartopf der gesetzlichen Krankenversicherung teilhaben und damit sozialrechtlich den Ärzten gleichgestellt sind.

624 Vgl. hierzu Kapitel 6.2, S. 67 ff.

8.6.4 Maßgebliche Rechtsprechung

8.6.4.1 Zulässige Einrichtung eines Suchservice durch Ärzte

Urteil

Auch Ärzte oder Zahnärzte dürfen einen (Zahn-)Arztsuchservice einrichten.

Das Bundesverfassungsgericht 2001 [625]

Sachverhalt

Ein Zahnarzt, der aufgrund eines schweren Unfalls nicht mehr praktizieren konnte, wollte einen Zahnarztsuchservice errichten, der im Internet abrufbar sein sollte. Hierzu gründete er einen Verein zur *„Förderung qualitativ hochwertiger zahnmedizinischer Behandlung, inbesondere durch Information und Beratung von Patienten über mögliche Behandlungsalternativen mit ihren Vor- und Nachteilen, die Möglichkeit der Kostenerstattung durch gesetzliche und private Kostenträger und die Beratung zu allen Fragen der Zahnmedizin.*" Zu den Zielen des Vereins gehört ferner die *Weitergabe von Informationen über Zahnärzte mit besonderer fachlicher Qualifikation oder Orientierung.*

Der Zahnarzt übersandte zahlreichen Zahnärzten ein Rundschreiben zur Präsentation seiner Tätigkeit. In dem beigefügten Fragebogen konnten die Zahnärzte ihre fachlichen Qualifikationen angeben. Für die Aufnahme in die Datenbank und die Bereitstellung dieser Angaben an Informationssuchende wurde ein Monatsbeitrag von 7,50 DM erhoben.

Berufsgericht und Landesberufsgericht hatten es dem Zahnarzt untersagt, den Zahnarztsuchservice zu unterhalten. Der Gang zum Bundesverfassungsgericht wegen Verletzung der Berufsfreiheit war erfolgreich.

Aus den Urteilsgründen

Es sind keine Gemeinwohlbelange ersichtlich, die es rechtfertigen könnten, einem Zahnarzt zu verbieten, einen Zahnarztsuchservice einzurichten. Das Rechtsgut der Gesundheit der Bevölkerung, das insofern als Belang allein in Betracht kommt, und der hierdurch veranlasste Schutz des Vertrauens der Patienten in die Zahnärzte werden nicht berührt. Es ist nicht ersichtlich, wie das Vertrauen in den Zahnarzt durch die Errichtung des Patienteninformationsdienstes beeinträchtigt werden könnte. Es besteht ein sachlich begründetes Bedürfnis der Allgemeinheit, über sol-

[625] BVerfG, Beschl. v. 18.10.2001 m.w.N. – 1 BvR 881/00 – www.bverfg.de = WRP 2001, S. 1437 ff. Zur Zulässigkeit der Veröffentlichung eines Ärzteregisters durch eine gemeinnützige Stiftung vgl. OLG Schleswig-Holstein, Urt. v. 6.7.1999 – 6 U 21/99 –.

che Spezialisierungen und auch weitere Tätigkeitsgebiete sowie Praxisausstattung (z.B. behindertengerechte Praxiseinrichtung) informiert zu werden. Dies kann auch durch eine Datenbank geschehen.

Es ist auch nicht festgestellt, dass die von einem Zahnarzt angestrebte Datenbank besondere Gefahren aufweise, weil die Patienten die von den Zahnärzten angegebenen Informationen überschätzen und als überprüft ansehen könnten. Die Gefahr einer Überschätzung liegt bei einer von einer Bezirkszahnärztekammer geführten Liste eher näher als bei einer privaten Datenbank.[626]

8.6.4.2 Zulässige Veröffentlichung von Ranking-Listen

Urteil

Die Veröffentlichung von Ranking-Listen freiberuflicher Unternehmen (hier Anwaltskanzleien) durch einen Verlag ist zulässig. Erforderlich ist hierbei ein deutlicher Hinweis, worauf die Bewertung und Einstufung des Unternehmens beruht.

Das Bundesverfassungsgericht 2002 [627]

Aus den Urteilsgründen

Die Listen geben eine von der Redaktion erstellte Rangordnung der aufgeführten Kanzleien wieder. Sie lassen erkennen, dass dadurch über deren Leistungen ein Werturteil abgegeben wird. Dieses baut allerdings auf Interviews auf, also auf Auskünften Dritter, wie der jeweils am Ende wiedergegebene Hinweis zeigt. Die Fundierung der Wertungen in tatsächlichen Erhebungen ändert aber nichts daran, dass Werturteile formuliert werden. Auch in den Interviews wurden wertende Äußerungen erhoben und zur Grundlage der Auswertung genommen.

Ein umfassendes Unterlassungsgebot ist nicht erforderlich, wenn klarstellende Zusätze, etwa Hinweise auf die Quellen der Ranglisten, ausreichen, um Irreführungen und eine hierdurch hervorgerufene Beeinträchtigung des Leistungswettbewerbs auszuschließen.

---

626 Das Bundesverfassungsgericht wies zutreffend darauf hin, dass dem Arzt mit seinem Vorhaben irreführende und vertrauensschädigende Folgen unterstellt worden waren, obwohl die Landeszahnärztekammer im Rahmen ihrer Richtlinien zu den „Interessenschwerpunkten" genau in derselben Weise verfahre.

627 BVerfG, Beschl. v. 7.11.2002 – 1 BvR 580/02 – www.bverfg.de; ebenso OLG München, Urt. v. 27.3.2003 – 29 U 4292/00 –.

Stellungnahme

Das Bundesverfassungsgericht stellt zutreffend fest, dass solche Ranglisten durchaus den Wettbewerb und insbesondere die Transparenz des betroffenen Marktes – hier des Anwaltsmarktes – betreffen, da das Ranking auf verhältnismäßig wenige Kanzleien, insbesondere auf Großkanzleien beschränkt ist und damit zu einem Wettbewerbsvorsprung führt. Damit werde auch die Offenheit des Anwaltsmarktes beeinflusst, weil neu gegründete Kanzleien im Regelfall nicht oder doch nur mit erheblicher zeitlicher Verzögerung einbezogen würden. Entscheidend sei daher, in welcher Art und Weise eine solche Ranking-Liste präsentiert werde.[628]

Bei der Erstellung von Ranking-Listen über Ärzte, Arztpraxen oder Kliniken werden auch die Verlage und Journalisten die nach der Berufsordnung zulässigen Angaben streng zu beachten haben. Gleiches gilt vor allem für die vielfältigen Verbote des Heilmittelwerbegesetzes. Diese sind selbstverständlich von jedermann zu beachten, also auch von der Presse oder von Verlagen. Daher ist vor der Erstellung und Veröffentlichung entsprechender Ranking-Listen eine sorgfältige juristische Prüfung sowie eine Abstimmung mit der Ärztekammer dringend zu empfehlen, um erhebliche finanzielle Einbußen – etwa durch den Einzug entsprechender Publikationen, durch Geldbußen oder Schadensersatzansprüche – zu vermeiden.

8.6.4.3 Hinweis auf ausgelagerte Praxisräume in den Gelben Seiten

Urteil

Ein niedergelassener Kardiologe, der in größerer räumlicher Entfernung von seiner Praxis einen standesrechtlich zulässigen Herzkatheter-Messplatz betreibt, darf dies in den Gelben Seiten mit Anschrift und Telefonnummer anzeigen. Die Berufsordnung der Ärztekammer kann dieses Recht nicht ausschließen. Denn das Branchenbuch mit den „Gelben Seiten" ist ein ganz wesentliches Medium der Information. Wann immer eine Information, Telefonnummer oder Adresse verloren gegangen, unauffindbar oder unbekannt ist, ist der Blick ins Branchentelefonbuch der schnellste Weg zur Klärung.

Bundesverwaltungsgericht 1997 [629]

---

[628] Zu Recht wurde daher die in einer Zeitschrift veröffentlichte Ranking-Liste „Die besten Ärzte" vom Bundesgerichtshof verboten, vgl. hierzu das Urteil in Kapitel 10.3.7.5, S. 252.

[629] BVerwG, Urt. v. 13.11.1997 – 3 C 44/96 – NJW 1998, S. 2759. Damit wurde die Entscheidung der Vorinstanz aufgehoben: OVG Hamburg, Beschl. v. 24.5.1995 – OVG Bf VI 46/95 – MedR 1996, S. 277; vgl. zur Entscheidung des OVG bereits die ablehnende Anmerkung von *Brünjes*, MedR 1996, S. 524.

8.6.4.4 Kritik an OLG München: „Datenbank Reisemedizin"

Noch im Dezember 2000 hatte das Oberlandesgericht München die **Erstellung einer Datenbank über reisemedizinische Informationen verboten.**[630] Ärzten, die sich mit Reisemedizin beschäftigen, wurde der Kauf einer CD-Rom mit länderspezifischen und reisemedizinischen Informationen gegen eine Abonnementgebühr von monatlich 49,– DM angeboten. Gleichzeitig sollten diese Ärzte in eine Datenbank aufgenommen werden und auf Anfrage von Reisenden durch die Reisebüros genannt werden. Dies wurde dem Unternehmer untersagt, weil die Datenbank nicht jedem interessierten Arzt zu denselben Bedingungen und nicht mit wenigstens einem kostenfreien Grundeintrag zur Verfügung stehe und damit berufswidrig sei.

Zwar bestehe – so das OLG München – ein Bedürfnis der Bevölkerung, vor Antritt einer Fernreise (und nicht nur in die Tropen) medizinisch fundierte Informationen einzuholen. Es sei auch dem verständigen Durchschnittsbürger derzeit nicht ohne weiteres möglich, einen Arzt zu finden, der sich für das Gebiet der Reisemedizin interessiere. Dennoch handle es sich um berufswidrige Werbung.[!]

Dieses Urteil ist nicht tragbar:[631] Konkurrenzschutz gegenüber denjenigen Ärzten, die besser qualifiziert sind, scheidet heute als Begründung für Werbeverbote aus.[632] Nichts anderes kann für unternehmerisches oder finanzielles Engagement der Ärzte gelten. Weniger engagierte Ärzte können sich heute nicht mehr auf Werbeverbote stützen, die ihr eigenes „Zurückbleiben" unterstützen. Im übrigen steht dieses Verzeichnis – entgegen der Behauptung des Gerichts – jedem interessierten Arzt zur Verfügung, der zugleich bereit ist, sich die entsprechenden Informationen zu kaufen (jede ärztliche Fortbildung ist weitaus teurer).[633]

---

630 OLG München, Urt. v. 14.12.2000 – 6 U 2850/00 – MedR 2002, S. 196 ff.

631 Ebenso heute überholt das Urteil des OLG München v. 21.10.1999 – 20 U 2435/99 – MedR 2000, S. 370, in welchem ein medizinischer Informationsdienst mit Angaben, die über die damals zulässigen Bezeichnungen und Zusätze nach der Weiterbildungsordnung hinausgingen, für unzulässig erklärt wurde.

632 Vgl. Kapitel 9.4.3, S. 214.

633 Die meisten Angebote an Anwälte, sich in verschiedene Verzeichnisse aufnehmen zu lassen, sind kostenpflichtig. Eine entsprechende Eintragung obliegt allein ihrer unternehmerischen Entscheidung. Ein **Rechtsanpruch** auf kostenfreien Grundeintrag in jedes Verzeichnis und Informationsmedium ist für Anwälte nicht vorstellbar.

8.7 Medienauftritte / Publikationen

8.7.1 Grundlagen

Ärzte dürfen in **sämtlichen Medien** an aufklärenden medizinischen Beiträgen mitwirken. Auch sonstige Publikationen **medizinischen Inhalts** und **öffentliche Vorträge** sind grundsätzlich zulässig. Das Recht zum Medienauftritt und zur Publikation folgt aus dem in § 27 MBO verankerten ärztlichen Informationsrecht über medizinische Fragen.[634]

Wissenschaftliche Darstellungen in Monografien, Aufsätzen, Gutachten sowie **Vorträge** und sonstige fachliche Darstellungen gelten im übrigen nicht als Werbemaßnahmen, selbst dann nicht, wenn diese sich objektiv auf den Wettbewerb auswirken.[635] Dabei macht es keinen Unterschied, ob die entsprechende Abhandlung als wissenschaftliche Publikation in einer **Fachzeitschrift** erscheint oder auf einem auch für den medizinischen **Laien verständlichen Niveau** von den allgemein zugänglichen Medien einer **breiten Öffentlichkeit** dargeboten wird.[636]

Bei Medienauftritten und Publikationen darf der **Name** des betreffenden Arztes genannt oder ein **Foto** von ihm beigefügt werden.[637] Letzteres gilt insbesondere dann, wenn das jeweilige Medium – wie etwa eine **Illustrierte** oder das **Fernsehen** – typischerweise Bilder als wesentliche Informationsträger mitverwendet. Hinsichtlich der **Größe des Fotos** muss maßgeblich auf den jeweiligen Medienträger abgestellt werden. Was in einer Fachzeitschrift unüblich groß erscheinen mag, ist in einer Lokalzeitung oder einer Illustrierten noch typisch und üblich. So müssen großformatige Fotos von 15 x 22 cm, bzw. 20 x 18 cm angesichts des spezifischen Zeitungsmediums noch nicht unüblich sein.[638]

Das gewachsene und weiter steigende Bedürfnis des Publikums nach fachlich begründeten, auch gesundheitserzieherischen und der Vorsorge dienenden Fachinformationen erfordert die Mitarbeit von Ärzten in den Massenmedien. Ärzte dürfen diesem Bedürfnis nachkommen, wenn sie es dabei vermeiden, sich selbst herauszustellen und anzupreisen.[639]

---

634 Es war früher gesondert in § 28 MBO geregelt, vgl. Anhang Kapitel 15.3, S. 354.

635 Ausführlich *Doepner*, § 1 HWG Rn. 22 ff. Zu beachten ist aber das Verbot nach § 11 Nr. 1 HWG, mit Gutachten für Arzneimittel, Verfahren, Behandlungen usw. zu werben, vgl. Kapitel 10.6.9, S. 297 ff.

636 Landesberufgericht für Heilberufe beim OVG Koblenz, Urt. v. 27.4.1994 – LBGH A 12498/93 – NJW 1995, S. 1633.

637 So bereits EGMR Strassburg, Urt. v. 25.3.1985 – 10/1983/66/101 – (Dr. Barthold), EuGRZ 1985, S. 170 ff.

638 BerufsG f. Ärzte am VG Frankfurt, Urt. v. 5.3.2002 – 21 BG 5711/00 (V) – NJW-RR 2002, S. 1064 ff.

639 *Laufs*, S. 144, Rn. 15.

Die Mitwirkung des Arztes muss folglich auf sachliche Information begrenzt sein. Die Person sowie das **Handeln des Arztes** dürfen **nicht berufswidrig werbend herausgestellt** werden.[640] Die „*Richtlinien für die publizistische Tätigkeit von Ärzten*“ setzen dafür Maßstäbe:[641] Danach hat bei ärztlichen Publikationen medizinischen Inhalts und bei Interviews die Sache, **nicht** die **Person** im **Vordergrund** zu stehen.[642]

Sofern Ärzte oder Tierärzte innerhalb eines Vereins als sogenannte **Vereinsärzte** die Betreuung von Mannschaften, einzelnen Athleten oder Tieren übernehmen, darf dies in einer entsprechenden **Vereinszeitung** dargestellt werden.[643]

Der Arzt darf als Beantworter von **Leser- oder Hörerfragen** auftreten, solange sich seine Beiträge in den **Zusammenhang** eines **wissenschaftlichen Programms** fügen und persönlich zurückhaltend bleiben.[644]

Der Kontakt des Arztes mit der Öffentlichkeit ist im Interesse einer allgemeinen Gesundheitserziehung erwünscht und erstrebenswert, nicht zuletzt deshalb, um dieses Feld nicht unberufenen Propheten und sonstigen unseriösen Meinungsbildnern zu überlassen.[645]

8.7.2 Maßgebliche Rechtsprechung

8.7.2.1 Zulässige Mitwirkung an Artikelserie „Kampf dem Schmerz“

Urteil

Ein Arzt darf aktiv an der Artikelserie einer Tageszeitung unter der Überschrift „Kampf dem Schmerz“ mitarbeiten. Es ist nicht berufswidrig, wenn er in den insgesamt acht Artikeln mehrfach mit Foto, Namen und Adresse genannt wird.

Berufsgericht für Heilberufe am VG Frankfurt 2002 [646]

[640] Zu streng und nicht überzeugend allerdings BerufsG beim VG Münster, Beschl. v. 6.11.2002 – 14 K 1723/02.T. und Beschl. v. 6.11.2002 – 14 K 2805/01.T –.

[641] Richtlinien des Vorstandes der Bundesärztekammer, DÄBl. 1979, S. 112.

[642] *Laufs*, S. 144, Rn. 15.

[643] BerufsG f. Heilberufe in Schleswig, Urt. v. 27.2.2002 – BG 10/01 -; heute daher überholt Bezirks-BerufsG f. Ärzte Tübingen, Bescheid v. 15.11.1994 – Reg. Nr. 14/94 –.

[644] *Laufs*, S. 144, Rn. 17.

[645] So zu Recht auch *Ratzel/Lippert* §§ 27, 28 MBO, Fußnote 8; *Rieger*, MedR 1999, S. 513.

[646] BerufsG am VG Frankfurt, Urt. v. 5.3.2002 – 21 BG 5711/00 (V) –.

8.7.2.2 Zulässige Teilnahme eines Arztes an der Telefonaktion einer Zeitschrift

Urteil

Der Arzt darf sich auf Anfrage seines Berufsverbandes zwecks allgemeiner Informationserteilung einer Zeitschrift zur Verfügung stellen. Er darf sodann im Rahmen einer Telefonaktion, die von der Zeitschrift ohne seine Veranlassung organisiert wurde, über bestimmte Krankheiten informieren. *(Hier: „Kampf dem Fußpilz, Fuß- und Nagelpilz sind eine Qual. Was tun? Holen Sie sich kostenlos Rat.")*

Landgericht Frankenthal (Pfalz) 2000 [647]

Aus den Urteilsgründen

Ein Verstoß gegen das Verbot der Fernbehandlung nach § 9 HWG[648] *liegt ebenfalls nicht vor. Unzulässig ist nur eine Werbung für individuelle Diagnose und Therapie, nicht für allgemeine Ratschläge an eine unbestimmte Vielzahl von Menschen. Auch muss eine Fernbehandlung überhaupt zu Zwecken des Wettbewerbs angeboten werden, so dass der Tatbestand der Werbung für eine Fernbehandlung nicht erfüllt ist, wenn aus gesundheitspolitischer oder ideeller Zwecksetzung gehandelt wird, es also um allgemeine Information und Aufklärung geht.*

8.7.2.3 Autobiographische Selbstdarstellung ist zulässig

Urteil

Ärzte sind grundsätzlich befugt, Bücher unter eigenem Namen zu veröffentlichen. Sie dürfen hierbei auch ihre eigenen ärztlichen Leistungen, Methoden und Behandlungen herausstellen.

Das Bundesverfassungsgericht 1985 [649]

---

[647] LG Frankenthal, Urt. v. 17.8.2000 – 2 HK. O 119/00 –.
[648] Vgl. hierzu im einzelnen die Kommentierung der Vorschrift bei *Doepner.*
[649] BVerfG, Beschl. v. 19.11.1985 – 1 BvR 934/82 – BVerfGE 71, S. 162 ff.

Sachverhalt

Im entschiedenen Fall ging es um das Buch „Sieg über das Altern – Frischzellentherapie heute“. Charakteristisch für das Buch war die Vermischung sachlicher und wertender Argumente mit autobiographischer Erzählung. Das Buch zielte im wesentlichen darauf ab, die von der Schulmedizin kritisierte Frischzellentherapie bekannt zu machen. Das Bundesverfassungsgericht bezweifelte, ob die Veröffentlichung von Büchern überhaupt als Werbung zu qualifizieren sei.

Aus den Urteilsgründen

Bücher sind eher untypische Träger für eine kommerzielle Werbung, weil sie vom Käufer bezahlt werden müssen und etwaige Werbeaussagen in einem verständlichen, das Interesse des Lesers wachhaltenden Text untergebracht werden müssen.

Bei der Würdigung der Autobiographie als Meinungsäußerung darf nicht außer acht bleiben, dass durch Art. 5 Abs. 1 GG gerade auch die von vorherrschenden Vorstellungen abweichenden Meinungen geschützt werden sollen.[650]

Es dürfen einer breiteren Öffentlichkeit auch solche Untersuchungs- oder Behandlungsmethoden bekannt gemacht werden, die bislang von der Schulmedizin nicht anerkannt wurden, um diesen Methoden einen Platz neben den üblichen medizinischen Behandlungsmethoden zu erstreiten.

Bei einem Arzt, der eine von der Schulmedizin nicht anerkannte Behandlungsmethode praktiziert, verbindet sich der Kampf um die Anerkennung dieser von ihm angewandten Methode notwendig mit dem Kampf um die eigene Anerkennung.

Auch die Wiedergabe lobender Äußerungen von Patienten dient in diesem Fall dem geistigen Kampf um seine Überzeugung.[651]

Die in dem Buch reproduzierten Fotografien, die teils die Herstellung und Anwendung der Frischzellenanschwemmung, teils den Arzt zusammen mit seiner Familie

---

650 Vgl. hierzu auch Kapitel 3.1.4, S. 23 ff.

651 Dies ist angesichts § 11 Nr. 11 HWG durchaus fraglich. Danach darf für Verfahren und Behandlungen mit Äußerungen Dritter, insbesondere mit Dank-, Anerkennungs- oder Empfehlungsschreiben, oder mit Hinweisen auf solche Äußerungen nicht geworben werden.

oder zusammen mit bekannten Patienten zeigen, sind ebenfalls als Ausdrucksmittel des Plädoyers zu verstehen, welches das Buch als ganzes sein will. Das Familienfoto soll ersichtlich belegen, dass der Arzt bei seinem „Kampf“ für die Frischzellentherapie der Unterstützung seiner Familie sicher sein könne. Darstellungen dieser Art stellen heute nicht nur im politischen Bereich ein gängiges Mittel im Kampf um die eigene Anerkennung dar.

Bilder sind jedenfalls dann Meinungsäußerungen, wenn in ihnen ein Werturteil, eine Ansicht oder Anschauung bestimmter Art zum Ausdruck kommt.[652]

Selbst wenn das Buch in gewissen Passagen eine Werbewirkung zugunsten des Arztes und seines Sanatoriums ausübt, rechtfertigt dies noch keine Anwendung des Werbeverbotes durch die Berufsgerichte.

Die Anwendung des Werbeverbotes auf Bücher dieser Art bedeutet einen schwerwiegenden Eingriff in die Meinungsfreiheit; sie hindert Ärzte an einer autobiographischen Darstellung ihres Lebenswerks in der von ihnen selbst bestimmten Darstellungsweise.

Sanktionen gegen das Erscheinen derartiger Bücher sind für das Rechtsgut der Meinungsfreiheit weitaus schädlicher als die Wirkung, die ihre ungehinderte Verbreitung für die vom Werbeverbot geschützten Rechtsgüter haben kann.[653]

[652] So zuletzt BVerfG (Benetton I), Urt. v. 12.12.2000 – 1 BvR 1762/95 – www.bverfg.de.
[653] BVerfG, Beschl. v. 19.11.1985 – 1 BvR 934/82 – MedR 1986, S. 128.

8.8 Presseberichte

8.8.1 Grundlagen

> Die Pressefreiheit und die Freiheit der Berichterstattung durch Rundfunk und Film werden gewährleistet. Eine Zensur findet nicht statt.

Art. 5 Abs. 2 Grundgesetz [654]

Zu Zeiten des Werbeverbotes stellte sich immer wieder die Frage, ob ein Arzt Presseberichte unterbinden muss, die zumindest auch werbenden Charakter für ihn haben. Hier **forderte** das **Bundesverfassungsgericht** stets eine besonders **sorgfältige Abwägung** zwischen dem Rechtsgut der Gesundheit, welches durch das Duldungsverbot geschützt werden soll, und dem Grundrecht auf Meinungs- und Pressefreiheit. Diese Auffassung bestätigte der **Europäische Gerichtshof** in einem aktuellen Urteil, welches den Zeitungsbericht über die neue Operationsmethode eines Augenarztes zum Gegenstand hatte:

> Für die Entscheidung des Gerichtshofs ist in dieser Hinsicht ein Umstand von besonderer Bedeutung, nämlich die wesentliche Rolle, welche die Presse in einer demokratischen Gesellschaft erfüllt; es ist ihre Aufgabe, in einer Weise, die mit ihren Verpflichtungen und ihrer Verantwortung vereinbar ist, Informationen und Ideen über alle Fragen öffentlichen Interesses mitzuteilen.

Der Europäische Gerichtshof für Menschenrechte 2002 [655]

Das **Bundesverfassungsgericht** differenzierte bislang danach, ob es sich um einen redaktionellen **Bericht der Presse** über den Arzt und dessen Leistungen oder um die eigene **Meinungsäußerung des Arztes** handelte:

---

[654] Diese Rechte finden ihre Schranken in den Vorschriften der allgemeinen Gesetze, den gesetzlichen Bestimmungen zum Schutze der Jugend und in dem Recht der persönlichen Ehre, Art. 5 Abs. 2 GG.

[655] EGMR Strassburg, Urt. v. 17.10.2002 – 37928/97 – (Dr. Stambuk/Deutschland), NJW 2003, S. 497 ff., vgl. nachfolgendes Kapitel 8.8.2.1, S. 168.

Die Presse darf im Rahmen ihrer Berichterstattung Aussagen über einen Arzt machen, die diesem unter Umständen aus Gründen standesrechtlicher Werbebeschränkungen untersagt wären.

Das Bundesverfassungsgericht 1992 [656]

Der **Arzt darf** auch **namentlich genannt werden**. Selbst eine **mehrfache Nennung** und Bezugnahme auf den Arzt dient lediglich einer **lebendigen Berichterstattung** und soll ihre **Authentizität** dokumentieren. **Stilmittel** dieser Art, wie sie in der Presseberichterstattung weitgehend üblich sind, ändern nichts am **informierenden Charakter** der Presseartikel. Ebenso verhält es sich mit **Fotos**, die den Arzt abbilden. Dies stellt heutzutage in Zeitungen und Zeitschriften auch bei sachlich-informativen Artikeln eine weitgehend übliche Form der Aufmachung dar, durch die derartige Berichte aufgelockert und für ein breites Publikum lesbar gemacht werden sollen.[657]

Nach der allgemeinen Lebenserfahrung soll die mehrfache namentliche Erwähnung eines Arztes unter Verwendung seines Bildes vorwiegend dazu dienen, den Beitrag für die Leser durch Äußerungen eines tatsächlich existierenden Fachinformanten anschaulicher, lebendiger und überzeugungskräftiger und auf diese Weise informationswirksamer zu gestalten.[658]

In einem **Zeitungsartikel** darf die **Adresse der Arztpraxis** genannt werden, solange sich nicht aus der Häufigkeit und Einseitigkeit der Namens- und Adress-Angabe eine Anpreisung des Arztes ergibt. Denn die Angabe von Namen, Personen

---

656 BVerfG, Beschl. v. 11.2.1992 – 1 BvR 1531/90 – BVerfGE 85, 248 ff. = NJW 1992, S. 2341.
Diese Unterscheidung kommt besonders dann zum Tragen, wenn gegen das **Presseorgan** selbst als „Störer" (vgl. zum Störerbegriff Kapitel 9.2.7, S. 206) vorgegangen werden soll, weil ein Bericht werbenden Effekt für den Arzt hat oder eventuell ein Verstoß gegen das Heilmittelwerbegesetz vorliegt. Dies erfordert jedoch eine **Absicht** des Presseorgans, durch den Beitrag den eigenen oder fremden **Wettbewerb** in unzulässiger Weise zu **fördern**. Dafür besteht zunächst keine Vermutung, denn der **Grund** für eine **bestimmte Berichtsform** kann in dem Anliegen der Presse zu sehen sein, die **Öffentlichkeit** über eine Angelegenheit von allgemeiner Bedeutung zu **unterrichten,** vgl. BGH, Urt. v. 12.10.1989 – I ZR 29/88 – WRP 1990, S. 270.

657 Bayerisches LandesberufsG f. Heilberufe beim Bayerischen Obersten Landesgericht, Beschl. v. 27.11.2002 – LBG-Ä 8/02 -; BerufsG f. Heilberufe in Schleswig, Urt. v. 27.2.2002 – BG 10/01 -; BerufsG f. Heilberufe beim Verwaltungsgericht Greifswald, Urt. v. 27.11.1997 – BG 43/95 –; Urt. v. 4.12.2001 – BG 2/99 –.

658 BGH, Urt. v. 12.10.1989 – I ZR 29/88 – WRP 1990, S. 270; LandesberufsG f. Heilberufe beim OVG Münster, Urt. v. 12.8.1994 – I A 2038/91. T –. Etwas anderes kommt nur in Betracht, wenn der Arzt die Presse erkennbar zum Instrument seiner beruflichen Selbstdarstellung gemacht hat.

oder die Bildwiedergabe ist im Medienbereich in letzter Zeit üblich geworden. Dies zeigt sich auch in der entsprechenden Verwendung des Originaltons („O-Ton“) im Rundfunk. Damit wird beabsichtigt, den Berichten eine gewisse **Authentizität** zu geben.[659]

Der Zeitungsbeitrag darf auf einem **Interview** mit dem Arzt basieren und dessen **Lebenslauf** enthalten.[660] Eine medizinische Darstellung darf mit **Beispielen aus eigener Erfahrung** belegt werden, um etwaige Schwierigkeiten aufzuzeigen.[661]

Damit ist heute ein Presseartikel, der zugleich einen Werbeeffekt zugunsten des Arztes bewirkt, nicht mehr angreifbar. Solange der Artikel keine übersteigerte persönliche Schilderung der ärztlichen Leistungen, Ausbildung oder Praxiseinrichtung beinhaltet, steht die medizinische Information zur Befriedigung des Informationsbedürfnisses stets im Vordergrund.[662]

Maßgebend für die werberechtliche Beurteilung eines Presseberichtes ist stets eine Gesamtbetrachtung des in Rede stehenden Lebensvorgangs.[663]

Der Arzt darf jedoch **nicht dulden**, dass Berichte oder Bildberichte veröffentlicht werden, die seine ärztliche Tätigkeit oder seine Person **berufswidrig werbend** herausstellen.[664]

> *„Steht die Person des Zahnarztes, seine Praxis mit der Praxisausstattung, sein Personal im Vordergrund eines Berichtes, so wird das Werbeverbot greifen, weil der kommerzialisierende Effekt im Vordergrund steht. Wird hingegen über andere Ereignisse berichtet, die im Zusammenhang mit der Person des Zahn-*

---

659 BerufsG f. Ärzte am VG Frankfurt, Urt. v. 5.3.2002 – 21 BG 5711/00 (V) – NJW-RR 2002, S. 1064 ff.

660 BerufsG f. Ärzte am VG Frankfurt, Urt. v. 5.3.2002 – 21 BG 5711/00 (V) – NJW-RR 2002, S. 1064 ff.

661 EGMR Strassburg, Urt. v. 25.3.1985 – 10/1983/66/101 – (Dr. Barthold), EuGRZ 1985, S. 170 ff.

662 BerufsG f. Heilberufe beim VG Greifswald, Urt. v. 27.11.1997 – BG 43/95 –. **Unvertretbar** demgegenüber die Entscheidungen des LG Frankfurt, v. 19.11.1999 – 2/6 O 369/99, WRP 2000, S. 1193 und LG Frankfurt, Urt. v. 27.10.1999 – 2/6 O 415/99 – WRP 2000, S. 1195 sowie OLG Frankfurt, Urt. v. 21.3.2000 – 6 u.7 U 7/00 –. **Kritisch** auch die Bewertung eines Zeitungsberichtes über die ärztliche **Entfernung von Tätowierungen** als berufswidrig durch BerufsG f. Heilberufe beim VG Greifswald, Urt. v. 12.2.2002 – BG 8/99 -, **zutreffend** lediglich hinsichtlich des Verbotes der Bezeichnung als „Spezialist für Lasertherapie“, vgl. hierzu Kapitel 10.2.4.3, S. 233. **Kritisch** auch die **strenge Beurteilung** zweier Presseberichte über eine **onkologische Schwerpunktpraxis** und die Einführung digitaler Techniken einer Radiologenpraxis durch BerufsG f. Heilberufe beim VG Münster, Urteile vom 7.3.2001 – 14 K 1633/00.T; 14 K 2223/00.T –.

663 Bayerisches LandesberufsG f. Heilberufe beim Bayerischen Obersten Landesgericht, Beschl. v. 27.11.2002 – LBG-Ä 8/02 -; *Piper*, S. 456.

664 Zur Zumutbarkeit, sich aufgrund eigener Äußerungen und herabsetzender Kritik einen Presseartikel vorlesen und genehmigen zu lassen, vgl. Kapitel 8.8.2.5, S. 173.

arztes stehen, und wird die Person des Zahnarztes in Bezug auf seine konkrete Praxis nur am Rande erwähnt, so wird regelmäßig ein als kommerzielle Werbung anzusehender Effekt nicht eintreten."[665]

Unzulässig ist folglich in Medienberichten insbesondere eine irreführende,[666] anpreisende[667] oder unzulässig vergleichende[668] Darstellung des Arztes und dessen Tätigkeit.

Der Presseartikel darf keine irreführenden Behauptungen über die Erfolge von Behandlungen und Therapien enthalten. Dies gilt umso mehr, wenn die entsprechenden Unterlagen und Informationen der Presse vom Arzt oder von der Klinik selbst zur Verfügung gestellt werden.[669]

Presseunternehmen müssen **Anzeigen** im übrigen nur auf **grobe Wettbewerbsverstöße** hin prüfen. Mit dieser **Beschränkung** der **Prüfungspflicht** wird auf die pressespezifischen Bedingungen bei der Publikation von Anzeigen und damit auf das Grundrecht der Pressefreiheit in angemessener Weise Rücksicht genommen. Beim Umfang des Anzeigengeschäfts kann sich ein Presseunternehmen schwerlich in allen Einzelheiten Klarheit über die Wettbewerbsmäßigkeit einer bei ihm aufgegebenen Annonce verschaffen.[670]

Wurde es einer Zeitung **gerichtlich** allerdings bereits **untersagt**, in anpreisender Form für Ärzte zu werben (hier durch eine Artikelserie mit dem Titel: „*Die Top-Ärzte von Berlin*"), und veröffentlicht dieselbe Zeitung später einen weiteren vergleichbaren Artikel, muss sie mit der Festsetzung eines empfindlichen **Ordnungsgeldes** rechnen.[671]

---

665 BerufsG f. Heilberufe beim VG Köln, Beschl. v. 2.6.1998 – 35 K 9984/97.T – NJW 1999, S. 884 ff.

666 BerufsG f. Heilberufe in Schleswig, Urt. v. 25.9.2002 – BG 19/00 -; vgl. hierzu umfassend Kapitel 10.2, S. 220 ff.

667 Vgl. etwa das **zutreffende Verbot** mehrerer **anpreisender** und zugleich **irreführender** Presseartikel durch OLG München, Urt. v. 14.10.1999 – 29 U 2352/99 –, s. hierzu auch Kapitel 10.3.7.2, S. 250. Vgl. auch das **Verbot** anpreisender, berufswidriger Presseartikel über einen Arzt und dessen Behandlung von Krampfadern in Privatklinik, LandesberufsG f. Heilberufe, OVG Koblenz, Urt. v. 27.4.1994 – LBGH A 12498/93 – NJW 1995, S. 1633, ebenso BerufsG f. Heilberufe in Schleswig, Urt. v. 25.9.2002 – BG 19/00 –.

668 Vergleichend (und damit berufswidrig) ist etwa die in einem Presseartikel enthaltene Behauptung, bei andernorts üblichen Operationen würden 40 Schnitte zur Entfernung von Krampfadern benötigt, während die eigene Behandlung durch sanften Eingriff nur 5 Schnitte benötige; LandesberufsG f. Heilberufe, OVG Koblenz, Urt. v. 27.4.1994 – LBGH A 12498/93 – NJW 1995, S. 1633.

669 Vgl. etwa OLG München, Urt. v. 14.10.1999 – 29 U 2352/99 –, s. hierzu auch Kapitel 10.6.10.7, S. 301.

670 BVerfG, Urt. v. 12.12.2000 – 1 BvR 1762/95 – www.bverfg.de (Veröffentlichung eines sozialkritischen Fotos der Firma Benetton durch das Magazin *Stern*. Insofern nicht vertretbar das Urteil des BGH v. 15.11.2001 – I ZR 275/99 – VersR 2002, S. 456 ff. „Benetton II").

671 Hier 50.000,- DM, vgl. KG Berlin, Beschl. v. 24.8.2001 – 5 W 53/01 –.

8.8.2 Maßgebliche Rechtsprechung

8.8.2.1 Bericht über neue Laser-Operationsmethode

Urteil

Die Presse darf über eine neue Laser-Operationsmethode sowie über deren Risiken und die Erfolgsquote berichten, sofern diese Angaben sachlich richtig und nicht irreführend sind. Der Beitrag darf auch ein Foto desjenigen Augenarztes enthalten, der diese neue Operationsmethode anwendet.

Der Europäische Gerichtshof für Menschenrechte 2002 [672]

Aus den Urteilsgründen

Der Artikel bezog sich auf eine neue Laser-Operationsmethode zur Behandlung der Fehlsichtigkeit. Er klärte damit die Bevölkerung über ein Thema auf, das von allgemeinem medizinischen Interesse war und hinsichtlich Sprache und Form geeignet war, eine breite Öffentlichkeit zu informieren.

Der Bericht kann durchaus einen Werbeeffekt für den Arzt und seine Praxis haben, das war aber gemessen am Hauptinhalt des Artikels zweitrangig.

Eine berufsgerichtliche Geldbuße von 2.000,- DM, die wegen eines solchen Artikels gegen den Augenarzt festgesetzt wird, ist angesichts der Meinungsfreiheit und der wichtigen Aufgaben der Presse nicht verhältnismäßig und „in einer demokratischen Gesellschaft" zum „Schutz der Gesundheit" und zum „Schutz der Rechtsander" nicht „notwendig".

[672] EGMR Strassburg, Urt. v. 17.10.2002 – 37928/97 – (Dr. Stambuk/Deutschland), NJW 2003, S. 497 ff.

8.8.2.2 Bezeichnung als „Spezialisten“ durch die Presse

Urteil

Die Darstellung sogenannter „ärztlicher Spezialisten“ durch das Nachrichtenmagazin *Focus* ist zulässig. Es besteht ein sachlich begründetes Bedürfnis der Allgemeinheit, von der Presse über spezialisierte, besonders qualifizierte Fachärzte in einer Ärzteliste unter namentlicher Nennung informiert zu werden. Soweit mit der Nennung der empfohlenen Spezialisten notwendigerweise ein Werbeeffekt für den Arzt verbunden ist, hat das Grundrecht auf Meinungs- und Pressefreiheit Vorrang vor dem ärztlichen Werbeverbot.

Oberlandesgericht München 1998 [673]

Sachverhalt

Die Landesärztekammer Bayern klagte gegen das Nachrichtenmagazin *Focus* wegen der erneuten Veröffentlichung einer Ärzteliste. *Focus* hatte bereits 1993 eine Ärzteliste unter dem Titel „*Die besten Ärzte*“ veröffentlicht. Diese Liste war vom Bundesgerichtshof zu Recht als wettbewerbswidrig eingestuft worden.[674]

Die neue Ärzteliste unterschied sich von der zuvor verbotenen Liste dadurch, dass die Ärzte nicht mehr als die *Besten* ihres Fachgebietes qualifiziert, sondern von der Redaktion lediglich als *Spezialisten* bezeichnet wurden. Titel und Untertitel lauteten „*Die große Ärzte-Liste, 750 Empfehlungen, Spezialisten aus 67 Fachrichtungen. Die Suche nach einem Spezialisten überfordert Patienten in der Not. Jetzt bietet FOCUS eine Hilfe: Den Ärzteführer für Deutschland.*“

Das Magazin stellte seine Vorgehensweise und die Auswahlkriterien vor. Aufgrund von Empfehlungen durch Kollegen und Selbsthilfegruppen sowie aufgrund seines Rufes als Kliniker oder Wissenschaftler wurde für den jeweiligen Arzt eine Bewertung bis zu drei Punkten abgegeben. Das Oberlandesgericht München hielt diese Ärzteliste für zulässig.

Aus den Urteilsgründen

Dem Leser wurde keine anpreisende Bestenliste präsentiert. Die verwendeten Beurteilungskriterien waren nachvollziehbar dargelegt und auch nicht ungeeignet für die Beurteilung. Im übrigen besteht wegen der zunehmenden Differenzierung der ärztlichen Kunst ein sachlich begründetes Informationsbedürfnis der Allgemeinheit.

---

673 OLG München, Urt. v. 12.11.1998 – 29 U 3251/98 – (rechtskräftig), MedR 1999, S. 76.
674 Vgl. hierzu Kapitel 10.4.5, S. 260.

„Wissen Sie nicht einen guten Arzt?" oder
„Können Sie mir nicht einen erfahrenen Spezialisten empfehlen?"
sind Fragen, die jeder aus seinem Bekanntenkreis kennt
und die der Allgemeinarzt hört, wenn es darum geht,
einen Patienten zum Facharzt zu überweisen.

Der mit der Serie verbundene Werbeeffekt ist eine nicht vermeidbare Begleiterscheinung, nicht jedoch eines der Ziele der Veröffentlichung. Daher hat die durch das Grundgesetz geschützte Aufgabe der Presse, die Öffentlichkeit über eine Angelegenheit von allgemeiner Bedeutung zu informieren, Vorrang gegenüber dem berufsrechtlichen ärztlichen Werbeverbot.[675]

Stellungnahme

Die Entscheidung des OLG München ist richtig. Sie wurde vom **Bundesgerichtshof** indirekt **bestätigt**, indem die von der Landesärztekammer eingelegte Revision – mangels Aussicht auf Erfolg – nicht angenommen wurde.[676] Damit ist das Urteil des Oberlandesgerichts **rechtskräftig** geworden.

Der Verbraucher ist insbesondere aus dem Bereich der Warentests daran gewöhnt, dass unterschiedliche Tests gleicher Produkte zu unterschiedlichen Bewertungen führen können. Es ist daher höchste Zeit, das antiquierte Bild des unmündigen, flüchtigen und unkritischen Verbrauchers als Grundlage für die Beurteilung von Werbe- und Wettbewerbshandlungen abzulegen.[677]

8.8.2.3 Bericht über Robotereinsatz in der Orthopädie

Urteil

Eine Zeitschrift darf über den Einsatz von Robotern bei Hüftoperationen berichten und hierbei die Tätigkeit verschiedener Operateure in Wort und Bild darstellen. Die genannten Ärzte müssen sich für einen solchen Bericht kein Überprüfungsrecht vorbehalten. Dies gilt auch dann, wenn der Artikel mit „reißerischen Formulierungen" beginnt und die Abläufe der Operation in nicht ausschließlich sachlicher Weise dargestellt werden.

Oberlandesgericht München 2000 [678]

675 OLG München, Urt. v. 12.11.1998 – 29 U 3251/98 – MedR 1999, S. 76.
676 Nichtannahmebeschluss des BGH vom 22.9.1999 – I ZR 9/99 – (nicht veröffentlicht).
677 *Barth*, MedR 1999, S. 79 (Anmerkung zu OLG München, Urt. v. 12.11.1998 – 29 U 3251/98 – MedR 1999, S. 76).
678 OLG München, Urt. v. 19.10.2000 – 29 U 2664/00 –.

Sachverhalt und Urteilsgründe

Die Zeitschrift *Focus* veröffentlichte einen Artikel mit der Überschrift „*Medizin-Hoher Preis für Präzision*".[679] In diesem Artikel kamen ärztliche Befürworter und Kritiker des Robotereinsatzes – teilweise mehrmals – namentlich zu Wort. Mitgeteilt wurde auch, dass ein **namentlich genannter Arzt** einen entsprechenden Roboter für Hüftgelenk-Implantationen im Wert von 1 Million DM angeschafft habe. Ferner wurde ein Arzt benannt, der auf diesem Gebiet angeblich die meiste Erfahrung habe.

Die Ärztekammer hatte mit ihrem Vorwurf gegen *Focus*, das Magazin betreibe zugunsten der Ärzte unzulässige Werbung, keinen Erfolg. Im Vordergrund stand nach Auffassung des Oberlandesgerichts die redaktionelle Zielsetzung und nicht eine berufswidrige Werbung zugunsten der Ärzte: Das die Allgemeinheit interessierende Thema des stark zunehmenden Einsatzes von OP-Robotern in der Orthopädie dürfe dargestellt und zugleich einer kritischen Würdigung unterzogen werden. Selbst die Illustrierungen, die Namensnennungen und eine etwas „anreißerische" Einführung in die Materie zielten nicht erkennbar auf eine Werbewirkung zugunsten der Ärzte ab:

Das Magazin hat sich lediglich der entsprechenden journalistischen Mittel bedient, um die Abhandlung insgesamt aktueller und lebendiger erscheinen zu lassen.

Etwaige Aussagen der Ärzte halten sich im Rahmen der zulässigen Mitwirkung von Ärzten an aufklärenden Presseveröffentlichungen.[680]

---

679 *Focus* Ausgabe Nr. 2/1999, S. 107.
680 OLG München, Urt. v. 19.10.2000 – 29 U 2664/00 –.

8.8.2.4 Medizinischer Beitrag auf einfachem Niveau

Urteil

Der Verfassungsgesetzgeber will auch dem einfachen und ungebildeten Menschen Gelegenheit geben, als Leser an der Meinungsbildung zu komplizierten und heiklen Themen teilzunehmen. Dafür nimmt er in Kauf, dass die Presse bei der Behandlung medizinischer Themen auf das Niveau solcher einfachen Leser herabsteigt, die nach ihrem persönlichen Zuschnitt und Bildungsgrad in der FAZ nicht erreicht werden könnten.

Oberlandesgericht Stuttgart 1987 [681]

Aus den Urteilsgründen

Der Bericht enthält in seinem ersten Teil sicher Sympathiewerbung für den Arzt, das, was im Journalismus als „humantouch" bezeichnet wird. Zum Vergleich mag die Darstellung eines Politikers dienen, soweit dieser in Wort und Bild als Familienvater, Kirchenmann usw. herausgestellt wird. Eben diesem „human touch" dienen auch die im „Q.-"Artikel abgedruckten illustrierenden Bilder. Im zweiten Teil, in dem auch der Arzt selbst ausführlich zu Wort kommt, werden dessen medizinische und pflegerische Prinzipien dargestellt, durchaus sachbezogen, aber abgestellt auf das Niveau des durchschnittlichen „Q."-Lesers und ebenfalls eingekleidet in den „human touch".

Der Bericht weist damit zwar objektiv werbenden Charakter auf, nicht jedoch ungebührlich werbenden Charakter. Wenn es darum geht, ob das Thema der für richtig gehaltenen Krebsbehandlung dem ungebildeten Teil des vom Krebs bedrohten Publikums nahegebracht oder vorenthalten wird, dann hat die Meinungsfreiheit den Vorrang vor der Frage, ob der Arzt in Berufskleidung abgebildet werden darf oder ob er in Kauf nehmen darf, dass bei dieser Meinungsbildung auch auf seine Praxis lobend hingewiesen wird.

---

681 OLG Stuttgart, Urt. v. 8.7.1987 – 4 U 26/87 – MedR 1988, S. 38 ff.: Ein Belegarzt einer Privatklinik hatte einer Illustrierten ein Interview über seine beruflichen Bestrebungen und über die von ihm für richtig gehaltene Krebsbehandlung gegeben. Der hierauf erschienene Pressebericht enthielt Fotos, die den Arzt teilweise in Berufsbekleidung und in Ausübung seiner ärztlichen Tätigkeiten zeigen. Der Bundesgerichtshof hatte diesen Beitrag noch für werbe- und wettbewerbswidrig gehalten und zur Entscheidung an das OLG Stuttgart zurückverwiesen, welches sich – wie das Bundesverfassungsgericht – bis zum heutigen Tage durch eine liberale Haltung zum ärztlichen Werberecht auszeichnet. Das OLG hatte sich unter Beachtung des kurz zuvor ergangenen Urteils des Bundesverfassungsgerichts zur Hackethal-Biographie (vgl. Kapitel 8.7.2.3, S. 161 ff.) zwar etwas herablassend über die sogenannte Regenbogenpresse und deren Leserschaft geäußert, jedoch „auch diesen" das Recht der Presse- und Informationsfreiheit zugestanden.

Ein Überwiegen des Werbeverbotes würde im gegebenen Fall bedeuten, die Diskussion oder Meinungsbildung über Krebs dem gebildeten Publikum vorzubehalten, das darüber nicht gern im Illustriertenstil unterrichtet wird, das ungebildete, vom Krebs ebenso bedrohte Publikum, das nur mit der Illustrierten erreicht werden kann, aber darauf zu verweisen, unter Verzicht auf eine eigene Meinung vertrauensvoll dem Rat des Arztes zu folgen, an den es gerät.

Das wäre der Stil einer vergangenen Zeit, dessen Vortrefflichkeit man durchaus anerkennen kann und dessen Verschwinden man mit guten Gründen bedauern mag. Es wäre aber nicht die Ordnung des Grundgesetzes. Es macht die Mündigkeit des Bürgers nicht von seinem Bildungsgrad abhängig und ruft auch die einfachen und einfachsten Kreise dazu auf, sich über wichtige Dinge eine eigene Meinung zu bilden und danach zu handeln.[682]

8.8.2.5 Der Arzt im Rahmen kritischer Berichterstattung

Urteil

Ein Arzt muss einen Pressebericht nicht überprüfen oder unterbinden, wenn er zuvor Gegenstand einer kritischen Presseberichterstattung über seine Person oder seine Heilmethoden war. Dies gilt auch dann, wenn dieser Bericht einen Werbeeffekt enthalten mag. Denn in dem Verbot, einen entsprechenden Presseartikel zuzulassen, liegt eine ungerechtfertigte Einschränkung der Grundrechte auf freie Berufsausübung und Meinungsäußerung.

Das Bundesverfassungsgericht 1992 [683]

Sachverhalt

In einem Artikel der Zeitschrift *Bild der Frau* waren zwei Beiträge über den Arzt erschienen. Neben einer redaktionellen Einleitung enthielten diese Beiträge Äußerungen von Patienten, die dem Arzt und seiner Krebsbehandlung uneingeschränktes Lob spendeten. Der Bericht enthielt Photos des Arztes in Berufskleidung. **Anlass** für diesen Artikel war ein zuvor im *Stern* erschienener **kritischer Beitrag** über den Arzt und eine daraufhin veranlasste Recherche durch die Redaktion der Zeitschrift *Bild der Frau*. Die Journalistin hatte mit Einverständnis des Arztes mehrere Tage in dessen Klinik gewohnt und Gespräche mit den Patienten geführt.

---

682 OLG Stuttgart, Urt. v. 8.7.1987 – 4 U 26/87 – MedR 1988, S. 38 ff.

683 BVerfG, Beschl. v. 11.2.1992 (Hackethal) – 1 BvR 1531/90 – NJW 1992, S. 2341.

Der Arzt hatte von der Journalistin weder die Vorlage des Manuskripts verlangt noch hatte er sich die Genehmigung des Artikels vorbehalten. Dies sei – so die Journalistin – unüblich und wäre von ihr nicht akzeptiert worden. Aufgrund dieses Beitrags war eine Vereinigung gegen unlauteren Wettbewerb gegen den Arzt wegen berufswidriger Berichterstattung vorgegangen.[684] Die beim Bundesverfassungsgericht eingelegte Verfassungsbeschwerde des Arztes hatte Erfolg.

Aus den Urteilsgründen

Die vom Bundesgerichtshof aufgestellte Forderung, Presseberichte vorher darauf zu prüfen, ob nach Art und Inhalt der Information oder bei Berücksichtigung der Gegebenheiten auf Seiten der Adressaten die Möglichkeit eines Berichts mit werbendem Charakter nicht ganz fern liege, ist unzumutbar.[685] *Der Arzt dürfte danach mit der Presse nur unter Bedingungen Kontakt aufnehmen, die für die Presse in der Regel unannehmbar sind.*

Dadurch verliert der Arzt nicht nur die Möglichkeit, die Presse im allgemeinen über seine berufliche Tätigkeit zu informieren. Er könnte sich auch nicht gegen vorangegangene Presseartikel verteidigen.

Das Urteil verletzt nicht nur das Grundrecht auf freie Berufsausübung, sondern auch das Grundrecht auf freie Meinungsäußerung. Denn der Arzt kann die ihm auferlegte Verpflichtung nur erfüllen, indem er entweder jegliche Mitwirkung an Illustriertenberichten verweigert oder die Mitwirkung von der vorherigen Vorlage und Genehmigung des Manuskripts abhängig macht. Der Arzt ist auf diese Weise nicht in der Lage, autonom zu bestimmen, ob er sich gegenüber der Presse äußert. Wird die Bedingung, das Manuskript vor der Veröffentlichung zur Genehmigung vorzulegen, nämlich von der Presse zurückgewiesen, muss er Äußerungen dieser gegenüber unterlassen, und zwar ohne Rücksicht auf die näheren Umstände.[686]

---

[684] Das Landgericht hatte die beantragte Verfügung abgelehnt, das OLG hatte sie auf Berufung des Vereins jedoch erlassen und den Arzt wegen berufswidriger Werbung zur Unterlassung verurteilt.

[685] *Duldungen beziehen sich auf das Verhalten Dritter. Wer zur Unterlassung einer Duldung verurteilt wird, muss folglich gegen Dritte einschreiten. Duldungsverbote begründen also Handlungspflichten.*

[686] BVerfG, Beschl. v. 11.2.1992 – 1 BvR 1531/90 – NJW 1992, S. 2341.

8.8.2.6 Unkenntnis des Arztes vom Pressebericht

Urteil

Weiß ein Arzt nichts von dem Pressebericht über ihn, so kann er keinen Verstoß gegen standesrechtliche Werbebeschränkungen begehen. Es fehlt dann auch an einem Verstoß gegen das Wettbewerbsrecht.
Demnach kann ein Presseorgan an einem wettbewerbswidrigen Verhalten nicht objektiv mitgewirkt haben, da es an einem solchen fehlt.

Bundesgerichtshof 1989 [687]

Aus den Urteilsgründen

Wird über Möglichkeiten und Ergebnisse kosmetischer Operationen zur Verbesserung des Aussehens berichtet, so kann die mehrfache Erwähnung eines Arztes unter Verwendung seines Bildes in dem Artikel zwar objektiv werbend wirken. Allerdings wird diese Darstellung typischerweise eher dazu dienen, den Beitrag für den Leser durch Äußerungen eines tatsächlich existierenden Fachinformanten anschaulicher, lebendiger und überzeugungskräftiger zu gestalten.
Insoweit fehlt eine Wettbewerbsförderungsabsicht, die einen Unterlassungsanspruch begründen könnte.[688]

687 BGH, Urt. v. 12.10.1989 – I ZR 29/88 – NJW 1990, S. 1529.

688 *Etwas anderes gilt nur, wenn – unabhängig von den Werberegelungen des ärztlichen Standesrechts – der Pressebericht zugleich gegen gute wettbewerbsrechtliche Sitten verstößt. Dies ist der Fall, wenn er entweder eine in redaktionell aufgemachter Form verdeckte Werbung des Arztes enthält oder in anreißerischer, übertreibender oder verzerrender Form Verdienste eines Arztes in den Vordergrund stellt, die mit dem allgemeinen sittlichen Empfinden unvereinbar erscheint*, BGH, Urt. v. 12.10.1989 – I ZR 29/88 – NJW 1990, S. 1529.
Ein Arzt, der auf eigene Initiative durch eine Pressemappe, ergänzende Gespräche und Überlassung von Fotos zu Presseberichten beiträgt, die sich in Frauenzeitschriften als getarnte Werbung für den Arzt herausstellen, kann daher auf Unterlassung verklagt werden, so das OLG München, Urt. v. 14.10.1999 – 29 U 2352/99 – GRUR 2000, S. 1100, vgl. zu diesem Urteil Kapitel 10.6.10.7, S. 301.

8.9 Besondere Dienstleistungen / Werbemaßnahmen

8.9.1 Grundlagen

Ärzte dürfen neben ihrem fachlich-medizinischen Leistungsangebot auch **weitere Dienste** und **patientenorientierte Serviceleistungen** anbieten. So darf in der Arztpraxis beispielsweise eine **Kinderecke** eingerichtet und dafür auch geworben werden. Immerhin ist die Möglichkeit der Unterbringung von Kleinkindern für Eltern oft ebenso wesentlich, wie die Parkmöglichkeit vor der Arztpraxis oder ein Aufzug für gehbehinderte Patienten. Ärzte dürfen auch einen **Fahrdienst** einrichten und – etwa ältere Patienten – von zu Hause abholen und wieder zurückbringen. All dies sind **unternehmerische Entscheidungen** als Teil eines patienten- und dienstleistungsorientierten Auftretens.

Kein Konkurrent, der diesen Aufwand selbst scheut, kann seinen Kollegen unter Berufung auf berufswidriges Werbeverhalten diese Dienstleistungen verbieten.[689] Auch die **Musterberufsordnung** enthält an **keiner Stelle** das **Verbot, weitere Dienstleistungen anzubieten**. Selbstverständlich darf der Arzt diese Dienstleistungen auch ankündigen, also hierfür **sachlich werben**. Etwas anderes gilt nur für Selbstverständlichkeiten[690] oder nicht mehr rein berufsbezogene Serviceleistungen. (So wäre es wohl nicht mehr zulässig, mit kostenloser Verpflegung in einer Arztpraxis zu werben, wenngleich diese natürlich angeboten werden kann.)[691]

Ärzte können **Veranstaltungen** sowohl für die eigenen als auch für potentielle Patienten anbieten und dürfen hierfür entsprechend werben.[692] Dazu zählen **medizinische Informationsveranstaltungen** aller Art in Form von **Vorträgen** und **Seminaren.** Zulässig ist ferner die Veranstaltung von **Sportabenden** oder **Kunstausstellungen**[693] mit entsprechenden **Vernissagen** in der eigenen Praxis. Offiziell zulässig ist mittlerweile auch ein **Tag der offenen Tür** für die Arztpraxis.[694] Ärzte dürfen ferner an die eigenen Patienten auch **Geburtstagsglückwünsche** übersenden.[695]

Noch **nicht** endgültig **geklärt** ist die Frage, ob und inwieweit es zulässig ist, in einer Arztpraxis bestimmte Medizinprodukte, Arzneimittel, sonstige Hilfsmittel oder auch Vitaminprodukte bzw. kosmetische Produkte abzugeben. Das **OLG Köln**

---

689 Vgl. hierzu auch Kapitel 9.4.3, S. 214.

690 Vgl. hierzu Kapitel 10.2.5, S. 237 ff.

691 Zur zulässigen Seminar-Einladung einer Anwaltskanzlei mit kostenlosem Imbiss vgl. BGH, Urt. v. 1.3.2001 – 1 ZR 300/98 – GRUR 2002, S. 84.

692 Ebenso *Schulte*, S. 154.

693 Ausdrücklich erlaubt nach Nr. 3.3.4 Auslegungsgrundsätze BÄK zu §§ 27 ff. MBO vom 10.9.2002.

694 Nr. 3.3.1 Auslegungsgrundsätze BÄK zu §§ 27 ff. MBO vom 10.9.2002.

695 Nr. 3.3.1 Auslegungsgrundsätze BÄK zu §§ 27 ff. MBO vom 10.9.2002. Nach Ansicht der Bundesärztekammer dürfen in diesem Falle jedoch Hinweise auf das eigene Leistungsspektrum beigefügt werden. Dafür ist kein triftiger Grund ersichtlich.

hatte es beispielsweise einem Arzt mit Schwerpunkt Diabetes-Behandlung untersagt, **Diabetes-Teststreifen** vorzuhalten und an die Patienten gegen eine schriftliche Bestätigung auszugeben.[696] Demgegenüber hatte die **AOK Bayern** die Diabetologen ausdrücklich aufgefordert, die Blutzuckerteststreifen direkt über die AOK zu beziehen, um die Versorgung einfacher und kostengünstiger zu gestalten.[697] Die Urteile des Bundesgerichtshofes zum „verkürzten Versorgungsweg"[698] und des Bundesverfassungsgerichts zum „Versandhandel der Apotheker"[699] sowie die anstehenden Gesundheitsreformen lassen auch in diesem Punkt eine Öffnung der bisherigen berufsrechtlich normierten Trennung zwischen Heilberuf und Gewerbe erwarten. Solange diese Frage nicht höchstrichterlich oder gesetzlich entschieden ist, wird sich die Ärzteschaft an dem – durchaus sinnvollen – Verbot der gewerblichen Tätigkeit im Zusammenhang mit der Berufsausübung festhalten lassen müssen.[700]

8.9.2 Informationen für ärztliche Kollegen

Ärzte dürfen andere Ärzte über ihre Qualifikationen und über ihr Leistungsangebot umfassend informieren.[701]

Inhalt, Darstellung und Kommunikation dieser Informationen unterliegen hierbei **keinen Beschränkungen**.[702] Denn das Hauptargument für ärztliche Werbebeschränkungen – Schutz vor Gesundheitsgefährdungen und vor Verunsicherung der Patienten[703] – betrifft die eigenen ärztlichen Kollegen nicht. Diese wissen die medizinischen Informationen richtig einzuordnen. Ein Facharzt für Chirurgie, der sich auf kosmetische Chirurgie spezialisiert hat, darf seine umfangreiche Praxisbroschüre daher auf einem ärztlichen Fachsymposium auslegen. Denn Zweck der Wer-

---

696 OLG Köln, Urt. v. 22.11.2002 – 6 U 77/02 – www.justiz.nrw.de. Gegen dieses Urteil wurde Revision eingelegt, so dass es sich an dieser Stelle erübrigt, hierauf vor Abschluss des Rechtsweges weiter einzugehen.
Auch das OLG Stuttgart hatte es einem Hersteller von Arzneimitteln und diätetischen Lebensmitteln unter Berufung auf die ärztliche Berufsordnung untersagt, die Ärzte zur Verbesserung ihres Einkommens aufzufordern, in der Nähe der Praxis einen sog. **Vital Shop** einzurichten und den Patienten die dort angebotenen Waren und Dienstleistungen zu empfehlen, OLG Stuttgart, Urt. v. 23.8.1996 – 2 U 120/96 – MedR 1997, S. 175 ff.

697 Ärztezeitung v. 4.2.2003 „AOK steigt in Lieferung von Teststreifen ein."

698 Vgl. hierzu Kapitel 8.9.5.3, S. 185.

699 BVerfG, Beschl. v. 11.2.2003 – 1 BvR 1972/00 – www.bverfg.de.

700 Vgl. hierzu auch Kapitel 10.5.3, S. 274 ff.

701 So früher ausdrücklich Kapitel D I Nr. 1 MBO 2000, heute gestrichen.

702 Das Bundesverfassungsgericht entschied bereits im Jahre 1993, dass es zulässig ist, in Briefen an andere Ärzte weitere Angaben zu machen, als die Berufsordnung dies erlaubt, so z.B. „CT" oder „Nuklearmedizin", BVerfG, Beschl. v. 21.4.1993 – 1 BvR 166/89 – MedR 1993, S. 348.

703 Vgl. hierzu Kapitel 9.3.2, S. 210 ff.

bebeschränkungen ist die Gewährleistung des Patientenschutzes. Dem zu Folge ist die Werbung von Ärzten gegenüber anderen Personen als Patienten, insbesondere gegenüber Kollegen, von dieser Vorschrift nicht erfasst.[704]

Zu den kollegeninternen Informationen gehören auch **(Bild-)Berichte** in solchen Medien, die sich hauptsächlich an Ärzte wenden, etwa **Fachzeitschriften** oder die Kommunikationsmöglichkeiten durch das **Intranet**.

Zulässig ist sowohl eine örtliche als auch eine **überörtliche Information der Kollegen.** Gegenteiliges ergibt sich weder aus der Musterberufsordnung noch aus dem Wettbewerbsrecht.[705] **Innerhalb der ärztlichen Fachkreise** darf im übrigen auf Behandlungen oder Verfahren für diejenigen schweren Krankheiten hingewiesen werden, die nach dem HWG gegenüber dem „Laienpublikum" für Informationswerbung ausgeschlossen sind.[706] Zulässig ist ferner die Mitteilung über einzelne **neu eingeführte Untersuchungsmethoden**. Auch **Hinweise auf Standarduntersuchungen** und **auf die Art und Weise der Ausführung**, etwa auf besonders sorgfältige oder schnelle Bearbeitung, sind innerhalb der Ärzteschaft zulässig.[707]

Zulässig ist schließlich die **Empfehlung ärztlicher Kollegen.**[708]

Innerhalb der Ärzteschaft gilt das **Heilmittelwerbegesetz** nur hinsichtlich derjenigen Verbote, die sich auch auf die Fachkreise beziehen.[709] **Untersagt** ist jedoch auch innerhalb der Kollegenschaft eine **falsche** oder **irreführende** Darstellung der eigenen Tätigkeit.[710]

Insgesamt ist bei der Information und Werbung innerhalb von Fachkreisen darauf abzustellen, ob durch diese Kundgaben die gesundheitlichen Interessen der Patientenschaft berührt sind.[711] Dies wird wohl kaum der Fall sein.

---

704 LG Berlin, Urt. v. 30.1.2003 – 16 O 561/02 –.

705 So auch *Piper*, S. 456; a.A., aber nicht nachvollziehbar *Ratzel/Lippert*, S. 218, die das Informationsrecht räumlich auf das Einzugsgebiet der Praxis beschränken wollen. Dies widerspricht nicht nur dem Wortlaut, sondern auch der Rechtsprechung des BGH, der in einem anderen Fall eine örtliche Begrenzung von Laborbotendiensten für unzulässig hielt, vgl. BGH, Urt. v. 13.6.1996 – I ZR 114/93 – GRUR 1996, S. 789.

706 Vgl. hierzu Kapitel 10.6.9, S. 297 ff.

707 So auch *Piper*, S. 456; a.A. *Ratzel/Lippert*, S. 218. Diese Information mag für manche Kollegen zwar selbstverständlich und überflüssig sein, andere Ärzte mögen hingegen aufgrund negativer Erfahrungen mit Kollegen auch auf solche Informationen wert legen. Schliesslich darf es der Kompetenz und Einschätzung der ärztlichen Kollegen überlassen bleiben, angesichts ihrer eigenen Fachkenntnisse und Erfahrungen solche Äußerungen entsprechend zu bewerten. Hierzu bedarf es keiner Prüfung durch die Ärztekammern oder Kollegen.

708 Zur Empfehlung von Ärzten gegenüber Patienten vgl. Kapitel 8.9.4, S. 181 ff.

709 Vgl. hierzu Kapitel 10.6.4, S. 283 ff.

710 Vgl. hierzu umfassend Kapitel 10.2, S. 220 ff.

711 So auch *Laufs*, S. 143, Rn. 14.

8.9.3 Die Zulässigkeit von Recall-Systemen / Erinnerungsschreiben

8.9.3.1 Grundlagen

Ärzte dürfen ihre Patienten durch ein sogenanntes **Recall-System** in **unaufdringlicher** Weise an weitere **Untersuchungs- oder Behandlungstermine erinnern**. Ein Verbot des Recall-Systems ergibt sich aus keiner Vorschrift der Musterberufsordnung oder des Kassenarztrechts. Ganz im Gegenteil liegt die sachliche Erinnerung an weitere notwendige Arzttermine **im besonderen Interesse der Gesundheit der Patienten,** die zu erhalten und zu schützen gerade die Berufspflicht der Ärzte ist:

> Der Arzt dient der Gesundheit des einzelnen Menschen und der Bevölkerung. Der Arzt hat seinen Beruf gewissenhaft auszuüben und dem ihm bei seiner Berufsausübung entgegengebrachten Vertrauen zu entsprechen.[712]

Sofern die **Patienten** eine Wiedereinbestellung ausdrücklich **wünschen** und eine entsprechende Erklärung unterzeichnet haben, ist dies ohne weiteres zulässig.[713]

Eine **schriftliche Einwilligungserklärung der Patienten** ist jedoch **nicht erforderlich**. Denn bereits die Einwilligung in die ärztliche Behandlung (die ja typischerweise auch nicht schriftlich erfolgt) beinhaltet **konkludent** die Einwilligung zur Erinnerung an weitere Arzttermine.

Es ist im übrigen schwer vorstellbar, dass Patienten auf ärztliche Erinnerungsschreiben negativ reagieren könnten. Patienten werden es vielmehr als besonderen Service der Arztpraxis zu schätzen wissen, wenn sie rechtzeitig an notwendige Termine erinnert werden.[714] Etwas anderes gilt nur in dem **Ausnahmefall**, dass eine Behandlung vom Patienten **abgebrochen** oder **endgültig beendet** wird und den Kontakt zur Arztpraxis ausdrücklich nicht mehr wünscht. Dann dürfen auch keine weiteren Erinnerungsschreiben übersandt werden. Dies ergibt sich aus § 7 MBO, wonach die ärztliche Behandlung unter **Achtung des Willens der Patienten** zu erfolgen hat. **Grenzen** ergeben sich ferner, wenn die Erinnerungsschreiben **aufdringlich** gestaltet oder geeignet sind, beim Leser **Ängste** um die eigene Gesundheit **hervorzurufen**.

---

712 §§ 1 und 2 MBO.

713 So heute ausdrücklich Nr. 3.3.1 der Auslegungsgrundsätze BÄK zu §§ 27 ff. MBO vom 10.9.2002.

714 Dies ergab eine Umfrage unter Patienten, wonach sich viele der Befragten nicht ausreichend über die medizinischen Vorsorgemöglichkeiten informiert fühlten und sich durch rechtzeitige Erinnerung dazu motivieren lassen würden, regelmäßige Untersuchungen wahrzunehmen, vgl. Ärztezeitung vom 15.11.2002: „*Patienten wollen von Ärzten Infos über Vorsorge*".

Abgesehen davon dürfen Patienten immer dann an weitere Arztbesuche erinnert werden, wenn es aus Sicht des Arztes zur Heilung oder Erhaltung der Gesundheit ihrer Patienten erforderlich oder geboten ist. Dies gilt beispielsweise für die Erinnerung an weitere **Impftermine**, bestimmte **Vorsorgeuntersuchungen** oder an sonstige **notwendige medizinische Folgebehandlungen**.

8.9.3.2 Die Nachteile einer fehlenden Erinnerung

Die **gegenteilige Auffassung** der meisten Ärztekammern ist aus rechtlicher und medizinischer Sicht **nicht haltbar**: So gewährleistet beispielsweise eine unvollständige Impfung einerseits nicht den gewünschten Impfschutz und stellt andererseits dann eine **unnötige Gesundheitsbelastung** dar, wenn die gesamte Impfbehandlung von neuem begonnen werden muss. Im übrigen bedeutet eine unvollständige Behandlung eine **finanzielle Belastung** für den Patienten beziehungsweise für die Krankenkasse, da der gewünschte Erfolg nicht eintritt und die Erstimpfung unter erneuten Kosten wiederholt werden muss. Hinsichtlich einer unterlassenen Aufklärung über eine notwendige Impfung besteht für den Arzt sogar ein erhebliches Haftungsrisiko![715]

Dieser Gefahr finanzieller und gesundheitlicher Belastungen ist dadurch zu begegnen, dass die Patienten an weitere Arzt- oder Impftermine erinnert werden. Daher ist auch die Erinnerung an **medizinisch notwendige Krebsvorsorgeuntersuchungen**, die nach dem gesetzlichen Leistungskatalog von den Krankenkassen zu bezahlen sind, nicht mehr nur Service oder Werbemaßnahme, sondern sogar Ausübung der ärztlichen Verantwortung und Fürsorgepflicht![716]

Nehmen Patienten bestimmte Termine nicht wahr, riskieren sie im übrigen auch den Verlust gesetzlich vorgesehener Vorteile. So wird etwa bei einmaliger Versäumnis einer regelmäßigen zahnärztlichen Untersuchung die Vergünstigung bei den **Eigenanteilskosten für Zahnersatzleistungen** für die folgenden fünf Jahre nicht mehr gewährt.[717]

8.9.3.3 Erinnerungsschreiben an Nicht-Patienten

Es ist auch zulässig, diejenigen Personen, die noch keine Patienten der Arztpraxis sind, über bestimmte Vorsorgemaßnahmen, Impfleistungen oder sonstige ärztliche Leistungen zu informieren. Warum sollten die Krankenkassen auf Vorsorgeunter-

---

715 *Deutsch*, VersR 2003, S. 801 ff. m.w.N. zur arzthaftungsrechtlichen Rechtsprechung.

716 Für Impfungen ebenso *Deutsch*, VersR 2003, S. 801 ff. m.w.N.

717 § 30 II SGB V.
Es ist daher nicht verständlich, weshalb die Ärztekammern das Recall-System noch immer als anpreisende Werbemaßnahme beurteilen, anstatt das Engagement ihrer ärztlichen Mitglieder zu begrüßen und ihnen insoweit sogar Hilfestellung zu leisten!

suchungen hinweisen dürfen, die hierfür zuständigen Ärzte jedoch nicht – beispielsweise in einer Zeitungsanzeige? Hierbei kommt es jedoch stets auf die individuelle Ausgestaltung der jeweiligen Informations- und Werbemaßnahme an. Solange das Recall-System in sachlicher Weise erfolgt und jegliche Anpreisung der Arztpraxis oder des Arztes unterbleibt, ist es rechtlich uneingeschränkt zulässig.

Eines ist jedoch selbstverständlich **unzulässig** und wäre in strafrechtlicher Hinsicht sogar als **Abrechnungsbetrug** zu bewerten: Nämlich die **Abrechnung** von Erinnerungsschreiben oder Erinnerungsanrufen, etwa durch Berechnung der **Beratungsgebühr**. Denn die bloße Erinnerung an einen Arzttermin ist ein **Service** und **keine ärztliche Beratung**!

8.9.4 Die Empfehlung von ärztlichen Kollegen oder Kliniken

In Kliniken und Arztpraxen erhalten Patienten nicht immer die erbetene Empfehlung für einen weiterbehandelnden Arzt, da Ärzte vielfach befürchten, hierduch berufswidrig zu handeln. Diese Auffassung ist falsch und könnte bei Operationen, sowie bei psychischen oder psychiatrischen Krankheiten schwere Folgen nach sich ziehen.

Ärzte sind grundsätzlich berechtigt,
andere Ärzte oder medizinische Einrichtungen zu empfehlen.

Die **Empfehlung anderer Ärztinnen und Ärzte** ist zunächst eine **subjektive Meinung** und als solche durch die Meinungsfreiheit des Art. 5 GG gedeckt.[718] Das Recht zur Weiterempfehlung bestimmter Ärztinnen und Ärzte ergibt sich ferner aus dem **Grundrecht auf freie Berufsausübung** und **umfassende sachliche Information**:[719] Ärzte dürfen nicht nur über die eigene, sondern auch über externe medizinische Leistungsangebote informieren.

718 Vgl. hierzu Kapitel 3.1.4, S. 23 ff.
Umgekehrt wäre ebenso eine sachlich berechtigte Kritik der Kollegen vom Recht der freien Meinungsäußerung gedeckt. Eine zulässige und richtige Grenze ergibt sich hier lediglich aus dem Prinzip der kollegialen Zusammenarbeit, § 29 MBO: Berufsunwürdig wäre daher eine *unsachliche* Kritik an der Behandlungsweise oder dem beruflichen Wissen eines Arztes. Unzulässig wären ferner herabsetzende Äußerungen über dessen Person.

719 Vgl. hierzu Kapitel 3.1.1, S. 16 ff. und Kapitel 3.1.3, S. 20 ff.

8.9.4.1 Die erbetene Weiterempfehlung als ärztliche Pflicht

Die ärztliche Berufsordnung enthält weitere Hinweise darauf, dass es sogar eine **ärztliche Pflicht** ist, auf **konkrete Anfrage** einen weiterbehandelnden Arzt zu empfehlen: So hat jede medizinische Behandlung unter **Achtung des Willens der Patienten**, insbesondere des Selbstbestimmungsrechts zu erfolgen, § 7 MBO. Wünscht also der Patient von seinem Arzt eine konkrete weiterführende Information – auch über kompetente Fachärzte – so muss der Arzt hierzu Stellung nehmen. Denn wer könnte den Informationsanspruch der Patienten in medizinischer Hinsicht besser befriedigen als die hierfür ausgebildeten Ärzte?[720]

Im übrigen gehört es nach der Musterberufsordnung zur **gewissenhaften Ausübung der ärztlichen Behandlung**, *„rechtzeitig andere Ärzte hinzu zu ziehen, wenn die eigene Kompetenz zur Lösung der diagnostischen und therapeutischen Fähigkeiten nicht ausreicht.*"[721]

Die **Weiterempfehlung** eines Arztes stellt daher, soweit die Weiterbehandlung für den Patienten notwendig ist, auch einen **Teil der ärztlichen Behandlung** dar.[722] Nur mit einer konkreten Weiterempfehlung kann der Arzt damit dem "*ihm im Zusammenhang mit dem Beruf entgegengebrachten Vertrauen .. entsprechen*", wie es die ärztliche Berufspflicht in § 2 Abs. 2 MBO fordert. Dieses Vertrauen bezieht sich nicht nur auf die ärztliche Kompetenz des behandelnden Arztes. Es beinhaltet auch das Vertrauen in die Kenntnisse über geeignete Fachärzte, die eine notwendige Behandlung kompetent weiterführen.

Im übrigen ist es Ärzten ausdrücklich gestattet, mit anderen Fachärzten oder medizinischen Leistungserbringern **Kooperationsgemeinschaften** einzugehen.[723] Will ein Arzt jedoch diesen Schritt nicht unternehmen, so kann er zumindest in Form eines Netzwerkes bestimmte Kollegen empfehlen und wird eventuell umgekehrt ebenso empfohlen werden. All dies kann Ärzten nicht untersagt werden.

8.9.4.2 Die Grenzen der Weiterempfehlung

Eine wesentliche Grenze bei der Empfehlung dritter Ärzte oder Einrichtungen ist jedoch zu beachten: So dürfen sich Ärzte hierfür selbstverständlich weder ein Entgelt noch andere Vorteile versprechen lassen, § 31 MBO. Berufsrechtlich verboten ist ferner die Annahme oder das Versprechen von Geschenken oder anderen Vorteilen, falls hierdurch der Eindruck erweckt wird, dass der Arzt in seiner ärztlichen Entscheidung beeinflusst werden kann, § 30 MBO.

---

720 Voraussetzung ist freilich, dass der Arzt entsprechende KollegInnen mit den gesuchten Fähigkeiten kennt und tatsächlich von deren ärztlichen Eigenschaften überzeugt ist.

721 Abschnitt C Abs. 1 MBO.

722 Allerdings kann sie selbstverständlich keine Schadensersatzpflichten auslösen. Denn für die Behandlung ist stets der behandelnde Arzt selbst verantwortlich.

723 § 30 MBO.

Dem Arzt ist es gemäß § 34 V MBO ferner nicht gestattet, Patienten ohne hinreichenden Grund an bestimmte Ärzte zu **verweisen**. Die Verweisung an bestimmte Ärzte ist aber rechtlich scharf zu trennen von einer Empfehlung! Denn bei einer Empfehlung bleibt dem Patienten stets die Möglichkeit, einen anderen Arzt aufzusuchen und damit sein Grundrecht auf freie Arztwahl auszuüben. Bei einer Verweisung würde demgegenüber schon auf dem Überweisungsschein der Name des Facharztes stehen, zu dem der Patient verwiesen wurde. Dies wäre grundsätzlich unzulässig.

8.9.5 Maßgebliche Rechtsprechung

8.9.5.1 Kostenlose Arzneimittelweitergabe ist kein unlauterer Wettbewerb

Urteil

Ein Arzt (hier Allgemeinarzt) darf im Rahmen seines Praxisbetriebes die von seinen Patienten nicht benötigten Arzneimittel, wenn sie ungeöffnet sind, wieder zurücknehmen und kostenlos an andere Patienten weitergeben. Dieses Verhalten stellt jedenfalls keinen Wettbewerbsverstoß dar.

Oberlandesgericht Hamm 2000 [724]

Aus den Urteilsgründen

Die Weitergabe ungeöffneter Arzneimittel liegt außerhalb des wettbewerbsmäßigen Verhaltens i.S.d. § 1 UWG und kann damit auch nicht an den Regeln des lauteren Wettbewerbs gemessen werden. Selbst wenn objektiv die Arzneimittelabgabe geeignet ist, den Wettbewerb des Arztes zu Lasten seiner Konkurrenten und von Apothekern zu fördern, so fehlt es subjektiv an der Wettbewerbsabsicht des Arztes. Der Arzt will mit seinem Verhalten gegen die Arzneimittelverschwendung protestieren, so dass hier die Meinungsfreiheit nach Art. 5 GG berührt ist.

Stellungnahme

Dieser Sachverhalt ist ungewöhnlich. Der **ärztliche Protest** ist jedenfalls im Rahmen des Wettbewerbsrechts **nicht justiziabel**. Die Entscheidung ist richtig, da der Sachverhalt im **Gesamtkontext** ärztlichen Wirkens zu beurteilen ist: Die **Patienten** fordern vom Arzt oftmals die Verschreibung eines bestimmten Medikaments.

---

724 OLG Hamm, Urt. v. 26.10.2000 – 4 U 112/00 –. Ob durch die ärztliche Maßnahme ein Verstoß gegen das Arzneimittelgesetz vorliegt, wird derzeit gerichtlich geprüft.

Ärzte sind – bei Überschreitung der vorgegebenen Richtgrößen für Arzneimittel – gleichzeitig der **Gefahr eines individuellen Arzneimittelregresses** im Rahmen der sozialrechtlichen Wirtschaftlichkeitsprüfung ausgesetzt.[725] Ein solcher Regress kann eine Arztpraxis empfindlich treffen.

Es kann nicht sein, dass Ärzte **einerseits** zu Gunsten der gesetzlichen Krankenversicherung **Einsparungen treffen müssen**, für die sie finanziell zur Verantwortung gezogen werden können und **andererseits** zivilrechtlich **zur Unterlassung dieser Einsparungen verurteilt** werden können.[726] Gerade im Bereich des gesamten Arztrechts ist daher eine **Rechtsvereinheitlichung** durch **Beseitigung der Konflikte** und Gegensätze **zwischen Sozialrecht, Arzthaftungsrecht und Wettbewerbsrecht** sehr wünschenswert. Sie dient der Rechtssicherheit und fördert zugleich die **Rechtszufriedenheit**, die angesichts der völlig undurchsichtigen und komplizierten Normierung des gesamten Arzt- und Medizinrechts innerhalb der Ärzteschaft verständlicherweise kaum vorhanden ist.

8.9.5.2 Zulässiger kostenloser Laborbotendienst

Urteil

Ein Pathologe darf einen kostenlosen Hol- und Bringdienst zum Transport von Untersuchungsmaterial zwischen Krankenhäusern oder Ärzten und seinem Labor unterhalten, selbst wenn der Botendienst über eine Entfernung von mehr als 40 km Luftlinie betrieben wird. Dies stellt keinen unlauteren Verdrängungswettbewerb gegenüber ärztlichen Kollegen dar.

Bundesgerichtshof 1996 [727]

---

725 § 106 SGB V.

726 Von den ungeliebten Auseinandersetzungen mit den Patienten ganz zu schweigen.

727 BGH, Urt. v. 13.6.1996 – I ZR 114/93 – GRUR 1996, S. 789.

8.9.5.3 Verkürzter Versorgungsweg bei Hörgeräten ist zulässig

Urteil

Niedergelassene HNO-Ärzte dürfen Hörgeräte im sogenannten „verkürzten Versorgungsweg“ an ihre Patienten abgeben. Sie dürfen dafür auch ein Honorar erhalten. Dies verstößt weder gegen das ärztliche Berufsrecht noch gegen die Handwerksordnung, die solche Tätigkeiten nicht allein den Hörgeräteakustikern vorbehält.

Bundesgerichtshof 2000 und 2001 [728]

Sachverhalt

Ein Fachunternehmen für Hörgeräte warb in einem Rundschreiben an HNO-Ärzte für den „verkürzten Versorgungsweg“. Beim verkürzten Versorgungsweg erledigt der HNO-Arzt die erforderliche audiometrische Messung selbst und nimmt den Ohrabdruck für das Passstück ab. Die individuelle Anpassung des Hörgeräts erfolgt in der HNO-Praxis, wobei der Arzt mit einem Hörgeräteakustiker telefonisch Kontakt hält.[729]

Dieser neue Vertriebsweg wird aus Gründen des Einsparungspotentials und der Praktikabilität für die Patienten sowohl vom Bundesgesundheitsministerium als auch von den gesetzlichen Krankenkassen gefördert. Die Krankenkassen bezahlen dem Unternehmen aus dem „Hilfsmitteltopf“ eine entsprechende Vergütung, wovon das Unternehmen dem HNO-Arzt einen Betrag von damals 150,– DM bis 250,– DM je Fall weiterleitet. Dies ist nach Auffassung des Bundesgerichtshofes zulässig.[730]

---

728 BGH, Urt. v. 29.6.2000 – I ZR 59/98 – WRP 2000, S. 1121 und BGH, Urt. v. 15.11.2001 – I ZR 275/99 – NJW 2002, S. 962 = GRUR 2002, S. 271 ff.
Vgl. allerdings zur wettbewerbswidrigen Plakat-Aktion einer HNO-Praxis gegen eine Krankenkasse wegen fehlender Unterstützung des verkürzten Versorgungswegs, Kapitel 10.4.5.4, S. 263.

729 Der konventionelle Weg ist wesentlich aufwendiger: Die Patienten müssen nach Verschreibung eines Hörgerätes durch den HNO-Arzt zur Anpassung des Hörgerätes den Hörgeräteakustiker aufsuchen. Danach müssen sich die Patienten für die ärztliche Bestätigung wiederum zum HNO-Arzt begeben, um die Leistung durch die gesetzliche Krankenversicherung erstattet zu bekommen.

730 BGH, Urt. v. 29.6.2000 – I ZR 59/98 – WRP 2000, S. 1121. Dieser Fall war zuvor von den befassten Oberlandesgerichten unterschiedlich beurteilt worden. Das OLG Nürnberg hatte den Vertriebsweg als rechtmäßig angesehen und sowohl einen Wettbewerbsverstoß als auch einen Verstoß gegen das Standesrecht verneint, OLG Nürnberg, Urt. v. 29.7.1997 – 3 U 96/97 – WRP 1997, S. 1212. Demgegenüber hielten es die Oberlandesgerichte Hamm und Frankfurt für wettbewerbswidrig, dass HNO-Ärzte an dem durch online-Nutzung verkürzten Versorgungsweg eines Hörgeräteherstellers mitwirken, da sie das Vertrauensverhältnis zu ihren Patienten und den Einsatz fachärztlicher Autorität zu Vertriebszwecken und zur Steigerung der eigenen Einnahmen ausnutzten, OLG Frankfurt, Urt. v. 29.10.1999 – 25 U 297/98 – WRP 2000, S. 220 und OLG Hamm, Urt. v. 20.1.1998 – 4 U 169/97 – NJW 1998, S. 2749.

In dem zweiten entschiedenen Fall klärte eine HNO-Ärztin ihre Patienten über die verschiedenen Möglichkeiten des Bezugs von Hörgeraten auf und verwies hierbei zugleich auf den „verkürzten Versorgungsweg“ unter eigener Mitwirkung.

Es ist Ärzten zwar nach der Berufsordnung grundsätzlich untersagt, für die Verordnung von Arznei-, Heil- oder Hilfsmitteln von dem Hersteller oder Händler eine Vergütung oder sonstige wirtschaftliche Vergünstigungen zu fordern bzw. anzunehmen.[731] Im vorliegenden Fall erhielten die HNO-Ärzte jedoch die Vergütung gerade nicht als „Provision“ für die Vermittlung von Patienten, sondern als Vergütung für die eigene ärztliche Leistung bei der Anpassung der Hörhilfe. Eigens hierfür wurde seitens der Krankenkassen je Hörhilfe ein bestimmtes Honorar zur Verfügung gestellt.

Aus den Urteilsgründen

Ein Vertrauensmißbrauch der Ärztin scheidet stets dann aus, wenn sich Patienten unbeeinflusst von der Ärztin dafür entscheiden, sich mit einem Hörgerät im verkürzten Versorgungsweg versorgen zu lassen. Selbst wenn sie dies nach dem Beratungsgespräch tun, weil sie der Ärztin vertrauen und glauben, von ihr besonders gut versorgt zu werden, wenn diese bei der Hörgeräteversorgung mitwirkt, liegt hierin – ohne Hinzutreten besonderer Umstände – ebenfalls kein Vertrauensmissbrauch. Es kann sogar dringend geboten sein, die Patienten über den neuen verkürzten Versorgungsweg aufzuklären, zum Beispiel bei einer besonderen Gehbehinderung des Patienten oder bei einem fachlich oder wirtschaftlich besseren Angebot des nicht ortsansässigen Hörgeräteakustikers.

Auch eventuelle Vorteile dieses Versorgungsweges gegenüber der herkömmlichen Versorgungsweise – zum Beispiel Wegfall von Anfahrtswegen, Kosteneinsparungen – sprechen nicht gegen eine Zulässigkeit eines Hinweises auf diese Möglichkeit. Es ist nicht Aufgabe des Wettbewerbsrechts zu verhindern, dass Vorteile, die sich aus einer größeren Bequemlichkeit eines bestimmten Versorgungsweges oder aus Kostenvorteilen eines Anbieters ergeben, im Wettbewerb eingesetzt werden können. Ein Wettbewerbsvorsprung, der sich aus solchen Vorteilen ergibt, ist nicht nur wettbewerbsrechtlich unbedenklich, sondern vielmehr im Interesse der Entwicklung einer insgesamt besseren Versorgung der Patienten erwünscht.

Es wäre zudem mit der Freiheit der Berufsausübung (Art. 12 I 2 GG) unvereinbar, es Ärzten uneingeschränkt zu verbieten, mit Dritten bei der Versorgung von Patienten im verkürzten Versorgungsweg zusammenzuarbeiten – und dies selbst für Fälle, in denen Patienten eine solche Versorgung ausdrücklich wünschen.[732]

[731] § 34 MBO 2002, vgl. hierzu auch Kapitel 10.5.4.3, S. 280 ff.

[732] BGH, Urt. v. 15.11.2001 – I ZR 275/99 – GRUR 2002, S. 271 ff.

8.9.5.4 Zulässige Weitergabe preisgünstiger Angebote an Patienten

Urteil

Ein Augenoptikunternehmen darf Augenärzte durch Rundschreiben über seine Angebote informieren. Diese Informationen dürfen Augenärzte im Kosteninteresse auch an ihre Patienten weitergeben, solange den Ärzten hierfür keine Vorteile versprochen oder gewährt werden.

Bundesgerichtshof 2000 [733]

8.9.5.5 Organisation eines privatärztlichen Notfalldienstes

Urteil

Es ist zulässig, einen privaten Notfalldienst zu organisieren und diesen in Zeitungen sowie in Branchenbüchern unter der Rubrik „Für den Notfall" wie folgt zu annoncieren: „Notfalldienst für Privatpatienten: X-GmbH, Tel: ..."

Bundesgerichtshof 1999 [734]

Aus den Urteilsgründen

Der Betrieb eines privatärztlichen Notfalldienstes ist eine grundsätzlich rechtmäßige Tätigkeit. Er erfordert die Einrichtung eines Unternehmens mit Personal und Sachmitteln sowie die Zusammenarbeit mit mehreren Ärzten. Ein privatärztlicher Notfalldienst bietet damit Leistungen an, die ein einzelner Arzt nicht erbringen könnte. Wirtschaftlich erfolgreich kann ein privatärztlicher Notfalldienst aber nur betrieben werden, wenn er auch in der Öffentlichkeit auf seine Organisationsleistungen hinweisen darf.

733 BGH, Urt. v. 28.9.2000 – I ZR 141/98 – GRUR 2001, S. 255.

734 BGH, Urt. v. 20.5.1999 – I ZR 40/97 – WRP 1999, S. 1136 in Aufhebung des OLG Hamburg, Urt. v. 12.12.1996 – 3 U 110/96 – MedR 1997, S. 417.

8.10 Weitere Werbemaßnahmen

8.10.1 Weitere Werbeträger

Auch **weitere Werbemaßnahmen** der Arztpraxis sind **zulässig**. Ein entsprechendes Verbot findet sich an keiner Stelle in der Berufsordnung. Selbst **ungewöhnliche Werbeformen** können nicht untersagt werden, solange sie der sachlichen Information über die ärztliche Berufstätigkeit dienen.

So darf eine Anzeige beispielsweise auf der **Vorderseite des örtlichen Telefonbuches** plaziert werden.[735] Die Adresse einer Arztpraxis darf auch auf einer **ortsfesten Informationstafel,** etwa einer **Stadtplan-Orientierungsanlage** für Ortsfremde erscheinen, da dies ein üblicher Werbeträger ist.[736] Ärzte dürfen ferner in **kostenlos verteilten Stadtplänen** und bei **Bürgerinformationsstellen** über ihre Leistungen informieren.[737]

Zulässig ist – entgegen der Auslegungsgrundsätze der Bundesärztekammer – auch die **Trikotwerbung an Sportlern** durch Werbeaufdrucke auf Trainingsanzügen örtlicher Sportvereine[738] oder sogar die „Banden"-Werbung – etwa auf Tennis- oder Fussballplätzen bzw. im Eisstadion.

8.10.2 Sponsoring

Ärzte und Arztpraxen dürfen heute in Form von Sponsoring auf sich aufmerksam machen. Sie können **Kultur-, Sport- oder Sozialsponsoring** betreiben und hierbei ihre Unterstützung öffentlich bekannt machen. Denn auch Sponsoring ist sachliche Information über die Berufstätigkeit:

> *Sponsoring ist **Imagewerbung**, die geeignet ist, das Bild des Förderers in der angesprochenen Öffentlichkeit zu heben, weil darauf aufmerksam gemacht wird, dass sich der Werbende gemeinnützig engagiert. Der Sponsor wirbt um Sympathie, Vertrauen und Akzeptanz. Selbstdarstellungen dieser Art enthalten Informationen, die für sich genommen weder irreführend sind noch ein sensationelles und reklamehaftes Sich-Herausstellen zum Gegenstand haben.*[739]

---

735 Vgl. Kapitel 8.2.1, S. 123 ff.

736 So für die Steuerberater (stellvertretend für alle Freiberufler) BVerfG, Beschl. v. 19.10.2001 – 1 BvR 1050/01 – www.bverfg.de.

737 So heute ausdrücklich auch die Bundesärztekammer, Nr. 3.3.1 der Auslegungsgrundsätze BÄK zu §§ 27 ff. MBO vom 10.9.2002.

738 BVerfGE 94, S. 372 ff. (398), vgl. hierzu Kapitel 8.10.5.3, S. 192 ff.

739 *Auch beim Sponsoring kann es allerdings Übertreibungen oder Verknüpfungen geben, die geeignet sind, die genannten Gemeinwohlbelange zu gefährden. Ob letzteres im Einzelfall angenommen werden kann, erfordert eine wertende Betrachtung unter Berücksichtigung des Anlasses, des Mittels, des Zwecks und der Begleitumstände des Sponsorings*; BVerfG, Beschl. v. 17.4.2000 – 1 BvR 721/99 – www.bverfg.de; so bereits im Jahre 1996 für die Apotheker BVerfGE 94, S. 372 ff. (395). Vgl. hierzu auch nachfolgendes Kapitel 8.10.5.1, S. 190.

Das Sponsoring durch Ärzte ist nach den Auslegungsgrundsätzen der Bundesärztekammer heute **ausdrücklich erlaubt**.[740]

8.10.3 Zertifizierung nach ISO 9000 ff.

Unterzieht sich eine Arztpraxis einer **Zertifizierung** für das interne **Qualitätsmanagement – etwa nach ISO 9000** oder nach **DIN EN ISO 9001**, so ist dies ein – unter Zeit- und Kostenaufwand erworbenes – **besonderes Qualitätsmerkmal**, das ebenfalls der Öffentlichkeit mitgeteilt werden darf.[741] Schließlich zeichnet sich ein Unternehmen nicht nur durch seine fachlich-inhaltlichen Kompetenzen aus, sondern auch durch interne Verwaltungs- und Managementkompetenzen. Es ist nicht ausreichend, dass der Arzt beste fachliche Qualifikationen vorweisen kann, wenn demgegenüber der Ablauf in der Arztpraxis und die Kompetenzen der nichtärztlichen Mitarbeiter nicht dem gebotenen Standard entsprechen. Denn ein nicht weiterversandter Arztbrief, verschlampte Patientenunterlagen, unterlassene Informationen an die weiterbehandelnden Ärzte oder eine falsche Ablage mit entsprechend zeitaufwendiger Informationssuche können im konkreten Fall durchaus eine Gefahr für den kranken Patienten darstellen.

Der **Hinweis auf die Zertifizierung der Praxis** ist heute nach den **Auslegungsgrundsätzen** der Bundesärztekammer **ausdrücklich gestattet**.[742]

8.10.4 Werbung für Medizinprodukte

Das Recht zur Werbung für Medizinprodukte wurde aktuell umfassend **reformiert**.[743] Diesen Reformbestrebungen lag das Konzept des **eigenverantwortlichen und mündigen Patienten** zu Grunde, dessen wachsendem Bedürfnis an Informationen und Markttransparenz die einschränkenden Bestimmungen des Heilmittelwerbegesetzes teilweise nicht mehr gerecht wurden. So wies der Gesetzgeber in der Gesetzesbegründung darauf hin, dass in einer aufgeklärten Gesellschaft der Anspruch auf Information auch mittels Werbung erfolgen könne. Dieser Informa-

---

740 Nr. 3.3.1 der Auslegungsgrundsätze BÄK zu §§ 27 ff. MBO vom 10.9.2002.

741 Bei diesem in der Wirtschaft seit Jahren verbreiteten Konzept des Total Qualitiy Management (TQM) geht es um das Streben nach ständiger Verbesserung der Qualität der Leistungen eines Unternehmens im Interesse des Kunden aber auch der Mitarbeiter.

742 Nr. 3.3.1 Auslegungsgrundsätze BÄK zu §§ 27 ff. MBO vom 10.9.2002. Ebenso schon für die Zertifizierung einer Anwaltskanzlei LG Detmold, Urt. v. 14.9.1999 – 8 O 118/99 – MDR 2000, S. 675 und *Schulte*, S. 99.
Anders noch – jedoch damals schon unzutreffend – LG Hamburg, Urt. v. 12.6.2001 – 312 O 144/01 – NJW-RR 2002, S. 206; ebenso unvertretbar BerufsG f. Heilberufe in Schleswig, Urt. v. 23.8.2000 – BG 10/99 –.

743 2. MPG-ÄndG v. 13.12.2001, in Kraft seit 1.1.2002, BGBl. I, S. 3586.

tionsanspruch überwiege gegenüber dem grundsätzlichen Anspruch des Verbrauchers auf Schutz vor unsachgemäßer Beeinflussung.[744]

Zudem sei das **Gefährdungspotential** (vor allem in Laienhand) **von Medizinprodukten** im Allgemeinen **nicht so hoch wie bei Arzneimitteln**, da es bei Medizinprodukten überwiegend um den **richtigen und sinnvollen Einsatz** gehe.[745] Daher komme insbesondere dem Gesichtspunkt der **Patienteninformation** über die Wirkungsweise von Medizinprodukten eine besondere Bedeutung zu. Diese zusätzlichen Informationen sollen heute nicht nur dem Hersteller sondern auch dem anwendenden Arzt möglich sein.[746]

Unter Berücksichtigung des Irreführungsverbotes des § 3 HWG[747] und der besonderen Bestimmungen des § 12 HWG[748] sind damit auch dem Arzt sachliche Angaben über die von ihm angewendeten Medizinprodukte in seiner Praxisbroschüre oder Internetdarstellung gestattet, sofern hierdurch keine typischen Gefahren drohen, vor denen das HWG schützen will.[749]

Der Arzt darf auch die vom **Hersteller** verfassten **Informationen** über die Medizinprodukte **weitergeben**.

8.10.5 Maßgebliche Rechtsprechung

8.10.5.1 Sponsoring ist sachliche berufsbezogene Information

Urteil

Auch Sponsoring ist sachliche Information über die Berufstätigkeit. Welche Werbeformen als üblich, angemessen oder als übertrieben bewertet werden, unterliegt zeitbedingten Veränderungen: Dem Wandel – auch außerhalb der freien Berufe – ist Rechnung zu tragen, weil sich hierdurch Wahrnehmungsfähigkeit und Wahrnehmungsbereitschaft der Öffentlichkeit ändern. Allein aus dem Umstand, dass eine Berufsgruppe ihre Werbung anders als bisher üblich gestaltet, kann nicht gefolgert werden, dass dies unzulässige Werbung ist.

Das Bundesverfassungsgericht 2000 [750]

---

744 RegE BT-Dr. 14/6281, S. 39.
745 Zur eingeschränkten Werbung für Arzneimittel vgl. Kapitel 10.6.7, S. 292.
746 RegE BT-Dr. 14/6281, S. 39.
747 Vgl. Kapitel 10.6.6, S. 289 ff.
748 Vgl. Kapitel 10.6.8, S. 293 ff.
749 Vgl. hierzu auch *Gassner* und *Frehse*.
750 BVerfG, Beschl. v. 17. 4. 2000 -1 BvR 721/99 – www.bverfg.de; ebenso bereits zuvor für die Apotheker BVerfGE 94, S. 372 ff. (395).

Sachverhalt

Eine Rechtsanwaltssozietät sponsorte verschiedene kulturelle Veranstaltungen, wie etwa ein Konzert der NDR-Big Band mit der Norddeutschen Philharmonie Rostock, den Landespresseball Mecklenburg-Vorpommern und eine Kunstbörse mit anschließender Auktion. Diese Veranstaltungen wurden durch Plakate angekündigt. In der **Unterzeile** des Werbeplakats war u.a. der Name der Kanzlei als Sponsor aufgeführt. Dies nahm ein Anwaltskollege zum Anlass, hiergegen wettbewerbsrechtlich vorzugehen.[751]

Aus den Urteilsgründen

Die Anwälte haben durch das Sponsoring in doppelter Weise auf sich aufmerksam gemacht: auf die Existenz der Kanzlei und darauf, dass sie kulturelle Ereignisse finanziell unterstützt haben.

Die Rechtsanwälte stellten sich durch den Sponsoringvermerk nicht reklamehaft gegenüber den konkurrierenden Rechtsanwälten heraus: Der Informationsgehalt (Name der Sozietät, das jeweilige kulturelle Ereignis, Angabe der finanziellen Förderung) ist klar erkennbar, die äußere Form von großer Zurückhaltung, also nicht unsachlich.
Die Förderung kultureller Veranstaltungen stellt nach Anlass und Form keine marktschreierische Werbemaßnahme dar. Die Anlässe sind seriös, der Hinweis auf dem Werbeplakat auf die Anwälte als Sponsoren kann nicht als unangemessene, übertriebene Werbung qualifiziert werden.

---

751 Die entsprechende Vorschrift zur Anwaltswerbung lautet: „*Werbung ist dem Rechtsanwalt nur erlaubt, soweit sie über die berufliche Tätigkeit in Form und Inhalt sachlich unterrichtet und nicht auf die Erteilung eines Auftrages im Einzelfall gerichtet ist*“, § 43 b BRAO i.V.m. § 6 der Berufsordnung für Rechtsanwälte.

8.10.5.2 Wunschkindfest: Sponsoring einer Arztpraxis

Urteil

Eine Gemeinschaftspraxis von Frauenärzten, die sich auf Fortpflanzungsmedizin spezialisiert hat, darf ein „Wunschkindfest" durch Sponsoringmaßnahmen unterstützen, selbst wenn diese Veranstaltung von einer GmbH durchgeführt wird, mit welcher die Frauenärzte durch ihre Gesellschafter- und Geschäftsführerstellung personell unmittelbar verflochten sind. Ein Arzt darf auf einer solchen Veranstaltung auch ein Interview geben, sofern dies in sachlicher Weise ohne anpreisende Elemente geführt wird.

Ärztegerichtshof Saarland 2001 [752]

Aus den Urteilsgründen

Die Information, dass die Frauenärzte das „2. Saarbrücker Wunschkindfest" unterstützten, das dem ungezwungenen Kontakt ihrer Patientinnen und Patienten dienen sollte und dazu eine „familienfreundliche" Bewirtung und die dazugehörende Beschäftigung von Kindern durch verschiedene übliche Belustigungen vorsah, hatte in diesem Sinne jedenfalls mittelbar werbenden, aber nicht in übertriebener und unangemessener Weise anpreisenden und anlockenden Charakter.

8.10.5.3 Der Sportler als Werbeträger

Urteil

Der Sportler als Werbeträger gehört inzwischen zum alltäglichen Erscheinungsbild. Sportbekleidung und Sportstätten gänzlich als Werbeträger auszunehmen, wird der Bedeutung dieses Mediums für angemessene und seriöse Werbung nicht gerecht; auch Pharmafirmen oder Krankenversicherungen bedienen sich ihrer. Wann diese Werbung wegen Form und Inhalt mit dem Erscheinungsbild des Arztes in der Öffentlichkeit unvereinbar ist, haben die Berufsgerichte unter Würdigung der jeweils besonderen Umstände des Einzelfalles festzustellen.

Das Bundesverfassungsgericht 1996 [753]

---

752 ÄrzteGH Saarland, Urt. v. 10.10.2001 – ÄGH 2/01 – NJW 2002, S. 839 ff.

753 BVerfGE 94, S. 372 ff. (392): Beschl. v. 22.5.1996 – 1 BvR 744/88, 1 BvR 60/89 u. 1 BvR 1519/91 – = MedR 1996, S. 511 ff. („Apotheker").

Stellungnahme

Das Bundesverfassungsgericht hatte in dieser Entscheidung auch Zeitungsanzeigen der Apotheker – unabhängig von der Erscheinungshäufigkeit und deren Größe – für grundsätzlich zulässig erklärt. Im Februar 2002 hatte das Bundesverfassungsgericht in seiner „Anzeigenentscheidung" mit überraschender Selbstverständlichkeit auf diese „Apotheker-Entscheidung" Bezug genommen.[754] Damit gelten auch die weiteren werberechtlichen Aussagen dieser Entscheidung für die Werbung der Ärzte:

> *„Die Gruppen der Freiberufler sind weitgehend austauschbar. Man kann sich deshalb den Wirkungen der Rechtsprechung nicht dadurch entziehen, dass man sich als Rechtsanwalt von Apothekern und als Arzt von Steuerberatern zu unterscheiden glaubt."*[755]

Nach den **Auslegungsgrundsätzen der Bundesärztekammer** zu §§ 27 ff. MBO soll die **Trikotwerbung**, eine sogenannte **„Banden"-Werbung** oder die **Werbung auf Fahrzeugen** demgegenüber **verboten** sein.[756] Dies ist nicht vereinbar mit der Rechtsprechung des Bundesverfassungsgerichts, an die auch die Ärztekammern gebunden sind. Eine Umgehung dieser Rechtsprechung durch interne Auslegungsrichtlinien wäre nicht zulässig.[757]

8.10.5.4 Zulässige Werbung mit sportlichen Erfolgen

Urteil

Freiberufler dürfen in ihrer beruflichen Selbstdarstellung auch mit ihren sportlichen Erfolgen werben (hier: Rechtsanwältin mit Interessenschwerpunkt Sportrecht in ihrer Kanzleibroschüre mit den Angaben *„10 Jahre Hochleistungssport in der Rhythmischen Sportgymnastik, Mitglied der Nationalmannschaft der Deutschen Demokratischen Republik, mehrfache DDR-Meisterin und Gewinnerin internationaler Wettkämpfe"*).
Dies ist zulässige Imagewerbung, die nicht verboten werden kann, sofern keine spezifischen berufsbezogenen Gemeinwohlbelange ersichtlich sind.

Das Bundesverfassungsgericht 2003 [758]

---

754 Vgl. zu diesem Urteil Kapitel 8.2.2.1, S. 126 ff.
755 *Jaeger*, S. 264.
756 Nr. 3.3.1 Auslegungsgrundsätze BÄK zu §§ 27 ff. MBO vom 10.9.2002.
757 Vgl. hierzu bereits Kapitel 5.2.4, S. 61.
758 BVerfG, Beschl. v. 4.8.2003 – 1 BvR 2108/02 – www.bverfg.de.

Aus den Urteilsgründen

Bei dem Faltblatt ... handelt es sich um Imagewerbung, die geeignet ist, das Bild in der Öffentlichkeit zu beeinflussen.

Sportler als Werbeträger gehören inzwischen zum alltäglichen Erscheinungsbild. Sie werden in vielen Bereichen als Leistungs- und Sympathieträger eingesetzt.

Sofern eine freiberuflich Tätige selbst sportliche Erfolge aufzuweisen hat, kommt es lediglich auf ihren Bekanntheitsgrad an, ob sich der Zusammenhang mit dem Namen unmittelbar oder erst nach einem entsprechenden Hinweis einstellt.

Für die Entscheidung potentieller Mandanten, ob und gegebenenfalls welchen Mandanten sie beauftragen, kann es auf der Grundlage vernünftiger und sachbezogener Erwägungen durchaus eine Rolle spielen, welche außerrechtlichen Kenntnisse und Erfahrungen der jeweilige Rechtsberater hat. Einem Mandanten, der beispielsweise in einem Fall mit sportrechtlichem Bezug Rechtsrat einholt, wird daran gelegen sein, einen Rechtsanwalt aufzusuchen, der sich aufgrund seines Vorverständnisses schneller in den Sachverhalt eindenken kann oder sich in den Verbandsstukturen auskennt.

8.10.5.5 Zulässige Teilnahme an fachfremder Messe

Urteil

Die Teilnahme von **Freiberuflern** als Aussteller auf Fachmessen kann nicht generell untersagt werden. Der Kontakt auf Fachmessen ist vielmehr geeignet, den Mandantenstamm zu pflegen. Es kommt hierbei auf die konkreten Umstände des Einzelfalles an, insbesondere die Gestaltung des Ausstellungsstandes, die Art und Weise der Präsentation und das Auftreten der den Stand betreuenden Personen.

Das Bundesverfassungsgericht 1999,[759] Bundesgerichtshof 1998 [760]

[759] BVerfG, Beschl. v. 11.11.1999 – 1 BvR 754/98 – www.bverfg.de.
[760] BGH, Urt. v. 3.12.1998, NJW 1999, S. 2444.

Sachverhalt und Urteilsgründe

Eine Anwaltskanzlei kündigte dem Bundesverband der Nahrungsmittelbranche ihre Präsenz auf einer Nahrungs- und Genussmittel-Messe und einen Besuch beim Verband an. Dies hielt die Rechtsanwaltskammer für ein aufdringliches und reklamehaftes Herantreten an potentielle Mandanten, welches nicht durch das Werbe- und Informationsrecht der Rechtsanwälte gedeckt sei.[761] Gegen die von der Anwaltskammer ausgesprochene Rüge legte die Kanzlei Verfassungsbeschwerde ein. Der Bundesgerichtshof hatte die Werbemaßnahme zwischenzeitlich für zulässig erklärt und damit die Rüge der Anwaltskammer aufgehoben. Das Bundesverfassungsgericht bestätigte diese Entscheidung und stellte fest, dass dadurch in der fachgerichtlichen Rechtsprechung bei der Auslegung und Anwendung der Werbeverbote der Berufsfreiheit entsprechend Rechnung getragen werde.[762]

---

761 § 43 b BRAO.

762 Vgl. zur Rechtsprechung dieser beiden Gerichte auch Kapitel 3.2.1, S. 31 und Kapitel 3.2.1, S. 29.

9 Rechtliche Grenzen ärztlicher Werbung

9.1 Übersicht

Die ärztliche Informations- und Werbefreiheit gilt nicht uneingeschränkt. Auch ärztliche Werbung unterliegt – ebenso wie die Werbung im allgemeinen Geschäftsverkehr – bestimmten Grenzen, die zu beachten sind.

Diese Grenzen ergeben sich zunächst aus der **Musterberufsordnung** selbst. Daneben sind seit der Aufhebung des strengen Werbeverbotes auch für Ärzte die allgemeinen gesetzlichen Regelungen des **Wettbewerbsrechts**[763] und insbesondere die Beschränkungen des **Heilmittelwerberechts**[764] in den Vordergrund getreten.

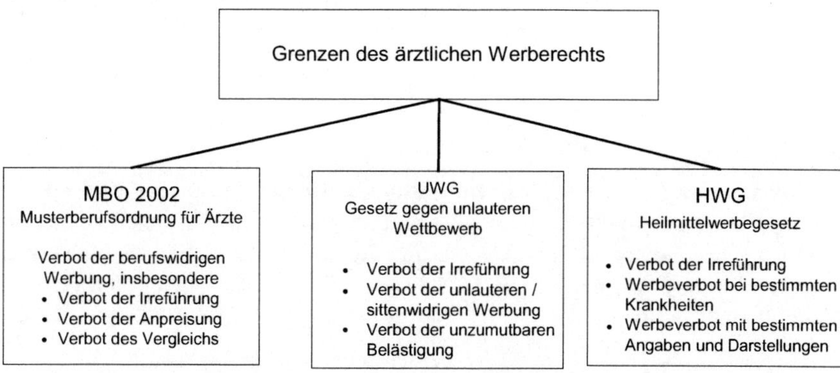

9.2 Das Gesetz gegen unlauteren Wettbewerb (UWG)

9.2.1 Grundlagen

Im allgemeinen Geschäfts- und Wirtschaftsverkehr ist Werbung grundsätzlich erlaubt und Ausdruck des – in einem marktwirtschaftlichen System geradezu erwünschten – Wettbewerbs.[765] Der Wettbewerb bedarf aber der Zügelung durch das Recht, damit er nicht ausartet. Denn wo Wettbewerb stattfindet, gibt es auch unlauteren Wettbewerb.[766]

---

763 Vgl. hierzu ausführlich Kapitel 9.2, S. 197 ff.

764 Vgl. hierzu Kapitel 10.6, S. 285 ff.

765 Vgl. zum Begriff des Wettbewerbs Kapitel 2.2, S. 12.

766 Eigennutz hemmt nun einmal anständiges Verhalten, so jedenfalls *Baumbach/Hefermehl*, Einl. UWG Rn. 1, S. 189.

Einen schrankenlosen Wettbewerb, bei dem jedes Kampfmittel erlaubt ist, darf es nicht geben.[767]

Daher hat der allgemeine Geschäftsverkehr im Bereich der Werbung bestimmte Grundsätze und Verbote zu beachten, die als kleinster gemeinsamer Nenner für alle Werbetreibenden und damit auch für Ärzte Geltung beanspruchen.

Die Freiheit der wirtschaftlichen Betätigung darf nicht dazu führen, dass einzelne sich durch unzulässige Praktiken Vorteile im Wettbewerb verschaffen.[768]

Die Voraussetzungen und Grenzen eines rechtmäßigen und zulässigen Wettbewerbs sind im **Gesetz gegen unlauteren Wettbewerb**, dem **UWG** geregelt.[769]

9.2.2 Die Reform des UWG

Das Wettbewerbsrecht des UWG wird aktuell **umfassend reformiert und modernisiert,** da es nicht mehr zeitgemäß und im internationalen Vergleich in einzelnen Bereichen besonders restriktiv ist.[770] Bei Redaktionsschluss lagen der Gesetzesentwurf der Bundesregierung vom 9.5.2003 sowie die Stellungnahme des Bundesrates vom 20.6.2003 BR-Drucks. 301/03 vor.

Die nachfolgende Darstellung des UWG basiert – freilich unter dem Vorbehalt einer Änderung im weiteren Verlaufe des Gesetzgebungsverfahrens – bereits maßgeblich auf dem Novellierungs-Entwurf.

---

767 *Baumbach/Hefermehl*, Allg. Rn. 76.

768 BVerfG, Urt. v. 12.12.2000 – 1 BvR 1762/95 – www.bverfg.de.

769 Das Gesetz gegen den unlauteren Wettbewerb enthält eine verfassungsrechtlich grundsätzlich unbedenkliche Regelung der Berufsausübung, BVerfGE 94, S. 372 ff. (390): Beschl. v. 22.5.1996 – 1 BvR 744/88, 1 BvR 60/89 u. 1 BvR 1519/91 – = MedR 1996, S. 511 ff.

770 Vgl. Punkt A. der Begründung zu UWGE-BReg. v. 9.5.2003 – BR-Drucks. 301/03. Die Reform erfolgt zur Umsetzung des Art. 13 der Richtlinie 2002/58/EG des Europäischen Parlaments und des Rates über die Verarbeitung personenbezogener Daten und den Schutz der Privatsphäre in der elektronischen Kommunikation (ABl. L 20/37 vom 31. Juli 2002).
Die bisherigen Regelungen des UWG stammen aus dem Beginn des letzten Jahrhunderts (UWG v. 7.6.1909, RGBl S. 499) und haben im Laufe der Jahrzehnte mehrfache Änderungen und Ergänzungen erfahren.

Die folgenden inhaltlichen Änderungen sind auch für das ärztliche Werberecht relevant:

- Der Verbraucher wird als Schutzsubjekt erstmals ausdrücklich im Gesetz erwähnt.
- Das Gesetz enthält – entsprechend der neueren Gesetzgebungstechnik – in § 2 UWG erstmalig verschiedene Begriffsdefinitionen.
- Die bisherige Generalklausel des § 1 UWG bleibt als Kernstück des geltenden UWG erhalten, sie ist künftig in § 3 UWG geregelt.
- Der Begriff der Sittenwidrigkeit wird durch den Begriff des „unlauteren Wettbewerbs" abgelöst.
- Erstmalig wird die Generalklausel durch einen Katalog von Beispielsfällen ergänzt, der die von der Rechtsprechung entwickelten Fallgruppen sowie aktuelle Probleme aufgreift. Damit soll das UWG transparenter werden, ohne die Bildung neuer Fallgruppen zu verhindern.
- Bestimmten Verbänden soll künftig ein Gewinnabschöpfungsanspruch zugestanden werden, um sicherzustellen, dass sich unlautere Werbung, die den Verbraucher übervorteilt, nicht lohnt.

9.2.3 Zweck des UWG

> Das Wettbewerbsrecht dient dem Schutz der Wettbewerber, der Verbraucherinnen und Verbraucher sowie der sonstigen Marktteilnehmer vor unlauterem Wettbewerb.

§ 1 UWGE-BReg [771]

Im Interesse des Schutzes der Wettbewerber und der sonstigen Marktbeteiligten, allen voran der Verbraucher, werden Verhaltensweisen missbilligt, welche die Funktionsfähigkeit des an der Leistung orientierten Wettbewerbs stören, so zum Beispiel unlautere Einflussnahmen auf die freie Entscheidung des Kunden.[772]

> Schutzgut des UWG ist insbesondere der Leistungswettbewerb.[773]

---

[771] § 1 UWGE-BReg. v. 9.5.2003 – BR-Drucks. 301/03, als Zweckbestimmung erstmalig in das Gesetz aufgenommen. Zum Schutz vor den „Auswüchsen" des Wettbewerbs vgl. auch *Baumbach/Hefermehl*, Einl UWG Rn. 42; Allg Rn. 79.

[772] BVerfG, Beschl. v. 7.11.2002 – 1 BvR 580/02 – www.bverfg.de; BVerfG, Beschl. v. 6.2.2002 – 1 BvR 952/90 – www.bverfg.de.

[773] Allg. Meinung, vgl. zuletzt BVerfG, Beschl. v. 7.11.2002 – 1 BvR 580/02 – www.bverfg.de; BVerfG, Beschl. v. 6.2.2002 – 1 BvR 952/90 – www.bverfg.de.

9.2.4 Die Generalklausel des UWG

Angesichts der Fülle bestehender und ständig sich neu ergebender wettbewerblicher Sachverhalte muss eine Rechtsnorm vorhanden sein, die mit einem allgemeinen Bewertungsmaßstab einen umfassenden Rechtsschutz bietet.

Wie die lauteren von den unlauteren Wettbewerbshandlungen abzugrenzen sind, ist die schwierige und problematische Kernfrage und seit jeher die Crux des Wettbewerbsrechts.[774]

Mit Einzeltatbeständen lässt sich der „proteusartigen" Verwandlungsfähigkeit der Unredlichkeit im geschäftlichen Verkehr nicht beikommen. Das UWG ist bislang den Weg über eine **elastische Generalklausel** gegangen, anhand derer sich eine **umfangreiche höchstrichterliche Rechtsprechung** entwickelt hat. Dieses – aus der geschickten Handhabung der Generalklausel geschaffene – **Richterrecht** ist heute das allgemeine Wettbewerbsrecht.[775]

9.2.4.1 Das bisherige Verbot des sittenwidrigen Wettbewerbs

Die **Generalklausel** des allgemeinen Wettbewerbsrechts enthielt bisher das Verbot des sittenwidrigen Wettbewerbs und der sittenwidrigen Werbung.[776]

Ein Verstoß gegen die guten Sitten im Sinne des § 1 UWG liegt dann vor, wenn durch eine Wettbewerbshandlung zugleich die in Art. 1 Abs. 1 GG verankerte **Menschenwürde verletzt** wird. Denn die Menschenwürde setzt auch dem Wettbe-

---

774 *Baumbach/Hefermehl*, Allg Rn. 80.

775 *Baumbach/Hefermehl*, Einl UWG Rn. 65 ff. u. Allg Rn. 80.
So auch das **Bundesverfassungsgericht**: *„Bei dem in § 1 UWG enthaltenen Verbot, im geschäftlichen Verkehr zu Zwecken des Wettbewerbs Handlungen vorzunehmen, die gegen die guten Sitten verstoßen, handelt es sich um eine Generalklausel, mit der der Gesetzgeber im Hinblick auf die unübersehbare Vielfalt möglicher Verhaltensweisen im geschäftlichen Wettbewerb die missbilligten Verhaltensweisen umschrieben hat. Eine genauere Regelung erscheint nach der Eigenart des zu ordnenden Sachverhaltes kaum möglich.“* BVerfG, Urt. v. 12.12.2000 – 1 BvR 1762/95 – www.bverfg.de.

776 § 1 UWG bestimmte: *Wer im geschäftlichen Verkehr zu Zwecken des Wettbewerbs Handlungen vornimmt, die gegen die guten Sitten verstoßen, kann auf Unterlassung und Schadensersatz in Anspruch genommen werden.*
Der Wertmaßstab der „guten Sitten" ist seinem Wortsinn nach mehrdeutig. Es kann eine Verweisung auf die tatsächlich bestehenden *Sitten* – die Bräuche und Gewohnheiten des geschäftlichen Verkehrs – oder auf die *Sittlichkeit* – das sittliche Empfinden, die Moral – gemeint sein. Aus den Motiven zum Bürgerlichen Gesetzbuch (BGB) stammt die von der Rechtsprechung und vom Schrifttum zur Konkretisierung meist benutzte Formel, wonach der Richter den Maßstab für den Begriff der guten Sitten aus dem herrschenden Volksbewusstsein zu entnehmen hat – dem *„Anstandsgefühl aller gerecht und billig Denkenden.“* Vgl. hierzu weiter *Baumbach/Hefermehl*, Einl UWG Rn. 66 ff.

werbsrecht und der ihr zugrunde liegenden Meinungsfreiheit eine **absolute Grenze**.[777] Ein Angriff auf die Menschenwürde kann in der Erniedrigung, Brandmarkung, Verfolgung, Ächtung und in anderen Verhaltensweisen bestehen, die dem Betroffenen seinen Achtungsanspruch als Mensch absprechen.[778]

Die Menschenwürde als Fundament aller Grundrechte
ist mit keinem Einzelgrundrecht abwägungsfähig.

Bundesverfassungsgericht 2003 [779]

Da aber die **Grundrechte insgesamt Konkretisierungen des Prinzips der Menschenwürde** sind, bedarf es stets einer **sorgfältigen Begründung**, wenn angenommen werden soll, dass der Gebrauch eines Grundrechts (also etwa die Meinungs- oder Berufsfreiheit) die unantastbare Menschenwürde verletzt.[780]

---

777 Zu Recht hatte der **Bundesgerichtshof** daher einem **Abtreibungsgegner** untersagt, sich vor einer Frauenarztpraxis mit Flugblättern und Transparenten aufzustellen und dort zu verbreiten: *„Stoppt rechtswidrige Abtreibungen in der Praxis Dr. ...“* Der Begriff „rechtswidrig“ sei in einer Weise verwendet worden, der ersichtlich eine Prangerwirkung gegen den als Einzelperson genannten Arzt erzeugt hat und erzeugen sollte. Darin – so die Bundesrichter zutreffend – liege eine derart schwerwiegende Verletzung des Persönlichkeitsrechts des Arztes, dass dahinter die Meinungsfreiheit des Abtreibungsgegners zurücktreten müsse; BGH, Beschl. v. 1.4.2003 – VI ZR 366/02 – www.bundesgerichtshof.de.

778 BVerfG, Urt. v. 11.3.2003 – 1 BvR 426/02 – (Benetton II) www.bverfg.de.
Nicht sittenwidrig war nach richtiger Auffassung des **Bundesverfassungsgerichts** die **Werbung der Firma Benetton**, da der Auslegung der Fotos (als Meinungsäußerungen) keinesfalls allein die vom Bundesgerichtshof behauptete menschenverachtende Bedeutung beizumessen sei. Vielmehr sei – wie von dem Werbefotografen *Toscani* ausdrücklich beabsichtigt (vgl. hierzu dessen Buch unter Literaturverzeichnis) – auch eine Auslegung dergestalt möglich, dass mit diesen Fotos **auf kritikwürdige Zustände hingewiesen** werden solle: Hierzu das Bundesverfassungsgericht: *„Ein vom Elend der Welt unbeschwertes Gemüt ist kein Belang, zu dessen Schutz der Staat Grundrechtspositionen einschränken darf.“* BVerfG, Urt. v. 12.12.2000 – 1 BvR 1762/95 – www.bverfg.de. Vgl. zur Urteilsbegründung den Beitrag der *Verfasserin* in PID 1/2001. Im übrigen ist die **Frage eines guten oder schlechten Geschmacks** zwar politisch oder gesellschaftlich angreifbar, aber nach Überzeugung der *Verfasserin* **nicht justiziabel**.
Unverständlich daher die trotz des o.g. Urteils des BVerfG konträre Auffassung des BGH in seinem Urteil v. 15.11.2001 – I ZR 275/99 – VersR 2002, S. 456 ff. („Benetton II“), welches in der Benetton-Anzeige die „Gefahr einer Verwilderung und Verrohung der Wettbewerbssitten“ sieht. Dieses Urteil wurde ein zweites Mal durch das Bundesverfassungsgericht aufgehoben, BVerfG, Urt. v. 11.3.2003 – 1 BvR 426/02 – (Benetton II) www.bverfg.de.
Schuppert bemerkt hierzu: „Zwei höchste Gerichte streiten – so will es scheinen – zwar nicht wie manche Politiker um die Lufthoheit über den Stammtischen, aber – nicht weniger medienwirksam – um die Interpretationsherrschaft über das richtige Verständnis von Werbebotschaften.“

779 BVerfG, Urt. v. 11.3.2003 – 1 BvR 426/02 – (Benetton II) www.bverfg.de, vgl. hierzu auch Kapitel 9.2.5, S. 204.

780 BVerfG, Urt. v. 11.3.2003 – 1 BvR 426/02 – (Benetton II) www.bverfg.de.

9.2.4.2 Das Verbot des unlauteren Wettbewerbs nach der Novellierung

Der **Entwurf zur Reform** des UWG sieht den Begriff der guten Sitten nicht mehr vor – er soll abgelöst werden durch den Begriff der „**Unlauterkeit**". Der Maßstab der guten Sitten wirke – so die Gesetzesbegründung – antiquiert, weil er den Wettbewerber unnötig mit dem Makel der Unsittlichkeit belaste. Durch die Verwendung des Begriffs der Unlauterkeit werde zudem die Kompatibilität mit dem Gemeinschaftsrecht verbessert, welches diese Bezeichnung in vielen Vorschriften verwende. **Unlauter** sind danach **alle Handlungen**, die den **anständigen Gepflogenheiten** in Handel, Gewerbe, Handwerk oder bei selbständiger beruflicher Tätigkeit **zuwider** laufen.[781]

> Unlautere Wettbewerbshandlungen, die geeignet sind, den Wettbewerb zum Nachteil der Mitbewerber, der Verbraucher oder der sonstigen Marktteilnehmer nicht nur unerheblich zu beeinträchtigen, sind unzulässig.

§ 3 UWGE-BReg i.V.m. Stellungnahme BRat [782]

Voraussetzung eines Verbotes nach dem UWG ist das Vorliegen einer **Wettbewerbshandlung** im Sinne des neuen § 2 Nr. 1 UWGE-BReg.[783]

781 Vgl. Begründung zu § 1 UWGE-BReg. v. 9.5.2003 – BR-Drucks. 301/03.
Ob diese begriffliche Änderung auch eine inhaltliche Änderung des „Verwerflichkeitsmaßstabes" bewirkt, bleibt abzuwarten. Vgl. zum Abschied vom Begriff der guten Sitten *Berlit*, gegen diesen Änderungsvorschlag *Sack*.

782 § 3 UWGE-BReg. v. 9.5.2003 – BR-Drucks. 301/03 sah zunächst den Begriff „Verfälschen" des Wettbewerbs vor, was der Bundesrat zu Recht kritisiert und durch das Wort „beeinträchtigen" ersetzt hatte. Der Bundesrat hatte in seiner Stellungnahme auch das Wort „nur" hinzugefügt, um hiermit zum Ausdruck zu bringen, dass nicht etwa unlautere Wettbewerbshandlungen zu einem beachtlichen Teil legalisiert würden, sondern lediglich die Verfolgung von Bagatellfällen ausgeschlossen werden solle.

783 „Wettbewerbshandlung ist jede Handlung einer Person mit dem Ziel, zugunsten des eigenen oder eines fremden Unternehmens den Absatz oder den Bezug von Waren oder die Erbringung oder den Bezug von Dienstleistungen, einschließlich unbeweglicher Sachen, Rechte und Verpflichtungen zu fördern."
Zur fehlenden Wettbewerbsabsicht bei kostenloser Arzneimittelweitergabe vgl. Kapitel 8.9.5.1, S. 183.

9.2.4.3 Beispiele unlauteren Wettbewerbs, § 4 UWGE-BReg.

Die Rechtsprechung und die juristische Literatur haben in der Vergangenheit zur **Kategorisierung** des wettbewerblichen Verhaltens verschiedene **Fallgruppen** gebildet.[784] Der Novellierungsentwurf des UWG sieht erstmalig in § 4 eine beispielhafte Aufzählung unlauterer Wettbewerbshandlungen vor. Die nachfolgenden – nicht vollzähligen – Beispiele können auch im Bereich des ärztlichen Wettbewerbs Bedeutung erlangen:

Nach § 4 UWGE handelt unlauter, wer

1. Wettbewerbshandlungen vornimmt, die geeignet sind, die Entscheidungsfreiheit der Verbraucher oder sonstiger Teilnehmer durch Ausübung von Druck, durch Täuschung[785] oder durch sonstigen unangemessenen unsachlichen Einfluss zu beeinträchtigen;
2. Wettbewerbshandlungen vornimmt, die geeignet sind, die geschäftliche Unerfahrenheit insbesondere von Kindern und Jugendlichen, die Leichtgläubigkeit, die Angst oder die Zwangslage von Verbrauchern auszunutzen;
7. die ... Dienstleistungen, Tätigkeiten oder persönlichen oder geschäftlichen Verhältnisse eines Mitbewerbers herabsetzt oder verunglimpft;
8. über die ... Dienstleistungen oder das Unternehmen eines Mitbewerbers oder über den Unternehmer oder ein Mitglied der Unternehmensleitung Tatsachen behauptet oder verbreitet, die geeignet sind, den Betrieb des Unternehmens oder den Kredit des Unternehmens zu schädigen, sofern die Tatsachen nicht erweislich wahr sind ...
9. ... Dienstleistungen anbietet, die eine Nachahmung der ... Dienstleistungen eines Mitbewerbers sind, wenn er
   a) eine vermeidbare Täuschung der Abnehmer über die betriebliche Herkunf herbeiführt,
   b) die Wertschätzung der nachgeahmten ... Dienstleistung unangemessen ausnutzt oder beeinträchtigt oder
   c) die für die Nachahmung erforderlichen Kenntnisse oder Unterlagen unredlich erlangt hat;
10. Mitbewerber gezielt behindert.

---

[784] Zur Zulässigkeit einer solchen Orientierung an Fallgruppen vgl. BVerfG, Beschl. v. 6.2.2002 – 1 BvR 952/90 – www.bverfg.de: *„Von den Tatbestandselementen der durch die Rechtsprechung zu § 1 UWG entwickelten Fallgruppen kann eine aus praktischer Erfahrung gewonnene Indizwirkung für die Sittenwidrigkeit und die Gefährdung des Leistungswettbewerbs ausgehen.*

[785] Das Tatbestandsmerkmal „durch Täuschung“ wurde durch den Bundesrat eingefügt, vgl. Stellungnahme BRat v. 20.6.03 – BR-Drucks. 301/03.

9.2.5 Unlauterer Wettbewerb und Meinungsfreiheit

Die Behauptung, eine Werbe- und Wettbewerbshandlung sei unlauter oder sittenwidrig, ist im Hinblick auf die Meinungsfreiheit **mit der gebotenen Zurückhaltung** aufzustellen. Denn das Wettbewerbsrecht schützt nicht die „guten Sitten bzw. die Lauterkeit als solche", sondern nur als **Grundlage der Funktionsfähigkeit des Leistungswettbewerbs**. Daher reicht der Bezug auf Sozialnormen oder gute kaufmännische Sitten im Wettbewerb nicht, soweit deren Verletzung die Funktionsfähigkeit des Leistungswettbewerbs unberührt läßt. Nur bei einer **konkreten Gefährdung des Leistungswettbewerbs** ist das Verbot einer bestimmten Wettbewerbshandlung und eine hiermit verbundene Beeinträchtigung der Meinungsfreiheit gerechtfertigt:

> *Wird ein möglicherweise wettbewerbswidriges Verhalten in einer Meinungsäußerung gesehen, ist die Meinungsfreiheit bei der Prüfung des Verstoßes gegen die guten Sitten im geschäftlichen Verkehr und der sich daraus ergebenden Gefährdung des Leistungswettbewerbs zu berücksichtigen.*[786]

Ausgehend von diesen Grundsätzen hatte das Bundesverfassungsgericht in jüngster Zeit verschiedene vorinstanzliche Verbote wegen angeblich unlauterer Werbung aufgehoben, da diese mit dem Grundrecht auf freie Meinungsäußerung nicht vereinbar waren.[787]

9.2.6 Die Geltung des UWG auch für die Ärzteschaft

9.2.6.1 UWG und Standesrecht

Die Angehörigen der freien Berufe **unterliegen** ebenfalls **den Regeln des UWG**, sofern es sich nicht um die Kundgabe rein fachlicher Äußerungen handelt.[788]

Ärztliche Werbung muss mit dem allgemeinen Wettbewerbsrecht in Einklang stehen.

---

786 BVerfG, Beschl. v. 6.2.2002 – 1 BvR 952/90 – www.bverfg.de; BVerfG, Urt. v. 1.8.2001 – 1 BvR 1188/92 – WRP 2001, S. 1160 ff. = NJW 2001, S. 3403 ff.

787 Zuletzt BVerfG, Urt. v. 11.3.2003 – 1 BvR 426/02 – (Benetton II) www.bverfg.de. Vgl. grundlegend zu Bedeutung und Schutzbereich der Meinungsfreiheit bei gewerblichen Werbemaßnahmen die Grundsatzentscheidung BVerfG, Urt. v. 12.12.2000 – 1 BvR 1762/95 – (Benetton I) www.bverfg.de; diese Rechtsprechung weiterführend BVerfG, Beschl. v. 6.2.2002 – 1 BvR 952/90 – (Werbung durch Augenoptikunternehmen und Werbung für „tierfreundliche Mode"); BVerfG, Beschl. v. 7.11.2002 – 1 BvR 580/02 (Anwaltsliste durch Verlag), jeweils www.bverfg.de; BVerfG, Beschl. v. 19.11.1985 – 1 BvR 934/82 – MedR 1986, S. 128.

788 Zu Wettbewerbshandlungen der Ärzte*kammern* vgl. *Piper*, S. 470.

Denn das Wettbewerbsrecht will **jede Art wirtschaftlicher Betätigung** erfassen, auch wenn die Gewinnermittlung dabei nicht im Vordergrund steht.[789] Folglich kann auch ärztliche Werbung in einem Wettbewerbsprozess[790] einer wettbewerbsrechtlichen Prüfung unterzogen werden.

Auch für Ärzte gilt das Verbot unlauterer und irreführender Werbung.[791]

Dies gilt vor allem dann, wenn die Werbung Elemente der **Irreführung** oder Verstöße gegen andere gesetzliche Verbote wie etwa das **Heilmittelwerbegesetz** enthält und damit ohne weiteres als berufswidrige Werbung im Sinne des § 27 MBO zu beurteilen ist.[792] Die **Besonderheit des Wettbewerbsrechts** liegt nämlich darin, dass im Rahmen des UWG nicht nur rein wettbewerbsrechtliche Fragen geklärt werden können. Eingebettet in die Generalklauseln des UWG lassen sich im Wettbewerbsprozess **Rechtsfragen aus den verschiedensten Rechtsgebieten klären** wie etwa aus den **Berufsstandesordnungen**, dem **Heilmittelwerberecht**, **Arzneimittelrecht** usw.[793]

9.2.6.2 Standpunkt der Verkehrskreise

Verstöße gegen die standesrechtlichen Werbebeschränkungen können zwar zugleich den Vorwurf der Unlauterkeit im Sinne des UWG begründen. Denn die **Gesundheitswerbung** ist nach zutreffender Auffassung des **Bundesgerichtshofes** ein **„sensibler Bereich“**, so dass wettbewerbswidriges Verhalten im Regelfall auch eine wesentliche Beeinträchtigung des Wettbewerbs darstellt.[794]

Allerdings darf man nicht so weit gehen, jeden zu Wettbewerbszwecken begangenen Verstoß gegen Auffassungen und Gewohnheiten der Mitglieder eines bestimmten Berufszweiges stets als unlauter im Sinne des Wettbewerbsrechts zu bezeichnen. Das würde ins Uferlose führen. Vor allem wäre es bedenklich, die Behauptung einer Sittenwidrigkeit allein nach den Vorstellungen berufsständischer Verbände zu bestimmen, denen die eigenen Interessen am nächsten liegen:[795]

„Voraussetzung dafür ist ..., dass dem von einer einheitlichen und gefestigten Standesüberzeugung getragenen berufsständischen Gebot ein Rang zukommt,

---

789 OLG Hamm, Urt. v. 26.10.2000 – 4 U 112/00 –.

790 Vgl. hierzu Kapitel 13.1, S. 333 ff.

791 Einhellige Auffassung in Rechtsprechung und Literatur, vgl. nur *Baumbach/Hefermehl*, § 1 UWG Rn. 678 m.w.N.; vgl. auch *Laufs*, S. 142.

792 Vgl. hierzu Kapitel 10, S. 217 ff.

793 Vgl. hierzu im einzelnen *Baumbach/Hefermehl*, § 1 UWG Rn. 609 ff.

794 BGH, Urt. v. 9.10.1997 – I ZR 92/95 – WRP 1998, S. 172.

795 BGH, Urt. v. 9.10.1997 – I ZR 92/95 – WRP 1998, S. 172; *Baumbach/Hefermehl*, § 1 UWG Rn. 673 u. 674 ff.

der eine Verletzung auch von dem insoweit mit zu berücksichtigenden Standpunkt der Allgemeinheit aus als verwerflich erscheinen lässt.“[796]

Andernfalls erhielten die wettbewerbsbeschränkenden Vorstellungen eines bestimmten Berufszweiges stets Vorrang vor Recht und Gesetz.[797]

Maßgeblich für die Beurteilung des Werbeverhaltens ist der Standpunkt der angesprochenen Verkehrskreise, nicht die möglicherweise besonders strenge Auffassung des jeweiligen Berufsstandes.

Das Bundesverfassungsgericht 2003 [798]

Ebensowenig kommt es auf die Meinung der **ärztlichen Kollegen** an, die unter Berufung auf die Berufsordnung das werbliche **Engagement** ihrer Kollegen **unterbinden** und sich hierbei zivilgerichtlicher Hilfe bedienen wollen.[799] Der einzelne Berufsangehörige hat es – so das **Bundesverfassungsgericht** – **im Rahmen des allgemeinen Wettbewerbsrechts** in der Hand, in welcher Weise er sich für die interessierte Öffentlichkeit darstellt, solange er sich in dem durch schützenswerte Gemeinwohlbelange gezogenen Rahmen hält.[800]

9.2.7 Die Störerhaftung nach dem UWG

Der wesentliche **Unterschied** des allgemeinen Wettbewerbsrechts **zum ärztlichen Standesrecht** liegt darin, dass das Standesrecht **nur die Ärzte** zu rechtmäßigem Werbeverhalten **verpflichtet.**[801]

---

796 BGH, Urt. v. 13.6.1996 – I ZR 114/93 – GRUR 1996 S. 789, darauf bezugnehmend auch OLG Hamburg, Urt. v. 7.11.1996, 3 U 81/96 – MedR 1997, S. 177.
Zu eng und undifferenziert daher noch OLG Köln, Urt. v. 9.3.2001 – 6 U 127/00 – (Zahnarzt im Internet), obwohl zum Zeitpunkt der Entscheidung das Bundesverfassungsgericht das grundsätzliche Werbeverbot der Berufsordnungen bereits mehrfach für verfassungswidrig erklärt hatte. Vgl. ausführlich zum Meinungsstreit im juristischen Schrifttum *Baumbach/Hefermehl*, § 1 UWG Rn. 675 ff.

797 So auch *Emmerich*, S. 318 mit deutlicher Kritik an der bisherigen Tendenz der Gerichte, nach Möglichkeit jede in irgendeiner Hinsicht berufswidrige Werbung bei den freien Berufen zugleich als sittenwidrig zu brandmarken.

798 BVerfG, Beschl. v. 4.8.2003 (Werbung mit sportlichen Erfolgen) – 1 BvR 2108/02 – www.bverfg.de, ebenso BVerfG, Beschl. v. 4.7.2000 – 1 BvR 547/99 – www.bverfg.de m.w.N. Vgl. hierzu auch Kapitel 10.2.2.1, S. 223.

799 Vgl. hierzu auch Kapitel 4.2.1, S. 42.

800 BVerfG, Beschl. v. 17. 4. 2000 -1 BvR 721/99 – www.bverfg.de. So schon zuvor das BerufsG f. Heilberufe beim Verwaltungsgericht Greifswald, Urt. v. 30.9.1996 – BG 19/96 –.

801 Nach Auffasung von *Laufs* gehen für die Ärzte die Werbevorschriften der Berufsordnungen dem allgemeinen Wettbewerbsrecht grundsätzlich vor, soweit sie in zulässiger, d.h. verfassungsgemässer Weise den Wettbewerb unter den Berufsangehörigen regeln, vgl. Handbuch, S. 142, Rn. 11 m.w.N.

Außenstehende „**Dritte**" sind grundsätzlich **nicht Adressaten berufsrechtlicher** Werbeverbote oder Werbebeschränkungen.[802] Dritte können sein **Personen**, **Kliniken**, **Sanatorien**, die **Medien**, **Verleger** bzw. **Herausgeber** von **Zeitungen**[803] oder **Branchenverzeichnissen**[804] oder andere **gewerbliche Unternehmen**.

Dritte unterliegen nicht den Vorschriften der ärztlichen Berufsordnung.

Bei einem Verstoß gegen das ärztliche Werberecht durch Dritte kommt nur ein **Verstoß gegen das allgemeine Wettbewerbsrecht** in Betracht. Der Dritte kann als sog. „**Störer**" haften, falls er **willentlich** an einer **berufswidrigen Werbung des Arztes mitwirkt**.[805] Unerheblich ist dabei, dass der Dritte den ärztlichen Werbebeschränkungen selbst nicht unterliegt. Denn die Störerhaftung des § 1 UWG soll gerade solchen Fallgestaltungen entgegenwirken, die sich als **Umgehung ärztlicher Werbeverbote** darstellen.[806]

So haftete beispielsweise eine **Tageszeitung**, die eine Telefonberatungsaktion zu Schlafproblemen durchführte, für die **anpreisende und irreführende Ankündung** der Beratung durch angebliche „**Spitzenmediziner**", nachdem die Ärzte gerade nicht eine weit überdurchschnittliche Erfahrung oder Kompetenz in diesem Gebiet vorwiesen. Die Tageszeitung war damit unmittelbarer Adressat des wettbewerblichen Unterlassungsanspruchs, der durch die Wettbewerbszentrale geltend gemacht worden war.[807]

Weiteres Beispiel für die **Störerhaftung einer Zeitung** ist eine Entscheidung des Berliner Kammergerichts: Danach wurde eine Berliner Tageszeitung zur Zahlung eines **Ordnungsgeldes von 50.000,- DM** verurteilt, weil sie erneut einen Zeitungsbeitrag unter dem Titel „*Top-Ärzte in Berlin*" veröffentlicht hatte, obwohl ihr dies zuvor gerichtlich untersagt worden war.[808]

---

802 St. Rspr., vgl. nur BGH, Urt. v. 14.4.1994 – I ZR 12/92 – MedR 1995, S. 113; BGH, Urt. v. 27.4.1995 – I ZR 116/93 – GRUR 1995, S. 612; zuletzt BVerfG, Beschl. v. 4.7.2000 – 1 BvR 547/99 – www.bverfg.de, vgl. auch Kapitel 12.2.4.3, S. 324.

803 KG Berlin, Beschl. v. 24.8.2001 – 5 W 53/01 –.

804 Vgl. zur Veranwortlichkeit der Herausgeber entsprechender Verzeichnisse nur BGH, Urt. v. 10.4.1997 – I ZR 3/95 – WRP 1997, S. 1059 ff.

805 St. Rspr., vgl. nur BGH, Urt. v. 14.4.1994 – I ZR 12/92 – MedR 1995, S. 113 m.w.N.

806 BGH, Urt. v. 14.4.1994 – I ZR 12/92 – MedR 1995, S. 113.

807 OLG Frankfurt, Beschl. v. 20.4.2000 – 6 W 53/00 – WRP 2001, S. 65, vgl. hierzu auch Kapitel 10.3.7.6, S. 252.

808 KG Berlin, Beschl. v. 24.8.2001 – 5 W 53/01 –.

9.3 Die Zulässigkeit standesrechtlicher Beschränkungen

9.3.1 Grundlagen

Eine maßgebliche Beschränkung des ärztlichen Werberechts ergibt sich aus dem **standesrechtlichen Verbot** berufswidriger Werbung:[809]

> Berufswidrige Werbung ist dem Arzt untersagt.
> Berufswidrig ist insbesondere eine anpreisende, irreführende oder vergleichende Werbung. Werbeverbote aufgrund anderer gesetzlicher Bestimmungen bleiben unberührt.

§ 27 Abs. 3 Musterberufsordnung 2002

Standesrechtliche **Beschränkungen** des ärztlichen Werberechts sind nach ständiger Rechtsprechung des Bundesverfassungsgerichts **grundsätzlich zulässig**.[810] Denn Werbebeschränkungen betreffen lediglich die **Art und Weise** der ärztlichen Berufs*ausübung*. Sie sind somit eine bloße **Folge der Entscheidung** für den Arztberuf.[811]

> Werbeverbote sollen das berufliche Verantwortungsgefühl und das Vertrauen der Öffentlichkeit in den Berufsstand stärken.[812]

Das Bundesverfassungsgericht 1996

Nach Auffassung des **Europäischen Gerichtshofs für Menschenrechte** (EGMR)[813] ist auch der **Zweck der Werbebeschränkungen** für die freien Berufe als Teil der Berufsordnung **nicht zu beanstanden**. Werbeverbote sollen dazu beitragen, dass der Berufsstand seine Aufgaben ordnungsgemäß erfüllt. Unter Umständen kann sogar die Veröffentlichung sachlicher und wahrheitsgemäßer Werbung Beschränkungen unterworfen werden, um Rechte Dritter zu schützen oder

---

809 Vgl. hierzu ausführlich Kapitel 10.1, S. 217 ff.

810 St. Rspr., vgl. nur BVerfG, Beschl. v. 19.11.1985 – 1 BvR 934/82 – MedR 1986, S. 130 bis BVerfG, Beschl. v. 17.4.2000 – 1 BvR 721/99 – www.bverfg.de m.w.N.

811 Art. 12 GG unterscheidet zwischen der Berufs*wahl* und der Berufs*ausübung*. Während die Berufswahl frei sein soll, kann die Berufs*ausübung* durch Gesetz oder aufgrund eines Gesetzes *näher geregelt* werden, Art. 12 I 1 GG. Ein statusbildender Charakter (im Sinne einer Berufs*wahl*) kommt den sog. Berufsausübungsregelungen nicht zu, BVerfG, Beschl. v. 19.11.1985 – 1 BvR 934/82 – MedR 1986, S. 128. In der 2. Facharztentscheidung hatte das Bundesverfassungsgericht hinsichtlich der Wahl der Facharztrichtung allerdings von einer „Lebensentscheidung" gesprochen, vgl. Kapitel 7.1.2.2, S. 82. Zum Regelungsinhalt von Berufsausübungsregelungen vgl. eingehend *Taupitz*, S. 834 ff.

812 BVerfGE 94, S. 372 ff. (391): Beschl. v. 22.5.1996 – 1 BvR 744/88 u.a. – = MedR 1996, S. 511 ff., vgl. hierzu auch Kapitel 6.1, S. 65 ff.

813 Vgl. hierzu Kapitel 3.2.2, S. 34.

weil die Beschränkung wegen besonderer Umstände bei bestimmten Geschäftstätigkeiten oder Berufen geboten sind:

> *„Für Rechtsanwälte hat der Gerichtshof entschieden, dass ihre zentrale Stellung in der Rechtspflege zwischen der Bevölkerung und den Gerichten die verbreiteten standesrechtlichen Beschränkungen, denen die zugelassenen Rechtsanwälte unterworfen sind, rechtfertigt. In Anbetracht der Vielfalt von Rechtsvorschriften in den Mitgliedstaaten Europas und des Wandels, der sich dort vollzieht, können die Rechtsanwaltskammern und staatlichen Gerichte wegen ihrer unmittelbaren und ständigen Verbindungen zu ihrem jeweiligen gesellschaftlichen Umfeld besser als ein internationaler Gerichtshof beurteilen, wie zu einem bestimmten Zeitpunkt ein angemessener Ausgleich zwischen den betroffenen Interessen hergestellt werden kann.*
>
> *Bei Ärzten können solche Einschränkungen für ihr Verhalten einschließlich von Regeln für Veröffentlichungen über medizinische Fragen oder ihre Mitwirkung daran durch ihre allgemeine Berufspflicht, „der Gesundheit des einzelnen Menschen und des gesamten Volkes zu dienen“, gerechtfertigt sein.“*[814]

Eine Beschränkung der Berufstätigkeit hält einer verfassungsrechtlichen Überprüfung allerdings nur stand, wenn diese durch **hinreichende Gründe des Gemeinwohls gerechtfertigt** ist.

Jeder Eingriff in die Freiheit
muss von einem Gemeinwohlbelang getragen sein.[815]

---

814 EGMR Strassburg, Urt. v. 17.10.2002 – 37928/97 – (Dr. Stambuk/Deutschland), NJW 2003, S. 497 ff.

815 Wenn es keinen Gemeinwohlbelang gibt, der ein Verbot rechtfertigen kann, ist nicht mehr zu prüfen, ob es um eine tiefergreifende Einschränkung oder um eine belanglose Lästigkeit geht, *Jaeger* (Bundesverfassungsrichterin), S. 267.

9.3.2 Der Schutz vor Gesundheitsgefährdung und Verunsicherung

Gewichtige Belange des Gemeinwohls, die zu Werbebeschränkungen berechtigen, sind vor allem der **Schutz der Gesundheit** sowie der Schutz der **Kranken** vor **Verunsicherung durch Anpreisung**.[816]

Die Gesundheit ist ein zu hohes Gut, als dass man die Unterschiede im Leistungsspektrum und in der Qualität der Leistungserbringer als Patient ausschließlich durch Versuch und Irrtum herausfinden möchte.[817]

Aufgrund der **spezifischen Verantwortung der Ärzteschaft für die Gesundheit** der Bevölkerung können Grundrechtseinschränkungen berechtigt sein:

Die Gesundheit der Bevölkerung ist ein Gemeinschaftsgut von hohem Rang, das selbst empfindliche Eingriffe in die Berufsausübung rechtfertigen kann.

Das Bundesverfassungsgericht 2003 [818]

Werbeverbote sind nach Ansicht des **Bundesverfassungsgerichts** ferner dann gerechtfertigt, wenn Patienten durch **mangelnde Kompetenz der Ärzte gefährdet** oder in einer sie existentiell berührenden Lage **verunsichert** sind.[819]

Daher können auch Informationen, die allein auf einer **Selbsteinschätzung** der Ärzte beruhen, zu **Gefahren für die Patienten** führen.[820]

---

816 St. Rspr., vgl. nur EGMR Strassburg, Urt. v. 17.10.2002 – 37928/97 – (Dr. Stambuk/ Deutschland), NJW 2003, S. 497 ff.; BVerfG, Beschl. v. 4.7.2000 – 1 BvR 547/99 – www.bverfg.de, vgl. hierzu bereits Kapitel 6.1.1, S. 65 ff.; zuletzt OLG Hamm, Urt. v. 14.9.2000 – 4 U 57/00 –.

817 *Jaeger* (Bundesverfassungsrichterin), S. 268.
Zum Begriff der Gesundheit führt *Jaeger* (S. 264) aus: „*Gesundheit – die individuelle wie die der Bevölkerung – kann weder hergestellt und geliefert noch vom Staat in vollem Umfang gewährleistet werden. Gesundheit gehört nicht zu den verfügbaren Gütern. Auch die beste aller Welten beseitigt nicht Krankheit, Leiden und Tod. Die Ärzte behandeln, sie garantieren nicht den Heilungserfolg. Gesundheit ist lebenslange individuelle Aufgabe des Einzelnen, das Resultat eines das ganze Leben durchziehenden Prozesses, der auch bestimmt wird von dem Verhalten des Einzelnen und seiner körperlichen Anlage.*“

818 BVerfG, Beschl. v. 11.2.2003 – 1 BvR 1972/00 – www.bverfg.de.

819 BVerfG, Urt. v. 29.10.2002 – 1 BvR 525/99 – www.bverfg.de.

820 Vgl. zur Problematik der Angabe von selbsternannten Tätigkeitsschwerpunkten ausführlich Kapitel 7.4, S. 91 ff.

> Das Vertrauen darauf, dass der Arzt nicht aus Gewinnstreben bestimmte Untersuchungen vornimmt, Behandlungen vorsieht oder Medikamente verordnet, soll erhalten bleiben.

Das Bundesverfassungsgericht 2002 [821]

Tragfähig können im übrigen auch die **Belange der gesetzlichen Krankenversicherung** werden, wenn sonst der gleichmäßige und kostengünstige Zugang der Versicherten zu vertragsärztlichen Leistungen gefährdet wäre.[822]

> Die Sicherstellung der hohen Qualität der medizinischen Versorgung ist für die Bevölkerung ein besonders wichtiges Gemeinschaftsgut, das den Eingriff in die Berufsausübungsfreiheit rechtfertigen kann.[823]

9.4 Die Grenzen standesrechtlicher Beschränkungen

Die standesrechtlichen Werbebeschränkungen bedürfen jedoch der **restriktiven Auslegung**.[824] Ihre Anwendung darf nicht zu einer **unzumutbaren Belastung** führen und muss auch **berechtigten Informationsinteressen Rechnung tragen**.[825] Denn standesrechtliche Verbote begrenzen die Information der Öffentlichkeit, erschweren den beruflichen Erfolg von Neuzugängern und führen zu Wettbewerbsverzerrungen sowie zur Verfestigung etablierter Strukturen.[826] Dadurch können sie die **Innovationsfähigkeit** des Berufsbereiches **gefährden**.[827] Dies darf nicht Sinn und Zweck standesrechtlicher Normen sein.

9.4.1 Das Erfordernis einer sinnvollen Abwägung

Die Gesundheit ist zwar ein Gemeinschaftsgut von hohem Rang. Die ärztlichen Werbebeschränkungen bekämpfen allerdings **nicht unmittelbar bestimmte Gesundheitsgefahren**. Sie wollen in erster Linie der Verunsicherung von Kranken

---

821 BVerfG, Urt. v. 29.10.2002 – 1 BvR 525/99 – www.bverfg.de.
822 BVerfG, Urt. v. 29.10.2002 – 1 BvR 525/99 – www.bverfg.de.
823 BVerfG, Urt. v. 29.10.2002 – 1 BvR 525/99 – www.bverfg.de.
824 St. Rspr.: BVerfG, Beschl. v. 4.7.2000 – 1 BvR 547/99 – www.bverfg.de m.w.N.; BVerfG, Beschl. v. 21.4.1993 -1 BvR 166/89 – MedR 1993, S. 348.
825 OLG Düsseldorf, Urt. v. 18.7.2000 – 20 U 27/00 –.
826 Vgl. hierzu bereits ausführlich Kapitel 4.2, S. 42 ff.
827 *Hoffmann-Riem*, Art. 5, Rn. 74.

entgegenwirken und ein Verständnis des Arztberufs verhindern, das langfristig negative Rückwirkungen auf die medizinische Versorgung der Bevölkerung haben könnte. Dadurch **entfernt** sich jedoch das zu schützende Gut der **Gesundheit** so weit von den **Werbebeschränkungen**, dass es **nicht generell Vorrang vor** der **Berufsausübungsfreiheit** beanspruchen kann. [828]

Das zum Schutze des Gemeinwohls **gewählte Mittel** muss zur Erreichung des verfolgten Zwecks **geeignet** und auch **erforderlich** sein: Bei einer **Gesamtabwägung** zwischen der Schwere des Eingriffs und dem Gewicht der ihn rechtfertigenden Gründe muss die **Grenze der Zumutbarkeit noch gewahrt** sein. Eingriffe in die Berufsfreiheit dürfen somit nicht weiter gehen, als es die Interessen der Allgemeinheit erfordern.[829]

Die Beschränkungen dürfen den Berufstätigen nicht übermäßig oder unzumutbar treffen.[830]

Folglich muss im Hinblick auf die Berufsfreiheit eine sinnvolle Abwägung zwischen dem Nutzen für das Gemeinwohl und den die Berufstätigen belastenden Vorkehrungen stattfinden.[831] Diese Abwägung setzt voraus, dass der **Bezug** gesetzlich angeordneter Maßnahmen **zum Gemeinschaftsgut** hinreichend **spezifizierbar** ist. Auch zur Begründung von Eignung und Erforderlichkeit des Werbeverbotes ist ein nachvollziehbarer Wirkungszusammenhang notwendig.[832]

Die zur Rechtfertigung eines Eingriffs von den Behörden angeführten Gründe müssen stichhaltig und ausreichend sein.

Der Europäische Gerichtshof für Menschenrechte 2002 [833]

---

[828] BVerfG, Beschl. v. 11.2.1992 – 1 BvR 1531/90 – NJW 1992, S. 2341. In diesem Sinne auch *Papier/Petz*, NJW 1994, S. 1553 ff.

[829] St. Rspr. des Bundesverfassungsgerichts, zuletzt BVerfG, Urt. v. 29.10.2002 – 1 BvR 525/99 – www.bverfg.de; BGH, Urt. v. 20.5.1999 – I ZR 40/97 – WRP 1999, S. 1136.

[830] Für die **konkrete Anwendung** einer werbebeschränkenden Vorschrift der Berufsordnung fordert das Bundesverfassungsgericht daher *besondere* Gründe des Gemeinwohls, die die Anwendung dieser Verbotsvorschrift als sachgerecht erscheinen lassen. Diejenigen Gründe, die bereits *allgemein* die ärztlichen Werbebeschränkungen rechtfertigen, sind im konkreten Fall nicht ausreichend, vgl. BVerfG, Beschl. v. 19.11.1985 – 1 BvR 38/78, MedR 1986, S. 134, vgl. zu dieser Entscheidung auch Kapitel 12.2.4.6, S. 326.

[831] BVerfG, Beschl. v. 11.2.2003 – 1 BvR 1972/00 – www.bverfg.de.

[832] BVerfG, Beschl. v. 11.2.2003 – 1 BvR 1972/00 – www.bverfg.de.

[833] EGMR Strassburg, Urt. v. 17.10.2002 – 37928/97 – (Dr. Stambuk/Deutschland), NJW 2003, S. 497 ff.

9.4.2 Konkreter Bezug zum Schutzgut erforderlich

Je enger der Bezug der Vorschriften zu einem Schutzgut ist, desto eher lassen sich Eingriffe in die Berufsausübungsfreiheit verfassungsrechtlich rechtfertigen. So stellen beispielsweise die strengen Hygiene- und Sicherheitsvorschriften bei der Behandlung einer hochinfektiösen Lungenkrankheit ebenfalls einen Eingriff in die freie ärztliche Berufsausübung dar, etwa weil der Arzt verpflichtet ist, mit Mundschutz zu arbeiten. Dennoch ist hier der Bezug zum Schutzgut – die Gesundheit des Arztes, der Patienten und der Bevölkerung – unmittelbar mit diesen beruflichen Beschränkungen verknüpft und daher auch gerechtfertigt.

Steht dagegen die grundrechtliche Beschränkung nur in einem **entfernten Zusammenhang** zum Gemeinschaftsgut, so kann dieses nicht generell Vorrang vor der Berufsausübungsfreiheit beanspruchen. Hier ist eingehend zu begründen, ob und wodurch eine Verunsicherung oder Gefährdung der Bevölkerung zu befürchten ist.

> *„Die Bedeutung solcher die Berufsfreiheit einschränkender Regelungen für die Gesundheit der Bevölkerung steht aber nicht ein für allemal fest. Nicht nur faktische Neuerungen ... spielen insofern eine Rolle. Auch Rechtsänderungen in angrenzenden Sachgebieten und Erfahrungen mit anderen Regelungen sind bei der Definition und Gewichtung von Gemeinwohlbelangen zu berücksichtigen.*
>
> *Gefahreinschätzungen sind nicht schlüssig, wenn identischen Gefährdungen in denselben oder anderen, aber dieselbe Materie betreffenden Gesetzen unterschiedliches Gewicht beigemessen wird. Die gesetzgeberische Einschätzung wird fraglich, wenn zur Begründung von Gesetzesänderungen Gefährdungspotentiale herangezogen werden, die eine intensivere Beschränkung der Berufsfreiheit plausibel machen sollen, obwohl dafür tatsächliche Erkenntnisse fehlen.“*[834]

Der auf einer Informationswerbung beruhende **Arztbesuch** wird typischerweise **keine Gefährdung** der Patienten zur Folge haben:[835]

> Der Arzt ist, bei allem Respekt vor den anderen Heil- und Gesundheitsberufen, der wichtigste Garant für die Volksgesundheit.[836]

---

834 BVerfG, Beschl. v. 11.2.2003 – 1 BvR 1972/00 – www.bverfg.de.

835 Dies mag bei der Werbung für Schönheitsoperationen eventuell anders zu beurteilen sein.

836 *Steiner* (Bundesverfassungsrichter), MedR 2003, S. 1 (6).
Eine mögliche fehlerhafte Arztbehandlung kann zwar eine **Fremdgefährdung** des Patienten darstellen. Doch die Gefahr eines ärztlichen Behandlungsfehlers wird durch Werbeverbote kaum verhindert. Sonst gäbe es – angesichts des jahrzehntelangen völligen Werbeverbotes – wohl nicht eine in Rechtsprechung und Literatur umfassend behandelte Arzthaftungsproblematik, vgl. hierzu etwa den Artikel in der Ärztezeitung „*Zahl teurer Fehler nimmt zu*“ vom 23.3.2001, wonach die gesetzliche Krankenversicherung die Zahl ärztlicher Behandlungsfehler auf jährlich 100.000 Fälle schätzt.

Dies gilt für die niedergelassenen Ärzte ebenso wie für die Klinikärzte. Deshalb sind bei der werberechtlichen Prüfung für beide Unternehmensformen dieselben Kriterien anzulegen. Die noch heute vertretene Behauptung, Kliniken hätten mehr Werbeprivilegien als Arztpraxen,[837] ist angesichts der geänderten Rechtslage überholt und **nicht mehr haltbar**. Kliniken und Arztpraxen haben dieselben Werbefreiheiten und unterliegen denselben rechtlichen Grenzen. Denn es ist keine stichhaltige Begründung ersichtlich, weshalb die Werbung eines Arztes die Patienten mehr verunsichern oder gefährden sollte, als die Werbung einer Klinik[838] (oftmals lediglich einer konzessionierten Zimmerklinik).[839]

9.4.3 Konkurrenzschutz ist kein Gemeinwohlbelang

Das ärztliche Werbeverbot wurde in der Vergangenheit häufig dazu missbraucht, neue, noch unbekannte ärztliche Konkurrenten beim Aufbau ihrer beruflichen Existenz zu behindern.[840] Gerade diese – meist jungen – Kollegen sind jedoch in weit größerem Umfang darauf angewiesen, auf sich und ihre Leistungen aufmerksam zu machen, als die bereits etablierten Ärzte.

Werbebeschränkungen, die sich als **Konkurrenzschutz** auswirken, sind jedoch grundsätzlich **unzulässig**. Auch als Nebenwirkung muss ein Konkurrenzschutz vermieden werden, wenn er nicht wirklich unvermeidlich ist. [841]

> Die Einschränkung der Berufsfreiheit lässt sich niemals sachlich mit Gründen des Konkurrenzschutzes rechtfertigen.

Das Bundesverfassungsgericht 2000 [842]

Denn die Ärzte genießen keinen Schutz vor Konkurrenten, die andere Qualifikationen erworben haben.[843]

Daher darf ein Arzt alle Facharztbezeichnungen und sonstigen Qualifikationen, die in einem förmlichen Anerkennungsverfahren erworben wurden, nach außen ankündigen:

---

837 So zuletzt BGH, Urt. v. 31.10.2002 – I ZR 60/00 – www.bundesgerichtshof.de.

838 Vgl. hierzu auch Kapitel 4.2.3, S. 44 und Kapitel 12.2.3, S. 320.

839 Vgl. zur Zimmerklinik die Implantatentscheidung des BVerfG, Kapitel 12.2.2, S. 319.

840 Vgl. hierzu bereits Kapitel 4.2.1, S. 42 ff.

841 Vgl. hierzu auch *Baumbach/Hefermehl*, Allg Rn. 54-56 m.w.N.

842 BVerfG, Beschl. v. 9.3.2000 – 1 BvR 1662/97 – www.bverfg.de.

843 So das Bundesverfassungsgericht für die Apotheker bereits 1996 in BVerfGE 94, S. 372 ff. (395); vgl. hierzu auch Kapitel 2.2, S. 12 ff.

Soweit allerdings lediglich Berufsangehörige ohne Mehrfachqualifikation daran interessiert sind, dass Spezial- oder Zusatzkenntnisse ihren Konkurrenten keinen Vorteil am Markt verschaffen, ist dieses Interesse nicht schutzwürdig.[844]

Konkurrenzschutz und **Schutz vor Umsatzverlagerungen** sind **keine legitimen Zwecke**, die werberechtliche Einschränkungen in der Berufsausübung rechtfertigen können.[845]

Der eigentliche Zweck der Werbung liegt darin,
Kunden zu Lasten der Konkurrenz zu gewinnen.

Das Bundesverfassungsgericht 1996 [846]

844 BVerfG, Urt. v. 29.10.2002 – 1 BvR 525/99 – www.bverfg.de., vgl. hierzu Kapitel 7.1.2.1, S. 81 ff.

845 BVerfGE 94, S. 372 ff. (399), hierauf auch bezugnehmend OLG Hamm, Urt. v. 11.2.2003 – 4 U 148/02 – www.justiz.nrw.de.

846 BVerfGE 94, S. 372 ff. (399).

10 Das Verbot der berufswidrigen Werbung

10.1 Was ist berufswidrige Werbung?

10.1.1 Grundlagen

Berufswidrig ist insbesondere eine anpreisende, irreführende oder vergleichende Werbung. Werbeverbote aufgrund anderer gesetzlicher Bestimmungen bleiben unberührt.

§ 27 Abs. 3 Musterberufsordnung 2002

Die Musterberufsordnung leistet über diese Definition hinaus keine weitere Hilfestellung. Auch in anderen Gesetzen finden sich **keine Definitionen** oder Erläuterungen des Begriffs der „**berufswidrigen**“ Werbung.

Die Begriffe „anpreisend, irreführend und vergleichend“ sind jedoch nicht neu. So ist das Verbot der **Irreführung**[847] eines der wesentlichen Grundsätze des allgemeinen Wettbewerbsrechts. Die **anpreisende Werbung**[848] ist ebenfalls juristisch erfasst. Sie ist zwar im allgemeinen Geschäftsverkehr nicht grundsätzlich verboten. Die Anpreisung kann allerdings so ausgestaltet sein, dass sie zugleich irreführend ist. Auch die **vergleichende** Arzt- und Klinikwerbung[849] ist gesetzlich geregelt und war bereits Gegenstand der Rechtsprechung.

Die Aufzählung des § 27 Abs. 3 MBO ist **nicht abschließend**, sie stellt lediglich beispielhaft die Varianten berufswidriger Werbung dar. Dies ergibt sich aus dem Begriff „**insbesondere**“.[850] Aus § 27 Abs. 3 S. 3 MBO 2002 ergibt sich daher der Verweis auf die Verbote des **Heilmittelwerbegesetzes**,[851] die auch von Ärzten und Kliniken zu beachten sind.

---

[847] Vgl. hierzu nachfolgendes Kapitel 10.2, S. 220 ff.
[848] Vgl. hierzu Kapitel 10.3, S. 242 ff.
[849] Vgl. hierzu Kapitel 10.4, S. 254 ff. und Kapitel 12.3.3, S. 329.
[850] Vgl. zu den weiteren Kategorien berufswidriger Werbung Kapitel 10.5, S. 266.
[851] Vgl. hierzu Kapitel 10.6, S. 285 ff.

Die Grenze zwischen angemessener Information und berufswidriger Werbung kann stets nur nach den Umständen des Einzelfalles unter Berücksichtigung der Besonderheiten des jeweils gewählten Mediums insbesondere aus Form, Inhalt und Umfang der Darstellung beurteilt werden.[852]

Zur vertiefenden Erkenntnis des § 27 Abs. 3 MBO ist auf die Grundsätze des allgemeinen Wettbewerbsrechts[853] sowie auf die bislang ergangene Rechtsprechung zur Ärzte-Werbung zurückzugreifen.[854]

10.1.2 Äußerungen der Gerichte zur berufswidrigen Werbung

Berufswidrig ist Werbung, die keine interessengerechte und sachangemessene Information darstellt.

Das Bundesverfassungsgericht 2003 [855]

Berufswidrig sind neben irreführenden Angaben auch solche, die geeignet erscheinen, das Schutzgut der Volksgesundheit zu beeinträchtigen. Das kann bereits dadurch geschehen, dass Ärzte Kranken aus Gewinnstreben falsche Hoffnungen machen.

Das Bundesverfassungsgericht 2000 [856]

Verboten sind neben irreführender Werbung insbesondere aufdringliche Werbemethoden, die Ausdruck eines rein geschäftsmäßigen, ausschließlich am Gewinn orientierten Verhaltens sind.

Das Bundesverfassungsgericht 2000 [857]

---

852 OLG Köln, Urt. v. 9.3.2001 – 6 U 127/00 -, NJW-RR 2002, S. 204 ff. Vgl. auch Nr. 3.3. Auslegungsgrundsätze BÄK zu §§ 27 ff. MBO vom 10.9.2002.

853 Vgl. hierzu Kapitel 9.2, S. 197 ff.

854 Vgl. das folgende Kapitel 10.2, S. 220 ff.

855 BVerfG, Beschl. v. 17.7.2003 – 1 BvR 2115/02 – www.bverfg.de.

856 BVerfG, Beschl. v. 4.7.2000 – 1 BvR 547/99 – www.bverfg.de.

857 BVerfG, Beschl. v. 17.4.2000 – 1 BvR 721/99 – www.bverfg.de.

Das Recht eines Arztes, seine Meinung zu äußern und die Öffentlichkeit über einen Sachverhalt zu informieren, umfasst nicht unwahre Äußerungen. Denn die Allgemeinheit ist an unrichtigen Informationen nicht interessiert, weshalb von einem grundrechtlich schützenswerten Recht nicht gesprochen werden kann.

Bundesgerichtshof 1997 [858]

Berufswidrig sind insbesondere werbende Herausstellungen der eigenen Person des Arztes sowie werbende Anpreisungen, die auf einer durch Tatsachen nicht gestützten und nicht überprüfbaren Selbsteinschätzung beruhen.

Oberlandesgericht Düsseldorf 2001 [859]

Was berufswidrige Werbung ist, erschließt sich aus dem Berufsbild des Arztes, wie es allgemein besteht und wie es sich konkret aus der Berufsordnung ergibt. Der Arzt dient danach der Gesundheit des einzelnen Menschen und der Bevölkerung. Er hat seinen Beruf nach seinem Gewissen, den Geboten der ärztlichen Ethik und der Menschlichkeit gewissenhaft auszuüben und dem ihm entgegengebrachten Vertrauen zu entsprechen.

Oberlandesgericht Koblenz 2000 [860]

10.1.3 Schaubild zur berufswidrigen Werbung

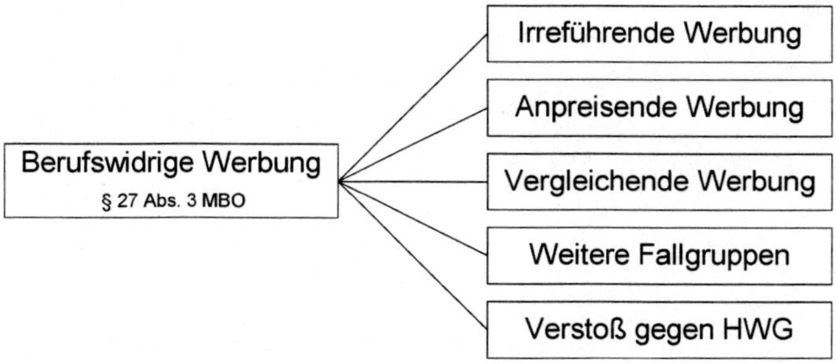

858 BGH, Urt. v. 9.10.1997 – I ZR 92/95 – WRP 1998, S. 172.
859 OLG Düsseldorf, Beschl. v. 5.10.2001 – 27 U 6/01 –.
860 OLG Koblenz, Urt. v. 30.5.2000 – 4 U 192/00 –.

10.2 Was ist irreführende Werbung?

10.2.1 Grundlagen

Irreführende Werbung ist grundsätzlich verboten.[861]

Das allgemeine Wettbewerbsrecht ist geprägt und beherrscht vom **Wahrheitsgrundsatz** und dem **entsprechenden Irreführungsverbot**.

Bewusst unwahre Tatsachenäußerungen
genießen den Grundrechtsschutz der Meinungsfreiheit überhaupt nicht.

Das Bundesverfassungsgericht 2002 [862]

Das Verbot irreführender Werbung ist ausdrücklich auch im ärztlichen Standesrecht verankert.[863] Zwar ist das im **UWG** enthaltene Irreführungsverbot als **höherrangiges Recht** ohnehin von Ärzten zu beachten,[864] weshalb diese berufsrechtliche Normierung nicht notwendig gewesen wäre. Dies konkretisiert jedoch den in der Musterberufsordnung enthaltenen Begriff „berufswidriger" Werbung und bringt zum Ausdruck, was von den ärztlichen Normgebern selbst unter „berufswidrig" verstanden wird.[865]

861 § 3 UWG: *„Wer im geschäftlichen Verkehr zu Zwecken des Wettbewerbs über geschäftliche Verhältnisse ... **irreführende Angaben** macht, kann auf Unterlassung der Angaben in Anspruch genommen werden."*
Die irreführende Werbung soll künftig in § 5 UWG geregelt sein, UWGE-BReg. v. 9.5.2003 – BR-Drucks. 301/03: *„Unlauter im Sinne von § 3 handelt, wer irreführend wirbt."*

862 BVerfG, Beschl. v. 7.11.2002 – 1 BvR 580/02 – www.bverfg.de.

863 § 27 Abs. 3 S. 2 MBO 2002.

864 Vgl. hierzu Kapitel 9.2.6, S. 204.

865 Zur Normierung des Standesrechts durch die Ärztekammern, vgl. Kapitel 3.1.1, S. 37 ff.

10.2.2 Kriterien der Irreführung

Eine Irreführung liegt vor,
wenn unwahre oder zur Täuschung geeignete Angaben
über die Person, Vorbildung, Befähigung oder Erfolge gemacht werden.[866]

Angaben sind **objektiv nachprüfbare Aussagen** des Werbenden.[867]

Täuschung ist das **Hervorrufen** einer **falschen**, der Wirklichkeit nicht entsprechenden **Vorstellung.**[868] In der Werbung **verboten** sind also **alle Angaben geschäftlicher Art,** die zu Wettbewerbszwecken im geschäftlichen Verkehr gemacht werden und **geeignet** sind, einen nicht unerheblichen Teil der **betroffenen Verkehrskreise irrezuführen.**[869] Das Täuschungsmoment ist eines der wichtigsten Kriterien für die Unlauterkeit einer Wettbewerbshandlung.[870]

Berufswidrig ist eine Werbung mit Angaben,
die potentielle Patienten über die Person des Arztes, dessen Praxis
und die Behandlung irre führen könnten und Fehlvorstellungen
von maßgeblicher Bedeutung für die Wahl des Arztes hervorrufen.[871]

---

866 BGH, Urt. v. 27.4.1995 – I ZR 116/93 – GRUR 1995, S. 612.
Nach Art. 2 Nr. 2 der Richtlinie 84/450 EWG ist irreführende Werbung jede Werbung, die in irgendeiner Weise – einschließlich ihrer Aufmachung – die Personen, an die sie sich richtet oder die von ihr erreicht werden, täuscht oder zu täuschen geeignet ist und die infolge der ihr innewohnenden Täuschung ihr wirtschaftliches Verhalten beeinflussen kann oder aus diesen Gründen einen Mitbewerber schädigt oder zu schädigen geeignet ist.
Vgl. zur Beurteilung der Frage, ob eine Werbung irreführend ist, die Kriterien des § 5 Abs. 2 UWGE-BReg. v. 9.5.2003 – BR-Drucks. 301/03.

867 *Baumbach/Hefermehl,* § 3 UWG Rn. 12 u. 13, vgl. hierzu auch Kapitel 6.2.1, S. 68.
Angaben über geschäftliche Verhältnisse sind auch Angaben im Rahmen **vergleichender Werbung**, § 5 S. 2 UWGE-BReg. v. 9.5.2003 – BR-Drucks. 301/03, vgl. hierzu Kapitel 10.4, S. 254 ff.
Meinungsäußerungen sind allerdings **keine Angaben**. Sie bleiben grundrechtlich gemäss Art. 5 GG durch die Meinungsfreiheit geschützt und unterliegen keinem Werbeverbot, BVerfG, Urt. v. 19.11.1985 – 1 BvR 934/82 – MedR 1986, S. 128; BGH, Urt. v. 7.6.1996 – I ZR 103/94 – GRUR 1996, S. 802; vgl. hierzu auch Kapitel 3.1.4, S. 23 ff. und Kapitel 9.2.5, S. 204 ff.

868 *Baumbach/Hefermehl,* § 1 UWG Rn. 5.

869 *Baumbach/Hefermehl,* Einl UWG Rn. 650.

870 *Baumbach/Hefermehl,* § 1 UWG Rn. 5.

871 Nr. 3.3.2 Auslegungsgrundsätze BÄK zu §§ 27 ff. MBO vom 10.9.2002.

Es handelt sich hierbei um objektive Irreführungen über die **eigene geschäftliche Sphäre**.[872] Dies kann nach Ansicht der **Bundesärztekammer** etwa durch **mehrdeutige**, **unvollständige** und **unklare** Tatsachen ebenso wie durch das **Verschweigen von Tatsachen**[873] geschehen. Unzulässig ist beispielsweise die Irreführung und Täuschung über eine angebliche **medizinische Exklusivität** oder eine **Alleinstellungsbehauptung**, wie z.B. „Allgemeinmedizin Bielefeld" oder durch Internet-Domain-Namen, z.B. „www.gynäkologie.Lübeck.de".[874]

Irreführend ist die Ankündigung von solchen „Qualifikationen", denen kein entsprechender Leistungs- bzw. Kenntniszuwachs im Vergleich zu den nach der Weiterbildungsordnung geregelten Qualifikationen gegenübersteht.

Die angekündigte Qualifikation des Arztes soll also einen **entsprechenden Nutzen für den Patienten** entfalten, ansonsten handelt es sich um eine „**Scheinqualifikation**" (z.B. Praxis für Gesundheitsförderung), die zu einem Irrtum der Patienten führt.[875]

Irreführend ist auch die Werbung mit **Selbstverständlichkeiten**.[876] Unzulässig sind beispielsweise Hinweise auf **allgemeine Behandlungsmethoden** und **fachtypische apparative Ausstattungen**, da sie eine gegenüber den Fachkollegen **besondere Qualifikation** für einen bestimmten Bereich **vorspiegeln**.[877]

Zur Irreführung ist nicht erforderlich, dass eine Täuschung des Verkehrs tatsächlich eintritt. Es genügt, dass eine **Angabe** über geschäftliche Verhältnisse **geeignet** ist,

872 Über die **fremde** geschäftliche Sphäre führt ein Arzt die Patienten oder die Allgemeinheit irre, wenn er über die **Leistungen** und **Verhältnisse** seiner **Kollegen** unrichtige Behauptungen aufstellt und dadurch deren Einkommen beeinträchtigt. Die Täuschung dient hier zumeist als Mittel der Herabsetzung und Behinderung des konkurrierenden Arztes, vgl. hierzu *Baumbach/Hefermehl*, § 1 UWG Rn. 7 sowie Kapitel 10.4.3.2, S. 258.

873 So auch § 5 Abs. 2 S. 2 UWGE-BReg. v. 9.5.2003 i.V.m. Stellungnahme BRat v. 20.6.03 – BR-Drucks. 301/03: *„Bei der Beurteilung, ob das Verschweigen einer Tatsache irreführend ist, sind insbesondere deren Bedeutung für die Entscheidung zum Vertragsschluss nach der Verkehrsauffassung zu berücksichtigen."*

874 Vgl. zur Domain als Werbung Kapitel 8.4.4, S. 143.

875 Nr. 3.3.2 Auslegungsgrundsätze BÄK zu §§ 27 ff. MBO vom 10.9.2002.

876 Vgl. hierzu Kapitel 10.2.5, S. 237 ff.

877 OLG Hamm, Urt. v. 30.3.2000 – 4 U 2/00 – für die Eintragung der Begriffe „Prophylaxe, Zahntechnik direkt vom Zahnarzt" in den Gelben Seiten und OLG Hamm, Urt. v. 13.4.2000 – 4 U 18/00 – zum Verbot der Angabe „präventive und restaurative Zahnheilkunde" im Briefkopf.

die Umworbenen irrezuführen und sie zu falschen Schlüssen und Entscheidungen zu veranlassen.[878]

10.2.2.1 Auffassung der Verkehrskreise

Bei der **Prüfung**, ob eine **Angabe** über geschäftliche Verhältnisse **geeignet** ist, den Verkehr **irrezuführen**, kommt es nicht auf den äußeren Wortlaut und nicht darauf an, wie der Werbende selbst seine Aussage verstanden haben will. Es kommt auch **nicht** auf die **Meinung** der **Ärztekammer** an. **Entscheidend** für die Beurteilung der Werbemaßnahme ist **ausschließlich** die **Meinung** des jeweiligen **Publikums** als Adressaten der Angabe.

> Maßgeblich für die Beurteilung des Werbeverhaltens ist der Standpunkt der angesprochenen Verkehrskreise, nicht die möglicherweise besonders strenge Auffassung des jeweiligen Berufsstandes.

Das Bundesverfassungsgericht 2000 [879]

Ob eine Angabe zur Irreführung geeignet ist, lässt sich folglich nur feststellen, wenn man vorher ihren **Sinn** ermittelt hat, den die Angabe nach der **Auffassung** der **umworbenen Verkehrskreise** hat. Deren Vorstellung vom Inhalt ist maßgebend.[880]

So kann eine Werbung objektiv richtig, aber **subjektiv**, d.h. in ihrer Wirkung auf das Publikum, **geeignet** sein, irrige Vorstellungen hervorzurufen. Dies ist beispielsweise der Fall, wenn ein Arzt nach außen einen **Professorentitel** führt, der ihm von einer ausländischen Universität nicht etwa für dessen besondere medizinische Leistungen, sondern für Verdienste um die **Ornithologie** verliehen wurde. Denn der

---

878 OLG Düsseldorf, Urt. v. 2.2.1998 – 20 U 101/98 – WRP 1999, S. 700.
Ebenso Stellungnahme BRat v. 20.6.2003 – BR-Drucks. 301/03 zu § 3 UWGE, wonach sicherzustellen sei, dass bereits die objektive Eignung zur Wettbewerbsverfälschung eine Wettbewerbshandlung unzulässig mache, eine Kenntnis des Wettbewerbers von den diese Geeignetheit begründenden Tatsachen aber nicht erforderlich sei.
Nach dem *europäischen* Irreführungsbegriff des Art. 2 Nr. 2 der Irreführungsrichtlinie der EG (84/450/EWG) ist unter „irreführender Werbung“ hingegen nur diejenige Werbung zu verstehen, die in irgendeiner Weise – einschließlich ihrer Aufmachung – die Personen, an die sie sich richtet oder die von ihr erreicht werden, täuscht oder zu täuschen geeignet ist *und* infolge der ihr innewohnenden Täuschung deren *wirtschaftliches Verhalten beeinflussen* kann oder aus diesen Gründen einen *Mitbewerber schädigt oder zu schädigen geeignet* ist. Vgl. auch *Baumbach/Hefermehl,* Einl. UWG Rn. 650.

879 BVerfG, Beschl. v. 4.7.2000 m.w.N – 1 BvR 547/99 – www.bverfg.de sowie BVerfG, Beschl. v. 11.11.1999 – 1 BvR 754/98 – www.bverfg.de und BGH, Urt. v. 3.12.1998, NJW 1999, S. 2444.

880 Vgl. *Baumbach/Hefermehl,* § 3 UWG Rn. 1 u. 2 m.w.N.

Professorentitel erweckt bei den Verkehrskreisen den Eindruck besonderer medizinischer Kenntnisse und Fähigkeiten und ist daher in besonderem Maße zur **Irreführung** der Patienten geeignet, wenn er sich demgegenüber auf **fachfremde Verdienste** bezieht.[881]

Der Werbende muss auch die **Mehrdeutigkeit** seiner Angabe gegen sich gelten lassen. Eine mehrdeutige Aussage verstößt schon dann gegen das Gebot der Wahrheit, wenn sie von einem nicht völlig unerheblichen Teil der angesprochenen **Verkehrskreise** in einem **Sinn verstanden** wird, der den **tatsächlichen** Verhältnissen **nicht entspricht**. Auch bei einer **unbewussten** Mehrdeutigkeit muss der Werbende sich die ungünstigere, aber verständigerweise mögliche Auslegung entgegen halten lassen.[882] So ist beispielsweise eine **Werbeanzeige** mit der Angabe **„Praxis für Naturheilverfahren"** dann **mehrdeutig** und irreführend, wenn sie nicht von Ärzten, sondern von Heilpraktikern betrieben wird und dies nicht durch entsprechenden Hinweis deutlich wird.[883]

Als **nicht irreführend** hat der **Bundesgerichtshof** demgegenüber die Aussage eines zahnärztlichen Instituts angesehen, *„Die Behandlung erfolgt in wenigen Sitzungen"*: Dass die Anzahl der erforderlichen Sitzungen bei den in Rede stehenden Maßnahmen von einer Reihe von Faktoren abhänge, stelle eine **Selbstverständlichkeit** dar, über die in der fraglichen Werbeaussage nicht getäuscht werde.[884]

---

881 Vgl. zu diesem Urteil Kapitel 10.2.3.2, S. 227; vgl. auch Kapitel 7.2.3, S. 85. Vgl. demgegenüber zur zulässigen Werbung mit dem Professorentitel eines Physikers Kapitel 10.2.3.3, S. 228.

882 OLG Düsseldorf, Urt. v. 2.2.1998 – 20 U 101/98 – WRP 1999, S. 700 m.w.N.

883 OLG Düsseldorf, Urt. v. 2.2.1998 – 20 U 101/98 – WRP 1999, S. 700; vgl. hierzu auch Kapitel 10.2.4.5, S. 234.
Auch eine **wahrheitsgemäße** Angabe kann irreführend sein, wenn dadurch eine Fehlvorstellung geweckt wird, die geeignet ist, **einen nicht unerheblichen Teil des Verkehrs** in seiner Entscheidung zu beeinflussen. Es macht jedoch einen **Unterschied**, ob die Täuschung lediglich auf einem **unrichtigen Verständnis** einer an sich zutreffenden Angabe beruht oder durch eine **unrichtige Angabe** verursacht wird. Selbst wenn daher ein nicht unbeachtlicher Teil des Verkehrs eine bestimmte **Fehlvorstellung** hat, ist deren **Relevanz** zu prüfen sowie die Frage, ob **schützenswerte Interessen** potentieller Patienten und der Allgemeinheit ein Verbot dieser wahren Angabe fordern. Diese Einschränkung gilt nach Auffassung des BGH auch im Bereich der Gesundheitswerbung, obwohl hier grundsätzlich strengere Anforderungen zu stellen sind; BGH, Urt. v. 27.4.1995 – I ZR 116/93 – GRUR 1995, S. 612, vgl. hierzu Kapitel 10.2.3.3, S. 228.

884 Die Aussage vermittle allenfalls den Eindruck, dass aufgrund des Könnens und der langjährigen Erfahrung der behandelnden Ärzte sowie aufgrund einer optimalen Organisation der Behandlungsabläufe möglichst wenig Sitzungen anfielen. Dass dieser Inhalt der Werbeaussage jedoch unrichtig sei, habe die gegen das Institut klagende Zahnärztekammer nicht dargelegt. Eine weitergehende Aussage, etwa des Inhalts, dass das Institut auch im Falle von sich ergebenden Komplikationen oder bei einer ungewöhnlichen Häufung der erforderlichen Maßnahmen immer mit einer – absolut gesehen – geringen Zahl von Sitzungen auskomme, lasse sich der beanstandeten Aussage nicht entnehmen; BGH, Urt. v. 8.6.2000 – I ZR 269/97 – WRP 2001, S. 28 ff. („Dentalästhetica").

10.2.2.2 Der informierte Verbraucher

Bei der Beurteilung, ob eine Angabe „irreführend" ist, haben die deutschen Gerichte nach einer Entscheidung des **Europäischen Gerichtshofes** darauf abzustellen, wie ein **durchschnittlich informierter, aufmerksamer und verständiger Durchschnittsverbraucher** diese Angabe wahrscheinlich auffassen wird.[885] Aus dessen Blickwinkel ist zu bewerten, ob durch die konkrete Werbemaßnahme eine Gefährdung seiner Belange zu befürchten ist. Hat das nationale Gericht besondere Schwierigkeiten zu beurteilen, ob die betreffende Angabe irreführen kann, so verbietet das europäische Gemeinschaftsrecht ihm nicht, dies nach Maßgabe seines nationalen Rechts durch ein **Sachverständigengutachten** oder eine **Verbraucherbefragung** zu ermitteln.[886]

Mit der Forderung eines durchschnittlich informierten, aufmerksamen und verständigen Durchschnittsverbrauchers rückt der Europäische Gerichtshof weit ab von dem **früheren Verbraucherbild des Bundesgerichtshofes**. Dieser hatte bei der Frage der Irreführung bislang das Leitbild eines *„flüchtigen Verbrauchers, der Werbebehauptungen ungezwungen und unkritisch wahrnimmt."*[887]

> Der Europäische Gerichtshof verlangt eine aufmerksame Beurteilung von Werbeaussagen. Maßstab für diese Beurteilung ist ein durchschnittlich informierter, verständiger Verbraucher.

Dies ist richtig, denn allein das Leitbild eines verständigen und informierten Wirtschaftsbürgers korreliert mit einer **freiheitsbasierten Rechtsordnung**, deren Wirtschaftsverfassung durch Markt und Wettbewerb bestimmt ist.[888]

---

885 EuGH, Urt. v. 16.7.1998 – Rs. C-210/96 – EuZW 1998, S. 526. In diesem Fall ging es um die Frage der irreführenden Bezeichnung beim Verkauf von Eiern. Der EuGH verweist in seiner Entscheidung jedoch auf eine Vielzahl seiner früheren Entscheidungen und dokumentiert so, dass er hiermit ein grundsätzliches Profil eines verständigen und informierten Verbrauchers zeichnet.

886 EuGH, Urt. v. 16.7.1998 – Rs. C-210/96 – EuZW 1998, S. 528. Zur Einholung demoskopischer Gutachten durch Meinungsforschungs-Institute über die Frage, ob eine einheitlich missbilligende Standesauffassung existiere, vgl. *Gleißner-Klein*, S. 43 ff.

887 So zuletzt noch BGH, Urt. v. 10.12.1998 – I ZR 137/96 – **aufgehoben** durch BVerfG, Beschl. v. 7.8.2000 – 1 BvR 254/99 – www.bverfg.de; s. auch *Barth*, S. 416 m.w.N. Auch heute noch *Doepner*, § 11 Nr. 4 HWG Rn. 6, der hinsichtlich der bildlichen Darstellung von Personen in Berufskleidung auf eine oberflächliche und flüchtige Betrachtungsweise der Werbung abstellt. Dem kann nicht gefolgt werden.

888 Vgl. auch Anmerkung von *Leible* zum Urteil des EuGH in EuZW 1998, S. 528. Ausführliche Darstellung des Streitstandes zur „Verbraucherleitbilddiskussion" bei *Doepner*, § 3 HWG Rn. 20 u. 21.

10.2.3 Irreführung durch falsche Angaben – Rechtsprechung

10.2.3.1 Irreführende Werbung mit falschem Professorentitel

Urteil

Folgende Aussage eines als Krebstherapeut tätigen Arztes in einem Zeitungsinterview ist irreführend und verboten:

„Mir wird auch falsche Titelführung vorgeworfen. Tatsächlich habe ich von einer alten südamerikanischen Universität den Professorentitel verliehen bekommen, an der ich zwei Semester meine Methode lehrte. Aber seit einer gesetzlichen Änderung der deutschen Berufsordnung darf ich ihn nicht mehr führen."

Nicht erst eine Änderung der Berufsordnung hat zu dem Verbot geführt, sich als Professor zu bezeichnen. Die beschriebene Lehrtätigkeit erfüllte zu keinem Zeitpunkt die nach dem deutschen Verständnis erforderlichen Voraussetzungen für die Verleihung des Professorentitels.

Bundesgerichtshof 1997 [889]

Aus den Urteilsgründen

Bereits die Äußerung des Arztes, über zwei Semester eine Lehrtätigkeit erbracht zu haben, ist falsch und anmaßend. Denn er hatte in einem früheren Verfahren selbst ausgesagt, nur eine Woche lang Vorlesungen von 10 Stunden täglich gehalten zu haben. [!] *Weder mit einer zweisemestrigen noch mit einer einwöchigen Vorlesung sind nach deutschen Anforderungen die Voraussetzungen für die Führung des Professorentitels erfüllt.*[890]

Die Äußerungen des Arztes hingegen vermitteln dem Zeitungsleser in irreführender Weise den Eindruck, seine Behandlungsmethode sei aufgrund einer wissenschaftlichen Lehrtätigkeit von einiger Dauer wissenschaftlich eingeführt und anerkannt. Dieses Verhalten ist wettbewerbswidrig und dazu geeignet, das Vertrauen von Menschen zu gewinnen, die an Krebs erkrankt sind:

Wer durch seine Krankheit mit dem Tod konfrontiert wird, klammert sich an jede Hoffnung und ist geneigt, einer akademisch anerkannten Behandlungsmethode und einem wissenschaftlich reputierten Arzt besonderes Vertrauen entgegen zu bringen. Denn Kranke lassen sich leicht verunsichern und durch werbemäßige Anpreisungen beeinflussen.

---

[889] BGH, Urt. v. 9.10.1997 – I ZR 92/95 – WRP 1998, S. 172.

[890] Zur Führung von Professorentiteln vgl. auch Kapitel 7.2.3, S. 85 ff. Zu den jeweiligen Voraussetzungen des Führens von akademischen Graden und Titeln vgl. *Zimmerling*.

Der Beklagte nutzte damit die irrtümliche Vorstellung der Patienten über seine wissenschaftliche Qualifikation zu seinem Vorteil aus, indem er die eigene Stellung im Wettbewerb der Krebstherapeuten herausstellte und dadurch den Wettbewerb wesentlich beeinträchtigte.[891]

Stellungnahme

Der Auffassung des Bundesgerichtshofes ist voll und ganz zuzustimmen.[892]

Angesichts dieser Dreistigkeit lässt sich die Äußerung des OLG Hamburg durchaus verstehen, das in einem anderen Zusammenhang davon sprach, „*...dass es nicht selten sogar zu einer bewussten Berufsstandesvergessenheit kommen kann.*“[893]

10.2.3.2 Irreführende Werbung mit fachfremdem Professorentitel

Urteil

Ein Arzt darf eine Ehrenprofessur der Universität San Carlos in Guatemala nicht führen, wenn ihm dieser Ehrentitel wegen seines Engagements als Ornithologe um die Erhaltung der Artenvielfalt bei Greifvögeln, nicht jedoch für dessen ärztliche Leistungen erteilt wurde.

KG Berlin 2002; OLG Hamburg 2002 [894]

---

891 Einen **ähnlichen Fall** hatte der **Bundesgerichtshof** bereits im Jahre 1989 zu entscheiden: Ein niedergelassener **Arzt für kosmetische Chirurgie** trat unter der Bezeichnung „Professor“ oder „Prof.“ auf, nachdem ihm eine Universität in **Guatemala** die Bezeichnung eines „Profesor Extraordinario de Cirurgia Plastica“ verliehen hatte. Die Führung des Professorentitels im geschäftlichen und beruflichen Verkehr wurde dem Arzt untersagt, da mit der Verleihung der Professorenbezeichnung durch die ausländische Universität keines der herkömmlichen Merkmale für ein deutsches Professorenamt erfüllt war, BGH, Urt. v. 16.2.1989 – I ZR 76/87 – GRUR 1989, S. 445; vgl. auch *Piper*, S. 456.

892 Das OLG München hatte in der zweiten Instanz hingegen einen Wettbewerbsverstoß verneint! Pikanterweise hatte der Bundesgerichtshof diesem Arzt bereits fünf Jahre zuvor wegen Irreführung verboten, sich im geschäftlichen Verkehr als Professor zu bezeichnen. In diesem Urteil wird angesichts widersprüchlicher Aussagen des Arztes auch dessen gesamtes Vorbringen sehr in Zweifel gezogen; BGH, Urt. v. 9.4.1992 – I ZR 240/90 – GRUR 1992, S. 525. In diesem Fall des wiederholten und bewussten Rechtsverstoßes kommt sogar der Straftatbestand des § 4 UWG in Betracht, vgl. hierzu Kapitel 13.1.6, S. 343.

893 OLG Hamburg, Urt. v. 13.8.1987 – 3 U 95/87 – GRUR 1988, S. 141.

894 KG Berlin, Urt. v. 22.3.2002 – 5 U 8811/00 – NJW-RR 2003, S. 64 ff.; Hans. OLG, Urt. v. 20.2.2002 – 5 U 1000/01 –.

Aus den Urteilsgründen

Es ist nach Auffassung des Senats überwiegend wahrscheinlich, dass ein Teil der angesprochenen Verkehrskreise davon ausgeht, die Ehrenprofessur stünde im Zusammenhang mit besonderen Leistungen auf dem Gebiet der Medizin, insbesondere der kosmetischen Chirurgie. Denn dass Professorentitel allein wegen Verdiensten am Gemeinwohl und ohne Zusammenhang mit der beruflichen Tätigkeit des Geehrten verliehen werden können, dürfte allenfalls einem Teil der angesprochenen Verkehrskreise bewußt und auch tatsächlich die Ausnahme sein.

10.2.3.3 Exkurs: Zulässige Werbung mit Professorentitel für Physik

Ein **Physiker** hatte im Gebiet der Kerntechnik von der Technischen Universität Dresden 1956 den **Professorentitel** erhalten. Er war der Erfinder der Sauerstoff-Mehrschritt-Therapie. Zur Förderung dieser Therapieform wurde ein Verein gegründet, der für diese Therapie mit dem Namen des Erfinders und dessen Professorentitel Werbung betrieb.[895]

Der Bundesgerichtshof hatte zwar in Betracht gezogen, dass im Bereich der Medizin der **Verkehr** den Professorentitel einer **medizinischen Fakultät zurechnet** und deshalb auf diesem Gebiet besondere Kenntnisse und Erfahrungen erwartet. Allerdings sei es ein weitgehend bekannter Umstand, dass sich gerade alternative Behandlungsmethoden nicht selten im Grenzbereich zwischen Medizin und anderen wissenschaftlichen Bereichen, z.B. Biochemie und Physik, bewegten. Selbst wer den Erfinder als Professor der Medizin ansehe, würde nach der allgemeinen Lebenserfahrung diesem Umstand **keine maßgebende Bedeutung** beimessen und sich dennoch für die von ihm entwickelte Sauerstoff-Mehrschritt-Therapie entscheiden. Für viele stehe die **grundsätzliche wissenschaftliche Anerkennung** im Vordergrund, so dass sie sich auch bei nachträglicher Kenntnis **nicht getäuscht** fühlen würden.[896]

---

[895] Vgl. hierzu bereits Kapitel 8.3.4.5, S. 136.

[896] BGH, Urt. v. 27.4.1995 – I ZR 116/93 – GRUR 1995, S. 612.

10.2.3.4 Falsche Behauptung, Krebsmethode sei durch DKFZ bestätigt

Urteil

Folgende Aussage ist irreführend und verboten:

„... *und dass wir nun bestätigt worden sind in unseren Forschungsergebnissen auch vom Deutschen Krebsforschungszentrum selbst* [DKFZ in Heidelberg], *im Kernpunkt vor allen Dingen, gibt uns natürlich Recht in unseren gesamten Forschungsarbeiten*... "

Oberlandesgericht München 1994 [897]

Sachverhalt

Ein Hautarzt propagierte und praktizierte eine alternative, von der Schulmedizin nicht anerkannte, Krebstherapie. In einer Fernsehsendung äußerte der Arzt unter anderem den o.g. Satz. Das Deutsche Krebsforschungszentrum in Heidelberg hatte – entgegen der Behauptung des Arztes – dessen Behandlungsmethode niemals bestätigt, vielmehr hatte es sich eine solche Bezugnahme durch den Arzt ausdrücklich verboten.

Landgericht und Oberlandesgericht München verurteilten den Arzt daher wegen Irreführung und wettbewerbswidriger Eigenwerbung.

Stellungnahme

Diese Entscheidungen sind richtig: Denn die falsche Behauptung, eine Behandlungsmethode sei von einem international renommierten Forschungszentrum bestätigt worden, ist irreführend und höchst bedenklich.[898]

Dreiste Lügen müssen im Gesundheitsinteresse schwerkranker Patienten und im Interesse des Ansehens der redlichen Kollegen dringend unterbunden werden.

---

897 OLG München, Urt. v. 23.6.1994 – 6 U 6594/93 – MDR 1995, S. 602.

898 Der Arzt hatte ferner erklärt, dass er für seine Leistungen den Nobelpreis erwarte, vgl. hierzu Kapitel 10.3.7.1, S. 249.

10.2.3.5 Irreführung durch Werbung mit nichtvorhandenem Zertifikat

Urteil

Es ist irreführend, wenn eine Gemeinschaftspraxis auf ein Zertifikat (hier Tätigkeitsschwerpunkt Implantologie BDIZ) hinweist und tatsächlich nur einer der Ärzte, nicht jedoch alle Praxispartner dieses Zertifikat erworben haben.

Das Bundesverfassungsgericht 2001 [899]

10.2.3.6 Irreführende Behauptung eines eigenen Laserschutzbeauftragten

Urteil

Es ist irreführend, für die Behandlung von Hautveränderungen mittels Lasergeräten in einer Anzeige mit dem Hinweis *„Eigener Laserschutzbeauftragter!"* zu werben, wenn die Arztpraxis einen gesonderten Laserschutzbeauftragten tatsächlich gar nicht beschäftigt.

Landesberufsgericht für Heilberufe beim OVG NRW 2003 [900]

10.2.3.7 Behauptung der Qualitätsprüfung durch externe Gutachter

Urteil

Es ist irreführend, wenn Zahnärzte in ihrer Patientenbroschüre behaupten, sie würden ihre Behandlungen jährlich durch einen externen Gutachter prüfen lassen, obwohl dieser Gutachter tatsächlich demselben privaten Qualitätssicherungsverbund angehört, wie die zu kontrollierenden Zahnärzte.

Oberlandesgericht Schleswig-Holstein 2001 [901]

899 BVerfG, Beschl. v. 23.7.2001 – 1 BvR 872/00 – www.bverfg.de, vgl. hierzu auch Kapitel 7.4, S. 91 ff.

900 LandesberufsG f. Heilberufe beim OVG NRW, Urt. v. 12.3.2003 – 6t A 689/01.T –.

901 OLG Schlesw.-Holst., Urt. v. 3.4.2001 – 6 U 89/2000 – MedR 2001, S. 579 ff.

10.2.3.8 Irreführendes Garantieversprechen für zahnärztliche Leistungen

Urteil

Es ist berufswidrig, mit einer 6-jährigen Garantie auf Zahnersatz und Inlays zu werben und zugleich erhebliche und unklare Einschränkungen zu machen.

Berufsgericht für die Heilberufe in Schleswig 2000 [902]

Sachverhalt

Ein Zahnarzt veröffentlichte einen Text im Internet, dessen Überschrift plakativ eine sechsjährige Garantie auf Zahnersatz und Inlays versprach. Unter den „Bedingungen" hieß es, die Gewährleistung auf Funktion und Ästhetik beziehe sich auf die vom Zahnarzt gefertigten Kronen, Inlays, Brücken und kombinierten Arbeiten. Nicht garantiert seien Kunststoffteile (z.B. Totalprothesen und Kunststoffteile des partiellen Zahnersatzes). Ein Ausschluss der Garantie erfolge auch für „Verläufe, die der Natur unterlägen". Schließlich wurde die versprochene Garantieleistung noch von regelmäßigen Recall-Untersuchungen abhängig gemacht.

Aus den Urteilsgründen

Von der in der Überschrift des Textes versprochenen sechsjährigen Garantieleistung kann überhaupt keine Rede sein. Denn es fragt sich, was unter Beachtung aller Einschränkungen von der Garantie übrig bleibt. Diese Frage wird im Text auch offengelassen. Unter diesen Umständen ist nicht zu ersehen, welchen Informationswert dieser Text für den potentiellen Patienten haben soll. Vielmehr wird der Eindruck erweckt, es handle sich bei dem Garantieversprechen um etwas Besonderes. Dies ist nicht der Fall, da eine Garantievereinbarung auch mit anderen Zahnärzten grundsätzlich erfolgen kann.

Stellungnahme

Der Vorwurf der berufswidrigen Werbung ist zutreffend. Denn abgesehen von einer stets möglichen Vertragsvereinbarung zwischen Arzt und Patient gewährt bereits das Gesetz in § 136 b Abs. 2 SGB V für vertragszahnärztliche Leistungen eine – durch Festlegung von Qualitätskriterien klar definierte – zweijährige Garantie. Hätte der Zahnarzt dezidiert dargestellt, für welche darüber hinausgehenden konkreten Leistungen er eine Garantie gewährt, hätte sich der Sachverhalt anders dargestellt.

[902] BerufsG f. Heilberufe in Schleswig, Urt. v. 23.8.2000 – BG 10/99 –.

10.2.4 Irreführung durch unzulässige Bezeichnungen – Rechtsprechung

10.2.4.1 Unzulässige Bezeichnung als „Zentrum"

Urteil

Der Begriff „Zentrum" für eine Gemeinschaftspraxis von fünf Ärzten ist irreführend.

Verwaltungsgericht Düsseldorf 2000 [903]

Aus den Urteilsgründen

Die Bezeichnung „Zentrum" wird vom Publikum nicht etwa als schlichter Hinweis auf eine Spezialisierung verstanden, sondern steht auch bei Dienstleistungsbetrieben als Ausdruck für die Größe und Bedeutung der Einrichtung.[904] *Daher muss sich die Einrichtung, die sich „Zentrum" nennt, im Vergleich zu ähnlichen Einrichtungen deutlich abheben.*

10.2.4.2 Unzulässige Bezeichnung als „Laser-Venen-Zentrum"

Urteil

Ein Hautarzt darf die von ihm angebotenen schönheitsmedizinischen Leistungen nicht unter dem Begriff „Laser-Venen-Zentrum" anbieten. Der Begriff „Zentrum" steht als Ausdruck für die Größe und Bedeutung einer Einrichtung, die weder ein einzelner Arzt noch ein Zusammenschluss mehrerer Ärzte bieten kann.

Landgericht Hamburg 2001 [905]

---

903 VG Düsseldorf, Urt. v. 4.4.2000 – 3 K 6673/98 –. Im übrigen ist dieses Urteil hinsichtlich des Verbots der Bezeichnung „Reproduktionsmedizin" **abzulehnen**.
Keine Täuschungsgefahr sah das Bayerische Oberlandesgericht demgegenüber in dem Vereinsnamen „**Ärztetag** für Medizin ohne Nebenwirkungen", BayObLG, Beschl. v. 27.2.1992 – 3 Z 205/91 – NJW 1992, S. 2362. Diese Entscheidung ist fragwürdig, da der Begriff „Deutscher Ärztetag" für die gesamtdeutsche Ärztevertretung steht (vgl. hierzu Kapitel 4.1, S. 37) und daher durchaus eine Irreführungsgefahr in Betracht kommt.

904 Vgl. auch *Baumbach/Hefermehl*, § 3 UWG Rn. 387.

905 LG Hamburg, Urt. v. 10.4.2001 – 312 O 17/01 – NJW-RR 2001, S. 1551.

10.2.4.3 Unzulässige Bezeichnung als „Spezialist für Lasertherapie“

Urteil

Ein Arzt, der einen Zeitungsbeitrag über die von ihm vorgenommene Entfernung von Tätowierungen oder Pigment- und Altersflecken mittels eines Rubin-Lasers veranlasst, darf es nicht dulden, dass er als „Spezialist für Lasertherapie“ bezeichnet wird, wenn er nicht einmal Hautarzt ist und entsprechende Kenntnisse lediglich durch Workshops der Herstellerfirma erworben hat.

Berufsgericht für Heilberufe beim VG Greifswald 2002 [906]

Stellungnahme

Das Urteil ist richtig. Sowohl für die Eigenbezeichnung als auch für eine selbst veranlasste Fremdbezeichnung als „Spezialist“ bedarf es grundsätzlich **weit überdurchschnittlicher Erfahrungen**, **Kenntnisse** oder **Fertigkeiten**, mit denen sich der Arzt deutlich von den Fähigkeiten seiner Kollegen in dem bezeichneten Gebiet abhebt. Andernfalls liegt eine Irreführung der Patienten vor, die schließlich darauf vertrauen müssen, dass ärztliche Eingriffe – auch wenn sie medizinisch nicht notwendig sind – tatsächlich von besonders erfahrenen oder kompetenten Ärzten durchgeführt werden.

Bei der Bezeichnung als „Spezialist“ ist daher auch künftig besondere Zurückhaltung geboten, um Konflikte mit dem Berufs- und Wettbewerbsrecht zu vermeiden.[907]

10.2.4.4 Unzulässige Bezeichnung als „Reha-Center“

Urteil

Es ist irreführend, wenn ein Gesundheitspark, in dem Fitnessgeräte, Saunen, Massagen und Krankengymnastik angeboten werden, in seinem Firmennamen den Begriff „Reha-Zentrum“ enthält, selbst wenn dort Sportphysiotherapeuten, Krankengymnasten und Masseure tätig sind.

Oberlandesgericht Hamm 1992 [908]

---

906 BerufsG f. Heilberufe beim VG Greifswald, Urt. v. 12.2.2002 – BG 8/99–.

907 Vgl. zu den Voraussetzungen, unter denen das Bundesverfassungsgericht eine Eigenbezeichnung als „Spezialist“ für zulässig erklärt hatte und die Kritik dazu in Kapitel 7.6.6.1, S. 115 ff.

908 OLG Hamm, Urt. v. 14.1.1992 – 4 U 279/91 – WRP 1992, S. 576.

Aus den Urteilsgründen

Der Begriff Rehabilitation ist sozial-medizinisch festgelegt und beinhaltet alle medizinischen, berufsfördernden und ergänzenden Maßnahmen, die darauf gerichtet sind, körperlich, geistig oder seelisch Behinderte möglichst auf Dauer in Arbeit, Beruf und Gesellschaft einzugliedern. Die Bezeichnung Reha-Center oder ähnliche Bezeichnungen sind daher den Trägern der Rehabilitation der gesetzlichen Krankenversicherungen, Unfallversicherungen und Rentenversicherungen vorbehalten.

10.2.4.5 Unzulässige Bezeichnung als „Praxis für Naturheilverfahren“ durch Heilpraktiker

Urteil

Die Bezeichnung „Praxis für Naturheilverfahren“ ist mehrdeutig und damit irreführend, wenn sie ohne weiteren Hinweis in Werbeanzeigen von einem Heilpraktiker verwendet wird. Denn auch dem verständigen Verbraucher erschließt sich nicht, ob damit die Praxis eines Heilpraktikers oder eines Arztes gemeint ist.

Oberlandesgericht Düsseldorf 1998 [909]

Aus den Urteilsgründen

Die Behandlung von Krankheiten und körperlichen Beschwerden mittels Naturheilverfahren erfolgt heutzutage nicht mehr nur durch Heilpraktiker. Auch Ärzte wenden sich immer mehr der Naturheilkunde zu. Diese Entwicklung ist in der Bevölkerung bekannt. Wenn weder der weitere Text der Werbeanzeige noch die Bezeichnung „Praxis für Naturheilverfahren“ irgend einen Anhaltspunkt enthält, dass die Praxis eines Heilpraktikers und nicht diejenige eines Arztes beworben wird, ist dies mehrdeutig und damit irreführende Werbung.

[909] OLG Düsseldorf, Urt. v. 2.2.1998 – 20 U 101/98 – WRP 1999, S. 700.

10.2.4.6 Irreführende Bezeichnung als „Klinik" durch Belegarzt-Praxis

Urteil

Die Bezeichnung einer Belegarzt-Praxis als „Klinik" ist irreführend, da mit dieser Bezeichnung unrichtige Vorstellungen der angesprochenen Verkehrskreise ausgelöst werden. Es entsteht der unrichtige Eindruck einer für den Patienten günstigeren, jedenfalls mit einem größeren Sicherheitsfaktor versehenen Organisationsform der stationären Behandlung.

Oberlandesgericht Frankfurt 1974 [910]

Aus den Urteilsgründen

Dieses Verbot gilt selbst dann, wenn die stationäre Betreuung in dem Belegkrankenhaus in unmittelbarer Nachbarschaft des sog. „Arztgebäudes" durchgeführt werden kann und die Patienten vor dem Beginn der Behandlung in dem Belegkrankenhaus aufgenommen werden.[911]

10.2.4.7 Irreführende Bezeichnung als „Privatklinik"

Urteil

Es ist irreführend, mit der Bezeichnung „Privatklinik" zu werben, wenn der behandelnde Arzt medizinisch nicht indizierte Schönheitsleistungen ohne eigene Klinikkonzession in einer Privatklinik anbietet, mit der er lediglich einen Kooperations- und Nutzungsvertrag geschlossen hat. Es ist auch naheliegend, dass die Vorstellung der Patienten von einer „Klinik" enttäuscht wird, wenn dort nur ein einzelner Arzt tätig ist und lediglich ein einzelnes Bett zur stationären Behandlung anbieten kann.

Kammergericht Berlin 2001 [912]

Stellungnahme

Diesem Urteil ist zuzustimmen. Im übrigen wurde die Praxis auch als „**Chirurgische** Privatklinik" bezeichnet. Der behandelnde Arzt ist allerdings lediglich „**Praktischer Arzt**". Es ist für die Patienten maßgeblich, ob sie von einem Arzt mit be-

---

910 OLG Frankfurt, Urt. v. 22.8.1974 – 6 U 39/74 – NJW 1975, S. 599.

911 Das Gericht behandelt zwar den Einwand, dass die Einführung der offiziellen Bezeichnung „**Praxis-Klinik**" geplant sei. Im vorliegenden Fall lautete die Bezeichnung allerdings lediglich „Klinik", so dass der Einwand nicht griff.

912 KG Berlin, Urt. v. 30.10.2001 – 5 U 153/01 –.

sonderer fachlicher Qualifikation behandelt werden oder von einem praktischen Arzt ohne Facharztqualifikation. Es ist daher **irreführend**, den Begriff „Chirurgie", „chirurgisch" oder eine ähnliche Bezeichnung nach außen zu führen, wenn der betreffende Arzt nicht eine entsprechende Facharztbezeichnung als Chirurg, plastischer Chirurg oder Mund-Kiefer-Gesichts-Chirurg hat.[913] Hierauf ist das Urteil leider nicht eingegangen.

10.2.4.8 Irreführung durch fehlenden Hinweis auf Arzt

Urteil

Ein Arzt darf nicht durch Zeitungsanzeige auf sein ärztliches Leistungsspektrum hinweisen und hierbei seine Eigenschaft als Arzt verschweigen. Dies fordert der Informationsanspruch der Leserschaft, die sonst irrtümlich davon ausgeht, diese Leistungen würden durch Nichtmediziner erbracht. Der Arzt ist verpflichtet, entsprechend sachlich gehaltene Anzeigen unter Offenlegung seiner Arztpraxis zu schalten.

Landgericht Hamburg 2001 [914]

Sachverhalt und Stellungnahme

Ein Dermatologe wies in verschiedenen Zeitungsannoncen unter dem Namen „Laser-Venen-Zentrum" in sachlicher Weise auf die in seiner Arztpraxis ambulant erbrachten schönheitsmedizinischen Behandlungen (u.a. Piercing und Peelings) hin. Er hatte hierbei bewusst nicht seinen Namen und die Arztpraxis genannt, um nicht mit dem Berufsrecht in Konflikt zu kommen. Im Hinblick auf die aktuelle Rechtsprechung des Bundesverfassungsgerichts anerkannte das Gericht die Gefahren, die den Klienten durch die Werbung dritter Nichtmediziner reell drohen[915] und damit das **Recht des Arztes**, auf seine Leistungen ebenso wie Kosmetikstudios und andere Schönheitsinstitute ausdrücklich **unter seinem eigenen Namen** und seiner Praxisadresse **werben zu dürfen**.

---

913 Vgl. hierzu auch Kapitel 11.2.2, S. 313 ff.

914 LG Hamburg, Urt. v.10.4.2001 – 312 O 17/01 – NJW-RR 2001, S. 1551. Vgl. zu diesem Urteil auch Kapitel 8.2.2.2, S. 128 und Kapitel 10.2.4.2, S. 232 ff.

915 Vgl. hierzu Kapitel 4.3.2, S. 47.

10.2.5 Irreführung durch Werbung mit Selbstverständlichkeiten

10.2.5.1 Keine Werbung mit Standardbehandlungen

Urteil

Es ist berufswidrig, als Praxisschwerpunkt eines Zahnarztes „Prophylaxe" anzukündigen, da dies zum Standard einer Zahnarztpraxis gehört. Die Angabe dieser Tätigkeit als „Praxisschwerpunkt" enthält irreführende Elemente, weil auf diese Weise suggeriert wird, der Zahnarzt verfüge über besondere, ihn gegenüber anderen Zahnärzten qualifizierende Fähigkeiten.

Oberlandesgericht Köln 2001 [916]

10.2.5.2 Unzulässige Werbung mit medizinischen Selbstverständlichkeiten

Urteil

Es ist irreführend, mit Behandlungsmethoden oder Dienstleistungen zu werben, die in einer (Zahn-) Arztpraxis selbstverständlich sind (hier: *Metallfreie Kronen-Brückentechnik, Halolitis* = Mundgeruch).

Oberlandesgericht Düsseldorf 2000 [917]

Aus den Urteilsgründen

Einen Informationswert für potentielle Patienten haben zusätzliche Angaben nur dann, wenn sie auf bestimmte, tatsächlich vorhandene Besonderheiten der Praxis hinweisen, die andere Praxen nicht oder nicht in diesem Umfange aufweisen. Da Kranke sich besonders leicht beeinflussen lassen, darf durch die Angaben nicht der Eindruck erweckt werden, andere Zahnärzte, bei denen entsprechende Angaben

---

916 OLG Köln, Urt. v. 4.5.2001 – 6 U 201/00 – NJW-RR 2001, S. 1570 ff.
Ähnlich OLG Hamm, Urt. v. 30.3.2000 – 4 U 2/00 – bzgl. der Eintragung der Begriffe „Prophylaxe, Zahntechnik direkt vom Zahnarzt" in den Gelben Seiten und OLG Hamm, Urt. v. 13.4.2000 – 4 U 18/00 – zum Verbot der Angabe „präventive und restaurative Zahnheilkunde" im Briefkopf: Hinweise auf allgemeine Behandlungsmethoden und apparative Ausstattungen sind unzulässig, insbesondere, wenn sie eine besondere Qualifikation für einen bestimmten Bereich vorspiegeln.

917 OLG Düsseldorf, Urt. v. 18.7.2000 – 20 U 27/00 –.
Viel weiter demgegenüber OLG Düsseldorf, Beschl. v. 5.10.2001 – 27 U 6/01 –, wonach zwei Mund-Kiefer-Gesichtschirurgen unter der Rubrik „Schwerpunkte" auch „Englisch und Griechisch" sowie Selbstverständlichkeiten wie etwa „Prophylaxe" und „Zahnmedizin" nennen durften.

fehlen, seien nicht willens oder in der Lage, in dieser Hinsicht fachgerecht tätig zu werden. Bei einem Hinweis auf Selbstverständlichkeiten wird der Laie eher verwirrt. Auch besteht die Gefahr, dass die Zahnärzte sich im Hinblick auf Anzeigen von Konkurrenten gezwungen sehen, sämtliche oder einen Großteil ihrer angewandten Behandlungsmethoden oder genutzten Geräte anzugeben. Dies führt tendenziell zu einer für einen Laien nicht mehr überschaubaren „Aufblähung" von Angaben.

10.2.5.3 Unzulässige Werbung mit facharzttypischem Labor

Urteil

Eine Frauenärztin darf den Begriff „Cytologisches Labor"[918] auf ihrem Praxisbriefkopf nicht führen, da dies keine außergewöhnliche Praxisausstattung darstellt.

Landgericht Hamburg 2000 [919]

Aus den Urteilsgründen

Sofern es sich hierbei um eine besondere Praxisausstattung gehandelt hätte, wäre dieser Zusatz angesichts des berufsrechtlichen Informationsrechts unter Umständen zulässig gewesen. Allerdings liegt vorliegend gerade keine Praxisbesonderheit vor, so dass der unzutreffende Eindruck entsteht, die angegebene Behandlungsmethode unterscheide diese Praxis von den Praxen der übrigen auf dem gleichen Gebiet mit gleicher Arztqualifikation tätigen Kollegen in der Weise, dass eine besondere überlegene Qualifikation und Leistungsfähigkeit gegeben sei.

10.2.5.4 Unzulässige Bezeichnung als „patientenschonende" Verfahren

Urteil

Es ist irreführend, mit dem Hinweis auf „patientenschonende Verfahren" zu werben – unabhängig davon, ob dies durch eine Klinik oder durch eine Arztpraxis geschieht.

Oberlandesgericht Nürnberg 1997 [920]

918 Zur Unzulässigkeit dieser fachsprachlichen Bezeichnung auch nach dem HWG vgl. Kapitel 10.6.10.10, S. 303.

919 LG Hamburg, Urt. v. 2.5.2000 – 312 115/00 – NJW-RR 2001, S. 259 ff.

920 OLG Nürnberg, Urt. v. 12.2.1997 – 3 U 2096/96 – MedR 1998, S. 133.

Aus den Urteilsgründen

Mit der Bezeichnung „patientenschonende Verfahren" wird der Eindruck erweckt, dies sei ein besonderer Vorzug des ärztlichen Angebotes. Dies ist aber deshalb unrichtig, weil es selbstverständliche Grundlage der ärztlichen Berufspflichten und des Standesrechts ist, die ärztliche Kunst nicht in Widerspruch zu den Geboten der Menschlichkeit anzuwenden. Daraus folgt, dass jeder Arzt bei der Wahl der Diagnose- und Therapieverfahren grundsätzlich den sichersten und gefahrlosesten Weg einzuschlagen hat, um den Patienten möglichst wenig zu belasten. Dies gilt selbst dann, wenn ein Schwerpunkt des ärztlichen Angebotes die minimal-invasive Diagnostik und Therapie ist.[921]

10.2.5.5 Unzulässige Werbung mit der Angabe „Fortbildung"

Urteil

Die Berufsbezeichnung „Arzt" oder „Zahnarzt" umfasst die allgemeine berufliche Qualifikation einschließlich der nötigen Fortbildung. Fortbildung meint den Erhalt einer beruflichen Qualifikation, indem das einmal erworbene Wissen gegen Vergessen geschützt und auf der Höhe des fachlichen Fortschritts gehalten wird. Dass Ärzte und Zahnärzte sich fortbilden, ist kein besonderes Verdienst, sie sind hierzu vielmehr verpflichtet und zwar nicht nur auf einzelnen Spezialgebieten, sondern auf der ganzen fachlichen Breite ihres Berufes.

Verwaltungsgerichtshof Baden-Württemberg 2001 [922]

Stellungnahme

Die Kammer- und Heilberufsgesetze sowie die Musterberufsordnung sehen zwar grundsätzlich eine Pflicht zur Fortbildung vor.[923] Danach handelt es sich bei der Teilnahme an Fortbildungsveranstaltungen zunächst um eine **Selbstverständlichkeit**, mit welcher die Patienten rechnen dürfen. Denn angesichts der rasanten Weiterentwicklung im medizinischen Bereich, kann die ärztliche Qualität nur durch entsprechende Fortbildungsmaßnahmen gewährleistet werden.

Allerdings werden sich die **Ärztekammern** angesichts eines Urteils des Bundesverfassungsgerichts zur Anwaltswerbung[924] beeilen müssen, die **Fortbildungsverpflichtung** zu **konkretisieren**, zu **überwachen** und die Verletzung gegebenenfalls

[921] Demgegenüber hielt es das Oberlandesgericht Hamm unter bestimmten Voraussetzungen für zulässig, im Briefkopf den Zusatz „Praxis für Ganzheitliche Zahnheilkunde" zu führen, Urt. v. 14.9.2000 – 4 U 57/00 – NJW 2001, S. 2809 ff.

[922] VGH Bad.-Württ., Urt. v. 10.7.2001 – 9 S 2320/00 –.

[923] Vgl. etwa § 4 MBO; § 30 Abs. 1 HeilbKG Bad-Württ.

[924] BVerfG, Beschl. v. 12.9.2001 – 1 BvR 2265/00 – www.bverfg.de.

zu **sanktionieren**. Wird nämlich die allgemeine **Fortbildungspflicht** hinsichtlich ihrer Mindestanforderungen von den zuständigen Ärztekammern **nicht normiert** und weder organisatorisch noch durch regelmäßige Nachweispflichten überprüft, dann bleibt die Fortbildung de facto eine auf freiwilliger Basis beruhende Entscheidung der Ärzte.

Nehmen Ärzte lediglich auf freiwilliger Basis an Fortbildungen teil, so ist dies keine Selbstverständlichkeit mehr, die tatsächlich bei allen Wettbewerbern vorliegt und auf die sich die Patienten verlassen können.[925]

So gibt es Ärzte, die sich regelmäßig und häufig fortbilden und hierfür viel Zeit und Geld investieren,[926] während andere Ärzte dies nicht oder nicht in vergleichbarer Weise tun. Solange sich der Arzt also im Vergleich zu seinen Kollegen auf freiwilliger Basis überdurchschnittlich engagiert, wird er auch mit dem Hinweis auf sein Fortbildungsengagement werben dürfen.

Zwischenzeitlich hat sich der Deutsche Ärztetag dafür ausgesprochen, ein „**freiwilliges Fortbildungszertifikat**", wie es von einigen Landesärztekammern bereits entwickelt wurde, flächendeckend einzuführen. Damit will sich die Ärzteschaft ganz bewusst gegen die Pläne des Bundesgesundheitsministeriums abgrenzen, eine gesetzliche Fortbildungspflicht einzuführen, die mit dem Erhalt der Kassenzulassung verknüpft sein soll. Durch das Zertifikat soll den Ärzten die Möglichkeit gegeben werden, ihre regelmäßig qualifizierte Fortbildung als Bestandteil einer Qualitätssicherungsmaßnahme gegenüber den Patienten zu dokumentieren.[927]

Wer ein solches freiwilliges Zertifikat erwirbt, nachdem er die notwendigen Fortbildungsveranstaltungen besucht und nachgewiesen hat, darf damit auch werben.

925 BVerfG, Beschl. v. 12.9.2001 – 1 BvR 2265/00 – www.bverfg.de.

926 Manche Fortbildungen mit attraktivem Angebot oder interessanten Referenten werden allerdings in zulässiger Weise von der Industrie unterstützt oder selbst angeboten.

927 Pressemitteilung der Bundesärztekammer, www.bundesaerztekammer.de.
Das Fortbildungszertifikat wird auf Antrag ausgestellt, wenn der Arzt nach einheitlichen Bewertungskriterien innerhalb von 3 Jahren 150 Fortbildungspunkte erworben hat. Ein Fortbildungspunkt entspricht einer akademischen Stunde von 45 Minuten.

10.2.5.6 Exkurs: Keine Irreführung durch Slogans

Urteil

Es ist nicht irreführend, wenn eine Broschüre neben sachlichen Informationen über zahnärztliche Implantatbehandlungen auch folgende Äußerungen enthält: „*Ihre Gesundheit ist unser Anliegen, Der Natur ein Stück näher, Implantate – ein guter Weg, Zahn für Zahn mehr Lebensqualität, sicher – bequem – ästhetisch.*" Es ist kaum vorstellbar, dass durch diese Slogans ein Irrtum der Patienten entstehen kann.

Das Bundesverfassungsgericht 2000 [928]

---

928 BVerfG, Beschl. v. 4.7.2000 – 1 BvR 547/99 – www.bverfg.de. Vgl. zu diesem Urteil unter dem Aspekt der Anpreisung ausführlich auch Kapitel 10.3.6, S. 247.

10.3 Was ist anpreisende Werbung?

10.3.1 Definitionen

Ärzten ist anpreisende Werbung verboten.[929]

Die Musterberufsordnung selbst enthält zwar keine Definition des Begriffs der Anpreisung. Doch an Begriffsbestimmungen mangelt es nicht:

Die **Bundesärztekammer** beschreibt anpreisende Werbung als eine „gesteigerte Form der Werbung, insbesondere eine solche mit reißerischen oder marktschreierischen Mitteln“. Dies könne schon dann vorliegen, wenn die Informationen für den Patienten als Adressaten inhaltlich überhaupt nichts aussagen oder jedenfalls keinen objektiv nachprüfbaren Inhalt haben. Aber auch Informationen, deren Inhalt ganz oder teilweise nachprüfbar sei, könnten aufgrund ihrer **reklamehaften Übertreibung** anpreisend sein.[930]

Das Oberlandesgericht Koblenz stellt fest, dass mit Anpreisung „ ... vermutlich die Erscheinungsformen einer übersteigerten oder aufdringlichen Werbung gemeint sind“.[931]

Anpreisende Werbung wird auch beschrieben als „besonders nachdrückliche Form der Werbung, wie etwa Blickfangwerbung, Verwendung von Superlativen, vergleichende Werbung, Eigenlob, Bezugnahme auf Empfehlungsschreiben und Danksagungen.“[932]

In der juristischen Literatur wird Anpreisung als „besonders eindringliche Art der wertenden Werbung“ bezeichnet.[933]

Anpreisende Werbung ist gekennzeichnet durch Übertreibung, Superlative, insbesondere durch Alleinstellung, um die eigene Leistung besonders wirkungsvoll herauszustellen und den Kunden suggestiv zu beeinflussen. Dadurch gewinnt die Werbung, die den Kunden sachlich unterrichten soll, ein vollmundiges Gepräge.[934]

---

[929] § 27 Abs. 3 S. 2 MBO 2002. Auch Anwälten ist Anpreisung verboten, sie dürfen nur „sachlich“ werben.

[930] Nr. 3.3.1. Auslegungsgrundsätze BÄK zu §§ 27 ff. MBO vom 10.9.2002.

[931] OLG Koblenz, Urt. v. 13.2.1997 – 6 U 1500/96 – WRP 1997, S. 478.

[932] Vgl. etwa LandesberufsG f. Heilberufe bei dem OVG Rheinland-Pfalz, Urt. v. 17.6.1998 – LBGH A 13038/97.OVG –.

[933] *Doepner*, § 1 HWG Rn. 12.

[934] *Baumbach/Hefermehl*, § 3 UWG Rn. 57 ff.

Die **Alleinstellung** kann auf verschiedene Weise zum Ausdruck kommen. Entscheidend ist weniger die sprachliche und grammatikalische Form als die **Wirkung**, die eine bestimmte Werbeaussage nach ihrem Sinngehalt **auf die angesprochenen Werbekreise** ausübt. Um eine Alleinstellung handelt es sich nicht nur, wenn der Werbende behauptet, überhaupt keinen Mitbewerber zu haben, also auch im Wortsinn „allein stehe", sondern auch, wenn er zum Ausdruck bringt, er **übertreffe** seine Mitbewerber, seien es alle oder jedenfalls eine größere Gruppe.[935]

10.3.2 Beispiele für anpreisende Werbung

Als **Ausdrucksmittel** für eine Alleinstellung kommen in Betracht der **Superlativ**[936] (die *beste* Zigarette; das *berühmteste* Parfüm der Welt; die *meistgelesene* Zeitung); seltener der **Komparativ**[937] (verleiht der Wäsche *längere* Lebensdauer; es gibt *keinen besseren* Kaffee); manchmal auch der **bestimmte Artikel** (*das* echte Eau de Cologne; *Il* Maraschino Originale; *das* Wachmittel aller Waschmittel) sowie die **schlagwortartige Heraushebung** einzelner Worte oder Wortfolgen (in *jeder* Küche; das *meist*verwandte Küchengewürz) oder die Herausstellung einzelner Worte als **Blickfang**.[938]

Im ärztlichen Bereich sind beispielsweise Begriffe wie „*Die besten Ärzte*", „*Spitzenmediziner*", „*Top-Ärzte*", „*Spezialisten*", „*Spitzenmedizin*", „*Zentrum*" anpreisend und damit unzulässig.[939] Dies gilt auch für die Verwendung solcher Begriffe durch die Presse oder andere Unternehmen und Institutionen.[940]

Auch durch die **Druckanordnung**, eine grafische oder bildliche **Gestaltung** oder die **Art** der Werbung im Rundfunk oder Fernsehen kann beim Publikum der Eindruck einer Alleinstellung entstehen. Doch ist stets genau zu prüfen, ob die Hervorhebung wirklich eine sinnbezogene Bedeutung für den Inhalt des Werbetextes hat oder **nur** als **technischer Effekt** zu werten ist, mit dem die Aufmerksamkeit des Publikums geweckt werden soll.[941]

Da es allein auf die **Auffassung des Verkehrs** ankommt,[942] kann auch eine Werbung ohne Superlativ, ohne Komparativ, ohne bestimmten Artikel und ohne schlagwortartige Hervorhebung als Alleinstellung aufgefasst werden.

---

935 *Baumbach/Hefermehl*, § 3 UWG Rn. 68.

936 *Baumbach/Hefermehl*, § 3 UWG Rn. 69.

937 Der Komparativ dient, anders als der Superlativ, schon seinem Wesen nach vornehmlich dem Vergleich mit anderen Erzeugnissen, kann aber nach Lage des Falles, insbesondere bei Übertreibung auch eine Alleinstellung bedeuten, vgl. *Baumbach/Hefermehl*, § 3 UWG Rn. 70.

938 *Baumbach/Hefermehl*, § 3 UWG Rn. 73.

939 Vgl. zu diesen Urteilen nachfolgendes Kapitel 10.3.7, S. 249 ff.

940 Vgl. zur wettbewerbswidrigen Werbung durch dritte „Störer" Kapitel 9.2.7, S. 206 ff.

941 *Baumbach/Hefermehl*, § 3 UWG Rn. 73.

942 Vgl. hierzu Kapitel 10.2.2.1, S. 223.

10.3.3 Zulässige Anpreisung im allgemeinen Geschäftsverkehr

Es gibt keinen Rechtssatz, der im allgemeinen Geschäftsverkehr reklamemäßige Übertreibungen verbietet oder gestattet.[943]

Das allgemeine Wettbewerbsrecht verbietet nur die sittenwidrige und irreführende, nicht jedoch die anpreisende Werbung.[944] Man sieht sich ihr tagtäglich in sämtlichen Medien ausgesetzt.

Die **Spitzen- bzw. Alleinstellungsbehauptung** ist aber im allgemeinen Geschäftsverkehr nur unter der Voraussetzung zulässig, dass sie **wahr** ist. Entscheidend ist, ob die Behauptung nach der Auffassung der Umworbenen **sachlich richtig** ist.[945] Anpreisende Werbung kann daher im allgemeinen Geschäftsverkehr **wettbewerbswidrig** sein, wenn die anpreisende Aussage **zugleich irreführend oder sittenwidrig** im Sinne der §§ 1 und 3 UWG ist (z.B. „*Tausende von Anerkennungsschreiben*", wenn nur fünfzig oder hundert vorliegen; „*Idee-Kaffee ist für Nervöse und Kaffee-Empfindliche unschädlich*").[946]

Anpreisend, aber nicht zugleich irreführend sind in der Wirtschaftswerbung **nichtssagende** oder **nicht objektiv nachprüfbare** Aussagen („*Die schönsten Blumen der Welt*"; „*Der beste Film des Jahres*"; „*Mutti gibt mir immer nur das Beste*") sowie Anpreisungen, die auf den ersten Blick als **nicht ernst gemeinte Übertreibungen** ohne jeden sachlichen Hintergrund erkannt werden (z.B. auf dem Jahrmarkt, in Filmen und Variété-Aufführungen).[947]

---

943 *Baumbach/Hefermehl*, § 3 UWG Rn. 57.
Der frühere *Werberat*, der nach dem Krieg aufgehoben wurde, hatte noch versucht, die anpreisende Werbung zu unterbinden: „*Die Werbung soll geschmackvoll und ansprechend gehalten sein. Sie darf nicht in marktschreierischer Weise oder durch Übertreibung verlocken, sondern soll in sachlicher Beweisführung die Vorteile der eigenen Leistung hervorheben.*" Vgl. hierzu umfassend *Baumbach/Hefermehl*, § 3 UWG Rn. 57 ff.

944 Vgl. auch das Schaubild in Kapitel 2.1.5, S. 9.

945 Vgl. *Baumbach/Hefermehl*, § 3 UWG Rn. 75.

946 Nicht irreführend ist demgegenüber „*Kaffee ohne Coffein gleicht einem Auto ohne Benzin*" (Werbung gegen Kaffee Hag), vgl. *Baumbach/Hefermehl*, § 3 UWG Rn. 66, 67.

947 Vgl. *Baumbach/Hefermehl*, § 3 UWG Rn. 77.

10.3.4 Das berufsrechtliche Verbot der Anpreisung

Ärzten ist anpreisende Werbung verboten.[948]

Die **Beschränkung** des ärztlichen Werberechts **auf sachliche Information** ohne anpreisende oder reklamehafte Elemente ist **richtig** und **verfassungsgemäß**. Denn ärztliche Leistungen sind Dienstleistungen im Interesse der Gesundheit und zugleich **Vertrauensleistungen**, die vom Verbraucher nicht vorher geprüft und beurteilt werden können.[949] Das Verbot anpreisender Werbung ist daher ein **probates Mittel**, eine missbräuchliche Ausnutzung des ärztlichen Informationsrechtes zu unterbinden.

Übertriebene oder marktschreierische Werbung, die auf eine Vernachlässigung der Pflichten hindeuten könnte, soll vermieden werden.

Das Bundesverfassungsgericht 2002 [950]

Nach Ansicht des **Bundesverfassungsgerichts** kann daher eine Werbung, die „nach Form, Inhalt oder Häufigkeit übertrieben wirkt" durch die Kammer verboten werden. Allerdings muss bei der Beurteilung der konkreten Werbemaßnahme die gebotene Verbindung zwischen Aussage, Träger und Intensität der Werbung hergestellt werden.[951]

Das Verbot der **anpreisenden Herausstellung von Ärzten** war stets auch die **Grenze** der für **Kliniken und Sanatorien** zulässigen Werbung.[952]

10.3.5 Grundrechtsfreundliche Auslegung von Werbeaussagen

Die Werbung muss allerdings nicht ausschließlich trockene, nüchterne Informationen beinhalten. Dies fordert selbst das Gebot zur Sachlichkeit der Werbung bei Ärzten oder Anwälten nicht. **Zulässig** sind daher auch Angaben oder Aussagen, die **witzige Begriffe** oder sogar **sloganähnliche Aussagen** enthalten, sofern diese nicht zugleich irreführend oder erfolgversprechend sind.

---

948 § 27 Abs. 3 S. 2 MBO 2002.
949 Vgl. hierzu Kapitel 6.1.1, S. 65 ff.
950 BVerfG, Beschl. v. 18.2.2002 – 1 BvR 1644/01 – www.bverfg.de.
951 BVerfGE 94, S. 372 ff. (393). Danach war die zu beurteilende Anzeigenkampagne einer Apotheke nicht als berufswidrig übertrieben bewertet worden.
952 So früher § 27 Abs. 2 MBO 2000, s. hierzu Kapitel 12.2, S. 318 ff.

Das **Bundesverfassungsgericht** hatte beispielsweise die auf einer Anwaltshomepage befindliche Überschrift einer **Wegbeschreibung** mit den Worten *„So kommen Sie zu Ihrem Recht"* einer Anwaltskanzlei für zulässig erklärt:[953] Diese Überschrift als marktschreierisch zu bewerten, sei nicht nachvollziehbar. Eine solche Auslegung verkenne den **Aussagegehalt** und **Sprachwitz** einer solchen Internetwerbung. Dass der beanstandete Satz in optischer Verbindung mit einer Anfahrtsskizze stellvertretend für *„So kommen Sie zu unserer Kanzlei"* stehe, sei offenkundig; kein verständiger Leser würde hier den von den Anwälten verwendeten Ausdruck „Recht" mit Kompetenz, Anpreisung, besonderer Sachkunde oder gar – marktschreierisch – mit einer Erfolgsgarantie verbinden.[954]

Auch die Äußerung einer Gefäßklinik auf ihrer Homepage *„ Was wir für Sie tun können, hängt von dem ab, was Sie haben "* ist nicht zu beanstanden. Das Rechtsgut der Gesundheit der Bevölkerung und das hierdurch veranlasste Werbeverbot zur Vermeidung einer gesundheitspolitisch unerwünschten Kommerzialisierung des Arztberufes rechtfertigen es nach Ansicht des **Bundesverfassungsgerichts** nicht, diesen Satz zu verbieten. Er stellt sich nicht als marktschreierisch, sondern als eine einprägsame Überschrift für die im Einzelnen erläuterten Behandlungsmethoden dar. Zugleich begrenzt die Klinik damit ihr Angebotsspektrum in leicht verständlicher Form. Eine solche Information erreicht den Laien. Kein verständiger Leser wird die Information so deuten, dass für die Behandlung eine Erfolgsgarantie gegeben wird.[955]

Einzeläußerungen und Wortkombinationen müssen im Kontext des gesamten Werbeinhalts grundrechtsfreundlich ausgelegt werden.

Das Bundesverfassungsgericht 2003 [956]

Erfolgt dies nicht und werden einzelne Satzteile isoliert vom restlichen Satzinhalt betrachtet, so wird hierdurch der Aussagegehalt zu Lasten des Werbenden verändert.[957]

---

953 BVerfG, Beschl. v. 12.9.2001 – 1 BvR 2265/00 – www.bverfg.de.

954 Auch die Aussage *„Die Kanzlei hat es sich zur wichtigsten Aufgabe gemacht, die wirtschaftlichen Interessen der Mandanten optimal zu wahren und durchzusetzen"*, müsse im Gesamtkontext unter Berücksichtigung des Verständnisses der Rechtssuchenden interpretiert werden. Nicht jegliche **Werbung mit beruflicher Motivation** sei berufswidrig. Diese Auffassung unterscheide nicht in der gebotenen Weise zwischen Pflichten oder wünschenswerten Eigenschaften und der Zusicherung des Rechtsanwalts, diesen Anforderungen auch zu genügen, BVerfG, Beschl. v. 28.3.2003 – 1 BvR 189/03 – www.bverfg.de.

955 BVerfG, Beschl. v. 17.7.2003 – 1 BvR 2115/02 – www.bverfg.de.

956 BVerfG, Beschl. v. 28.3.2003 – 1 BvR 189/03 – www.bverfg.de.

957 BVerfG, Beschl. v. 28.3.2003 – 1 BvR 189/03 – www.bverfg.de.

So sind nach Auffassung des **Bundesgerichtshofes** auch die Werbesprüche *„Schönheit ist das Ziel"* und *„Vertrauen Sie unserem Facharzt für plastische Chirurgie"* in einer Zeitungsanzeige zulässig. Diese Aussagen verlassen zwar den Rahmen einer sachangemessenen Information; als Werbesprüche heben sie die eigenen Leistungen aber nicht – insbesondere auch nicht gegenüber den Leistungen anderer – in einer Weise hervor, die als anpreisend beurteilt werden müsste.[958]

Nicht anpreisend ist ferner die Zeitungsanzeige einer Kleintierklinik, die auf den Notfalldienst mit den Worten *„Liebe Tiere, im Notfall sind wir rund um die Uhr für Euch da!"* hinweist. Dies ist lediglich eine ganz kurze, **humorvolle Ansprache** des Lesers und Tierbesitzers.[959]

Irreführend und unzulässig ist hingegen die Aussage *„Schmerzfrei mit einem Click"* auf der Homepage eines Orthopäden. Denn diese Aussage enthält auch erfolgversprechende Elemente, wie sie das Heilmittelwerbegesetz ausdrücklich verbietet.[960]

10.3.6 Werbung und Slogans: Die Implantatentscheidung

Die Gerichte wurden wiederholt mit der Frage befasst, ob bei der Werbung für ärztlich-medizinische Leistungen bestimmte Äußerungen oder Slogans als berufswidrig anpreisende Werbung zu verbieten seien. Strittig war auch, ob Slogans, die im Rahmen einer ansonsten sachlich gehaltenen Information platziert werden, die Darstellung **„infizieren"** und damit zur Berufswidrigkeit der Werbemaßnahme insgesamt führen können. Ein anschauliches Beispiel uneinheitlicher Wertungen solcher Aussagen durch die Gerichte ist die sogenannte „Implantatentscheidung":

Eine Zahnklinik in der Rechtsform der GmbH bietet Implantatbehandlungen an. Diese Leistungen werden von einem Zahnarzt erbracht, der in demselben Gebäude eine eigene Zahnarztpraxis unterhält. Die **Zahnklinik** verfügt über **ein Zimmer mit zwei Betten** für einen **stationären Aufenthalt** von Patienten. Allerdings werden die Implantatbehandlungen **überwiegend ambulant** erbracht.

In der Zahnklinik lagen **bunte Faltblätter** aus, welche die Technik und den Ablauf von Implantatbehandlungen beschrieben und darüber hinaus – neben einem Mund mit strahlendem Lächeln – folgende Äußerungen enthielten:

---

958 BGH, Urt. v. 15.5.2003 – I ZR 217/00 – www.bundesgerichtshof.de.

959 LandesberufsG bei dem OVG Rheinland-Pfalz, Urt. v. 17.6.1998 – LBGH A 13038/97.OVG –.

960 Vgl. hierzu Kapitel 10.6.10.6, S. 300.

- *Ihre Gesundheit ist unser Anliegen*
- *Der Natur ein Stück näher*
- *Implantate – ein guter Weg*
- *Zahn für Zahn mehr Lebensqualität*
- *sicher – bequem – ästhetisch*

Gegen diese Werbung hatten die Zahnärztekammer sowie ein konkurrierender Zahnarzt wettbewerbsrechtliche Unterlassungsklage erhoben. Während der **Bundesgerichtshof** diese Praxisbroschüre noch als berufswidrig angesehen hatte,[961] erklärte das Bundesverfassungsgericht die Broschüre für zulässig und hob das Urteil des BGH auf.[962]

Aus den Urteilsgründen

Das Urteil verletzt den beklagten Zahnarzt in seinem Grundrecht auf freie Berufsausübung nach Art. 12 I GG. Das Faltblatt enthält in erster Linie ausführliche Informationen über die Technik und den Ablauf von Implantatbehandlungen. Diese Informationen sind sachlicher Natur und für den Patienten verständlich.[963] Es handelt sich um eine relativ neue Methode, die nicht allgemein bekannt ist. Hinsichtlich der von den Gerichten beanstandeten Slogans ist nicht ersichtlich, mit welchen vernünftigen Gemeinwohlbelangen sich das Verbot dieser Aussagen insgesamt rechtfertigen lässt. Diese Zusätze gehen zwar über den Rahmen einer sachangemessenen Information hinaus und unterstreichen die Vorteile der Implantate. Sie beziehen sich aber nicht auf den Zahnarzt als Person.

Es geht nicht um die Anpreisung eines bestimmten Arztes, sondern um die Bewerbung einer bestimmten Methode. Zudem ist kaum vorstellbar, dass durch diese Slogans ein Irrtum der Patienten entsteht.

Es ist daher nicht ersichtlich, weshalb die beanstandeten Slogans es rechtfertigen, das Faltblatt insgesamt als berufswidrige, anpreisende Werbung zu Lasten des Zahnarztes zu qualifizieren.

---

961 BGH, Urt. v. 26.11.1998 – I ZR 179/96 – WRP 1999, S. 501. Die Aussagen seien **gezielte, anpreisende Werbung**, da sie sich nicht auf rein sachliche Informationen über die Technik und den Ablauf von Implantatbehandlungen beschränkten. Die Methode der Zahnbehandlung werde mit schlagwortartigen Werbesprüchen herausgestellt. Bedeutend sei, dass diese Behandlungen vorwiegend ambulant erbracht würden und ein stationärer Aufenthalt nur im Ausnahmefall notwendig werde.

962 BVerfG, Beschl. v. 4.7.2000 – 1 BvR 547/99 – www.bverfg.de = NJW 2000, S. 2734 ff.

963 Möglicherweise enthalte das Faltblatt noch zu wenig Aufklärung über die Risiken der Behandlungsmethode. Dies wäre aber vor allem bei Arzthaftungsprozessen von Belang. Der Teil der Aufklärung, der sich darauf bezieht, dass nicht jede Behandlung „klinisch" sein muss, sei jedenfalls nicht zu beanstanden; denn ohne diesen Inhalt wäre die Information unrichtig.

10.3.7 Rechtsprechung zur anpreisenden Werbung

10.3.7.1 Unzulässige Selbstanpreisung – „Nobelpreis"

Urteil

Anpreisend und berufswidrig ist folgende Äußerung eines Krebsarztes über die von ihm entwickelte Methode:

„Nun, es dauert ja immer sehr lange, bis man einen Nobelpreis bekommt... Wir gehen aber davon aus, dass wir ihn bekommen."

Oberlandesgericht München 1994 [964]

Stellungnahme

Eigenlob ist an sich nicht wettbewerbsfremd – jeder Geschäftsmann darf die Vorzüge seiner Ware oder seines Unternehmens gebührend herausstellen. Nur müssen diese Vorzüge wirklich vorhanden sein, zumindest nach weitverbreiteter Meinung vorliegen.[965]

Lediglich herausragende und außergewöhnliche wissenschaftliche Leistungen werden durch die jährliche Vergabe des Nobelpreises gewürdigt. Ohne weitere wissenschaftliche Bestätigung – etwa durch wissenschaftlich anerkannte Forschungseinrichtungen oder Krebsärzte – ist diese Behauptung ein typisches Beispiel für „anpreisende" Werbung. Solange der Arzt mit seiner Überzeugung, er habe den Nobelpreis verdient, alleine steht, mag er darauf hoffen; er darf seine persönliche Ansicht jedoch nicht im Rahmen der ärztlichen Selbstdarstellung kundtun. Derlei veröffentlichte Selbsteinschätzungen über die eigenen wissenschaftlichen Fähigkeiten sind unzulässig anpreisend und damit berufswidrig.

Vollmundige Anpreisungen der Ärzte über ihre vermeintlichen Leistungen
sind zum Schutze des Vertrauens der Patienten und
des Ansehens der ärztlichen Kollegen zu untersagen.

964 OLG München, Urt. v. 23.6.1994 – 6 U 6594/93 – MDR 1995, S. 602.
Vgl. die Besprechung dieses Falles für eine weitere Aussage des Arztes auch unter dem Gesichtspunkt der Irreführung Kapitel 10.2.3.4, S. 229.

965 *Baumbach/Hefermehl*, § 1 UWG Rn. 10.

10.3.7.2 Reklamehafte Herausstellung von Qualitätssicherungsmaßnahmen

Urteil

Es ist unzulässig, in der Patientenbroschüre einer Zahnarztpraxis ein privates Qualitätssicherungsnetz, dem sich die Zahnärzte freiwillig anschließen können, wie folgt zu beschreiben: „*Das Prinzip ist neu und einzigartig in Europa. Es wird die Heilkunde für eine breite Schicht der Bevölkerung trotz finanzieller Engpässe seitens der Versicherungen auf ein deutlich höheres Niveau heben.*“

Oberlandesgericht Schleswig-Holstein 2001 [966]

Urteilsgründe und Stellungnahme

Die Zahnärzte ergehen sich hier in durch nichts belegte Spekulationen über Behandlungsabläufe und Behandlungsergebnisse und beschränken sich nicht darauf, die Organisation als Ausgangsbasis eines Qualitätssicherungsprogramms anzukündigen.

Diese Beurteilung ist richtig. Denn die beanstandete Äußerung impliziert, dass die zahnärztliche Qualität derjenigen Kollegen, die nicht zugleich an dem privaten Qualitätssicherungskonzept teilnehmen, ein geringeres Niveau habe. Dies ist eine – durch keine Erkenntnisse belegte, objektiv nicht nachprüfbare – Behauptung, welche die Kollegen zugleich in berufswidriger Weise herabsetzt.[967]

Hinzu kommt, dass die in dem privaten Qualitätssicherungsverbund vereinigten Zahnärzte gar nicht von einer externen Kommission, sondern von Zahnärzten **aus den eigenen Reihen** kontrolliert werden und die angepriesenen Qualitätssicherungsmaßnahmen somit intern selbst vornehmen. Dies wird aus dem Prospekt nicht deutlich und birgt daher zugleich eine Irreführungsgefahr für die Patienten.[968]

966 OLG Schlesw.-Holst., Urt. v. 3.4.2001 – 6 U 89/2000 – MedR 2001, S. 579 ff.
967 S. zum Verbot der herabsetzenden vergleichenden Werbung Kapitel 10.4.3.2, S. 258 ff.
968 Vgl. hierzu auch Kapitel 10.2.3.7, S. 230 ff.

10.3.7.3 Unzulässige Werbung mit Patentanmeldung

> **Urteil**
>
> Es ist berufswidrig, wenn ein Arzt in einer Zeitungsanzeige für die Behandlung von Hautveränderungen mittels Lasergeräten mit der Aussage wirbt: *„Eigenes Europapatent angemeldet!"*
>
> Landesberufsgericht für Heilberufe beim OVG NRW 2003 [969]

Stellungnahme

Solange das angeblich angemeldete Patent nicht tatsächlich **erteilt** wurde, ist eine Werbung mit dem Hinweis auf die Anmeldung berufswidrig. Denn die Anmeldung alleine besagt noch nichts über die Qualität und Einzigartigkeit eines Verfahrens und damit über den Erfolg des Patentverfahrens. Gleichzeitig entfaltet der Begriff „Europa-Patent" eine erhebliche Werbewirkung, da er in **irreführender** und **anpreisender** Weise **suggeriert**, die Behandlungsmethode stelle etwas **Besonderes** dar. Eine Anmeldung ist jedoch genauso wenig aussagekräftig wie etwa die Anmeldung zum dritten medizinischen Staatsexamen. Erst mit erfolgreichem Abschluss eines notwendigen offiziellen Verfahrens darf hiermit auch geworben werden.

10.3.7.4 Anpreisende Herausstellung der eigenen Leistungen

> **Urteil**
>
> Es ist berufswidrig, wenn ein Arzt sich und seine Leistungen wie folgt beschreibt:
>
> *„International anerkannter Frischzellentherapeut"*
> *„Bahnbrechende ärztliche Leistungen"*
>
> Das Bundesverfassungsgericht 1985 [970]

Stellungnahme

Entscheidend war vorliegend, dass der Arzt diese Äußerungen **selbst verfasst** hatte. Er war Inhaber eines Sanatoriums und veröffentlichte regelmäßig Patientenzeitschriften, die von ihm selbst herausgegeben wurden. Die eigene Behauptung, man

969 LandesberufsG f. Heilberufe beim OVG NRW, Urt. v. 12.3.2003 – 6t A 689/01.T –.
970 BVerfG, Beschl. v. 19.11.1985 – 1 BvR 934/82 – MedR 1986, S. 128.

erbringe als international anerkannter Therapeut bahnbrechende Leistungen, ist objektiv nicht nachprüfbar und ein anschauliches Beispiel schlagwortartiger Herausstellung der eigenen Tätigkeit, die im Gesundheitsbereich grundsätzlich unterbunden werden soll.

10.3.7.5 Unzulässige Bezeichnung als „Die besten Ärzte“

Urteil

Es ist wettbewerbswidrig, wenn die Presse eine Ärzteliste veröffentlicht und die dort genannten Ärzte als „*Die 500 besten Ärzte Deutschlands*“ bezeichnet.

Bundesgerichtshof 1997 [971]

Diese Aussage ist zwar auch anpreisend, allerdings mehr noch in unzulässiger Weise vergleichend. Das Urteil ist daher besprochen bei der Darstellung vergleichender Werbung in Kapitel 10.4.5., S. 260 ff.

10.3.7.6 Unzulässige Bezeichnung als „Spitzen-Mediziner“

Urteil

Eine Tageszeitung darf für eine Telefonberatungsaktion zu Schlafproblemen keine Beratung durch „*Spitzen-Mediziner*“ ankündigen, wenn den beratenden Ärzten eine weit überdurchschnittliche Erfahrung auf dem Gebiet gar nicht zukommt.

OLG Frankfurt 2000 [972]

Aus den Urteilsgründen

Der Begriff des „Spitzen-Mediziners“ setzt nach allgemeinem Verständnis voraus, dass der so bezeichnete Arzt mindestens eine weit überdurchschnittliche Erfahrung auf dem fraglichen Gebiet besitzt und dass seine besonderen Fähigkeiten auch in der Fachwelt allgemein anerkannt werden. Davon kann hier nicht ausgegangen werden.

---

971 BGH, Urt. v. 30.4.1997 – I ZR 196/94 – GRUR 1997, S. 912.
972 OLG Frankfurt, Beschl. v. 20.4.2000 – 6 W 53/00 – WRP 2001, S. 65.

10.3.7.7 Unzulässige Bezeichnung als „Top-Ärzte"

Urteil

Eine Zeitung darf keine Artikelserie mit der Überschrift „*Die Top-Ärzte von Berlin*" veröffentlichen. Denn auch einer Zeitung ist es untersagt, für die berufliche Tätigkeit eines Arztes unter einer werbend herausgestellten Überschrift zu werben.

Kammergericht Berlin 2001 [973]

10.3.7.8 Anpreisende Beschriftung auf Fensterfront

Urteil

Eine Fensterbeschriftung auf einer Front von 75 m Länge mit insgesamt 15 Beschriftungen bei mehrfacher Nennung der Praxis und Bezeichnung des Leistungsangebotes ist eindeutig überzogen und als berufswidrige Werbung anzusehen.

Landesberufsgericht für Heilberufe beim OVG Rheinland-Pfalz 2003 [974]

Aus den Urteilsgründen

Diese Fensterbeschriftungen sind in erster Linie dazu angetan, die räumliche Größe der Praxis herauszustellen .... So gesehen handelt es sich vorrangig um plakative Werbe-Elemente, wie sie ansonsten als gezielte kommerzielle Anpreisung lediglich in der gewerblichen Wirtschaft anzutreffen sind, so dass mit ihnen die Grenze zur allein auf Gewinnerzielung angelegten Werbung auch für die potentielle Patientenschaft erkennbar überschritten wird. Schließlich kann auch nicht davon ausgegangen werden, dass durch derartige Anpreisungen in der übrigen Wirtschaft die Wahrnehmungsfähigkeit der Bevölkerung bereits dahingehend geprägt wäre, solche Fensterbeschriftungen auch bei einer Arztpraxis gleichwohl als übliche, interessengerechte und sachangemessene Außendarstellung anzuerkennen, zumal auch sonstige Selbständige mit vergleichbarem Berufsbild und Ethos wie etwa Rechtsanwälte, Notare, Steuerberater oder Wirtschaftsprüfer derartige Beschriftungen regelmäßig ebenfalls nicht zur Außendarstellung nutzen.

---

973 KG Berlin, Beschl. v. 24.8.2001 – 5 W 53/01 –, vgl. hierzu auch Kapitel 9.2.7, S. 206.

974 LandesberufsG, OVG Rheinland-Pfalz, Urt. v. 17.4.2003 – LBGH A 11762/02-OVG –, Vorinstanz: BerufsG f. Heilberufe beim VG Mainz, Urt. v. 11.9.2002 – Kf 346/01.MZ –.

10.4 Was ist vergleichende Werbung?

10.4.1 Grundlagen

Vergleichende Werbung ist jede Werbung, die unmittelbar oder mittelbar (zumindest) einen Mitbewerber oder die von einem Mitbewerber angebotenen Waren oder Dienstleistungen erkennbar macht.[975]

Es muss auf zumindest einen Mitbewerber oder dessen Produkte Bezug genommen werden. Eine namentliche Nennung ist nicht erforderlich, ausreichend ist die individuelle Erkennbarkeit.[976]

Es genügt, wenn ein nicht unbeachtlicher Teil der angesprochenen Verkehrskreise den oder die vom Vergleich betroffenen Mitbewerber eindeutig erkennen kann.[977]

Der Vergleich kann sich auf **alle Umstände** erstrecken, die für die Entscheidung des potentiellen Kunden **von Bedeutung** sein können, z.B. auf den **Preis**, die **Qualität** oder die **Herstellungsweise der Produkte**. Auch die **Mitbewerber** und deren **Qualifikation**, **Herkunft** oder **Verhalten** können Gegenstand des Vergleichs sein.[978]

Ein Vergleich kann sowohl durch **Äußerungen** erfolgen, als auch durch **Bilder oder** durch **Testberichte** mit namentlicher Aufführung der in den Vergleich einbezogenen Wettbewerber. Auch **Umfragen**, die dem Verbraucher – über eine bloße Produkterprobung und die damit notwendigen Schlussfolgerungen zu Produktunterschieden hinaus – konkret einen Vergleich der Produkte abverlangen, können vergleichende Werbung darstellen.[979]

---

975 § 2 Abs. 1 UWG in der Fassung von 14.9.2000. Die Vorschrift soll künftig **wortgleich** in § 6 UWG normiert sein, vgl. UWGE-BReg. v. 9.5.2003 – BR-Drucks. 301/03 –.

976 *Baumbach/Hefermehl*, § 2 UWG Rn. 2.

977 Eine **vergleichende Werbung** ist demgegenüber dann grundsätzlich **zu verneinen**, wenn die beanstandete Werbeaussage so **allgemein** gehalten ist, dass sich eine **Bezugnahme auf Mitbewerber nicht aufdrängt**, sondern diese sich nur dadurch reflexartig ergibt, dass mit jeder Hervorhebung eigener Vorzüge in der Regel unausgesprochen zum Ausdruck gebracht wird, dass nicht alle Mitbewerber die gleichen Vorzüge zu bieten haben, BGH, Urt. v. 25.3.1999 – I ZR 77/97 – WM 1999, S. 2262 zu der Werbeaussage: „... *Jedes verordnete B.-Generikum unterstützt langfristig die innovative Arzneimittel-Forschung, weil zukünftig ein Teil des Gewinns in diesen Bereich zurückfliesst ... .*"

978 *Plass*, NJW 2000, S. 3161 ff., m.w.N.

979 *Plass*, NJW 2000, S. 3161 ff., m.w.N.

Kein Vergleich ist die **bloße Erläuterung** des Produkts oder der Dienstleistung, solange sie sich auf das eigene Produkt bzw. die **eigene Dienstleistung** beschränkt und sich der Anbieter **jeder Äußerung über Konkurrenzprodukte** und Dienstleistungen **enthält**.

10.4.2 Entwicklung

Vergleichende Werbung war nach früherer Rechtsprechung grundsätzlich wettbewerbswidrig. Ein Vergleich der eigenen Waren oder Leistungen mit denjenigen der Mitbewerber war nicht mit den „guten Sitten“[980] vereinbar, selbst wenn die aufgestellten Behauptungen wahr und die abgegebenen Werturteile sachlich richtig waren. Denn – so die früher herrschende Meinung – jede Werbung, die die eigene Leistung durch eine vergleichende Herabsetzung des Mitbewerbers herauszustellen suche, stehe mit den Grundsätzen des Leistungswettbewerbs in Widerspruch. Der Mitbewerber sollte sich nicht in einer unnötig herabsetzenden Form ein Urteil über fremde Waren oder Leistungen anmaßen.[981]

Diese **Rechtsprechung** hatte der Bundesgerichtshof 1998 **ausdrücklich aufgegeben**, nachdem 1997 die europäische Richtlinie über irreführende Werbung zwecks Einbeziehung der vergleichenden Werbung erlassen wurde[982] und der Bundesge-

---

980 Vgl. hierzu Kapitel 9.2.4.1, S. 200.

981 Diesem grundsätzlichen Verbot hatte die Rechtsprechung allerdings schon früh einen **allgemeinen Ausnahmegrundsatz** gegenübergestellt: Ein Vergleich der eigenen Waren oder Leistungen mit denjenigen des Mitbewerbers wurde dann als zulässig angesehen, wenn hinreichender Anlass dazu bestand und die Angaben sich nach Art und Maß in den Grenzen des Erforderlichen und der wahrheitsgemässen sachlichen Erörterung hielten, BGH, Urt. v. 5.2.1998 – I ZR 211/95 – BGHZ 138, S. 55 ff. (58 m.w.N.) zur früheren Rechtsprechung. Im **Schrifttum** ging die Tendenz im Interesse einer besseren Markttransparenz und Information schon bisher zu einer weiteren Lockerung, vgl. *Köhler/Piper* § 1 UWG Rn. 129.

982 Richtlinie 97/55/EG des Europäischen Parlaments und des Rates vom 6. Oktober 1997 zur Änderung der Richtlinie 84/450/EWG über irreführende Werbung zwecks Einbeziehung der vergleichenden Werbung. Zur Begründungserwägung dieser Richtlinie heißt es wie folgt: *„Mit der Vollendung des Binnenmarktes wird das Angebot immer vielfältiger. Da die Verbraucher aus dem Binnenmarkt größtmöglichen Vorteil ziehen können und sollen und die Werbung ein sehr wichtiges Instrument ist, mit dem überall in der Gemeinschaft wirksam Märkte für Erzeugnisse und Dienstleistungen erschlossen werden können, sollten die wesentlichsten Vorschriften für Form und Inhalt der Werbung einheitlich sein und die Bedingungen für vergleichende Werbung in den Mitgliedstaaten harmonisiert werden. Unter diesen Umständen wird dies dazu beitragen, die Vorteile der verschiedenen vergleichbaren Erzeugnisse objektiv herauszustellen. Vergleichende Werbung kann ferner den Wettbewerb zwischen den Anbietern von Waren und Dienstleistungen im Interesse der Verbraucher fördern.“*(Zweite Begründungserwägung zur Richtlinie 97/55 – vgl. hierzu auch EuGH, Urt. v. 8.4.2003 C-44/01).

richtshof die Vorschrift des § 1 UWG entsprechend richtlinienkonform auslegte.[983] Das **Gesetz zur vergleichenden Werbung** und zur Änderung wettbewerbsrechtlicher Vorschriften ist am 14. September 2000 in Kraft getreten.[984]

Vergleichende Werbung ist heute im allgemeinen Geschäftsverkehr zulässig, wenn der Vergleich objektiv nachprüfbar, nicht herabsetzend und nicht irreführend ist.

Im allgemeinen Geschäftsverkehr ist somit beispielsweise ein **Preisvergleich zulässig**, wenn Namen und Preise der verglichenen Produkte genannt werden und diese damit objektiv nachprüfbar sind (etwa der Vergleich von **Arzneimittelpreisen**, sofern es sich um den **gleichen Wirkstoff** und **dieselbe Vergleichsmenge** handelt).

10.4.3 Rechtliche Grenzen vergleichender Werbung

10.4.3.1 Fallgruppen des unlauteren Vergleichs

§ 2 Abs. 2 UWG[985] definiert die Grenzen zulässiger vergleichender Werbung und beschreibt abschließend, wann eine vergleichende Werbung **unlauter** ist:[986]

Ein **unlauterer Vergleich** liegt danach vor, wenn der Vergleich sich **nicht auf** Waren oder **Dienstleistungen** für **den gleichen Bedarf** oder den **gleichen Zweck** bezieht oder **nicht objektiv** auf eine oder mehrere **wesentliche**, **nachprüfbare** und **typische** Eigenschaften oder den Preis dieser Waren oder Dienstleistungen **bezogen** ist.

---

983 Lässt sich Richlinienkonformität mittels einfacher Auslegung im nationalen Recht herstellen, so ist der Richter jedenfalls nach deutschem Rechtsverständnis befugt, sein bisheriges Auslegungsergebnis zu korrigieren und den geänderten rechtlichen und tatsächlichen Verhältnissen Rechnung zu tragen, BGH, Urt. v. 5.2.1998 – I ZR 211/95 – BGHZ 138, S. 55 ff. (59) mit Verweis auf *Larenz*, Methodenlehre der Rechtswissenschaft, 6. Aufl. 1991, S. 314, 352 ff.

984 Abgedruckt in BGBl I 2000, 1374. Der Inhalt der Richtlinie wurde durch eine **Neufassung der §§ 2 und 3 UWG** in nationales Recht umgesetzt.

985 Die Vorschrift ist künftig § 6 UWG vorgesehen, vgl. UWGE-BReg. v. 9.5.2003 – BR-Drucks. 301/03 –.

986 Im Sinne des § 1 UWG; vgl. hierzu ausführlich *Plass*, NJW 2000, S. 3161 ff., m.w.N. sowie kritisch *Borck*.

Berufswidrig wäre beispielsweise die Aussage *„Eine der besten Arztpraxen / Kliniken im Gebiet der X-Medizin ...“*[987] **Unzulässig** ist auch der **pauschale Vergleich**, etwa die Behauptung *„Wir machen die bessere Medizin“*.

Die vergleichende Gegenüberstellung an sich wahrer Tatsachen im Rahmen eines Systemvergleichs darf **nicht irreführend** sein. Dies ist dann der Fall, wenn die miteinander verglichenen Tatsachen entgegen der Erwartungen des Verkehrs nicht miteinander vergleichbar sind, weil die **Tatsachengrundlagen** in für den Vergleich wesentlichen Punkten **voneinander abweichen.**[988]

Es darf durch den Vergleich nicht zu **Verwechslungen** zwischen den Werbenden und einem Mitbewerber kommen.

Der Vergleich darf die **Wertschätzung** des von einem **Mitbewerber** verwendeten **Kennzeichens** nicht in unlauterer Weise **ausnutzen** oder **beeinträchtigen.**

Der Vergleich darf ferner die Waren, **Dienstleistungen**, **Tätigkeiten** oder **persönlichen** bzw. **geschäftlichen Verhältnisse** eines Mitbewerbers nicht **herabsetzen**[989] oder **verunglimpfen.** Dies ist dann der Fall, wenn über die mit jedem Werbevergleich verbundenen (negativen) Wirkungen für den Mitbewerber hinaus **besondere Umstände** hinzutreten, die den Vergleich in unangemessener Weise **abfällig**, **abwertend** oder **unsachlich** erscheinen lassen.[990]

Sittenwidrig ist ein Vergleich schließlich dann, wenn er eine Ware oder Dienstleistung als **Imitation** oder **Nachahmung** einer unter einem **geschützten Kennzeichen** vertriebenen Ware oder Dienstleistung darstellt.[991]

---

987 Enthält die vergleichende Werbung ein **Werturteil**, eine **Ein- oder Wertschätzung**, dann ist sie **nicht nachprüfbar** und damit unzulässig. In diesem Sinne entschied das OLG Köln (Urt. v. 26.2.1999 – 6 U 120/98 – GRUR 2000, S. 78), dass eine Umfrage unter Zahnärzten dann wettbewerbswidrig ist, wenn durch suggestive oder wertende Fragen festgestellt werden soll, welche private Krankenversicherung die zahnärztlichen Leistungen am schlechtesten erstattet. Die Umfrage war von frei praktizierenden Zahnärzten ohne Kassenzulassung, die sich zu einem privatrechtlichen Verein organisiert hatten, durchgeführt worden.

988 Zum Vergleich der Aufenthaltsdauer zwischen einer Belegklinik und einem Anstaltskrankenhaus: BGH, Urt. v. 31.10.2002 – I ZR 60/00 – www.bundesgerichtshof.de.

989 Der herabsetzende Vergleich beinhaltet unangemessen abfällige, abwertende oder unsachliche vergleichende Äußerungen, so z.B. *„Billige Composite Rackets muten wir Ihnen nicht zu“*, BGH, Urt. v. 5.2.1998 – I ZR 211/95 – WRP 1998, S. 718.
Das Verbot des herabsetzenden Vergleichs hat die Pharmaindustrie in ihrem Werbe- und Verhaltenskodex weiter konkretisiert, vgl. § 7 des Kodex der Mitglieder des Bundesverbandes der Pharmazeutischen Industrie e.V. i.d.F. v. 23.2.1999, abgedruckt in *Doepner*, Anhang X.

990 BGH, Urt. v. 15.10.1998 – I ZR 69/96 – NJW-CoR 1999, S. 111.

991 Vgl. zu den genannten Tatbestandsmerkmalen des § 2 Abs. 2 UWG näher *Baumbach/Hefermehl*, § 2 UWG Rn. 5 ff.

10.4.3.2 Unzulässigkeit der persönlich vergleichenden Werbung

Eine unzulässige persönlich vergleichende Werbung liegt vor, wenn ein Wettbewerber auf die **Person** eines bestimmten Wettbewerbers **Bezug** nimmt, um durch dessen Herabsetzung den **eigenen Absatz zu fördern.**[992]

Auch die **Auslegungsgrundsätze** der **Bundesärztekammer** verbieten eine **persönlich vergleichende Werbung.** Berufswidrig ist danach der Verweis auf die persönlichen Eigenschaften und Verhältnisse ärztlicher Kollegen oder auf die Arztpraxis oder Behandlung anderer Ärzte. Letzteres geschehe entweder in negativer Form, um Kollegen in der Vorstellung des Patienten herabzusetzen oder in positiver Form, um deren Vorzüge als eigenen Vorteil zu nutzen. Vergleichend und damit berufswidrig sei beispielsweise eine Werbung mit der Aussage *„Bei uns geht's ohne Operation"*.[993]

Derartige Beschränkungen sind durchaus gerechtfertigt:

Im komplizierten medizinischen Bereich, in dem sich der Laie nicht auskennt und auf die Seriosität der Ärzteschaft angewiesen ist, müssen sämtliche Aussagen unterbunden werden, die nicht dem Patienten sondern ausschließlich dem Werbeeffekt und Wettbewerbsvorteil des Arztes dienen.

Personenbezogen ist eine Werbung nicht nur, wenn sie sich mit der Person des Mitbewerbers als solcher und seinem Unternehmen befasst, sondern auch, wenn in ihr auf **ungünstige persönliche Eigenschaften**, Verhältnisse oder Geschehnisse in der Person des Mitbewerbers hingewiesen wird.[994] Hier kommt etwa in Betracht der

---

[992] Nach § 4 Nr. 7 UWGE-BReg. v. 9.5.2003 – BR-Drucks. 301/03 – ist es als **unlauter** anzusehen, wenn die Kennzeichen, Waren, Dienstleistungen, Tätigkeiten oder persönlichen oder geschäftlichen Verhältnisse eines Mitbewerbers herabgesetzt oder verunglimpft werden. Nach § 4 Nr. 8 UWGE-BReg. v. 9.5.2003 – BR-Drucks. 301/03 – ist es ferner unlauter, wenn über die Waren, Dienstleistungen oder das Unternehmen eines Mitbewerbers oder über die Person des Inhabers oder Leiters des Unternehmens Tatsachen behauptet oder verbreitet werden, die geeignet sind, den Betrieb des Unternehmens oder den Kredit des Inhabers zu schädigen, sofern die Tatsachen nicht erweislich wahr sind. Handelt es sich demgegenüber über vertrauliche Mitteilungen und hat der Mitteilende oder der Empfänger der Mitteilung an ihr ein berechtigtes Interesse, so ist die Handlung nur dann unlauter, wenn die Tatsachen der Wahrheit zuwider behauptet oder verbreitet wurden.

[993] Nr. 3.3.3 Auslegungsgrundsätze BÄK zu §§ 27 ff. MBO vom 10.9.2002.

[994] *Baumbach/Hefermehl*, § 1 UWG Rn. 430.

Hinweis auf **Rasse**, **Konfession**, **Ehe- oder Kinderlosigkeit**, **Parteizugehörigkeit**, **Krankheit**, **Unzuverlässigkeit** usw. **Unerheblich** ist es, ob solche persönlichen Eigenschaften sich auch auf die Beurteilung der **Leistungen auswirken**.[995]

Eventuell wird man für **Ärzte** oder Erbringer von Gesundheitsleistungen unter Umständen im Falle der **Krankheit** oder **Unzuverlässigkeit** eine entsprechende Information sehr sorgfältig daraufhin abwägen müssen, ob und inwieweit entsprechende Angaben (soweit diese durch Mitbewerber gemacht werden) sachlich zutreffend und **im Interesse des Gesundheitsschutzes** in dieser Form erforderlich sind. Dies wird allerdings sehr restriktiv zu beurteilen sein, da entsprechende Hinweise zunächst an die zuständigen Behörden weiterzuleiten sind und von ärztlichen Mitbewerbern nicht im Interesse des eigenen Wettbewerbsvorteils instrumentalisiert werden dürfen.[996]

10.4.4 Das Verbot vergleichender Werbung für Ärzte

Das berufliche Standesrecht verbietet den Ärzten – entgegen der inzwischen auch in deutsches Recht umgesetzten EG-Richtlinie – jegliche vergleichende Werbung.[997]

> Vergleichende Werbung eines Arztes ist nach Standesrecht selbst dann verboten, wenn diese Werbung objektiv nachprüfbar und weder herabsetzend noch irreführend ist.

Diese **Einschränkung** ist in europarechtlicher Hinsicht **bedenklich**. Denn die Erwägungen zum Erlass der europäischen Wettbewerbsrichtlinie 97/55 betonen ausdrücklich, dass eine unterschiedliche Beurteilung vergleichender Werbung durch die Mitgliedstaaten den freien Waren- und Dienstleistungsverkehr behindern und **Wettbewerbsverzerrungen** hervorrufen könne.[998]

---

995 Wer die Person eines Mitbewerbers und dessen Unternehmen herabsetzt, sucht seine einseitige Auffassung als maßgeblich hinzustellen und so den Kunden gefühlsmäßig gegen den Mitbewerber einzunehmen. Zum Vergleich stehen aber nur die beiderseitigen Angebote, deren Vorzüge vornehmlich in der Güte und im Preis der Ware oder Leistung zum Ausdruck kommen, nicht aber die *persönlichen* Angelegenheiten. In der persönlichen Herabsetzung des Mitbewerbers liegt eine Behinderung seiner geschäftlichen Entfaltung. In erhöhtem Maße ist zu befürchten, dass der Kunde unsachlich beeinflusst wird. Eine persönliche, insbesondere eine mit pauschalen Ausdrücken **beleidigende** Werbung ist daher grundsätzlich wettbewerbswidrig, mögen auch die Angaben über die Person des Mitbewerbers und sein Unternehmen sachlich richtig sein, vgl. *Baumbach/Hefermehl*, § 1 UWG Rn. 431 m.w.N.

996 So auch *Baumbach/Hefermehl*, § 1 UWG Rn. 431 ff. und 380 ff.

997 § 27 Abs. 3 S. 2 MBO 2002.

998 Dritte Begründungserwägung zur Richtlinie 97/55 – vgl. hierzu auch EuGH, Urt. v. 8.4.2003 – C-44/01 –.

Zwar können die Mitgliedstaaten grundsätzlich einen **weiterreichenden Verbraucherschutz** vorsehen.[999] Dies gilt aber explizit **nicht** für die **vergleichende Werbung**: Denn der mit der Änderung der Richtlinie verfolgte Zweck besteht gerade darin, diejenigen Bedingungen festzulegen, unter denen eine vergleichende Werbung in allen Mitgliedstaaten als zulässig anzusehen ist.[1000] Andererseits enthält die Richtlinie einen ausdrücklichen Berufsrechtsvorbehalt zugunsten weiterreichender Regelungen im Berufsrecht der einzelnen freien Berufe in den Mitgliedstaaten.[1001] Insgesamt ist diese Vorschrift eher verwirrend, weshalb die weitere Rechtsentwicklung im Gesundheitsbereich sowie die Norminterpretation durch Justiz und Literatur zeigen wird, ob und inwieweit das berufsrechtliche Verbot der vergleichenden Werbung auch in Zukunft haltbar ist.[1002] Möglicherweise wäre eine rechtliche Sanktion mit dem Europarecht nicht vereinbar, sofern sich die vergleichende ärztliche Werbung in den Grenzen des UWG hält.[1003]

10.4.5 Rechtsprechung zur vergleichenden Werbung

10.4.5.1 Bezeichnung als „Die besten Ärzte“

Urteil

Die Serie im Nachrichtenmagazin *Focus* mit dem Titel „*Die 500 besten Ärzte Deutschlands*“ ist wettbewerbswidrig.

Bundesgerichtshof 1997 [1004]

---

999 Art. 7 I Richtlinie 84/450/EWG i.d.F. der Änderungen durch die Richtlinie 97/55/EG.

1000 Achtzehnte Begründungserwägung zur Richtlinie 97/55 – vgl. hierzu auch EuGH, Urt. v. 8.4.2003 – C-44/01 –.

1001 Art. 7 V Richtlinie 84/450/EWG i.d.F. der Änderungen durch die Richtlinie 97/55/EG.

1002 *Schulte* hält das grundsätzliche Verbot der vergleichenden Werbung bei Freiberuflern für nichtig, konstatiert jedoch angesichts der schwierigen Mess- und Beweisbarkeit von Vergleichen die darin liegende Problematik, S. 122.

1003 Angesichts des in § 29 MBO standesrechtlich verankerten **Kollegialitätsgebotes** hält *Gaidzik* diese Einschränkung derzeit noch für annehmbar.
Für **Kliniken** ist demgegenüber der objektive und nachprüfbare Vergleich nach dem Sozialgesetzbuch sogar vorgeschrieben, vgl. hierzu Kapitel 12.2.3, S. 320.

1004 BGH, Urt. v. 30.4.1997 – I ZR 196/94 – GRUR 1997, S. 912.Vgl. auch das am selben Tage ergangene Urteil über die 500 besten Anwälte Deutschlands – I ZR 154/95 – GRUR 1997, S. 914.

Aus den Urteilsgründen

Die Darstellung der genannten Ärzte als die 500 Besten des Landes enthält ohne sachliche Rechtfertigung einen werblichen Überschuss, da die werbemäßige Herausstellung der Ärzte auf einer Einschätzung beruht, die mangels überprüfbarer Kriterien die Beurteilung als die Besten ihres Faches nicht zu tragen vermag.

> *In der superlativen Bewertung der genannten Ärzte als „die Besten" liegt zugleich eine Herabsetzung nicht genannter, in gleicher Weise oder besser qualifizierter Mediziner.*

Durch diese Darstellung fördert das Magazin den Wettbewerb der genannten Ärzte, was vom Grundrecht auf Meinungs- und Pressefreiheit nicht gedeckt ist.[1005]

Stellungnahme

Dieses Urteil ist richtig und ein anschauliches **Beispiel** von **zugleich anpreisender** und **vergleichender Werbung**. Denn es gibt bis heute keine **wissenschaftlich gesicherte Bewertungsmethode**, die **Qualität eines Arztes** oder eines anderen freiberuflichen Dienstleisters **objektiv zu bestimmen**. Alle bislang verwendeten Indikatoren lassen nur vage Rückschlüsse auf die Struktur-, Prozess- oder Ergebnisqualität zu. Hätte man beispielsweise bei den untersuchten Ärzten die Komplikationsraten, die erreichte Lebensqualität der Patienten oder die Patientenzufriedenheit als Maßstab genommen, hätte sich möglicherweise ein völlig anderes Bild ergeben.

Wer deshalb mit einer Untersuchung den Anspruch erhebt, den „besten" Arzt oder „besten" Anwalt ermitteln zu können, bewegt sich automatisch im Bereich der objektiven Unmöglichkeit und handelt folglich wettbewerbswidrig.[1006]

Das Gericht betonte allerdings, dass *nicht die Information* über Ärzte *als solche verboten* sei, sondern lediglich die Aussage, einzelne, namentlich benannte Mediziner seien die besten Ärzte Deutschlands.[1007] Die daraufhin veröffentlichte Serie des *Focus* über ärztliche Spezialisten in Deutschland wurde vom Oberlandesgericht München für zulässig erklärt.[1008]

1005 Die Unterlassungsklage richtete sich gegen das Magazin *Focus*, nicht gegen die namentlich genannten Ärzte.

1006 Die Lösung dieses Problems ist nach Meinung von *Barth* sogar „nobelpreiswürdig", vgl. MedR 1999, S. 79, Anmerkung zum Urteil des OLG München v. 12.11.1998.

1007 BGH, Urt. v. 30.4.1997 – I ZR 196/94 – GRUR 1997, S. 912.

1008 Vgl. hierzu Kapitel 8.8.2.2, S. 169.

10.4.5.2 Unzulässige Bezugnahme auf die Behandlung der Kollegen

Urteil

Es ist berufswidrig, wenn ein Arzt, der schwerpunktmäßig Rückenbeschwerden behandelt, auf seiner Homepage folgende Aussage macht: *„Wir fangen da an, wo andere aufhören."*

Bayerisches Landesberufsgericht für Heilberufe 2002 [1009]

10.4.5.3 Behauptung einer Fehlbehandlung durch andere Klinik

Urteil

Es ist berufswidrig, als Chefarzt einer Klinik auf eigene Veranlassung folgende Äußerungen abdrucken zu lassen: *„In der Uniklinik .... nahmen die Ärzte der Patientin die starken Schmerzen nicht ab, bezeichneten sie als Simulantin. Zwei Kliniken schauten genauer hin und diagnostizierten die Verschleißerkrankung, in der medizinischen Fachsprache Dysplasie-Cox-Ahrose genannt. ... Ein Chirurgenteam um Chefarzt ... ,vom ...-Krankenhaus, nahm die Patientin schließlich unter seine Fittiche.*

Berufsgericht für Heilberufe beim VG Greifswald 2001 [1010]

Aus den Urteilsgründen

Das sachlich gebotene Maß ist ... dadurch überschritten, dass der Bericht Aussagen enthält, die nicht den Tatsachen entsprechen und damit das Publikum irre geführt wird. Dies bezieht sich zum einen auf den unberechtigten Vorwurf der Patientin, diese sei von der Universitätsklinik als Simulantin hingestellt worden, und die Rolle des beschuldigten Arztes bei der von ihm durchgeführten Operation. Dabei ist zu berücksichtigen, dass der Bericht von dem Beschuldigten durch Anruf bei der Redaktion der Zeitung initiiert worden war und er angesichts des Verlaufs des Interviews, in dem die Patientin ihre subjektive Sichtweise äußerte, und der Unerfahrenheit des Interviewers Veranlassung gegeben hätte, sich den Bericht vor Abdruck vorlegen zu lassen.

1009 Bayerisches LandesberufsG f. Heilberufe beim Bayerischen Obersten Landesgericht, Beschl. v. 27.11.2002 – LBG-Ä 8/02 –.

1010 BerufsG f. Heilberufe beim VG Greifswald, Urt. v. 4.12.2001 – BG 2/99 –.

Stellungnahme

Diese vom Arzt veranlassten Aussagen sind sowohl irreführend als auch vergleichend und stützten sich lediglich auf die Angaben der Patientin und die Ansicht der weiterbehandelnden Ärzte. So impliziert die Behauptung *„Zwei Kliniken schauten genauer hin"*, dass die Universitätsklink angeblich nicht genau hingesehen habe, als sie die Patientin untersuchte. Eine solche pauschale Bezugnahme auf die Leistungen anderer Mitbewerber ist daher nicht nur unkollegial, sondern mangels nachprüfbarer Kriterien auch als unlautere vergleichende Werbung im Sinne des § 2 Abs. 2 UWG anzusehen.

10.4.5.4 Unzulässig vergleichende Plakat-Aktion gegen Krankenkasse

Urteil

Es ist wettbewerbswidrig, wenn Ärzte in ihrem Wartezimmer ein Plakat anbringen, welches Aussagen über eine angeblich geringere Leistungsbereitschaft einer Krankenkasse enthält und zugleich Ratschläge und Hilfestellung für den Wechsel in eine andere Krankenkasse bietet.

Oberlandesgericht München 2001 [1011]

Sachverhalt

Eine gesetzliche Krankenkasse verweigerte ihren Mitgliedern die Zahlung der einheitlich vorgesehenen Festbeträge für die Anschaffung von **Hörgeräten**, sofern das Gerät auf dem sogenannten **„verkürzten" Versorgungsweg** und nicht auf dem traditionellen Vertriebswege erworben wurde.[1012]

Die HNO-Ärzte erhielten durch diesen verkürzten Versorgungsweg ein zusätzliches Honorar für ihre ärztlichen Leistungen. Aufgrund der Weigerung der Krankenkasse, den verkürzten Versorgungsweg (dessen Zulässigkeit bis hin zum Bundesgerichtshof erst gerichtlich erkämpft werden musste) einzuführen, hatten die HNO-Ärzte in ihrem Wartezimmer ein Plakat aufgehängt und die angeblich geringere Leistungsbereitschaft der Krankenkasse angeprangert. Gleichzeitig wurden den Pati-

[1011] OLG München, Urt. v. 11.1.2001 – 29 U 5555/00 – GRUR 2001, S. 762, ähnlich OLG Köln, Urt. v. 26.2.1999 – 6 U 120/98 – GRUR 2000, S. 78 ff. zu einer „Zahnarzt-Umfrage" über die Regulierungspraxis deutscher Krankenversicherer, da die Fragen keine zuverlässige und ausreichende Grundlage für eine objektiv repräsentative Befragung darstellten.

[1012] Zur Beschreibung und Zulässigkeit des verkürzten Versorgungsweges vgl. Kapitel 8.9.5.3, S. 185.

enten Ratschläge für einen Wechsel zu angeblich leistungsbereiteren und zugleich günstigeren Krankenkassen erteilt.

Der **Unterlassungsantrag** der **Krankenkasse gegen die Ärzte** war in zweiter Instanz erfolgreich.

Aus den Urteilsgründen

Wenn die Ärzte ihre Patienten durch die Plakate zunächst darüber informieren, dass diese Krankenkasse nicht so leistungsbereit sei wie andere Krankenkassen, ohne dies gleichzeitig konkret und nachprüfbar zu belegen, so hat dies mit einem „sachlich gerechtfertigten Systemvergleich", auf den sich die Ärzte berufen, nichts zu tun. Das Plakat informiert den Leser nicht einmal darüber, worauf sich die wiederholte Feststellung, andere Kassen seien leistungsbereiter, konkret bezieht. Patienten, die mit dem verkürzten Versorgungsweg nicht vertraut sind, entnehmen den pauschal herabsetzenden Aussagen, dass es die Krankenkasse an der Leistungsbereitschaft allgemein fehlen läßt.[1013]

Stellungnahme

Dieses Urteil ist richtig, denn die Behauptung der Ärzte, die genannte Krankenkasse sei weniger leistungsbereit, ist falsch: Die Patienten erhielten sehr wohl den Festbetrag zur Hörhilfe auch von dieser Krankenkasse. Lediglich den bis dahin rechtlich umstrittenen, verkürzten Versorgungsweg hatte die Krankenkasse nicht mitgetragen. Die Ärzte verfolgten mit dieser Plakataktion lediglich ihr **Eigeninteresse**: Aufgrund der zusätzlich eingenommenen Honorare profitierten ausschließlich sie selbst durch diesen verkürzten Versorgungsweg – den Patienten hingegen entstand durch den normalen Versorgungsweg jedenfalls kein Nachteil.

Es ist grundsätzlich als berufswidrig anzusehen, wenn Ärzte ihr Wartezimmer und ihre Patienten dazu instrumentalisieren, mit herabsetzenden, unrichtigen und damit irreführenden Behauptungen ihren eigenen Vorteil zu vergrößern.

1013 Zur berufswidrigen Ausnutzung von Vertrauen und Autorität vgl. Kapitel 10.5.4, S. 276.

10.4.5.5 Unzulässige herabsetzende Kritik

> **Urteil**
>
> Es ist berufswidrig, wenn ein Arzt in einem Zeitungsinterview eine herkömmliche Behandlungsmethode (hier Hörsturztherapie) als *gefährlich, verstümmelnd* und sogar *tödlich* bezeichnet, die für ihn gar den *Tatbestand der Körperverletzung* erfülle und seiner Ansicht nach *nur die Kassen der Ärzte, Krankenhäuser und Pharmafirmen* fülle.
>
> Landesberufsgericht beim OVG Münster 1994 [1014]

Stellungnahme

Dieses Urteil ist ein anschauliches Beispiel für **vergleichende Werbung durch Herabsetzung**, die in dieser Form auch im allgemeinen Geschäftsverkehr wettbewerbswidrig und damit verboten wäre.[1015] Äußerungen in einem Zeitungsinterview haben stets einen werbenden Nebeneffekt zugunsten der Interviewten. Dies kann ein Verbot der freien Meinungsäußerung nicht mehr rechtfertigen, selbst wenn der Artikel – wie im vorliegenden Fall – mit *Wissen und Willen* des Arztes zustande kommt. Die o.g. Aussagen des Arztes über andere Behandlungsmethoden sind jedoch **unangemessen abfällig, abwertend**, die geäußerte Kritik ist **unsachlich** und **eines Arztes unwürdig**. Zugleich stellte der Zeitungsartikel die Vorteile der eigenen Methode des Arztes positiv heraus. Solche Äußerungen sind auch im Hinblick auf das Kollegialitätsgebot und eine mögliche Verunsicherung der Patienten zu untersagen.

1014 LandesberufsG für Heilberufe beim OVG Münster, Urt. v. 12.8.1994 – I A 2038/91 – NJW 1994, S. 2432.

1015 § 2 II Nr. 2 UWG

10.5 Weitere Fallgruppen berufswidriger Werbung

Die **Kategorien** „anpreisend", „irreführend" und „vergleichend" sind **nicht abschließend**. Auch **andere Werbe- und Wettbewerbshandlungen**, die nicht unter diese Kategorien fallen, **können wettbewerbswidrig** und damit **berufswidrig** sein. Dies ergibt sich bereits aus dem Wortlaut des § 27 Abs. 3 MBO 2002, wonach „*insbesondere*" die dort genannten Fallgruppen berufswidrig sind.[1016]

Die Rechtsprechung hat im Laufe der vergangenen Jahrzehnte weitere Kategorien unlauterer Werbung entwickelt. Im ärztlichen Werberecht kommen die folgenden Fallgruppen in Betracht:

- Unzumutbare Belästigung
- Getarnte Werbung
- Berufswidrige Kommerzialisierung des Arztberufes
- Berufswidrige Ausnutzung von Vertrauen und Autorität
- Gefühlsbetonte Werbung

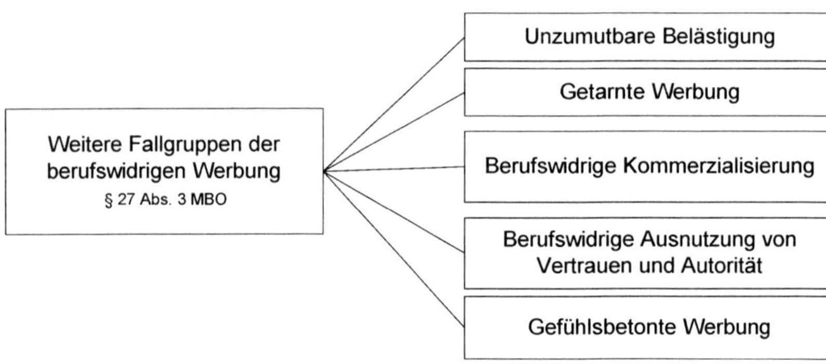

1016 Vgl. hierzu Kapitel 10.1.1, S. 217.

10.5.1 Unzumutbare Belästigung

10.5.1.1 Die geplante Neufassung des § 7 UWG

Einige der Fallgruppen unlauterer Werbung, die in den vergangenen Jahrzehnten von der Rechtsprechung entwickelt wurden, haben im Novellierungsentwurf zum UWG erstmalig eine schriftliche Normierung erfahren: § 7 UWGE-BReg.[1017] regelt das Verbot der „unzumutbaren Belästigung". Hierunter fallen solche Handlungen, die bereits **wegen der Art und Weise** – unabhängig von ihrem Inhalt – als Belästigung empfunden werden.

> Die Belästigung besteht darin, dass die Wettbewerbshandlung den Empfängern aufgedrängt wird.[1018]

§ 7 Abs. 2 UWGE-BReg. zählt unter dem Titel „Unzumutbare Belästigungen" **beispielhaft** verschiedene unlautere Handlungen auf, die gegebenenfalls von der Rechtsprechung fortzuentwickeln sind:

> Eine unzumutbare Belästigung ist insbesondere anzunehmen
>
> 1. bei einer Werbung, wenn erkennbar ist, dass der Empfänger diese Werbung nicht wünscht;[1019]
> 2. bei einer Werbung mit Telefonanrufen gegenüber Verbrauchern ohne deren Einwilligung oder gegenüber sonstigen Marktteilnehmern ohne deren zumindest mutmaßliche Einwilligung;[1020]
> 3. bei einer Werbung unter Verwendung von automatischen Anrufmaschinen, Faxgeräten oder elektronischer Post, ohne dass eine Einwilligung der Adressaten vorliegt;[1021]

1017 UWGE-BReg. v. 9.5.2003 – BR-Drucks. 301/03 –. Das Verbot der unzumutbaren Belästigung kommt allerdings nur zum Tragen, wenn gleichzeitig die übrigen Voraussetzungen unlauterer Handlungen im Sinne des § 3 UWGE-BReg. erfüllt sind. Voraussetzung ist daher das Vorliegen einer Wettbewerbshandlung.

1018 Begründung zu § 7 UWGE-BReg. v. 9.5.2003 – BR-Drucks. 301/03 – i.V.m. Stellungnahme BRat v. 20.6.2003.

1019 Hierunter fällt beispielsweise die Werbewurfsendung, wenn der Empfänger durch einen Aufkleber am Briefkasten deutlich gemacht hat, dass er eine solche Werbung nicht wünscht, vgl. Begründung zu § 7 Nr. 1 UWGE-BReg. v. 9.5.2003 – BR-Drucks. 301/03 –.

1020 Vgl. hierzu das nachfolgende Kapitel 10.5.1.2, S. 268.

1021 Vgl. hierzu das nachfolgende Kapitel 10.5.1.3, S. 269.

4. bei einer Werbung mit elektronischen Nachrichten, bei der die Identität des Absenders, in dessen Auftrag die Nachricht übermittelt wird, verschleiert oder verheimlicht wird oder bei der keine gültig Adresse vorhanden ist, an die der Empfänger eine Aufforderung zur Einstellung solcher Nachrichten richten kann, ohne dass hierfür andere als die Übermittlungskosten nach den Basistarifen entstehen.[1022]

10.5.1.2 Unzulässigkeit von Telefonwerbung und SMS

Werbung mittels Telefon oder SMS ist wettbewerbswidrig.

Telefonwerbung durch **unerbetene** Anrufe ist **grundsätzlich wettbewerbswidrig**. Denn mit einem Telefonanschluss hat man sich und sein Heim nicht unbeschränkt der Öffentlichkeit preisgegeben. Bereits der unerwünschte Anruf stellt einen **unzulässigen Eingriff in die Individualsphäre** des Anschlussinhabers dar.[1023]

Die Telefonwerbung ist demnach im geschäftlichen Verkehr grundsätzlich unzulässig, sofern nicht ein konkreter, aus dem Interessenbereich des Anzurufenden herzuleitender Grund besteht, der diese Art von Werbung rechtfertigt. Ein solcher Grund kann regelmäßig nur dann in Betracht gezogen werden, wenn der **Angerufene** ausdrücklich oder konkludent sein **Einverständnis** mit derartigen Anrufen **erklärt** hat

---

1022 Dieses Transparenzgebot soll die Durchsetzung der Ansprüche gegen den Werbenden erleichtern. Der Adressat muss jederzeit die Möglichkeit haben, die Einstellung der Nachrichten zu verlangen, vgl. Begründung zu § 7 Nr. 4 UWGE-BReg. v. 9.5.2003 – BR-Drucks. 301/03 –.
§ 7 Abs. 3 UWGE-BReg. v. 9.5.2003 – BR-Drucks. 301/03 – sieht für die elektronische Werbung folgende Ausnahmen vor: „Hat ein Unternehmer die elektronische Adresse eines Kunden im Zusammenhang mit dem Verkauf einer Ware oder Dienstleistung erhalten, kann er diese Adresse zur Direktwerbung für eigene ähnliche Waren oder Dienstleistungen nutzen, es sei denn, der Kunde hat diese Nutzung untersagt. Die Nutzung ist außerdem nur zulässig, wenn der Kunde bei Erhebung der Adresse und bei jeder Nutzung klar und deutlich darauf hingewiesen wird, dass er diese Nutzung jederzeit untersagen kann, ohne dass hierfür andere als die Übermittlungskosten nach Basistarifen entstehen."

1023 Dieser wird veranlasst, das Gespräch zunächst anzunehmen, und wegen der Ungewissheit über den Zweck des Anrufs meist genötigt, sich auf das Gespräch einzulassen (z.B. eine Werbung zur Kenntnis zu nehmen), bevor er sich entscheiden kann, das Gespräch fortzusetzen oder nicht. Gerade weil sich der Anrufer gegen das Eindringen in seine Privatsphäre nicht von vornherein wehren kann, ist schon das *Anrufen* als solches wegen Belästigung anstössig, selbst wenn sich der Anrufer höflich verhält, *Baumbach/Hefermehl,* § 1 UWG Rn. 67 m.w.N.; *Jaeger-Lenz*, S. 61.

oder wenn aufgrund konkreter tatsächlicher Umstände ein sachliches **Interesse** des Anzurufenden daran vom Anrufer **vermutet** werden kann.[1024]

Ebenso unzulässig sind unaufgeforderte SMS auf Handys,[1025] denn ein Handy wurde nicht erworben, um für Werbezwecke zur Verfügung zu stehen.[1026]

10.5.1.3 Unzulässigkeit von Telefaxwerbung und E-Mails

Werbung mittels Telefax und E-Mail ist wettbewerbswidrig.[1027]

Telefaxwerbung ist nach ständiger Rechtsprechung des **Bundesgerichtshofes** ebenfalls **wettbewerbswidrig,**[1028] da ein Faxgerät die Bereitstellung von Strom, Toner, Wartung und Papier erfordert und den **Empfänger somit finanziell belastet**. Im übrigen wird das **Faxgerät** des Empfängers durch den Einlauf von Werbeschreiben **blockiert.**[1029] Ein Teilnehmer hat mit der Installation eines Telefax-Gerätes **nicht sein Einverständnis erklärt**, mittels dieses Gerätes von jedwedem Unternehmer **zu Werbezwecken angesprochen** zu werden.[1030]

Bei der weiten Verbreitung von Telefax-Geräten wächst der Kreis von Unternehmen, die diese Geräte zum Zwecke der Werbung einsetzen könnten, da durch die automatisierte Verwendung von Telefax-Schreiben mit Hilfe von Computern eine zeit- und kostengünstige Übertragung möglich ist. Auch solche Mitbewerber, die auf diesem Weg bislang nicht geworben haben, könnten sich aus Wettbewerbsgründen zu einer **Nachahmung** veranlasst sehen.

1024 BGH, Urt. v. 25.10.1995 – I ZR 255/93 – GRUR 1996, S. 208 ff. So auch vorgesehen in § 7 Abs. 2 Nr. 2 UWGE-BReg. v. 9.5.2003 – BR-Drucks. 301/03 –.

1025 Sogenannte „short messages", die als Text auf dem Display des Handy erscheinen.

1026 So heute ausdrücklich vorgesehen in § 7 Abs. 2 Nr 3 UWGE-BReg. v. 9.5.2003 – BR-Drucks. 301/03 –. Zuvor schon LG Berlin, Urt. v. 14.1.2003 – 15 O 420/02 – CR 2003, S. 339.

1027 § 7 Abs. 2 Nr. 3 UWGE-BReg. v. 9.5.2003 – BR-Drucks. 301/03.

1028 BGH, Urt. v. 25.10.1995 – I ZR 255/93 – GRUR 1996, S. 208 ff. m.w.N.; ebenso OLG Oldenburg, Urt. v. 27.11.1997 – 1 U 101/97 – NJW 1998, S. 3208.

1029 *Baumbach/Hefermehl,* § 1 UWG Rn. 69 b m.w.N.

1030 So schon BGH, Urt. v. 25.10.1995 – I ZR 255/93 – GRUR 1996, S. 208 ff.: „Das Telefax-System dient dazu, den anfallenden Schriftverkehr zu rationalisieren, Geschäftspartner schnell und zuverlässig zu erreichen und für Mitteilungen ohne Verzögerungen erreichbar zu sein, ohne auf einen schriftlichen Beleg über die jeweilige Mitteilung verzichten zu müssen. Da die Anlage zur gleichen Zeit nur jeweils ein Schreiben empfangen oder absenden kann, hat der Anschlussinhaber ein berechtigtes Interesse daran, die Anlage von jeder Inanspruchnahme freizuhalten, die deren bestimmungsgemäße Funktion beeinträchtigt."

Eine Werbeart ist dann unlauter, wenn sie den Keim zu einem immer weiteren Umgreifen in sich trägt und damit zu einer nach § 1 UWG unzulässigen Belästigung führt.[1031]

Ebenso unzulässig sind **unaufgeforderte E-Mails,**[1032] denn auch die Kommunikation durch elektronische Post erfordert zu ihrem **Empfang** zunächst den **Aufbau** einer **Telefonverbindung**. Diese **Kosten** liegen beim **Empfänger**, der zuvor nicht erkennen kann, wer der Absender ist.[1033]

10.5.1.4 Das Einverständnis der Patienten in bestimmte Kommunikationsmittel

Eine Werbung mittels Telefax, E-Mail, Telefon oder SMS ist zulässig, wenn der Empfänger damit einverstanden ist.

Das Einverständnis kann **ausdrücklich** oder **konkludent erklärt** oder vom Absender anhand konkreter Umstände **vermutet** werden:[1034] Sind die **eigenen Patienten** einer Arztpraxis ausdrücklich einverstanden, beispielsweise an einen weiteren Untersuchungstermin telefonisch oder per SMS erinnert zu werden, so sind entsprechende Anrufe selbstverständlich zulässig. Im übrigen wird man schon aufgrund des Behandlungsvertrages das Einverständnis der Patienten grundsätzlich unterstellen können, sofern dem Arzt nichts Gegenteiliges bekannt ist.[1035]

Das Verbot bestimmter Kommunikationsmittel kann sich somit nach seinem Sinn und Zweck nur auf einen **ersten Kontakt mit dritten Personen** beziehen, die bislang noch keine Patienten einer Praxis oder Klinik sind.

1031 BGH, Urt. v. 25.10.1995 – I ZR 255/93 – GRUR 1996, S. 208 ff.

1032 § 7 Abs. 2 Nr. 3 UWGE-BReg. v. 9.5.2003 – BR-Drucks. 301/03 -; ebenso LG Berlin, Beschl. v. 14.5.1998 – 16 O 301/98 – NJW 1998, S. 3208; AG Brakel, Urt. v. 11.2.1998 – 7 C 748/97 – NJW 1998, S. 3209.
Vgl. zur Werbung per E-Mail ausführlich *Leistner/Pothmann*.

1033 *Baumbach/Hefermehl*, § 1 UWG Rn. 70 a-c, m.w.N.; *Koch*, S. 285, *Schulte*, S. 148 ff.

1034 BGH, Urt. v. 25.10.1995 – I ZR 255/93 – GRUR 1996, S. 208 ff. Ebenso § 7 Abs. 2 Nr. 2 – 4 UWGE-BReg. v. 9.5.2003 – BR-Drucks. 301/03 –.

1035 Zur Zulässigkeit von sog. „Recall-Systemen“ vgl. Kapitel 8.9.3, S. 179 ff.

10.5.2 Getarnte Werbung

10.5.2.1 Grundlagen

Eine weitere von der Rechtsprechung entwickelte Kategorie des unlauteren Wettbewerbs ist die sogenannte „getarnte Werbung".

Jede Werbemaßnahme schließt **emotionale Elemente** ein. Schon die Farbgestaltung oder Schriftart einer Praxisbroschüre wird die Patienten in unterschiedlicher Weise ansprechen. Informations- und Suggestivwerbung lassen sich folglich nicht klar trennen, ohne die Werbung überhaupt in Frage zu stellen. Solange der Umworbene **erkennen** kann, dass es sich um eine **Werbemaßnahme** handelt und er infolge dessen eine eigene Entscheidung treffen kann, wird seine Persönlichkeitssphäre nicht in unzulässiger Weise angetastet. **Wettbewerbswidrig** ist es aber, eine **Werbemaßnahme so zu tarnen**, dass sie als solche dem Umworbenen **nicht erkennbar** ist. Dies kommt vor allem in Betracht, wenn eine Werbemaßnahme als **objektive Unterrichtung** durch eine unabhängige Person oder Stelle **erscheint**.[1036]

Die Fallgruppe der getarnten Werbung ist nicht eindeutig eingegrenzt. Hauptfälle sind die **wissenschaftlich**, **publizistisch** oder **redaktionell getarnte Werbung**.[1037]

10.5.2.2 Strikte Trennung von Bericht und Anzeige

Zeitungsverleger und Journalisten sind nach dem Presserecht,[1038] die Werbungtreibenden nach gefestigter Standesauffassung[1039] verpflichtet, die **Anzeigenwerbung** von der **redaktionellen Berichterstattung streng zu trennen**. Der Leser einer Zeitung oder Zeitschrift muss klar zwischen redaktionellem Text und Werbung unterscheiden können. Anzeigen, die in irgendeiner Form gegen Entgelt veröffentlicht

---

1036 *Baumbach/Hefermehl,* § 1 UWG Rn. 27.

1037 *Baumbach/Hefermehl,* § 1 UWG Rn. 27 m.w.N.
Bei der getarnten Werbung sind die Gerichte in hohem Maße auf **wertende Einschätzungen** und **Prognosen** der Folgen einer solchen Werbung angewiesen. Dies gilt insbesondere für die Merkmale der sachlichen Unterrichtung, der Werbewirkung und deren Übermaß beziehungsweise Einseitigkeit, vgl. hierzu auch BVerfG, Beschl. v. 7.11.2002 – 1 bvR 580/02 – www.bverfg.de.

1038 Nach den Landespresse-Gesetzen müssen die Verleger von periodischen Druckschriften (oder die für den Anzeigenteil Verantwortlichen) eine Veröffentlichung als „**Anzeige**" kenntlich machen, sofern sie dafür ein **Entgelt** erhalten, gefordert oder sich haben versprechen lassen (es sei denn, die Anzeige ist schon durch ihre Anordnung und Gestaltung als solche zu erkennen), vgl. etwa § 10 Pressegesetz Baden-Württemberg. Ein Verstoß gegen diese Verpflichtung stellt eine **Ordnungswidrigkeit** dar.

1039 Diese Standesauffassung hat in den Richtlinien des Zentralverbandes der deutschen Werbewirtschaft ihren Ausdruck gefunden, vgl. *Baumbach/Hefermehl,* § 1 UWG Rn. 30.

werden, sind daher so zu gestalten und vom redaktionellen Teil abzuheben, dass ihr Werbecharakter auch für den erfahrungsgemäß flüchtigen Durchschnittsleser ohne weiteres erkennbar ist. **Unzulässig** ist es daher, Anzeigen in **Stil** und Aufmachung von **Reportagen**, **redaktionell gestalteten Anzeigen** oder **wissenschaftlichen Aufsätzen** zu veröffentlichen.[1040]

10.5.2.3 Die redaktionelle Berichterstattung

Die **Presse** berichtet im **redaktionellen Teil** häufig über bestimmte Unternehmen oder Erzeugnisse und nennt zugleich die Bezugsquellen und Bezugsmöglichkeiten, um so ihre **Informationsaufgabe** zu erfüllen.

Eine solche Berichterstattung erfolgt grundsätzlich **unentgeltlich.** Sie entspricht dann dem Gebot der Trennung von redaktionellem Text und Werbung, wenn die **sachliche Unterrichtung** der Leserschaft **im Vordergrund** steht und die unvermeidlich damit verbundene Werbewirkung nur als eine in Kauf zu nehmende Nebenfolge erscheint.[1041]

Um **getarnte Werbung** handelt es sich hingegen, wenn in einem redaktionellen Beitrag die Produkte oder Dienstleistungen eines einzelnen Unternehmens **einseitig** über das durch eine sachliche Information bedingte Maß werblich **herausgestellt** werden. Dies ist der Fall, wenn **trotz einer Vielzahl von Produkten** entsprechender Art **nur ein Erzeugnis genannt** wird.[1042]

Die **Wettbewerbswidrigkeit** beruht darauf, dass der Geschäftsverkehr einem Zeitungsbeitrag als einer „unabhängigen Information" in der Regel eine größere Bedeutung beimisst, als entsprechenden Angaben des Werbenden selbst.[1043]

1040 *Baumbach/Hefermehl,* § 1 UWG Rn. 31 m.w.N.
Eine etwaige **Haftung der Presse** wegen wettbewerbswidriger Werbung zu Gunsten Dritter hat das **Bundesverfassungsgericht** jedoch auf eine tatsächliche Gefährdung des Leistungswettbewerbs begrenzt: *„Allein das Interesse der Printmedien an der Aquisition von Anzeigenaufträgen reicht für eine Gefährdung des Leistungswettbewerbs nicht aus. Anzeigenfinanzierte Medien sind regelmäßig darauf angewiesen, zur Schaltung von Anzeigen zu motivieren. Die Bewertung als sittenwidrig erfordert die Feststellung zusätzlicher Umstände. Diese sind etwa gegeben, wenn durch Vortäuschung einer neutralen redaktionellen Leistung ein werbender, auf die Akquisition gerichteter Inhalt verborgen wird."* BVerfG, Beschl. v. 7.11.2002 – 1 BvR 580/02 – www.bverfg.de. Ebenso BerufsG f. Heilberufe in Schleswig, Urt. v. 25.9.2002 – BG 19/00 -, vgl. hierzu nachfolgendes Kapitel 10.5.2.4, S. 273.

1041 Im Bereich der Heilmittelwerbung können redaktionelle Hinweise in Zeitungs- und Zeitschriftenberichten gegen § 11 HWG verstoßen, wenn sie als Wirtschaftswerbung erscheinen. Das ist der Fall, wenn ein Heilmittel oder Heilverfahren in dem Bericht ohne sachlichen Anlass erwähnt, übermäßig herausgestellt oder pauschal gelobt wird. Trifft das nicht zu, so steht die sachliche Unterrichtung im Vordergrund und eine unvermeidlich damit verbundene Werbewirkung ist nur eine Nebenfolge, die im Interesse der Informationsfreiheit der Presse hinzunehmen ist, *Baumbach/Hefermehl,* § 1 UWG Rn. 34.

1042 OLG Nürnberg, Urt. v. 15.1.2002 – 3 U 2999/01 – WRP 2002, S. 585 m.w.N.

Allein in der Namensnennung eines bestimmten Produktes braucht allerdings nicht schon notwendig eine besondere Herausstellung zu liegen.[1044] Denn eine redaktionelle Berichterstattung wird nicht allein dadurch zur unlauteren redaktionellen Werbung, dass sie bestimmte Heilmittel bespricht und/oder positiv beurteilt. Ein Indiz für die Absicht der Absatzförderung durch eine Zeitung kann jedoch eine **parallel geschaltete Anzeige** für das genannte Produkt sein.[1045]

Werden in einer redaktionellen Berichterstattung namentlich genannte Ärzte als *„Die besten Ärzte Deutschlands"* bezeichnet, ohne dass aussagekräftige, sachliche und überprüfbare Beurteilungskriterien zugrunde liegen, so handelt es sich ebenfalls um eine „getarnte Werbung", die als sittenwidrige Förderung fremden Wettbewerbs gegen § 1 UWG verstößt.[1046]

10.5.2.4 Die unzulässige redaktionelle Anzeige

Als **unzulässige getarnte Werbung** ist ein Beitrag im **redaktionellen** Teil einer Zeitung stets dann zu werten, wenn der Beitrag in irgendeiner Form zwar gegen **Entgelt** gebracht, jedoch **nicht** deutlich **als „Anzeige" gekennzeichnet** wird. Der Leser einer Zeitung oder Zeitschrift geht nämlich davon aus, im redaktionellen Teil die objektive Meinung der Redaktion und nicht die subjektive Meinung eines Dienstleisters oder Gewerbetreibenden zu erfahren.[1047] **Werbebeiträge** über bestimmte Unternehmen werden demgegenüber typischerweise in einer **Anzeige** und nur gegen **Entgelt** abgedruckt.

Urteil

Folgende Aussagen in einer redaktionell gestalteten Anzeige sind unzulässig: *„Für den ausgezeichneten Ruf der Klinik steht ein Name: Dr. med. ...“; „der bekannte Chirurg“; „sein immenses Wissen“; „Patienten aller Altersgruppen aus dem In- und Ausland suchen Rat und Hilfe“; „er operierte Kinder aus Tschernobyl und Opfer der Rammstein-Katastrophe“.*

Berufsgericht für die Heilberufe Schleswig 2002 [1048]

1043 Vgl. hierzu auch das Urteil des LG Berlin, Kapitel 10.6.10.12, S. 304.
Ein Arzt, der auf eigene Initiative durch eine Pressemappe, ergänzende Gespräche und Überlassung von Fotos zu Presseberichten beiträgt, die sich in Frauenzeitschriften als getarnte Werbung für den Arzt herausstellen, kann daher auf Unterlassung verklagt werden, OLG München, Urt. v. 14.10.1999 – 29 U 2352/99 – GRUR 2000, S. 1100.

1044 *Baumbach/Hefermehl,* § 1 UWG Rn. 34 m.w.N.

1045 OLG Nürnberg, Urt. v. 15.1.2002 – 3 U 2999/01 – WRP 2002, S. 585.

1046 Vgl. zu diesem Urteil des Bundesgerichtshofes Kapitel 10.3.7.5, S. 252.

1047 *Baumbach/Hefermehl,* § 1 UWG Rn. 36 und Rn. 31.

1048 BerufsG f. Heilberufe in Schleswig, Urt. v. 25.9.2002 – BG 19/00 –.

Aus den Urteilsgründen

Die Aufmachung in der Art eines redaktionellen Artikels ist unüblich. Ähnlich werden Drogerie- und Reformhausprodukte beworben. Diese Art der Anzeige erweckt den Anschein der neutralen Berichterstattung. Erst bei ganz genauer Durchsicht ist zu ersehen, dass es sich tatsächlich aber um eine Anzeige desjenigen Arztes handelt, über den berichtet wird. Diese Art der Veröffentlichung ist daher in hohem Maße geeignet, den Leser, d.h. den Patienten zu täuschen.

10.5.3 Berufswidrige Kommerzialisierung des Arztberufes

10.5.3.1 Keine Rabatte auf Schönheitsbehandlungen

Urteil

Eine Einrichtung für Schönheitsmedizin darf in einer Zeitung nicht für Schönheitsoperationen und -behandlungen mit „Frühlingsrabatten" von 10 % und Rabatten von 20 % für die mitgebrachte weitere Person werben.

Ärztliche Leistungen können nicht wie Saisonartikel „verschleudert" werden. Eine entsprechende Werbung ist unlauter und zu verbieten.

Landgericht Frankfurt/Oder 2003 [1049]

Aus den Urteilsgründen

Die Beklagte wendet sich an eitle, mehr noch an selbstunsichere Menschen und versucht, diese in unsachlicher Weise zu einer gesundheitsbezogenen Handlung zu veranlassen. Sie werden emotional eingestimmt: „Die langen, kalten, verschneiten Wintertage gehen langsam zu Ende. Der Frühling erwacht." und im erwachenden Frühling verspricht die Beklagte[1050] *ein größeres Selbstbewußtsein durch ein frischeres, vitaleres und jüngeres Aussehen. Gleichzeitig spielt sie die mit jedem körperlichen Eingriff einhergehende Gesundheitsgefahr herunter, verdrängt diese. Die Operation wird zum gesellschaftlichen Ereignis zusammen mit Freunden:*

„Bringen Sie zur geplanten Behandlung oder Operation noch zwei Freundinnen, Freunde, Bekannte, Verwandte ... mit".

1049 LG Frankfurt/Oder, Urt. v. 24.7.2003 – 32 O 43/03 –.

1050 Die Beklagte ist das „Schönheitszentrum", welches von der Ehefrau des behandelnden Arztes geführt wurde.

In ihrer Entschließungsfreiheit sind die Interessenten zeitlich bedrängt. Das Angebot der Beklagten erfordert eine rasche Entscheidung. Volle Rabatte enthält nur, wer bis Ende Mai noch zwei weitere Personen zu einer Behandlung/Operation veranlasst. Auf die medizinische Notwendigkeit der Behandlung oder die mit ihr einhergehenden Gefahren kommt es nicht mehr an. Die Gesundheit wird gleich einem Saisonartikel kommerzialisiert, rabattiert und unterliegt nur noch dem Gewinnstreben.

Das ausgesprochene Werbeverbot greift nicht in unzulässiger Weise in die durch Art. 12 Abs. 1 GG geschützte Berufsfreiheit der Beklagten ein. Das Gericht hat im Einzelfall unter Abwägung des Grundrechts auf Berufsausübungsfreiheit im Verhältnis zur Sicherung der Gesundheit die Grenze zwischen erlaubten und verbotenen Handlungsformen zu ziehen. Diese Güterabwägung führt vorliegend zu dem ausgesprochenen Werbeverbot.

Das Gewinnstreben der Beklagten im Rahmen ihrer Berufsausübung muss gegenüber einer unsachlichen Beeinflussung der angesprochenen Verkehrskreise in der Entscheidung über ihre körperliche Unversehrtheit zurücktreten.

Der Schutz der Gesundheit hat in diesem Falle Vorrang vor der Berufsausübungsfreiheit der Beklagten.

Stellungnahme

Dieses Urteil ist richtig. Auch Schönheitsbehandlungen stellen medizinische Eingriffe dar, die erhebliche gesundheitliche Risiken nach sich ziehen können. Es ist sittenwidrig, aus rein kommerziellen Interessen des Schönheitsarztes mit Rabatten zu locken, die zugleich den Anschein erwecken, dass es sich bei Schönheitsoperationen um „ungefährliche Produkte“ handle, die mal eben „als Schnäppchen“ mitgenommen werden können. Wer als Arzt oder Klinik mit solchen Methoden zum kollektiven Fettabsaugen oder Brustvergrößern auffordert, der verkörpert genau denjenigen „Verkäufer“, vor dem nach Ansicht des Bundesverfassungsgerichtes die Patienten mittels entsprechender Werbeverbote zu schützen sind:

Verboten sind neben irreführender Werbung insbesondere aufdringliche Werbemethoden, die Ausdruck eines rein geschäftsmäßigen, ausschließlich am Gewinn orientierten Verhaltens sind.

Das Bundesverfassungsgericht 2000 [1051]

[1051] BVerfG, Beschl. v. 17.4.2000 – 1 BvR 721/99 – www.bverfg.de.
Vgl. zur berufswidrigen Kommerzialisierung des Arztberufes Kapitel 5.2.3, S. 58 ff.
Vgl. zur Schönheitsmedizin und Werbung auch Kapitel 11, S. 307 ff.

10.5.3.2 Berufswidrige Werbung einer Dialysepraxis für Ferienwohnungen

Urteil

Eine Dialysepraxis darf sich zwar in einer Zeitungsanzeige auch an Urlaubsgäste wenden, die einer entsprechenden Behandlung bedürfen. Es ist jedoch berufswidrig, diesen potentiellen Dialyse-Patienten zugleich Ferienwohnungen zu Sonderkonditionen anzubieten. Die Werbung für Ferienwohnungen, die im Eigentum des behandelnden Arztes stehen, weist nicht mehr auf ärztliche Leistungen hin, sondern auf solche, die sich die Patienten auch anderweitig beschaffen können. Mit der Vermietung der Ferienwohnung werden somit rein kommerzielle, nicht ärztliche Interessen verfolgt.

Oberlandesgericht Rostock 2002 [1052]

10.5.4 Berufswidrige Ausnutzung von Vertrauen und Autorität

Bestimmten Personen wird aufgrund ihres Berufes und einer hierdurch angenommenen Autorität ein **besonderes Vertrauen** entgegen gebracht. Das Publikum erwartet von ihnen eine **unabhängige objektive Stellungnahme** und **Beratung**. Zu diesem Personenkreis zählen bislang noch die Freiberufler, vor allem **Ärzte** oder **Rechtsanwälte**. Dies ist maßgeblich zurückzuführen auf das besondere **Vertrauensverhältnis** zwischen dem Auftraggeber und dem Dienstleister.[1053]

Nutzt der Berufsangehörige diesen besonderen **Vertrauensvorsprung**, über den andere Unternehmer nicht verfügen, für sich **übermäßig aus**, liegt hierin ein **Wettbewerbsverstoß**.[1054] Denn der **Grundsatz des fairen Leistungswettbewerbs** verbietet es, dass ein Berufsangehöriger mit dem seinem Berufsstand entgegengebrachten Vertrauen „hausieren" geht, jedenfalls soweit es sich um Angelegenheiten außerhalb seiner eigenen Kompetenz handelt.

Die beiden nachfolgenden Urteile stellen anschaulich die berufs- und wettbewerbswidrige Werbung durch Ausnutzung des dem Arzt entgegengebrachten **Vertrauens** dar:

1052 OLG Rostock, Urt. v. 6.2.2002 - 2 U 33/01 –.

1053 Vgl. hierzu Kapitel 6.1.1, S. 65 ff.

1054 *Baumbach/Hefermehl,* § 1 UWG Rn. 189; ebenso *Schulte* S. 161.

10.5.4.1 Einsatz der ärztlichen Autorität gegen Krankenkasse

Urteil

Es ist sittenwidrig, wenn Ärzte auf einem Plakat im Wartezimmer ihre Patienten unverblümt auffordern, in eine andere Krankenkasse zu wechseln, weil eine bestimmte Krankenkasse angeblich nicht leistungsbereit sei.

Oberlandesgericht München 2001 [1055]

Sachverhalt

Der Sachverhalt dieser Entscheidung ist in Kapitel 10.4.5.4, S. 263 ausführlich dargestellt.

Aus den Urteilsgründen

Mit der unverblümten Aufforderung „Nehmen Sie eines der auf dem Tisch liegenden Formulare und gehen Sie zu einer meiner Mitarbeiterinnen, damit Sie sofort ohne weiteres Mitglied in einer leistungsbereiteren Krankenkasse werden", wiederholen die Ärzte die pauschale Abwertung und lassen keinen Zweifel daran, was sie mit der Aktion darüber hinaus bezwecken. Diese in keiner Weise sachlich begründete, aber mit allem Nachdruck und mit der Autorität des Arztes ausgesprochene Empfehlung ist unter den vorliegenden Umständen gleichfalls als Verstoß gegen die guten Sitten gem. § 1 UWG zu beurteilen.

Stellungnahme

Es kann nicht hingenommen werden, dass Ärzte ihr Wartezimmer und ihre Patienten dazu instrumentalisieren, mit unrichtigen Behauptungen sowie unter gleichzeitiger Ausnutzung der ärztlichen Autorität ihren eigenen Vorteil vergrößern. Denn es ist davon auszugehen, dass sich selbst ein informierter Patient mit den Zahlungsmodalitäten der verschiedenen Krankenkassen nicht auskennt und folglich der Aussage seines Arztes in besonderem Maße vertrauen wird.

[1055] OLG München, Urt. v. 11.1.2001 – 29 U 5555/00 – GRUR 2001, S. 762.

10.5.4.2 Unzulässige Fremdwerbung durch Arzt

Urteil

Werbespots im Wartezimmer einer Arztpraxis für umliegende Gewerbetreibende durch Fernsehbildschirme sind berufswidrig. Damit verstösst der Arzt gegen die Verpflichtung, seinen Beruf gewissenhaft auszuüben und dem im Zusammenhang mit dem Beruf entgegengebrachten Vertrauen zu entsprechen.

Verwaltungsgericht Münster 1998 [1056]

Sachverhalt

Ein niedergelassener Internist wollte über ein sog. „**virtuelles Wartezimmer-Informationssystem**" nicht nur – was unbestritten zulässig ist – allgemeine Gesundheits- und Praxisinformationen geben (z.B. Informationen zum Normalgewicht, zur Ernährung, Impfinformationen sowie Vorstellung des Praxisteams, Mitteilung von Vertretungen, Urlaubszeiten, Hilfe bei der Parkplatzsuche, Beschreibung bestimmter Untersuchungsmethoden).
Er wollte darüber hinaus **Werbespots für in der Nähe der Praxis liegende Gewerbetreibende einblenden**. Diese dienten u.a. zur Finanzierung des Projektes. Das Verwaltungsgericht[1057] erklärte die geplante Werbung für unvereinbar mit dem ärztlichen Berufsrecht.

Aus den Urteilsgründen

Dem Arzt obliegt eine in der gewerblichen Wirtschaft unübliche Verantwortung und Fürsorge gegenüber seinen Patienten, da diese aufgrund mangelnder eigener Fachkunde regelmäßig nicht in der Lage sind, Entscheidungen und Empfehlungen ihres Arztes in Frage zu stellen.

Sie sind folglich darauf angewiesen, ihrem Arzt ein großes Maß an Vertrauen entgegenzubringen. Hiermit korrespondierend verpflichtet die Berufsordnung den Arzt, dem ihm im Zusammenhang mit dem Beruf entgegengebrachten Vertrauen zu

---

[1056] VG Münster, Urt. v. 20.5.1998 – 6 K 3821/97 – MedR 1999, S. 146 (rechtskräftig).

[1057] Das Verwaltungsgericht wurde zuständig, weil der Arzt vor der Realisierung dieser Maßnahme die Erlaubnis der zuständigen Ärztekammer einholen wollte. Diese hielt die geplante Werbung für Dritte mit dem ärztlichen Berufsrecht für unvereinbar. Daher erhob der Arzt Klage beim Verwaltungsgericht auf Feststellung der Zulässigkeit der geplanten Maßnahme. Zu konzedieren ist hierbei, dass der **Arzt** die Frage der Zulässigkeit dieser Werbeform **zuvor** gerichtlich **klären** liess und das überzeugende **Urteil** des Verwaltungsgerichts durch Nichteinlegung einer Berufung angenommen und damit **akzeptiert** hat.

entsprechen. Ausgehend von diesem Berufsbild ist es dem Arzt untersagt, sein Handeln nach Gebräuchen einzurichten, die in der auf Gewinnerzielung ausgerichteten gewerblichen Wirtschaft üblich sind und die die Gefahr in sich bergen, dass das dem Arzt von seinen Patienten entgegengebrachte Vertrauen missbraucht wird, indem diese Objekte ärztlichen Gewinnstrebens werden. Dies ist indes bei der beabsichtigten Werbung der Fall, denn der Arzt macht sich das ihm von seinen Patienten entgegengebrachte Vertrauen zunutze und missbraucht es für kommerzielle Zwecke. In weiten Teilen der Bevölkerung ist auch heute noch das dem Arzt entgegengebrachte Vertrauen nicht auf die medizinische Behandlung beschränkt.

Die Vorstellung, ein Arzt „kenne sich aus" und „wisse, was gut ist", wird vielfach undifferenziert auf andere Lebensbereiche übertragen und gerade von Kranken, die besonders empfänglich und beeinflussbar sind, häufig ebenso wenig wie die Fachkompetenz in Frage gestellt.

Aus diesem Grund ist es naheliegend, dass bei einer Vielzahl von Patienten der Eindruck entsteht, der Arzt stehe mit seiner Fachkunde hinter den angepriesenen Produkten und heiße diese gut, werbe folglich für sie. Dieser Eindruck drängt sich förmlich auf, da nicht davon auszugehen ist, dass ein Arzt in seinen Räumlichkeiten Werbung für Produkte und Dienstleistungen gestattet, die er nicht gutheißt. Er wird auch nicht ausgeräumt durch den Hinweis am Ende „Der Arzt zeichnet sich nicht verantwortlich für den Inhalt der jeweiligen Werbung".[1058]

[1058] Das Gericht führt weiter zutreffend aus, dass sich diese Werbung in wesentlicher Hinsicht von der Werbung in den Printmedien unterscheide, die in Wartezimmern ausliegen. Werbung in Zeitschriften sei dadurch gekennzeichnet, dass sie eine unbegrenzte Vielzahl von Personen anspreche und eine Vielzahl von Produkten betreffe. Auf Art, Auswahl und Inhalt derartiger Werbung habe ein Arzt keinen Einfluss. Mithin sei es für den Patienten offensichtlich, dass es nicht der Arzt sei, der zum Kauf der angepriesenen Produkte aufrufe, wenn er die Zeitschriften auslege. Darüber hinaus sei zu berücksichtigen, dass sich die Patienten der geplanten Werbung des Arztes nicht entziehen könnten und der Arzt – anders als bei Auslegung von Printmedien, für die er eine Vergütung zu zahlen hat – bei der von ihm beabsichtigten Werbung selbst eine Vergütung erhalte. Dass der Arzt diese Vergütung wieder zur Finanzierung der Gesundheits- und Praxisinformationen verwenden wolle, sei in diesem Zusammenhang unerheblich. Die Vergütung zeige schliesslich, dass sich die Hersteller der angepriesenen Produkte eine Absatzsteigerung dadurch versprechen, dass in Praxisräumen unter Ausnutzung des „good will" des Arztes geworben werde.

10.5.4.3 Arzt und Industrie

Das Standesrecht sieht ein Werbeverbot für gewerbliche Dritte, die nicht zugleich im Gesundheitsmarkt tätig sind, nicht explizit vor. Die Musterberufsordnung enthält jedoch in §§ 33 und 34 MBO Regelungen über den Umgang des Arztes mit der Industrie und hinsichtlich der Verordnung, Empfehlung und Begutachtung von Arznei-, Heil- und Hilfsmitteln:

§ 33 MBO: Arzt und Industrie

Soweit Ärzte Leistungen für die Hersteller von Arznei-, Heil-, Hilfsmitteln oder medizinisch-technischen Geräten erbringen (zum Beispiel bei der Entwicklung, Erprobung und Begutachtung), muss die hierfür bestimmte Vergütung der erbrachten Leistung entsprechen. Die Annahme von Werbegaben oder von Vorteilen für den Besuch von Informationsveranstaltungen der Hersteller ist untersagt, sofern der Wert nicht geringfügig ist. Dasselbe gilt für die Annahme unzulässiger Vorteile von Herstellern oder Händlern aus dem Bezug der in Satz 1 genannten Produkte.

§ 34 MBO: Verordnungen, Empfehlungen und Begutachtung von Arznei-, Heil- und Hilfsmitteln

1. Dem Arzt ist es nicht gestattet, für die Verordnung von Arznei-, Heil- und Hilfsmitteln von dem Hersteller oder Händler eine Vergütung oder sonstige wirtschaftliche Vergünstigungen zu fordern oder anzunehmen.
2. Der Arzt darf Ärztemuster nicht gegen Entgelt weitergeben.
3. Dem Arzt ist es nicht gestattet, über Arznei-, Heil- und Hilfsmittel, Körperpflegemittel oder ähnliche Waren Werbevorträge zu halten oder zu Werbung bestimmte Gutachten zu erstellen.
4. Der Arzt darf einer missbräuchlichen Anwendung seiner Verschreibung keinen Vorschub leisten.
5. Dem Arzt ist nicht gestattet, Patienten ohne hinreichenden Grund an bestimmte Apotheken, Geschäfte oder Anbieter von gesundheitlichen Leistungen zu verweisen.

Ist dem Arzt also **schon** die **Werbung für die Gesundheitsindustrie** standesrechtlich ausdrücklich **untersagt**, so darf er **erst recht** nicht für sonstige **gewerbliche Unternehmen** werben, die nichts mit der Gesundheitsbranche zu tun haben. Diese Folgerung ist immer dann richtig, wenn es dem Arzt weder um die Gesundheitsinteressen der Patienten noch um die zulässige Information über seine eigenen Leistungen geht. Darin liegt ein erheblicher Unterschied zum Werberecht für die eigene ärztliche Berufstätigkeit.[1059]

Verboten sind neben irreführender Werbung insbesondere aufdringliche Werbemethoden, die Ausdruck eines rein geschäftsmäßigen, ausschließlich am Gewinn orientierten Verhaltens sind.[1060]

10.5.5 Gefühlsbetonte Werbung

10.5.5.1 Grundlagen

Die Fallgruppe der unzulässigen **gefühlsbetonten Werbung** beruht auf dem Gedanken, dass Gefühle des Kunden wie **Mitleid**, **Hilfsbereitschaft** oder **soziale Verantwortung** nicht in einer Weise **ausgenutzt** werden sollen, die dem Leitbild des Wettbewerbs widersprechen und dazu führen können, den Kunden **irrezuführen** oder **unsachlich zu beeinflussen.**[1061] Diese Fallgruppe ist nicht eindeutig eingegrenzt, sondern bei der konkreten Rechtsanwendung in hohem Maße auf **wertende Einschätzungen** und **Prognosen** der Folgen einer solchen Werbung angewiesen.[1062]

Eine unzulässige gefühlsbetonte Werbung liegt vor, wenn das Gebot sachlicher Auseinandersetzung verletzt ist. Denn es soll insbesondere gewährleistet werden, dass der Verbraucher durch sachbezogene Werbung wahrheitsgemäß aufgeklärt und bei ihm kein unrichtiger Gesamteindruck hervorgerufen wird.

Das Bundesverfassungsgericht 2002 [1063]

Nach aktueller Rechtsprechung des Bundesverfassungsgerichts muss die angegriffene Werbeaussage – jedenfalls bei der gewerblichen Werbung – sorgfältig ausgelegt und am Maßstab der freien Meinungsäußerung gemessen werden, bevor eine

1059 Auch nach Nr. 3.3.4 Auslegungsgrundsätze BÄK zu §§ 27 ff. MBO vom 10.9.2002 ist die produktbezogene Werbung durch oder für Dritte im ärztlichen Wartezimmer verboten.

1060 BVerfG, Beschl. v. 17.4.2000 – 1 BvR 721/99 – www.bverfg.de.

1061 *Baumbach/Hefermehl*, § 1 UWG Rn. 185 ff.

1062 BVerfG, Beschl. v. 6.2.2002 – 1 BvR 952/90 – www.bverfg.de.

1063 BVerfG, Beschl. v. 6.2.2002 – 1 BvR 952/90 – www.bverfg.de; *Baumbach/Hefermehl*, § 1 UWG Rn. 185 ff.

Sittenwidrigkeit und hierdurch entstehende Gefährdung des Wettbewerbs behauptet wird. Die Marktteilnehmer sind heute üblicherweise einer **Vielzahl von suggestiven Werbeeinflüssen** ausgesetzt, ohne dass in diesen eine entsprechende Gefährdung gesehen wird. Ein Großteil heutiger Werbung ist gerade durch das Bestreben gekennzeichnet, durch gefühlsbetonte Motive Aufmerksamkeit zu erregen und **Sympathie zu gewinnen**. Insbesondere in der **Imagewerbung**, aber auch in der Produktwerbung ist dies eine weithin geübte Praxis:

> *„So muss jedenfalls im Bereich der* ***gewerblichen*** *Werbung*[1064] *nachvollziehbar dargelegt werden, warum die konkret angegriffene gefühlsbetonte Werbung die Grenzen des rechtlich Zulässigen überschreitet, wohingegen es im Leistungswettbewerb als unbedenklich gilt, etwa den „Glanz gesellschaftlicher Prominenz" oder das Versprechen sportlicher Anerkennung als Kaufanreiz für bestimmte Produkte zu nutzen."*[1065]

Sofern ohne jegliche Irreführung bei der Werbung beispielsweise auch Motive des **sozialen Engagements** angesprochen werden,[1066] stellt dies noch **keine Gefährdung des Leistungswettbewerbs** dar. Der Kaufinteressent kann frei entscheiden, ob er sich durch dieses Motiv zum Kauf anregen lassen will.

Den Bürgern steht es gemäß Art. 2 Abs. 1 GG frei,
auf Grund welcher Motive sie am rechtsgeschäftlichen Verkehr teilhaben.

Das Bundesverfassungsgericht 2002 [1067]

Die Beurteilung einer **gewerblichen** Werbeaussage als sittenwidrig bedarf folglich einer besonderen Begründung, wenn die Anbieter der Leistungen sich nicht nur auf Angaben zu Preis und Qualität beziehen, sondern durch weitere Informationen zum Kauf motivieren wollen.[1068] Nur wenn die gefühlsbetonte Werbeaussage eine wesentliche Gefährdung des Leistungswettbewerbs darstellt, ist das Verbot dieser Werbung und die damit einhergehende Einschränkung der Meinungsfreiheit gerechtfertigt.[1069]

1064 Hervorhebung durch die *Verfasserin.*

1065 BVerfG, Beschl. v. 6.2.2002 – 1 BvR 952/90 – www.bverfg.de.

1066 Hier: Werbung für *„tierfreundliche Mode"*, vgl. Fn. 1054.

1067 BVerfG, Beschl. v. 6.2.2002 – 1 BvR 952/90 – www.bverfg.de.

1068 Insofern reicht auch nicht die Festellung, dass die streitige Werbung vom Verbraucher als anstößig empfunden werde (vgl. etwa die Benetton-Werbung), ohne diese Aussage auf Anhaltspunkte einer dadurch bewirkten tatsächlichen Gefährdung des Leistungswettbewerbs aufzubauen, BVerfG, Beschl. v. 6.2.2002 -1 BvR 952/90 –.

1069 Vgl. grundlegend zu Bedeutung und Schutzbereich der Meinungsfreiheit bei gewerblichen Werbemaßnahmen die Grundsatzentscheidung BVerfG, Urt. v. 12.12.2000 – 1 BvR 1762/95 – (Benetton-Werbung) www.bverfg.de; diese Rechtsprechung weiterführend BVerfG, Beschl. v. 6.2.2002 – 1 BvR 952/90 – (Werbung durch Augenoptikunternehmen und Werbung für „tierfreundliche Mode"); BVerfG, Beschl. v. 7.11.2002 – 1 BvR 580/02 (Anwaltsliste durch Verlag), jeweils www.bverfg.de; BVerfG, Beschl. v. 19.11.1985 – 1 BvR 934/82 – MedR 1986, S. 128.

10.5.5.2 Die Besonderheiten der Gesundheitswerbung

Für den **Bereich der Gesundheitswerbung** werden unter Umständen **strengere Maßstäbe** anzulegen sein. Sofern die gefühlsbetonte Werbung zugleich negative Gefühle wie **Angst**, **Sorge um die Gesundheit** oder **Selbstvorwürfe** auslösen kann, muss die Werbung unter dem Aspekt einer möglichen **Verunsicherung der Patienten** sowie angesichts der Verbote des HWG **kritisch geprüft** werden. Das Bundesverfassungsgericht hatte die strenge und sorgfältige Abwägung mit der Meinungsfreiheit ausdrücklich auf die gewerbliche Werbung bezogen – nicht auch auf die Freiberufler- und Gesundheitswerbung.[1070]

Die **freiberufliche** Werbung unterliegt angesichts der spezifischen Verantwortung der Freiberufler[1071] strengeren Kriterien als die gewerbliche Werbung. Allerdings kommt es stets auf die Beurteilung im konkreten Einzelfall an.

> Wo die sachliche Information aufhört und die Werbung beginnt, ist nur aufgrund einer Gesamtwürdigung von Anlass und Inhalt des konkreten Berichts feststellbar.[1072]

10.5.6 Berufswidrige Werbung nach den Auslegungsgrundsätzen der Bundesärztekammer

Die Auslegungsgrundsätze der Bundesärztekammer zu §§ 27 ff. MBO vom 10.9.2002 sehen die folgenden Handlungen als berufswidrige Werbung an:[1073]

- das Auslegen von Hinweisen auf die eigene Tätigkeit / Praxis bei anderen Leistungserbringern im Gesundheitswesen (z.B. in Apotheken, Fitness- und Wellnesseinrichtungen, Massagepraxen);[1074]
- eigene Zeitungsbeilagen;[1075]
- das Inverkehrbringen von auf die ärztliche Tätigkeit hinweisenden Gegenständen außerhalb der Praxis (z.B. Kugelschreiber, T-Shirt, Kalender, Telefonaufkleber);[1076]

1070 Vgl. vorhergehendes Kapitel 10.5.5.1, S. 281.
1071 Vgl. hierzu Kapitel 6.1.1, S. 65 ff.
1072 Ständige Rechtsprechung, vgl. *Baumbach/Hefermehl*, § 1 UWG Rn. 35 m.w.N.
1073 Nr. 3.3.4 Auslegungsgrundsätze BÄK zu §§ 27 ff. MBO vom 10.9.2002.
1074 Vgl. hierzu die **gegenteilige Auffassung** der *Autorin* unter Kapitel 8.3.2, S. 130 ff.
1075 Vgl. hierzu Kapitel 8.2, S. 123.
1076 Dieses Verbot ist mit der aktuellen Rechtsprechung kaum vereinbar.
Demgegenüber sei die Abgabe von Kugelschreibern und sonstigen Mitgaben von geringem Wert (z.B. Kalendern mit Namens-/ Praxisaufdruck, Plastikhüllen für Chipkarten) innerhalb der Arztpraxis gestattet.

- produktbezogene Werbung durch/für Dritte im Wartezimmer;[1077]
- das Bezeichnen seiner Praxis z.B. als Institut, Tagesklinik, Ärztehaus/Gesundheitszentrum, Praxis für Venenverödung, Partner des Olympiastützpunktes X oder ähnliche Bezeichnungen;[1078]
- Sonderangebote;[1079]
- das Herausstellen einzelner Leistungen mit und ohne Preis außerhalb der Praxis.

1077 Vgl. hierzu Kapitel 10.5.4.2, S. 278.
1078 Vgl. hierzu Kapitel 10.2.4, S. 232 ff.
1079 Vgl. hierzu Kapitel 10.5.3.1, S. 274.

10.6 Die Werbeverbote des Heilmittelwerbegesetzes

10.6.1 Grundlagen

Beschränkungen der ärztlichen Werbefreiheit ergeben sich für Ärzte seit der Aufhebung des strengen Werbeverbotes maßgeblich aus dem Heilmittelwerbegesetz (HWG).[1080] Das HWG regelt die Werbung für Heilmittel.

Heilmittel sind Arzneimittel, Medizinprodukte,[1081] Verfahren, Behandlungen, Gegenstände oder bestimmte kosmetische Mittel.[1082]

Das Heilmittelwerbegesetz geht aufgrund der rechtlichen Systematik als **Bundesgesetz** dem berufsrechtlichen Satzungsrecht der Landesärztekammern vor (Art. 31 GG) und **beschränkt** daher die ärztliche Berufs- und Informationsfreiheit in **legitimer Weise**. Die Verbote des Heilmittelwerbegesetzes sind erstmalig implizit in der ärztlichen Musterberufsordnung enthalten, indem es heißt: *„Werbeverbote aufgrund anderer gesetzlicher Bestimmungen bleiben unberührt."*[1083]

Ein Verstoß gegen die Verbote des HWG stellt immer zugleich einen Verstoß gegen das standesrechtliche Verbot der berufswidrigen Werbung dar.[1084]

Das Heilmittelwerbegesetz findet zwar vornehmlich Anwendung auf die Werbung für Arzneimittel i.S.d. Arzneimittelgesetzes (AMG) und wendet sich daher vor allem an die Hersteller von Arzneimitteln.[1085] Wollen hingegen **Ärzte, Kliniken, Institute** oder sonstige **Dritte** für bestimmte Heilmittel werben – insbesondere für **medizinische Behandlungen** und **Verfahren**, die von ihnen angewendet oder empfohlen werden – so unterliegen sie ebenfalls den Vorschriften des Heilmittelwerbegesetzes, § 1 HWG.

Ärzte und Kliniken unterliegen dem HWG, sofern sie auf ein Heilmittel verweisen wollen.

1080 Gesetz über die Werbung auf dem Gebiete des Heilwesens (Heilmittelwerbegesetz) in der Fassung der Bekanntmachung vom 19. Oktober 1994 (BGBl. I, 3068), zuletzt geändert durch Art. 2 des Gesetzes vom 13.12.2001 (BGBl. I, 3586) in Umsetzung der Richtlinie 55/97/EG und der Richtlinie 28/92/EG.

1081 Im Sinne des § 3 des Medizinproduktegesetzes (in das HWG neu eingeführt durch die letzte Gesetzesänderung), vgl. Fußnote 1080.
Zur Werbung für Medizinprodukte vgl. Kapitel 8.10.4, S. 189.

1082 § 1 Abs. 1 und 2 HWG.

1083 § 27 Abs. 3 S. 2 MBO 2002.

1084 § 27 Abs. 3 S. 1 i.V.m. § 27 Abs. 3 S. 3 MBO.

1085 Zum Werbekodex der Pharmaindustrie v. 23.2.1999, vgl. *Doepner*, Anhang X.

10.6.2 Sinn und Zweck des HWG

Das Heilmittelwerbegesetz soll vor allem die **Gesundheit der Verbraucher** und die **Gesundheitsinteressen der Allgemeinheit schützen**:

> Die Endverbraucher besitzen als medizinische und pharmakologische Laien in der Regel nicht die notwendige Sachkenntnis, um die Behauptungen der Werbeaussagen über bestimmte Eigenschaften eines Heilmittels zu beurteilen.[1086]

Hinzu kommt, dass sich viele der **erkrankten Menschen** sowie deren **Angehörige** in einer **psychischen Notlage** befinden und deshalb, aber auch wegen des hochgradigen Interesses an der Erhaltung der Gesundheit, häufig geneigt sind, **Werbeaussagen auf dem Gebiet des Heilwesens** geradezu **blindlings zu vertrauen**; diese Menschen werden daher besonders leicht **Opfer** einer **unsachlichen** oder **irreführenden Heilmittel-Werbung**, sei es aus Angst oder übertriebener Vorsicht, sei es aus Gläubigkeit oder verzweifelter Hoffnung.[1087]

> Das Heilmittelwerbegesetz will eine unlautere Ausnutzung der medizinischen Unkenntnis und der psychischen Notlage der Patienten verhindern.

Das **Heilmittelwerbegesetz** ist – ebenso wie die **Bezugnahme** hierauf in den ärztlichen Berufsordnungen – **verfassungsrechtlich** grundsätzlich **unbedenklich**, denn die Verbote des HWG sind ersichtlich geeignet und auch erforderlich, dem Schutz der Patienten und damit einem wichtigen Gemeinwohlbelang zu dienen.[1088]

1086 *Doepner*, § 12 HWG Rn. 37 m.w.N.

1087 Amtliche Begründung, s. *Doepner*, Einl. Rn. 39.
Das Heilmittelwerbegesetz bezweckt ferner einen Schutz vor wirtschaftlicher Übervorteilung der Abnehmerschaft, d.h. vor allem der privaten Verbraucher.

1088 BVerfGE 94, S. 372 ff. (391), vgl. hierzu auch Kapitel 9.3.2, S. 210 ff.
Durch eine Freigabe der Werbung für sämtliche Krankenanstalten würde die Berater- bzw. Überweisungsfunktion des Facharztes oder Hausarztes, der im persönlichen Kontakt zu dem Patienten steht und dessen Krankengeschichte kennt, ausgehöhlt. Der schwer erkrankte Patient oder dessen Angehörige, die sich normalerweise an den Arzt ihres Vertrauens zwecks Beratung und Überweisung wenden, wären unter solchen Umständen viel eher geneigt, sich selbst der Auswahl der nach ihrem Laienverständnis angezeigten, sich besonders wohlfeil anbietenden Krankenanstalten zuzuwenden. Der häufig in medizinischen Fragen wenig informierte Laie ist aber regelmäßig überfordert, wenn es um die zweckmäßige Auswahl einer für ihn in Betracht kommenden Krankenanstalt geht. Umso größer ist die Gefahr, dass **Unwissenheit** und **mangelnde Erfahrung**, Gut- bzw. **Leichtgläubigkeit**, **ausgeprägte Angst** und **blinder Glaube an die Autorität** der medizinischen Wissenschaft werblich ausgebeutet werden, vgl. hierzu weitergehend *Doepner*, § 12 HWG Rn. 37 m.w.N.

10.6.3 Werbebegriff des HWG

Als Werbung im Sinne des Heilmittelwerbegesetzes gelten alle informationsvermittelnden und meinungsbildenden Aussagen, die darauf abzielen, die Aufmerksamkeit der Adressaten zu erwecken und deren Entschlüsse mit dem **Ziel** der **Förderung des Absatzes von Waren und Leistungen** zu beeinflussen.[1089] Diese Absatzwerbung umfasst nicht nur die Anpreisung als eine besonders eindringliche Art der wertenden Werbung, sondern **ebenso** eine nüchterne, **objektiv gehaltene Sachinformation.**

Damit fällt auch der sachliche Hinweis auf das verwendete Medikament oder die angewandte Behandlungsmethode auf der Homepage oder der Praxisbroschüre unter den Werbebegriff des HWG. Ein derart weitgefasster Werbebegriff entspricht dem allgemeinen **Schutzzweck** des Heilmittelwerberechts.[1090] Erforderlich ist in subjektiver Hinsicht allerdings die **Absicht** der eigenen oder fremden **Absatzförderung.**[1091]

Eine rechtlich revelante Werbung für Heilmittel können alle natürlichen und juristischen Personen betreiben, die an der Verbreitung einer Werbeaussage beteiligt sind, gleichgültig, ob dies im eigenen oder im fremden Interesse geschieht.[1092]

10.6.4 Adressaten des HWG

Hinsichtlich der Zulässigkeit von Werbemaßnahmen **unterscheidet** das Heilmittelwerbegesetz zwischen der Werbung **innerhalb** und **außerhalb** der **Fachkreise**. Fachkreise sind Angehörige der Heilberufe oder des Heilgewerbes, Einrichtungen, die der Gesundheit dienen oder sonstige Personen, die erlaubterweise mit Arzneimitteln, Medizinprodukten, Verfahren, Behandlungen, Gegenständen oder anderen Mitteln erlaubterweise Handel treiben oder sie in Ausübung ihres Berufes anwenden, § 2 HWG.[1093]

Die **Werbung außerhalb der Fachkreise,** also die an Verbraucher und Patienten gerichtete Öffentlichkeitswerbung, wird auch **Laienwerbung** oder **Publikumswerbung** genannt.

1089 *Doepner*, § 1 HWG Rn. 11 m.w.N. Nicht unter den Werbebegriff des HWG fällt demgegenüber die reine Unternehmenswerbung, vgl. *Doepner*, § 1 HWG Rn. 12. Zum Werbebegriff vgl. auch Kapitel 2.1, S. 5 ff.

1090 *Doepner*, § 1 HWG Rn. 12 m.w.N.

1091 BGH, Urt. v. 27.4.1995 – I ZR 116/93 – GRUR 1995, S. 612 (Sauerstoff-Mehrschritt-Therapie); *Doepner*, § 1 HWG Rn. 12 m.w.N. Verneint beispielsweise durch OLG Koblenz, Urt. v. 7.5.2002 – 4 U 1902/01, vgl. hierzu Kapitel 10.6.7, S. 292.

1092 *Doepner*, § 1 HWG Rn. 13 m.w.N.

1093 Vgl. hierzu weiter *Doepner*, § 2 HWG.

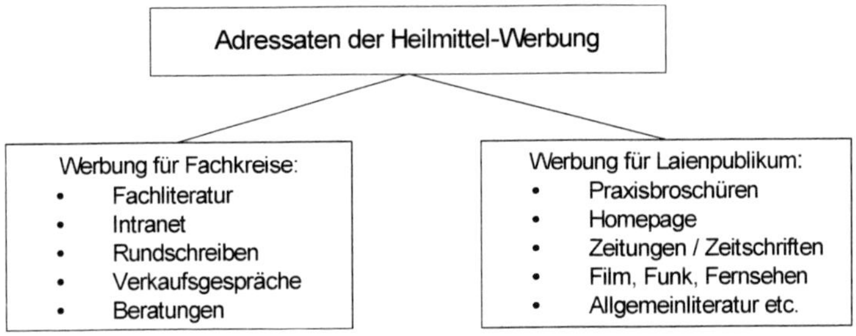

Im Gegensatz zur Werbung gegenüber dem Fachpublikum unterliegt die Heilmittelwerbung gegenüber dem Laienpublikum vielfältigen Beschränkungen.

10.6.5 Die maßgeblichen Werbeverbote des HWG – Überblick

Das HWG enthält in **thematischer Hinsicht** vor allem die folgenden – für Ärzte und Kliniken relevanten – Werbeverbote: Das grundsätzliche Verbot der Irreführung (unabhängig vom Adressatenkreis) sowie gegenüber dem Laienpublikum das Werbeverbot für verschreibungspflichtige Arzneimittel, das Werbeverbot bei schweren Krankheiten oder Leiden und das Werbeverbot mit bestimmten Angaben und Darstellung:[1094]

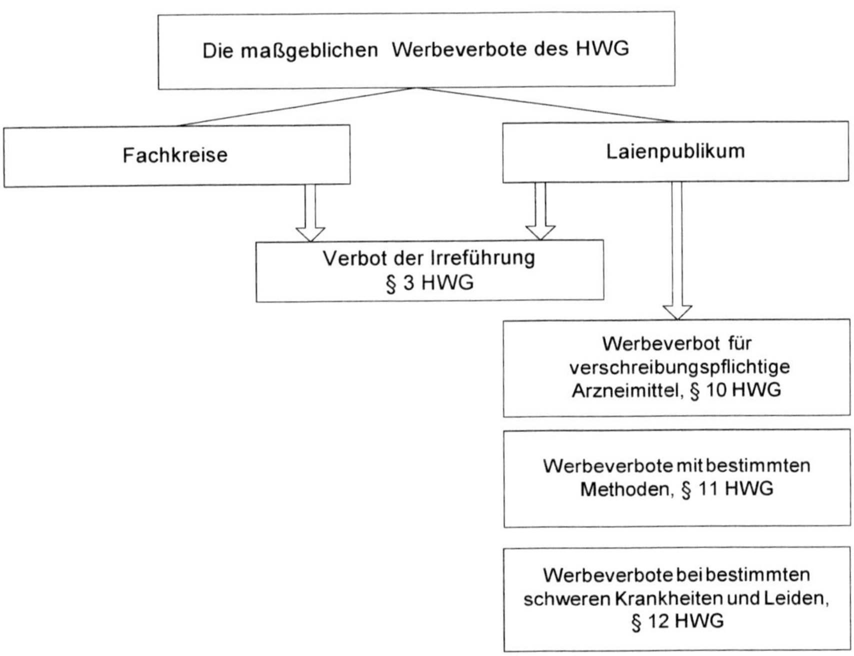

10.6.6 Das Verbot der Irreführung

10.6.6.1 Grundlagen

Irreführende Werbung für Heilmittel ist grundsätzlich verboten.

Das Irreführungsverbot gilt grundsätzlich für jede Heilmittelwerbung, also auch für die an Fachkreise gerichtete Werbung.

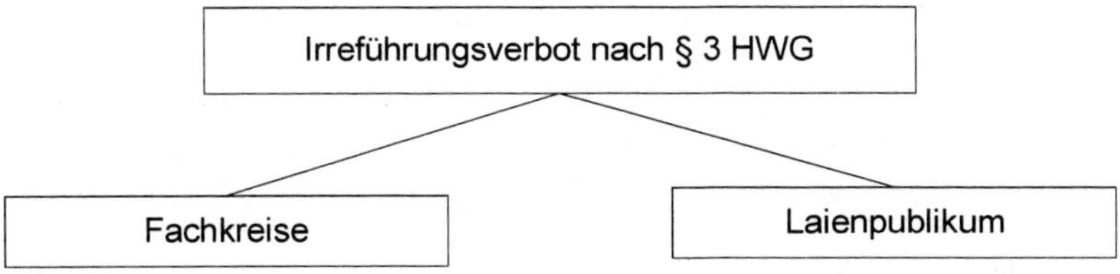

§ 3 HWG enthält in Satz 1 eine Generalklausel und in Satz 2 einen **Beispielkatalog** typischer Irreführungsfälle:

Eine **Irreführung** liegt **insbesondere** dann vor, wenn Arzneimitteln, Medizinprodukten, Verfahren, Behandlungen, Gegenständen oder anderen Mitteln eine **therapeutische Wirksamkeit oder Wirkungen beigelegt** werden, die sie **nicht haben**.[1095]

Es ist ferner irreführend, wenn fälschlich der **Eindruck erweckt** wird, dass ein **Erfolg mit Sicherheit** erwartet werden kann[1096] oder bei bestimmungsgemäßem oder längerem Gebrauch **keine schädlichen Wirkungen eintreten**.

Irreführend sind auch **unwahre Angaben** über die **Zusammensetzung** oder **Beschaffenheit** von Arzneimitteln, Verfahren, Behandlungen, Gegenständen oder über die Art und Weise der Verfahren oder Behandlungen.

Unzulässig sind schließlich **unwahre Angaben** über die **Person**,[1097] Vorbildung, Befähigung oder Erfolge des Herstellers, Erfinders oder der für sie tätigen oder tätig gewesenen Personen.

[1094] Die Aufzählung ist nicht abschließend, da im Rahmen dieses Buches nicht auf alle Verbote des HWG eingegangen werden kann.

[1095] Vgl. hierzu die Urteile in den Kapiteln 10.6.10.1 ff., S. 297 ff.

[1096] Vgl. hierzu die Anzeige „*Krebs ist heilbar*" im nachfolgenden Kapitel 10.6.6.2, S. 290.

[1097] Vgl. hierzu auch Kapitel 10.2.2, S. 221 und Kapitel 10.2.3.3, S. 228.

Wegen des hohen Stellenwerts der Gesundheitsbelange der Allgemeinheit und der Verbraucherschaft ist nach dem Heilmittelwerbegesetz jegliche irreführende Werbung verboten, und zwar innerhalb wie außerhalb der Fachkreise.[1098]

Der Verstoß gegen das Irreführungsverbot des Heilmittelwerbegesetzes ist eine **Straftat** (nicht lediglich eine Ordnungswidrigkeit), die nach § 14 HWG mit einer **Freiheitsstrafe bis zu einem Jahr** oder mit Geldstrafe bestraft werden kann. Es empfiehlt sich daher dringend, den Entwurf der Homepage oder der Praxisbroschüre juristisch überprüfen zu lassen, um derlei Schwierigkeiten im Vorfeld zu vermeiden. Denn im Zweifel kennen weder die Ärzte noch die Werbeagenturen oder Werbeberater die vielfältigen Verbote des Heilmittelwerbegesetzes.

10.6.6.2 „Krebs ist heilbar!" Die irreführende Zeitungsanzeige des Dr. R.

Ein eindrückliches Beispiel irreführender und zugleich sittenwidriger Werbung konnte in der folgenden großformatigen Anzeige gelesen werden:[1099]

> *Wissenschaftlicher Vortrag von Dr. med. M. R. am 7. Februar 2003, Kongresshaus Heidelberg.*
>
> *Neue wissenschaftliche Ergebnisse der natürlichen Krebsforschung*
>
> *„Krebs ist heilbar! Kennen Sie einen Krebspatienten der auf natürliche Weise geheilt wurde? Kennen Sie zwei? Oder drei ...? Wenn nicht – kommen auch Sie zum Vortrag! Sie treffen dort vom Krebs geheilte Menschen.*
>
> *<u>Hirntumor</u> Frau I. ist die erste Patientin in der Geschichte der Medizin, bei der ein Gehirntumor allein durch die Zellular-Medizin völlig verschwunden ist. „Innerhalb von nur 5 Monaten ist mein Gehirntumor vollkommen verschwunden, obwohl die Ärzte mir gesagt haben, es gäbe kaum noch Hoffnung für mich."*
>
> *<u>Osteosarkom</u> Frau B. ist die erste Patientin der Welt, bei der ein Knochentumor auf natürliche Weise geheilt wurde. Auch hier half die Zellular-Medizin von Dr. R.*
>
> *Die Dr. R. Health Foundation steht in der Tradition humanistischen Friedensengagements wie es u.a. von Albert Schweitzer, Linus Pauling und Nelson Mandela verkörpert wird.*

Abgedruckt sind neben den beiden Patientenberichten ferner **Vorher-Nachher-Fotos**, die Gehirn und Knochen jeweils **mit und ohne Tumor** darstellen.

1098 *Doepner*, § 3 HWG Rn. 8.

1099 Rhein-Neckar-Zeitung Heidelberg vom 5. Februar 2003, S. 28. Die Namen wurden von der *Verfasserin* abgekürzt.

Diese Werbung enthält **vielfache Verstöße gegen das Heilmittelwerbegesetz und das Wettbewerbsrecht**:

Dr. R. – ein deutscher Arzt – darf in **Deutschland** für seine Methode überhaupt keine Werbung betreiben: Denn laut Auskunft der Wettbewerbszentrale ist er nicht in Deutschland, sondern in Holland ansässig. § 13 HWG verbietet jedoch die Werbung eines Unternehmens mit Sitz außerhalb Deutschlands, wenn nicht ein Unternehmen oder eine natürliche Person in Deutschland oder einem EU-Mitgliedstaat ausdrücklich damit betraut ist, die sich aus dem HWG ergebenden Pflichten zu übernehmen. Dies ist nicht der Fall, da laut Auskunft der Wettbewerbszentrale sowie der Ärztekammer – Dr. R. ist dort schon seit einiger Zeit bekannt – eine Zustellung in Holland angeblich stets gescheitert ist. Damit greift zugleich das völlige Werbeverbot für Dr. R.; denn eine Verantwortung für die Pflichten aus dem HWG wird offensichtlich abgelehnt.

§ 12 II HWG i.V.m. Anlage zu § 12 **verbietet** ferner jegliche **Publikumswerbung für Geschwulstkrankheiten**, also Tumore. Außerhalb der Fachkreise darf folglich für eine Krebsbehandlung überhaupt nicht geworben werden.

§ 3 HWG verbietet eine **irreführende Werbung**. Diese liegt insbesondere dann vor, wenn einer Behandlung eine therapeutische Wirksamkeit beigelegt wird, die sie nicht hat oder fälschlich der Eindruck erweckt wird, dass **ein Erfolg mit Sicherheit erwartet werden kann** („*Krebs ist heilbar*!“).

Eine Irreführung im Sinne des § 3 HWG liegt auch vor, wenn unwahre oder zur Täuschung geeignete Angaben über die Person, Vorbildung, Befähigung oder Erfolge des Erfinders gemacht werden (die zu Werbezwecken vergleichende Bezugnahme auf *Albert Schweitzer, Linus Pauling* und *Nelson Mandela*).

Die Anzeigenwerbung verstößt ferner gegen § 11 Nr. 3 HWG, wonach außerhalb der Fachkreise für Behandlungen nicht mit der **Wiedergabe von Krankengeschichten** geworben werden darf.[1100]

Schließlich darf bei Krankheiten nicht mit **Vorher-Nachher-Fotos** geworben werden, § 11 Nr. 5 b HWG.

Im übrigen ist diese Art der Werbung ein prägnantes Beispiel für die von der Ärzteschaft und den Gerichten als **berufswidrig** bezeichnete **Kommerzialisierung** des Arztberufes:[1101]

1100 Vgl. hierzu OLG München „Klinik der Hoffnung“ v. 14.10.1999 – 29 U 2352/99 –, welches zu Recht einem Arzt und Klinikbetreiber die Darstellung von Krankengeschichten angeblich unheilbar Krebskranker untersagte. Ebenso OLG Zweibrücken, Urt. v. 13.12.2001 – 4 U 68/01 –.

1101 Vgl. hierzu Kapitel 5.2.3, S. 58 ff.

> Berufswidrig sind neben irreführenden Angaben auch solche, die geeignet erscheinen, das Schutzgut der Volksgesundheit zu beeinträchtigen. Das kann bereits dadurch geschehen, dass Ärzte Kranken aus Gewinnstreben falsche Hoffnungen machen.

Das Bundesverfassungsgericht 2000 [1102]

Diese **Werbung** erlangt damit eine **erhebliche rechtliche** einschließlich **strafrechtliche Relevanz.**[1103] Im übrigen birgt sie die **Gefahr einer Nachahmung** durch andere Ärzte, die im Falle fehlender Sanktion die geltenden Gesetze ebenso grob missachten könnten wie Dr. R.

Es ist nicht bekannt, ob eine Ärztekammer, eine Ordnungsbehörde, ein Wettbewerbsverband oder ein Arzt diesen Gesetzesverstoß verfolgt haben. Ein beklagenswertes Systemversagen wäre es jedoch, wenn es der Ärzteschaft, den Ärztekammern und den Gerichten nicht gelingen sollte, eine solche rechtswidrige Werbung künftig zu unterbinden.[1104]

10.6.7 Werbeverbot bei verschreibungspflichtigen Arzneimitteln

Außerhalb der Fachkreise darf für **verschreibungspflichtige** Arzneimittel überhaupt nicht geworben werben, § 10 Abs. 2 HWG. Besondere Relevanz erlangte dieses Verbot in der Vergangenheit bei denjenigen Ärzten, die zum Zwecke der Faltenglättung sogenannte **Faltenunterspritzungen** mit dem Nervengift **Botox** vorgenommen und hierfür auf ihren Werbeträgern (Homepage, Praxisbroschüre etc.) geworben hatten. Dies wird – unabhängig von der Art der werblichen Darstellung dieses Arzneimittels als sachlich oder anpreisend – von den Gerichten überwiegend als ein Verstoß gegen das Heilmittelwerbegesetz angesehen.[1105]

Demgegenüber liegt nach Ansicht des OLG Koblenz kein Verstoß gegen § 10 Abs. 2 HWG vor, wenn eine **Familie** auf ihrer **privaten Homepage** ein rezeptpflichtiges Krebsmedikament benennt, welches neben der Chemotherapie erfolgreich zur Behandlung der krebskranken Tochter eingesetzt worden war.[1106]

1102 BVerfG, Beschl. v. 4.7. 2000 – 1 BvR 547/99 – www.bverfg.de.

1103 Wer gegen das Irreführungsverbot verstößt, kann mit einer **Freiheitsstrafe bis zu einem Jahr** oder mit Geldstrafe bestraft werden, § 14 HWG.

1104 Ärzte selbst können im Falle solcher Werbung eine wettbewerbliche Unterlassungsverfügung beantragen, da ein Verstoß gegen das HWG zugleich wettbewerbswidrig ist und die Ärzte als Mitbewerber des Dr. R. eine erhebliche Beeinträchtigung des Wettbewerbs zu befürchten haben, § 13 Abs. 2 Nr. 1 UWG, vgl. zur Klagebefugnis Kapitel 13.1.2, S. 334.

1105 Vgl. Kapitel 10.6.10.1, S. 297.

1106 OLG Koblenz, Urt. v. 7.5.2002 – 4 U 1902/01 –. Es fehle in subjektiver Hinsicht an einer Absicht, den fremden Absatz des Unternehmens zu fördern.

10.6.8 Werbeverbot bei schweren Krankheitsbildern

Bei **bestimmten, ausdrücklich genannten Krankheiten oder Leiden** darf gegenüber den Verbrauchern, also dem Laienpublikum überhaupt **keine öffentliche Werbung** (Publikumswerbung) betrieben werden, § 12 HWG.

Es handelt sich hierbei nach der **Anlage zu § 12 HWG** um folgende **Krankheits- oder Beschwerdebilder**: Krankheiten und Leiden nach dem Bundesseuchengesetz; Geschwulstkrankheiten;[1107] Krankheiten des Stoffwechsels und der inneren Sekretion (ausgenommen Vitamin- und Mineralstoffmangel und alimentäre Fettsucht); Krankheiten des Blutes und der blutbildenden Organe (ausgenommen Eisenmangelanämie); Organische Krankheiten des Nervensystems, der Augen und Ohren, des Herzens und der Gefässe (ausgenommen allgemeine Arteriosklerose, Varikose und Frostbeulen), der Leber und des Pankreas, der Harn- und Geschlechtsorgane; Geschwüre des Magens und des Darms; Epilepsie; Trunksucht; krankhafte Komplikationen der Schwangerschaft, der Entbindung und des Wochenbetts.

Eine uneingeschränkte Laienwerbung von Ärzten und Krankenanstalten mit den vom Gesetzgeber als besonders **gravierend** bzw. **komplex angesehenen Indikationen** kann zu einem marktschreierischen Wettlauf um die Gunst der Patienten führen, etwa durch übertreibende Angaben über Heilmethoden, Heilverfahren, apparativen Ausstattungen usw., deren Wahrheitsgehalt und Relevanz der medizinische Laie für seinen individuellen Fall kaum beurteilen kann.[1108]

Das Verbot der Öffentlichkeitswerbung bei bestimmten Krankheiten und Leiden zielt auch darauf ab, einer Verleitung zur Selbstbehandlung entgegenzuwirken.[1109]

Die genannten Krankheiten sollen grundsätzlich nicht Gegenstand einer werblichen Kommunikation mit insoweit häufig überforderten und unsachlich beeinflussbaren Endverbrauchern sein.[1110]

1107 Zur unzulässigen Publikumswerbung bei bösartigen Tumorerkrankungen vgl. OLG Zweibrücken, Urt. v. 13.12.2001 – 4 U 68/01 –.

1108 *Doepner*, § 12 HWG Rn. 25.
Dieses **Werbeverbot gilt** jedoch **nicht** für die Werbung für Verfahren oder Behandlungen in **Heilbädern**, **Kurorten** und **Kuranstalten**. Die genannten Einrichtungen unterliegen einem traditionell bedingten Werbeprivileg, weil die in Heilbädern, Kurorten und Kuranstalten durchgeführten und angewandten Verfahren und Behandlungen regelmäßig von Ärzten veranlasst und auch von Heilkundigen überwacht werden. Im übrigen werden die dort angewendeten Heilmittel zumeist nicht mehr zur Beseitigung von akuten und gefährlichen Krankheiten eingesetzt, sondern zur Prävention und Rehabilitation oder aber zur lindernden Behandlung von chronischen Erkrankungen, vgl. weiter *Doepner*, § 12 HWG Rn. 25 u. Rn. 37 m.w.N.

1109 *Doepner*, § 12 HWG Rn. 4 m.w.N.

1110 Denn sonst hätte es nahe gelegen, sämtliche werblichen Aktivitäten von Ärzten und staatlich konzessionierten Privatkliniken von dem Werbeverbot des § 12 Abs. 2 HWG freizustellen, was nach dem eindeutigen Wortlaut dieser Norm und deren Historie jedoch nicht gewollt ist, vgl. *Doepner*, § 12 HWG Rn. 25.

Verboten ist beispielsweise die Angabe *Biologische Krebsnachsorge* durch eine niedergelassene Ärztin auf dem Praxisschild und sonstigen Werbeträgern.[1111]

Das **Bundesverfassungsgericht** hatte demgegenüber die folgenden fünf medizinischen Begriffe einer Gefäßklinik auf deren Homepage als zulässige Information angesehen: *Krampfadern, Besenreiser, Durchblutungsstörungen, ein offenes Bein, eine Thrombose.*[1112] Auch der **Bundesgerichtshof** hatte es einer privatärztlichen Belegklinik gestattet, die in der Anlage 1 zu § 12 HWG genannten Krankheiten und Indikationen in ihrer Praxisbroschüre aufzulisten.[1113]

Zu **kritisieren** ist bei beiden Entscheidungen vor allem die Bezugnahme auf den **Klinikstatus**, obwohl die Werbung sich nicht nur auf stationäre, sondern ausdrücklich auch auf dort erbrachte ambulante Leistungen bezog. Sofern die zugelassenen Ausnahmen von den Werbeverboten bei bestimmten Krankheiten grundsätzlich für jegliche Art ärztlicher Werbung gilt – unabhängig von der Rechtsform als Klinik oder Arztpraxis – so könnte man dieser Auslegung mit guten Gründen folgen:

Denn das HWG will vor allem eine **Selbstbehandlung** der Patienten **verhindern**. Eine solche Gefahr besteht auch bei der ambulanten Behandlung durch niedergelassene Ärzte nicht. Daher müssten zur Wahrung des **Gleichbehandlungsgrundsatzes** ebenso **niedergelassene Ärzte** mit der Angabe bestimmter Indikationen werben dürfen. Auch das vom Bundesverfassungsgericht konstatierte Klinikprivileg betraf zuletzt nur noch eine sogenante „Zimmerklinik", wie sie jeder modernen und etwas größeren Arztpraxis mit einem weiteren Ruheraum entspricht.[1114] Daher wäre es ein **Wettbewerbsnachteil**, wenn es niedergelassenen Ärzten verwehrt wäre, ebenso wie die in einer Klinik tätigen Belegärzte, für bestimmte Indikationen zu werben.[1115] Schließlich ist es nicht ersichtlich, weshalb Patienten bei der Indikationsangabe durch eine Arztpraxis gefährdet sein sollten, bei einer Angabe durch die Klinik indessen nicht.[1116]

1111 OLG Hamburg, Urt. v. 7.11.1996 – 3 U 81/96 – MedR 1997, S. 177 ff., vgl. hierzu Kapitel 10.6.10.2, S. 298.

1112 BVerfG, Beschl. v. 17.7.2003 – 1 BvR 2115/ 02 – www.bverfg.de. Jeder dieser Begriffe war durch einen Link anklickbar, der zu jeweils einer weiteren zugehörigen Internetseite mit einer kurzen Beschreibung des Krankheitsbildes führte sowie einer Darstellung, wie und wie oft die Krankheit in der Klinik behandelt wurde.

1113 BGH, Urt. v. 31.10.2002 – I ZR 60/00 – www.bundesgerichtshof.de.

1114 Vgl. zu diesem Urteil Kapitel 12.2.2, S. 319 ff.

1115 Zum Wettbewerbsnachteil der Ärzte gegenüber den Kliniken vgl. auch Kapitel 4.2.3, S. 44 ff.

1116 So wohl auch BVerfG, Beschl. v. 17.7.2003 – 1 BvR 2115/ 02 – www.bverfg.de. Vgl. hierzu auch Kapitel 9.4.2, S. 213.

10.6.9 Werbeverbote mit bestimmten Methoden nach § 11 HWG

Verboten ist schließlich – unabhängig von der Art der Krankheit oder Leiden – die Öffentlichkeitswerbung (Publikumswerbung) **mit bestimmten inhaltlichen Angaben** sowie die Werbung mit **bestimmten Formen der Darstellung** oder der **Kommunikation**.[1117]

Für Behandlungen oder Verfahren darf z.B. **nicht geworben werden** mit **Gutachten, Zeugnissen, wissenschaftlichen oder fachlichen Veröffentlichungen** sowie mit Hinweisen darauf.[1118]

Unzulässig sind Angaben, dass die Verfahren, Behandlungen, Gegenstände, andere Mittel und verschreibungspflichtige Arzneimittel **ärztlich** oder anderweitig **fachlich empfohlen**, **geprüft** oder **angewendet** werden.[1119]

Unzulässig ist auch die Werbung mit der **Wiedergabe von Krankengeschichten** sowie mit Hinweisen darauf.[1120]

Unzulässig ist die Werbung für Behandlungen, Verfahren oder Arzneimittel mit der **bildlichen Darstellung von Personen in der Berufskleidung** oder bei der Ausübung der Tätigkeit von Angehörigen der Heilberufe, des Heilgewerbes oder des Arzneimittelhandels.[1121] Dieses Verbot gilt allerdings nicht für die Presse, soweit sie im Rahmen ihrer Pressefreiheit entsprechende Fotos über einen niedergelassenen Arzt oder Klinikarzt veröffentlicht, falls es sich hierbei um die Darstellung ei-

---

1117 § 11 HWG; vgl. bereits hierzu bereits Kapitel 6.2.3, S. 73 ff.
Die nachfolgende Aufzählung enthält nicht alle Verbote des § 11 HWG.

1118 § 11 Nr. 1 HWG, vgl. hierzu OLG Zweibrücken, Urt. v. 13.12.2001 – 4 U 68/01 –.

1119 § 11 Nr. 2 HWG, vgl. hierzu OLG Zweibrücken, Urt. v. 13.12.2001 – 4 U 68/01 –.

1120 § 11 Nr. 3 HWG, vgl. hierzu das Urteil des OLG München „Klinik der Hoffnung" v. 14.10.1999 – 29 U 2352/99 –, welches zu Recht einem Arzt und Klinikbetreiber die Darstellung von Krankengeschichten angeblich unheilbar Krebskranker untersagte. Ebenso OLG Zweibrücken, Urt. v. 13.12.2001 – 4 U 68/01 –.

1121 § 11 Nr. 4 HWG. Unvertretbar ist es allerdings, wenn diese Vorschrift von den Gerichten auch **ohne jeglichen Bezug** zu einer Behandlungsmethode oder zu einem anderen Heilmittel angewandt wird und es Ärzten beispielsweise untersagt wird, auf ihrer Praxisbroschüre oder auf der Homepage im weißen Arztkittel abgebildet zu sein. Da jeder Patient den weißen Arztkittel als klassische Arbeitskleidung der Ärzte kennt, ist schon der **Schutzzweck** des HWG **nicht betroffen**.
Zu eng daher BGH, Urt. v. 26.10.2000 – I ZR 180/98 – www.bundesgerichtshof.de; zu eng auch OLG Stuttgart, Urt. v. 12.11.1999 – 2 U 82/99 – (Werbung einer Reha-Klinik mit bildlicher Darstellung im Klinikprospekt). Sinn und Zweck des HWG werden hier nicht berücksichtigt – den Ärzten wird aus reinem „Rechtsanwendungsformalismus" eine nicht zu rechtfertigende Beschränkung ihrer Selbstdarstellung und damit ihrer Berufsfreiheit auferlegt. So auch *Papier/Petz*, NJW 1994, S. 1553 ff.

ner neuen Operationsmethode handelt und nicht der Arzt, sondern der medizinische Aspekt bzw. die Patienten im Vordergrund stehen.[1122]

Unzulässig ist die Werbung mit einer **bildlichen Darstellung von Veränderungen** des menschlichen Körpers oder seiner Teile durch Krankheiten, Leiden oder Körperschäden sowie die Darstellung der Wirkung eines Heilmittels vor und nach der Anwendung.[1123]

Verboten ist schließlich die Werbung mit **fremd- oder fachsprachlichen Bezeichnungen**, soweit sie nicht in den allgemeinen deutschen Sprachgebrauch eingegangen sind.[1124]

Verboten sind auch Werbeaussagen, die geeignet sind, **Angstgefühle hervorzurufen** oder **auszunutzen**.[1125]

Mit Äußerungen Dritter, insbesondere mit **Dank-, Anerkennungs– oder Empfehlungsschreiben** oder mit Hinweisen auf solche Äußerungen darf ebenfalls nicht geworben werden. Diesem Werbeverbot liegt die Erwägung zugrunde, dass von positiven Äußerungen Dritter die Gefahr einer unsachlichen Beeinflussung ausgeht, weil derartige Stellungnahmen einerseits den Eindruck der Neutralität erwecken, andererseits jedoch nicht nachprüfbar sind.[1126]

1122 Der **Europäische Gerichtshof für Menschenrechte** hielt in einem Pressebericht das Foto eines Augenarztes, der zu einer neuen Laseroperationsmethode interviewt wurde und am Monitor gezeigt wurde, für zulässig, vgl. EGMR Strassburg, Urt. v. 17.10.2002 – 37928/97 – (Dr. Stambuk/Deutschland), NJW 2003, S. 497 ff. Vgl. zu den Presseberichten auch Kapitel 8.8, S. 164 ff.

1123 § 11 Nr. 5 HWG. Vgl. hierzu auch Hanseatisches OLG Bremen, Urt. v. 15.8.2002 – 2 U 10/2002 – sowie Kapitel 10.6.6.2, S. 290.

1124 § 11 Nr. 11 HWG. Vgl. hierzu OLG Zweibrücken, Urt. v. 13.12.2001 – 4 U 68/01 – sowie Kapitel 10.6.10.10, S. 303.

1125 § 11 Nr. 7 HWG. Vgl. zur gefühlsbetonten Werbung Kapitel 10.5.5, S. 281 ff.

1126 § 11 Nr. 11 HWG, vgl.auch *Doepner*, § 11 HWG Nr. 11 Rn. 4 sowie das Urteil in Kapitel 10.6.10.12, S. 304.
Ebenso OLG Zweibrücken, Urt. v. 13.12.2001 – 4 U 68/01 –. Zum Verbot einer Arzneimittelwerbung mit der „Auswertung einer Konsumentenbefragung“ vgl. OLG Frankfurt/M., Urt. v. 7.3.2002 – 6 U 43/01 – GRUR Int. 2002, S. 931 (nicht rechtskräftig).
Die genannten Vorschriften können im Rahmen dieses Buches nicht weiter vertieft werden. Es wird daher auf die ausführliche Kommentierung des Heilmittelwerbegesetzes von *Doepner* und *Bülow/Ring* verwiesen.

10.6.10 Maßgebliche Rechtsprechung

10.6.10.1 Keine Werbung mit Botox

Urteil

Ärzten ist es untersagt, bei der Werbung für die Faltenglättung durch Unterspritzung das hierbei verwendete Mittel Botox zu nennen. Denn Botox ist ein verschreibungspflichtiges Arzneimittel im Sinne des § 10 Abs. 1 HWG, für welches nur in Fachkreisen, nicht jedoch gegenüber dem Publikum geworben werden darf.[1127] Es kommt nicht darauf an, dass Botox nur zu kosmetischen Zwecken eingesetzt wird. Es kommt auch nicht darauf an, ob die Werbung sachlich gehalten ist oder ob die Werbung für die Praxis im Vordergrund steht.

Oberlandesgericht Hamm 2002 u.a. [1128]

Aus den Urteilsgründen

Eine Einschränkung der Meinungsfreiheit des Art. 5 Abs. 1 GG und der Berufsfreiheit des Art. 12 Abs. 1 GG ist grundsätzlich nicht zu beanstanden, weil die heilmittelwerberechtlichen Bestimmungen die Gesundheit der Bevölkerung und damit ein Gemeinschaftsgut von hohem Rang schützen.
Die Verbraucher geraten in die nicht unerhebliche Gefahr, dahin beeinflusst zu werden, sich nach „Botox" und damit nach einem muskellähmenden Nervengift zu erkundigen, mit dem bei falscher Anwendung erheblicher und dauerhafter Schaden angerichtet werden kann.

1127 **Botox** ist ein Medikament aus dem Bereich der Muskelrelaxantia, das für die Behandlung von Nervenerkrankungen und in der Augenheilkunde arzneimittelrechtlich zugelassen ist. Das Medikament enthält als Wirkstoff das Gift **Clostridium Botulinum Toxin**, das sich als **biologisches Kampfmittel** (Toxine, die ihrer Art nach als Kampfmittel geeignet sind) in der **Kriegswaffenliste** als Anlage 1 zu § 1 Abs. 1 **Kriegswaffenkontrollgesetz** findet, vgl. dort unter A.II.3.1.d) Nr. 1. **„Clostridium Botulinum"** ist die bakterielle Grundlage von Botulinum Toxin (es wurde in den Jahren 1986 und 1988 neben Anthrax und anderem biologischem Material von den USA an **Saddam Hussein** verkauft.) Das Bakterium verursacht Erbrechen, Verstopfung, Durst, allgemeine Schwäche, Kopfschmerzen, Fieber, Schwindel, Halluzinationen, Erweiterung der Pupillen, Muskellähmung und ist oft tödlich, vgl. ausführlich die Artikel unter www.rehberg.net/Iraq-biochems-nukes.htm.
Das Arzneimittel Botox darf nach den **Warnhinweisen** des Arzneimittelverzeichnisses **„Rote Liste"** nur in Kliniken und von Fachärzten für Nervenheilkunde und Augenheilkunde angewendet werden, die mit diesem Mittel Erfahrung besitzen.

1128 OLG Hamm, Urt. v. 28.11.2002 – 4 U 192/02 –; ebenso LG Frankfurt/Oder, Urt. v. 24.7.2003 – 32 O 43/03 -; LG Hannover, Urt. v. 12.3.2003 – 23 O 127/02 -; LG Oldenburg, Urt. v. 15.1.2003 – 5 O 2657 / 02-334-; LG Berlin, Urt. v. 30.8.2002 – 103 O 84/ 02 –; LG Düsseldorf, Beschl. v. 11.9.2001 – 12 O 391/01 -; vgl. auch Kapitel 10.6.7, S. 292.

Stellungnahme

Dieses Verbot ist richtig.

Die unerwünschte Manipulation potentieller Schönheitsklienten, sich zur Faltenglättung ein hochgefährliches Nervengift unterspritzen zu lassen (welches in seinen gesundheitlichen Folgen heute noch nicht abschätzbar ist) besteht allerdings insbesondere bei entsprechenden Beiträgen durch die **Presse**. Es ist ein inakzeptabler Widerspruch, dass die Presse unter Berufung auf die Pressefreiheit nicht an das HWG gebunden sein soll und mit entsprechend reißerischen Artikeln eine mögliche Nachfrage nach der Faltenunterspritzung mit Botox möglicherweise erstmalig weckt, während die Ärzte noch nicht einmal den Begriff Botox nennen dürfen, ohne gegen das HWG zu verstoßen.

Hierbei darf nicht übersehen werden, dass es stets einige unternehmerfreudige Ärzte oder Kliniken gibt, die einen engen Kontakt zur Presse pflegen und auf diesem Wege für die Botoxbehandlungen in ihrer Praxis oder Klinik werben. Es ist nicht plausibel, weshalb die Gesundheit der Bevölkerung durch einen sachlichen Hinweis auf Botox in einer ärztlichen Homepage gefährdet sein soll – bei einem Presseartikel über Botox jedoch nicht. Wenn der Einsatz dieses Medikaments zu kosmetischen Zwecken unabschätzbare gesundheitliche Risiken bergen kann, dann darf außerhalb der Fachkreise grundsätzlich nie der Begriff Botox fallen – dies muss auch und gerade für die Presse gelten.

10.6.10.2 Unzulässige Werbung für „Biologische Krebsnachsorge"

Urteil

Die Angabe *„Biologische Krebsnachsorge"* auf dem Praxisschild und sonstigen Werbeträgern ist verboten.

Oberlandesgericht Hamburg 1996 [1129]

Stellungnahme

Dieses Urteil ist richtig, wenngleich das Gericht aufgrund des damals noch strengen ärztlichen Werbeverbots gar nicht auf das Heilmittelwerbegesetz eingegangen ist. Tatsächlich beinhaltet diese Angabe jedoch einen Verstoß gegen das Verbot der Heilmittelwerbung bei Geschwulstkrankheiten gem. Anlage zu § 12 HWG.

Erlaubt wäre im Hinblick auf die ärztliche Berufsordnung auch heute lediglich die ordnungsgemäß erworbene Bezeichnung „Onkologie" unter Hinweis auf die Facharztbezeichnung. Denn allein die im ICD-10 zu den sogenannten Geschwulstkrank-

[1129] OLG Hamburg, Urt. v. 7.11.1996 – 3 U 81/96 – MedR 1997, S. 177 ff.

heiten ca. 100 genannten Lokalisationen verdeutlichen, dass es eine allgemeine Krebsnachsorge ohne spezifischen fachärztlichen Bezug nicht geben kann und daher angesichts der Gefährlichkeit und Schwere vieler Geschwulstkrankheiten jegliche Form der Irreführung zu vermeiden ist.[1130]

10.6.10.3 Unzulässige Werbung mit Erfolgsquote

Urteil

Es ist irreführend, wenn eine Klinik auf ihrer Homepage angibt, es seien dort über 20.000 Arthrosekranke „*mit einer Erfolgsquote von rund 95%*" behandelt worden. Hiermit wird fälschlicherweise der Eindruck erweckt, dass in der Klinik Arthrose nahezu sicher geheilt werden kann.

Gleiches gilt für die Werbeaussage, der „*Migränekiller – Heilung aus der Pistole*" erziele eine Erfolgsquote von „*über 90 %*".

Oberlandesgericht Zweibrücken 2001 [1131]

10.6.10.4 Irreführendes Erfolgsversprechen für Behandlungsmethode

Urteil

Es ist irreführend, die *Colon-Hydro-Therapie* als eine „*sehr erfolgreiche Be-handlung zur Darmsanierung*" zu bezeichnen, weil dies pauschal und ohne Einschränkung einen zuverlässigen Erfolg bei der Behandlung von Darmerkrankungen jeder Art suggeriert.
Gleiches gilt für den Hinweis, das sich die Therapiemethode „*transcutaner Temperaturentzug (TCC) bei Migräne hervorragend bewährt*" habe, weil dies darüber täuscht, dass die Behandlungsmethode allgemein und uneingeschränkt für jede Art von Migräne Heilung oder Linderung verspräche.

Oberlandesgericht Zweibrücken 2001 [1132]

[1130] Vgl. auch *Doepner*, § 12 HWG Rn. 50 ff.
[1131] OLG Zweibrücken, Urt. v. 13.12.2001 – 4 U 68/01 –.
[1132] OLG Zweibrücken, Urt. v. 13.12.2001 – 4 U 68/01 –.

10.6.10.5 „Schnell – sicher – schmerzarm" – Unzulässig

Urteil

Es ist berufswidrig, wenn ein Arzt für die Behandlung von Hautveränderungen mittels Lasergeräten in einer Anzeige mit der Aussage wirbt: „*Schnell – sicher – schmerzarm*".

Landesberufsgericht für Heilberufe beim OVG NRW 2003 [1133]

Stellungnahme

Das Landesberufsgericht hatte diese Aussage als „reißerische Aufmachung" bewertet, die deutlich über eine sachangemessene ärztliche Information hinausgehe. Tatsächlich liegt mit dieser Aussage auch ein **Verstoß gegen das Irreführungsverbot des Heilmittelwerbegesetzes** vor. § 3 Nr. 2 HWG untersagt ausdrücklich jegliche Werbung für Behandlungen oder Verfahren, soweit fälschlich der Eindruck erweckt wird, dass ein **Erfolg mit Sicherheit erwartet** werden kann oder **keine schädlichen Wirkungen eintreten**.

10.6.10.6 „Schmerzfrei mit einem Klick" – Unzulässig

Urteil

Es ist irreführend und zugleich anpreisend, wenn ein Arzt, der schwerpunktmäßig Rückenbeschwerden behandelt, auf seiner Homepage weitere Links zu den speziellen Schmerzbereichen des Körpers setzt und hierbei folgende Aussage macht: „*Schmerzfrei mit einem Klick.*"

Bayerisches Landesberufsgericht für die Heilberufe 2002 [1134]

1133 LandesberufsG f. Heilberufe, OVG NRW, Urt. v. 12.3.2003 – 6t A 689/01.T–.

1134 Bayerisches LandesberufsG f. Heilberufe beim Bayerischen Obersten Landesgericht, Beschl. v. 27.11.2002 – LBG-Ä 8/02 –. Anders demgegenüber die Aussage „*So kommen Sie zu Ihrem Recht*", vgl. hierzu Kapitel 10.3.5, S. 245.

10.6.10.7 Irreführende Bezeichnung als „Therapie der Hoffnung"

Urteil

Es ist irreführend, eine Krebstherapie, deren Wirksamkeit umstritten ist (hier Eigenbluttherapie), in redaktionellen Berichten von Frauenzeitschriften als „*Therapie der Hoffnung*" zu bezeichnen.

Oberlandesgericht München 1999 [1135]

Sachverhalt und Urteilsgründe

Ein niedergelassener Arzt entwickelte eine Eigenblut- und Hochdosis-Immuntherapie, die als Krebstherapie in seiner Privatklinik angewendet wird. Diese Methode gilt als umstritten: Überprüfbare Erkenntnisse über ihre Wirksamkeit liegen nicht vor; sie sind in der medizinischen Fachliteratur bisher nicht veröffentlicht und diskutiert worden. Der Arzt hatte für die Privatklinik ein Pressegespräch veranlasst und dem Journalisten selbst eine Pressemappe übergeben. Der veröffentlichte Artikel verstieß nicht nur gegen Vorschriften des Heilmittelwerbegesetzes sondern war aufgrund der gesamten Darstellung zugunsten der Therapie einseitig positiv.[1136]

10.6.10.8 Irreführendes Heilungsversprechen bei Alterskurzsichtigkeit

Urteil

Es ist wettbewerbswidrig, wenn durch einen Augenarzt behauptet wird, *„der Excimer-Laser kann Alterskurzsichtigkeit oft beheben oder mildern, bei einer herbeigeführten milden Kurzsichtigkeit"*.

Landgericht Mainz 2000 [1137]

Aus den Urteilsgründen

Diese Angabe ist irreführend im Sinne von § 3 UWG, § 3 Satz 1 HWG. Mit der Mitteilung in der Anzeige wird suggeriert, dass die Alterssichtigkeit heilbar ist, so dass ein mit LASIK behandelter Alterssichtiger ohne Brille sehen kann. Diese Aussage

---

[1135] OLG München, Urt. v. 14.10.1999 – 29 U 2352/99 – GRUR 2000, S. 1100.

[1136] Vgl. im Gegensatz dazu die differenzierte Darstellung des Einsatzes medizinisch-technischer Großgeräte durch die Presse in Kapitel 8.8.2.3, S. 170. Zum Verbot der „getarnten Werbung" vgl. Kapitel 10.5.2, S. 271 ff.

[1137] LG Mainz, Urt. v. 30.11.2000 – 1 O 110/00 –.

ist unrichtig. Die Alterssichtigkeit selbst wird nicht behoben. Auch ist nicht gewährleistet, dass die Verbesserung der Sehfähigkeit in der Nähe auf Dauer verbleibt.

10.6.10.9 Irreführung durch Versprechen eines Behandlungserfolgs

Urteil

Folgende Äußerung eines Heilpraktikers verspricht in anpreisender Form einen Behandlungserfolg, der keineswegs sicher ist: „*Bei der Therapie, die keinerlei Schmerzen verursacht, können Beschwerden am Bewegungsapparat nach sechs Behandlungen schon erheblich gelindert werden.*"

Oberlandesgericht Düsseldorf 1998 [1138]

Aus den Urteilsgründen

Die Aussage ist zumindest mehrdeutig und kann bei verständiger Betrachtung von einem nicht unerheblichen Teil der angesprochenen Verkehrskreise als die – sachlich unzutreffende – Zusage aufgefasst werden, Gelenkschmerzen würden unabhängig von den in Betracht kommenden unterschiedlichen Ursachen erfolgreich behandelt. Erforderlich wäre der Zusatz „möglicherweise", „unter Umständen", um Eindeutigkeit darüber herzustellen, dass der Behandlungserfolg nur möglich ist. Die Aussage „können die Beschwerden ... gelindert werden", reicht demgegenüber nicht aus. Ohne diesen Zusatz hat die Aussage eine erhebliche Anlockwirkung auf den angesprochenen Verbraucherkreis und ist wettbewerbswidrig. Dies gilt auch für Heilpraktiker, die im Gegensatz zu Ärzten keinen entsprechenden Werbebeschränkungen unterliegen.

Stellungnahme

Hier stellt das Gericht möglicherweise zu strenge Anforderungen an die Informationspflicht. Immerhin ist bereits mit dem Begriff „*kann*" die Möglichkeit inbegriffen, dass es nicht notwendigerweise bereits nach sechs Behandlungen zum Erfolg kommt.

1138 OLG Düsseldorf, Urt. v. 2.2.1998 – 20 U 101/98 – WRP 1999, S. 700.

10.6.10.10 Unzulässige Fremd-Bezeichnung als „Cytologisches Labor"

Urteil

Die Verwendung des Begriffs *„Cytologisches Labor"* ist als fremdsprachliche Bezeichnung im Sinne des § 11 Nr. 6 HWG unzulässig. Eine Frauenärztin darf diese Angabe auf ihrem Praxisbriefkopf nicht führen.

Landgericht Hamburg 2000 [1139]

Aus den Urteilsgründen

Zwar können auch sprachliche Begriffe unter Umständen zulässig sein, wenn der Begriff entweder in der Werbung selbst in verständlicher Weise erläutert wird oder sich jedenfalls aus dem Gesamtzusammenhang der Werbung ergibt. An einer entsprechenden Erläuterung fehlt es hier. Der Begriff „cytologisch" dürfte auch noch keinen Eingang in den deutschen Sprachgebrauch gefunden haben, weshalb ein Verstoß gegen § 11 Nr. 6 HWG gegeben ist.

10.6.10.11 Unzulässige Werbung für „Schmerztherapie ESW"

Urteil

Die Werbung mit der Bezeichnung *„Schmerztherapie ESW"* verstößt gegen § 11 Abs. 1 Nr. 6 HWG. Die Extra-Korporale-Stoßwellentherapie bzw. ihre Abkürzung ESW sind nicht so weit in den allgemeinen deutschen Sprachgebrauch eingegangen, als dass der durchschnittlich interessierte und gebildete Verbraucher, der hier in der Werbung angesprochen wird, mit dem Begriff eine konkrete Vorstellung verbindet. In den einschlägigen Wörterbüchern der deutschen Sprache ist der Begriff nicht aufgeführt.

Landgericht Frankfurt/Oder 2003 [1140]

1139 LG Hamburg, Urt. v. 2.5.2000 – 312 115/00 – NJW-RR 2001, S. 259 ff.
Zur fremd- und fachsprachlichen Bezeichnung für **Laserbehandlungen** außerhalb des allgemeinen Sprachgebrauchs vgl. auch Hanseatisches OLG Bremen, Urt. v. 15.8.2002 – 2 U 10/2002 –.

1140 LG Frankfurt/Oder, Urt. v. 24.7.2003 – 32 O 43/03 –.

Stellungnahme

Unbekannte fremd- und fachsprachliche Ausdrücke vermitteln der Heilmittelwerbung häufig einen nicht gerechtfertigten Anstrich der Wissenschaftlichkeit, mit einer daraus resultierenden **Suggestivwirkung** auf die gesundheitlich oder wirtschaftlich motivierten Entscheidungen des Publikums.[1141]

Das Verbot der Werbung mit fremd- oder fachsprachlicher Bezeichnung nach § 11 Abs. 1 Nr. 6 HWG [1142] soll die Adressaten der Werbung – also **Laien auf dem Gebiet der Medizin** und insbesondere von Heilmitteln und Heilverfahren – vor einer solchen Suggestiv- und Anlockwirkung bewahren, die von einem unverständlichen Fremdwort ausgehen können. Damit sollen auch Missverständnisse, Irreführung und Verwirrung, die durch ein **falsches Verständnis** des Begriffes ausgelöst werden können, vermieden werden. Denn aufgrund derart hervorgerufener Unklarheiten, Unsicherheiten und falscher Vorstellungen kann es zu **Fehleinschätzungen** über den gesundheitlichen und wirtschaftlichen **Wert** des beworbenen **Heilmittels** kommen. Eine gelegentlich geradezu magische Anziehungskraft, die von fremd- oder fachsprachlichen Ausdrücken auf den psychisch bedrückten, hoffnungsbereiten Kranken ausgeht, verstärkt nicht nur diese Verwirrungsgefahren, sondern trägt auch ein irrationales Moment in die Publikumswerbung hinein.[1143]

10.6.10.12 Keine Werbung mit Hinweisen auf Presseberichte

Urteil

Für die Behandlung von Fehlsichtigkeit mittels Laserbehandlung darf nicht mit Hinweisen auf Presseveröffentlichungen geworben werden. Dies stellt eine nach § 11 Abs. 1 Nr. 11 HWG unzulässige Werbung mit „Äußerungen Dritter" dar. Als „Dritte" in diesem Sinne sind auch der Journalist, der den Artikel geschrieben hat bzw. die Zeitschrift, die den Artikel gedruckt hat, anzusehen.

Landgericht Berlin 2002 [1144]

1141 *Doepner*, § 11 HWG Nr. 6 Rn. 4.

1142 § 11 Abs. 1 Nr. 6 HWG lautet: *„Außerhalb der Fachkreise darf für Arzneimittel, Verfahren, Behandlungen, Gegenstände oder andere Mittel nicht geworben werden ... mit fremd- oder fachsprachlichen Bezeichnungen, soweit sie nicht in den allgemeinen deutschen Sprachgebrauch eingegangen sind."*

1143 *Doepner*, § 11 HWG Nr. 6 Rn. 2 m.w.N.; *Bülow/Ring*, § 11 HWG Abs. 1 Nr. 6 Rn. 1.

1144 LG Berlin, Urt. v. 7.5.2002 – 16 O 528/01 – mit weiteren Ausführungen zur Systematik und Gesetzgebungsgeschichte des § 11 Nr. 11 HWG.

Aus den Urteilsgründen

Es entspricht dem Sinn und Zweck des § 11 Abs 1 Nr. 11 HWG, Zitate aus Presseveröffentlichungen als Werbung „mit Äußerungen Dritter" aufzufassen. Die Vorschrift dient dem Schutz vor Irreführung. Die Werbung mit Äußerungen Dritter soll dem Betrachter Vertrauen in das Arznei- bzw. Heilmittel einflößen.

Es wird auch bei nicht fachlichen Äußerungen Dritter eine besondere Glaubwürdigkeit dadurch hergestellt, dass die Äußerungen als Angaben von Personen präsentiert werden, die vom Anbieter des Heilverfahrens unabhängig sind, kein wirtschaftliches und eigennütziges Interesse am Absatz des beworbenen Mittels haben und „neutral" von ihren Erfahrungen berichten. Typische Fälle sind Dank-, Anerkennungs- und Empfehlungsschreiben, bei denen Leidensgenossen von ihren Erfahrungen mit dem Heilmittel berichten.

Zitate aus Presseartikeln haben denselben vertrauenseinflößenden Effekt, da die Angaben ebenfalls als Angaben von unabhängigen und neutralen Personen präsentiert werden.

Auch wenn der Leser der Werbung nicht davon ausgeht, dass der betreffende Journalist die Heilbehandlung am eigenen Leib getestet habe, so geht er jedenfalls davon aus, dass der Journalist unabhängige Recherchen gemacht hat und hierdurch zu einer positiven Beurteilung der Behandlung gelangt ist.

Stellungnahme

Der Entscheidung ist zuzustimmen. Der **Schutz des Vertrauens der Patienten** in die Qualität des Arztes und der von ihm empfohlenen medizinischen Vorgehensweise ist nach wiederholter Aussage des Bundesverfassungsgerichts ein „**wesentlicher Gemeinwohlbelang**", der entsprechende Werbebeschränkungen rechtfertigen kann.[1145] Eine Konkretisierung dieses Vertrauensschutzes stellt auch die Verbotsvorschrift des § 11 Abs. 1 Nr. 11 HWG dar. Angesichts der vielfältigen Möglichkeiten, die Presse im eigenen unternehmerischen Interesse für sich zu gewinnen, stellt die Anwendung dieses Werbeverbotes auch auf die Praxis- und Klinikwerbung eine sachgerechte Entscheidung dar.

1145 Vgl. hierzu Kapitel 9.3.2, S. 210 und Kapitel 10.1.2, S. 218.

11 Exkurs: Schönheitsmedizin und Werbung

11.1 Patient oder Kunde der Schönheitsmedizin?

Die gesellschaftlichen Entwicklungen im Bereich der Schönheitsmedizin und der kosmetischen Chirurgie erfordern bei der Bewertung entsprechender Werbemaßnahmen gegebenenfalls eine **differenzierte Betrachtung**. Dies gilt vor allem für die in § 27 Abs. 1 MBO verankerten Auslegungsaspekte **„Patientenschutz“**[1146] und **„Vermeidung der Kommerzialisierung des Arztberufes“**.[1147]

Denn der Begriff des **Patienten** impliziert zunächst, dass es sich um einen **kranken Menschen** handelt, der sich zum Zwecke der Linderung oder Heilung seiner Krankheit in ärztliche Behandlung begibt.

Adressaten der Werbung für **Schönheitsoperationen**[1148] sind jedoch keine phyisch kranken und damit behandlungsbedürftigen Menschen, denn diese werden sich wohl kaum freiwillig und ohne medizinische Notwendigkeit einem operativen Eingriff unterziehen. Adressaten der Schönheitswerbung sind vielmehr **gesunde** Frauen und Männer, die mit ihrem äußeren Erscheinungsbild so unzufrieden sind, dass sie sich durch eine Schönheitsoperation eine Verbesserung ihres Aussehens und damit wohl ihrer Lebensqualität erhoffen.

Diese Menschen sind **nicht mit kranken Menschen vergleichbar**. Denn der **Kranke** ist durch seine Krankheit **verunsichert** und kann in dem Wunsch, alsbald von seiner Krankheit geheilt zu werden, dazu neigen, sich durch werbende Anpreisungen unsachlich beeinflussen zu lassen.

Eine Person, die lediglich mit ihrem Äußeren unzufrieden ist, befindet sich nicht in dieser Zwangslage: Sie hat genügend Zeit, sich über die verschiedenen Angebote sowie Qualifikationen der Schönheitsärzte zu informieren und diese miteinander zu vergleichen. Wer an Schönheitsmedizin interessiert ist, kann sich in einem oder mehreren Beratungsgesprächen darüber beraten lassen, ob das individuelle Anliegen durch das jeweilige Angebot gelöst werden kann und welche Risiken – auch gesundheitlicher Art – dafür in Kauf zu nehmen sind. Eine solche Person entspricht daher mehr dem Bild eines Kunden oder Verbrauchers, auch weil ein solcher Eingriff eher der gewerblichen Leistung einer Kosmetikerin nahe steht als einer Krankheitsbehandlung.[1149]

1146 Vgl. hierzu Kapitel 5.2.2, S. 57.

1147 Vgl. hierzu Kapitel 5.2.3, S. 58.

1148 Etwa Brustvergrößerung, Bruststraffung, Brustverkleinerung, Bauchdeckenstraffung, Stirnlift, Gesichtslift, Gesichts-Peeling, Faltenbehandlungen, Fettabsaugung usw.

1149 LG Berlin, Urt. v. 30.1.2003 – 16 O 561/02 –.

So findet auch das **Heilmittelwerbegesetz** bei der Werbung für **Verfahren** und **Behandlungen** nur dann Anwendung, wenn sich die Werbeaussage auf die Erkennung, Beseitigung oder Linderung von **Krankheiten**, **Leiden**, **Körperschäden** oder **krankhaften Beschwerden** bezieht, § 1 Abs. 1 Nr. 2 HWG.[1150] Medizinische Verfahren und Behandlungen, die lediglich der **Verschönerung** dienen – wie etwa eine Haartransplantation – unterliegen nach neuester Rechtsprechung des Bundesgerichtshofes demgegenüber nicht den Werbeverboten des HWG.[1151]

11.1.1 Die Berliner Auffassung

Das Kammergericht Berlin sowie das Landgericht Berlin haben hieraus die Schlussfolgerung gezogen, dass **medizinisch nicht indizierte Behandlungsangebote**, also solche der kosmetischen Chirurgie oder der reinen Schönheitsmedizin, im Gegensatz zu solchen der medizinischen Grundversorgung – unabhängig vom finanziellen Aufwand – eine weitergehende Werbefreiheit genießen.[1152]

Während bei medizinisch indizierten Behandlungen in der Regel die Krankheit und ihre Auswirkungen die Patienten zum Nachsuchen ärztlicher Leistungen veranlassen, gelte dies bei bloßen Schönheitsoperationen gerade nicht. Vielen Verbrauchern seien die Möglichkeiten derartiger chirurgischer Maßnahmen nicht bekannt oder es herrschten jedenfalls eher unbestimmte Vorstellungen. Darüber hinaus seien den Patienten bei medizinisch indizierten Behandlungen die finanziellen Risiken in der Regel durch Versicherungen abgenommen; bei bloßen **Schönheitsoperationen** müsse der Verbraucher die **finanzielle Last alleine tragen**. Insoweit bestünden **größere Hemmschwellen** für die Inanspruchnahme medizinisch nicht indizierter Behandlungen.

Wie bei gewerblichen Leistungen üblich, müsse es dem Anbieter möglich sein, durch Werbung in weitergehendem Umfang auf sein Leistungsangebot aufmerksam zu machen, denn insoweit stehe er letztlich mittelbar in **Konkurrenz** zu allen anderen auch nicht medizinischen Dienstleistern, deren Angebote grundsätzlich für den Verbraucher verzichtbar seien.[1153]

Auch drohten bei einer Werbung für Schönheitsbehandlungen **nicht dieselben Gefahren** wie bei einer Arztwerbung mit Krankheitsbezug. Denn eine bloße Schön-

---

1150 Anders hingegen bei der Werbung für Arzneimittel im Sinne des § 1 Abs. 1 Nr. 1 HWG: Auch wenn ein verschreibungspflichtiges Arzneimittel nur für kosmetische Zwecke eingesetzt wird (Stichwort Botox, vgl. hierzu Kapitel 10.6.10.1, S. 297), darf hierfür keine Publikumswerbung betrieben werden.

1151 Vgl. hierzu Kapitel 10.6.9, S. 297.

1152 KG Berlin, Urt. v. 12.11.2002 – 5 U 325/01 -; sich dieser Entscheidung anschließend auch LG Berlin, Urt. v. 30.1.2003 – 16 O 561/02 –.

1153 Für diese grundsätzliche Abwägung sei es nicht maßgeblich, ob bloße Schönheitsbehandlungen sich allgemein als sinnvolle Maßnahme und Einkommensverwendung darstellten, so lange dies eine erlaubte Tätigkeit sei.

heitsbehandlung spreche **nicht die tiefen, unterschwelligen Ängste und Hoffnungen** von kranken Patienten an, sondern sei eine frei abzuwägende Dienstleistung, auf die ein verständiger Durchschnittsverbraucher auch ohne weiteres verzichten könne. Werde dem Verbraucher deutlich gemacht, dass die Behandlung **nur seiner Verschönerung** und seiner **Bequemlichkeit** dienen soll und er die Kosten alleine zu tragen habe, dann **fehle** es auch an einem **besonderen Vertrauensverhältnis** des Arztes zum Kranken.[1154]

11.1.2 Schönheitsbehandlung und Eigenverantwortung

Diese grundlegende Entscheidung des Kammergerichts Berlin zur Werbung für Schönheitsmedizin zeigt die **verschiedenen Aspekte** der Beurteilung ärztlicher Werbemaßnahmen auf, die durchaus vertretbar sind. Wenn der **Europäische Gerichtshof** vom Verbraucher verlangt, er habe **durchschnittlich informiert** und **verständig** zu sein,[1155] so muss dies auch für solche Schönheitseingriffe gelten, denen sich die Verbraucher freiwillig unterziehen und über deren Risiken in den Medien ebenso umfassend berichtet wird, wie über die Möglichkeit zur Verschönerung selbst.[1156]

Die Verbraucher haben sich also im Vorfeld ausreichend zu informieren und die Angebote zu vergleichen, wie sie dies auch sonst bei der Verwendung ihrer Geldmittel tun. Dadurch werden sie auch die Werbung der Schönheitskliniken und Schönheitsärzte kritisch einzuordnen und entsprechend zu beurteilen wissen.

Immerhin unterliegt die freie Entscheidung, sich einer Schönheitsoperation zu unterziehen, zunächst der **persönlichen Eigenverantwortung**. Auch wer sich dazu entscheidet, ein schweres schnelles Motorrad zu fahren oder einen Achttausender zu besteigen, trägt für diese Entscheidung die Verantwortung selbst. So sehr eine solche Entscheidung die Lebensqualität subjektiv erhöhen mag, so groß sind die ihr innewohnenden Gefahren. Allerdings bietet die Medienvielfalt hierzu umfassende Informationen, sofern diese von den Verbrauchern angefordert werden.

1154 Zwar bleibe auch die ohne stationäre Unterbringung vorgenommene ambulante Schönheitsoperation eine freiberufliche Behandlung des Arztes – sie werde jedenfalls nach geltendem Recht nicht alleine wegen der fehlenden medizinischen Indikation zu einer gewerblichen. Der verständige Durchschnittsverbraucher erkenne, dass der Arzt hier – vergleichbar mit einem Kosmetiker oder Friseur – Leistungen anbiete, die einem gewerblichen Angebot sehr nahe stünden, KG Berlin, Urt. v. 12.11.2002 – 5 U 325/01 -; sich dieser Entscheidung anschließend LG Berlin, Urt. v. 30.1.2003 – 16 O 561/02 –.

1155 Vgl. hierzu Kapitel 10.2.2.2, S. 225.

1156 Dies entbindet den behandelnden Arzt freilich nicht von dessen ärztlicher Haftung im Falle eines Behandlungsfehlers, sondern fordert eine besonders sorgfältige Aufklärung über die weiteren gesundheitlichen Konsequenzen schönheitschirurgischer Eingriffe – etwa die Notwendigkeit einer weiteren Operationen bei Brustimplantaten usw.

Dennoch wird ein 18-jähriger Motorradfan mangels Lebenserfahrung die möglichen Risiken anders beurteilen als der vierzigjährige Familienvater. Auch vermag eine 18-jährige Schülerin die Risiken bei einer Schönheitsoperation aufgrund ihrer für selbstverständlich angesehenen jugendlichen Gesundheit nicht entsprechend einzuschätzen. Hier kann aber das **Verbraucherleitbild** des Europäischen Gerichtshofes helfen. Er stellt zwar ab auf einen durchschnittlich informierten, aufmerksamen und verständigen Durchschnittsverbraucher.[1157] Dies schließt allerdings nicht aus, dass der Durchschnittsverbraucher im konkreten Einzelfall nach dem **Verständnis- und Informationsgrad seiner jeweiligen Altersgruppe** zu beurteilen ist, was für den Leistungsanbieter – hier den Schönheitsarzt – unter Umständen strengere Haftungskonsequenzen zur Folge haben könnte.

11.1.3 Vorher-Nachher-Fotos und Schönheitsbehandlung

Die vergleichende Abbildung der Wirkung eines Heilmittels durch Darstellung des Körperzustandes oder des Aussehens vor und nach der Anwendung ist nach dem Heilmittelwerbegesetz grundsätzlich unzulässig.[1158] Gemeint sind die sogenannten „**Vorher-Nachher-Fotos**".

Solche Fotos sind nach Ansicht des **Bundesgerichtshofes** allerdings dann zulässig, wenn für Behandlungen geworben wird, die **keine Krankheiten** zum Gegenstand haben, etwa bei der Werbung für **Haartransplantationen**, sofern es sich um den – bei Männern typischen – **erblich bedingten Haarausfall** handelt (im Gegensatz etwa zum **krankheitsbedingten** „kreisrunden" Haarausfall). Das Heilmittelwerbegesetz verbietet nämlich – abgesehen von verschreibungspflichtigen Arzneimitteln – eine Werbung für andere Heilmittel, Verfahren, Behandlungen und Gegenstände nur insoweit, als sich die **Werbeaussage** auf die Erkennung, Beseitigung oder Linderung von **Krankheiten, Leiden, Körperschäden oder krankhaften Beschwerden** bezieht. Der erblich bedingte Haarausfall ist jedoch **keine Krankheit**.[1159]

1157 Vgl. hierzu Kapitel 10.2.2.2, S. 225.

1158 § 11 Abs. 1 Nr. 5 HWG, vgl. hierzu auch *Doepner* und *Bülow/Ring* sowie Kapitel 10.6.9, S. 297.

1159 BGH, Urt. v. 26.9.2002 – I ZR 101/00 – www.bundesgerichtshof.de; ebenso LG Bonn, Urt. v. 17.9.2002 – 11 O 169/02 –.

Die Wirkung von Behandlungen und Verfahren, die ausschließlich der optischen körperlichen Verschönerung dienen, dürfen auch mittels Vorher-Nachher-Fotos dargestellt werden.[1160]

Bei **chirurgischen Operationen**, die ausschließlich aus **ästhetischen** Gründen vorgenommen werden, findet das Verbot der Werbung mit Vorher-Nachher-Fotos dann keine Anwendung, wenn die Eingriffe lediglich der **Verschönerung** dienen. Denn rein ästhetisch wahrnehmbare Abweichungen des äußeren Erscheinungsbildes von dem vorgestellten Erscheinungsbild haben noch keinen Krankheitswert.[1161] Ein Verstoß gegen das Werbeverbot ist bei ästhetisch-chirurgischen Eingriffen allerdings dann anzunehmen, wenn in den „Vorher"-Abbildungen **krankhafte Phänomene** – zum Beispiel die Beseitigung „ästhetischer Verunstaltungen" wie Brandverletzungen oder Hasenscharte – **gezeigt** werden.[1162]

Die Entfernung von – als zu stark empfundener – **Körperbehaarung** mittels **Laserbehandlung** ist als kosmetischer Eingriff zu qualifizieren, der ebenfalls nicht dem HWG unterfällt. Denn es geht um die Einwirkung auf die normale Beschaffenheit und Funktion des Körpers und nicht um die Therapie von Krankheiten.[1163]

Auch der **zu große** oder **zu kleine Busen**, das **fliehende Kinn** oder **dicke Oberschenkel** („Reithosen") sind keine Krankheit, so dass die Darstellung von Vorher-Nachher-Fotos zur Werbung für entsprechende kosmetische Operationen nicht vom Verbot des § 11 HWG erfasst ist.[1164]

Tätowierungen sind nach richtiger Auffassung ebenfalls keine Krankheit im Sinne des HWG.[1165]

1160 Hier mag künftig gesetzgeberischer Korrekturbedarf bestehen. Ob es im Interesse der Patienten notwendig ist, auch die Schönheitsbehandlungen unter den besonderen Schutz des HWG zu stellen, wird nur anhand einer Untersuchung über die mögliche Kausalität zwischen der Werbung für diese Schönheitsbehandlungen und den bekannt gewordenen Arzthaftungsfehlern feststellbar sein.

1161 KG Berlin, Urt. v. 7.3.2003 – 5 U 240/02 –.

1162 KG Berlin, Urt. v. 7.3.2003 – 5 U 240/02 -; OLG München, Urt. v. 28.6.2001 – 23 U 2210/01 –.

1163 OLG Stuttgart, Urt. v. 17.10.2002 – 2 U 40/02 – GRUR 2003, S. 119 ff. m.w.N.

1164 OLG München, Urt. v. 28.6.2001 – 29 U 2210/01 –.

1165 So zutreffend OLG München, Protokoll vom 7.11.2002 – 6 U 5527/01 –.

11.2 Rechtliche Grenzen der Werbung im Schönheitsbereich

11.2.1 Grundlagen

Die Werbung für Schönheitsmedizin mag derzeit den strengen Werbeverboten des Heilmittelgesetzes nicht unterliegen. Allerdings darf auch für Schönheitsmedizin nur in sachlicher und nachprüfbarer Weise geworben werden.

Die Werbung für Schönheitseingriffe befindet sich nicht im rechtsfreien Raum – sie unterliegt ebenfalls den rechtlichen Grenzen des Standesrechts und des Wettbewerbsrechts.

Eine anpreisende Werbung mit Slogans wie beispielsweise „*Wir machen die schönsten Busen*“, „*Werden Sie sexy mit schlanken Schenkeln*“, oder „*Sparen Sie sich schön: Gruppenrabatte für Fettabsaugungen*“[1166] und ähnliche reißerische Aussagen, haben auch im Bereich der Schönheitsmedizin nichts zu suchen.

Insbesondere die Kriterien der gefühlsbetonten Werbung[1167] könnten im werblichen Bereich der Schönheitsmedizin eine neue Dimension erlangen. Denn wer sich zu einer Schönheitsoperation entschließt, um sein Aussehen zu verbessern, mag unter Umständen nicht sehr selbstsicher und damit leichter beeinflussbar sein.[1168] Durch eine vollmundige Werbung werden gleichzeitig die mit jedem körperlichen Eingriff verbundenen Gefahren herunter gespielt oder gar verdrängt. Ein unsicherer und eventuell leichtgläubiger Schönheitskunde, der sich infolge einer unsachlichen Werbung zu einem entsprechenden Eingriff entschließt, riskiert möglicherweise erhebliche gesundheitliche Gefahren.

Jegliche unsachliche Werbung ist im Schönheitsbereich zu untersagen.

Auch der Gesetzesentwurf zur Novellierung des UWG[1169] sieht es in § 4 Nr. 2 UWGE-BReg. als unlautere Wettbewerbshandlung an, wenn die **geschäftliche Unerfahrenheit**[1170] und die **Leichtgläubigkeit** der Verbraucher ausgenutzt wird.

1166 Vgl. hierzu das Urteil des LG Frankfurt/Oder, Kapitel 10.5.3.1, S. 274.
1167 Vgl. hierzu Kapitel 10.5.5, S. 281.
1168 LG Frankfurt/Oder, Urt. v. 24.7.2003 – 32 O 43/03 -, vgl. Kapitel 10.5.3.1, S. 274.
1169 Vgl. hierzu Kapitel 9.2.2, S. 198.
1170 „*...insbesondere von Kindern und Jugendlichen*“. Das Wort „insbesondere“ erlaubt allerdings auch eine Anwendung auf andere Verbraucherkreise.

11.2.2 Schönheitschirurgie und Verwechslungsgefahr

Das Irreführungsverbot des UWG gilt umfassend auch für die schönheitsmedizinische Werbung.[1171]

Irreführend ist es beispielsweise, wenn im Bereich der **Schönheitschirurgie** behauptet wird, die Begriffe „*Kosmetischer Chirurg*“, „*Ästhetischer Chirurg*“ oder „*Schönheitschirurg*“ seien nicht geschützt und könnten daher von jedem Arzt geführt werden, der im Schönheitsbereich tätig sei. Dieser Auffassung wird hier entschieden entgegen getreten: Der Bestandteil „Chirurgie“, „Chirurg“ oder „chirurgisch“ darf zum Schutze des Vertrauens und der Gesundheit der Patienten **ausschließlich** von **Fachärzten für Chirurgie**, für **Plastische Chirurgie** oder von **Mund-Kiefer-Gesichts-Chirurgen** geführt werden. Voraussetzung ist also, dass überhaupt eine gebietsbezogene **Qualifikation in der Chirurgie** vorliegt. So jedenfalls ist die folgende Aussage des Bundesverfassungsgerichts zu verstehen:

Urteil

Als berufswidrig gilt unter anderem das Führen von Zusätzen, die im Zusammenhang mit den geregelten Qualifikationsbezeichnungen und Titeln zu Irrtümern und damit zu einer Verunsicherung der Kranken führen können, was das Vertrauen in den Arztberuf untergraben und langfristig negative Auswirkungen auf die medizinische Versorgung der Bevölkerung haben könnte.

Das Bundesverfassungsgericht 2001 [1172]

Auch eine langjährige Erfahrung auf dem Gebiet der Schönheitschirurige macht einen praktischen Arzt nicht zum Chirurgen. Würde dies gestattet, so könnten unter Berufung auf „besondere Erfahrungen“ sämtliche Facharzt-, Schwerpunkt- oder Zusatzbezeichnungen, wie sie in der Weiterbildungsordnung vorgesehen sind, unterlaufen werden. Dies führt zu einer **Irreführung** der Patienten, die im Vertrauen auf die nach außen geführte Bezeichnung eine besondere, durch formelle Qualifikation belegte Kompetenz erwarten und auch erwarten dürfen. Dies gilt vor allem für die sogenannten „Schönheitsärzte“.

Gerade bei medizinisch nicht notwendigen Eingriffen auf Wunsch der Patienten, die – wie beispielsweise Brustvergrößerungen – zugleich mit erheblichen gesundheitlichen Risiken und operativen Folgeerscheinungen verbunden sind, müssen

---

1171 Vgl. hierzu Kapitel 10.2, S. 220 ff.

1172 BVerfG, Beschl. v. 18.10.2001 m.w.N. – 1 BvR 881/00 – www.bverfg.de = WRP 2001, S. 1437 ff.; BVerfG, Beschl. v. 23.7.2001 – 1 BvR 872/00 – www.bverfg.de.

weitere Risiken zum Schutze der Patienten ausgeschlossen werden: diese Risiken können auch durch vorgespiegelte, oder jedenfalls irreführende Qualifikationsangaben entstehen. Dem Schutz der Patienten vor Gesundheitsgefährdungen muss auch künftig Vorrang eingeräumt werden vor dem – durch unlautere Werbung dokumentierten – Gewinnstreben mancher Schönheitskliniken und -Institute.

Die **Ärztekammern** sind daher aufgefordert, auch im Bereich der Schönheitsmedizin streng darauf zu achten, dass keine irreführenden Bezeichnungen geführt werden, welche geeignet sind, die Patienten über die tatsächlichen Qualifikationen zu täuschen.[1173]

1173 Vgl. zur Regelungsbefugnis und zum Überprüfungsrecht der Ärztekammern Kapitel 7.4.9, S. 104 ff.

12 Exkurs: Klinik- und Institutswerbung

12.1 Grundlagen

12.1.1 Ärzte dürfen auch gewerblich tätig sein

Der **Arztberuf** ist ein **freier Beruf**.[1174] Die Tätigkeit des Arztes als **persönliche Dienstleistung** höherer Art unterfällt daher nicht dem Gewerbebegriff.[1175] Dies bedeutet jedoch nicht, dass Ärzte nicht auch ein Gewerbe betreiben dürften.[1176] Der Gesetzgeber, dem die Ordnung von Berufsbildern obliegt, hat davon abgesehen, eine ärztliche und eine gewerblich-unternehmerische Tätigkeit für unvereinbar zu erklären.

> Die Befugnis, eine gewerbliche Tätigkeit unter eigenem Namen auszuüben, ist Bestandteil des verfassungsrechtlich gewährleisteten Persönlichkeitsrechts.[1177]

Dieses Recht wird in besonderer Weise durch das **Grundrecht der Berufsfreiheit** konkretisiert, dessen hoher Rang in dem engen Zusammenhang mit der freien Entfaltung der menschlichen Persönlichkeit im Ganzen begründet ist.[1178]

1174 § 1 BÄO, § 1 MBO. Vgl. zu diesem Begriff und zur zunehmenden Restriktion durch Gesetzgebung und Verwaltung *Quaas*.

1175 Die Ausübung ärztlicher und anderer Heilberufe ist gem. § 6 Abs. 2 GewO vom Anwendungsbereich der Gewerbeordnung ausgenommen. Dies gilt allerdings nicht für den Fall, dass Ärzte auch Kliniken betreiben. Angesichts der Diskussion um die Einführung einer Gewerbesteuer für Freiberufler scheint allerdings der Grundsatz der Freiberuflichkeit heute nicht mehr unantastbar.

1176 Gewerbe im Sinne der Gewerbeordnung ist „jede nicht sozial unwertige auf Gewinnerzielung gerichtete und auf Dauer angelegte Tätigkeit, ausgenommen Urproduktion, freie Berufe und bloße Verwaltung des eigenen Vermögens", BVerwG, Urt. v. 24.6.1976, NJW 1977, S. 772, st. Rspr., zuletzt BVerwG, NVwZ 1993, S. 775. Zur steuerrechtlichen Definition vgl. § 15 Abs. 22 Einkommenssteuergesetz und *Robinski*, S. 18, Rn. 4.
Der Begriff „Gewerbe" ist ein unbestimmter Rechtsbegriff; er ist „dynamischer Natur", d.h. dass er sich den gesellschaftlichen und wirtschaftlichen Entwicklungen anpasst, vgl. *Robinski*, S. 19 Rn. 8 m.w.N.

1177 Art. 2 Abs. 1 GG i.V.m. Art. 1 Abs. 1 GG.

1178 BVerfG, Beschl. v. 19.11.1985 – 1 BvR 38/78 – MedR 1986, S. 134.
Vgl. hierzu auch *Robinski*, S. 9, Rn. 22 ff. und S. 13, Rn. 33.

Auch Ärzte dürfen neben ihrer freiberuflichen oder angestellten ärztlichen Tätigkeit gewerblich tätig werden, obwohl es sich hierbei um auf Gewinnerzielung ausgerichtete Unternehmen handelt.[1179]

Ärzte dürfen also **Kliniken, Sanatorien, Institute** oder andere Unternehmen **betreiben** und für diese auch gegen Entgelt tätig werden. Es spielt keine Rolle, ob die Ärzte zugleich Gesellschafter und/oder Geschäftsführer dieser Unternehmen sind. Unerheblich ist auch, welche gesellschaftsrechtliche Unternehmensform gewählt wird.[1180] Dies hat der Bundesgerichtshof ausdrücklich bestätigt und eine Zahnheilkunde-GmbH 1993 für rechtlich zulässig erklärt.[1181]

1179 § 1 der Gewerbeordnung bestimmt: *Der Betrieb eines Gewerbes ist jedermann gestattet, soweit nicht durch dieses Gesetz Ausnahmen oder Beschränkungen vorgeschrieben oder zugelassen sind.*

1180 Gewerbetreibende können entweder natürliche oder juristische Personen sein, etwa eine GmbH oder Aktiengesellschaft. Die Frage, wer als Gewerbetreibender anzusehen ist, hat eine erhebliche praktische Bedeutung, da sich hiernach entscheidet, wer gemäß § 14 GewO anzeigepflichtig ist, wem eine gewerberechtliche Erlaubnis zu erteilen ist und wer Adressat einer Untersagungsverfügung ist, vgl. *Robinski*, S. 41, Rn. 1.

1181 BGH, Urt.v. 25.11.1993 – I ZR 281/91 – in BGHZ 124, S. 226 = MedR 1994, S. 152 mit Anm. *Taupitz*. Hiervon strikt zu trennen ist die Frage der **Abrechnungsfähigkeit** kassenärztlicher Leistungen und privatärztlicher Leistungen durch eine GmbH. Typischerweise können ambulante ärztliche Leistungen im Rahmen einer gewerberechtlichen Gesellschaftsform weder bei den gesetzlichen noch bei den privaten Krankenversicherern durch das Institut selbst abgerechnet werden. Diese Leistungen müssen vom Patienten privat bezahlt werden. Hiervon zu unterscheiden sind ferner die **steuerrechtlichen Auswirkungen**, die an dieser Stelle nicht besprochen werden können.

12.1.2 Die Bedeutung der Klinik-Konzession

Die Gründung einer Privatklinik erfordert eine **gewerberechtliche Konzession** des Unternehmers zum Betrieb einer **Privatkrankenanstalt** nach § 30 GewO.[1182]

Der Begriff der „**Privatkrankenanstalt**" ist gesetzlich **nicht definiert**. Es können Privatkrankenanstalten, Privatentbindungsanstalten oder Privatnervenkliniken sein ebenso wie Rehabilitationseinrichtungen, Kurkrankenhäuser oder Sanatorien.[1183] Der **Unternehmensgegenstand** der Privatkrankenanstalt muss in der **medizinischen Heilbehandlung** von Patienten liegen; eine „Mindestbehandlungsdauer" ist im Gesetz nicht vorgegeben.

Im Rahmen des **Erlaubnisverfahrens nach § 30 GewO** werden die Voraussetzungen zum Betrieb einer Klinik umfassend geprüft. Die Konzession kann nur unter bestimmten Voraussetzungen versagt werden:

- wenn Unzuverlässigkeit der Klinikleitung oder der Verwaltung zu befürchten ist,
- wenn die baulichen und technischen Voraussetzungen nicht erfüllt sind oder
- wenn Gefahren für die Mitbewohner des Gebäudes oder die Bewohner benachbarter Grundstücke drohen.[1184]

Sind hingegen sämtliche Voraussetzungen erfüllt, so hat der Antragsteller einen **Rechtsanspruch** auf Erteilung der Konzession zum Betrieb einer Privatklinik.[1185]

1182 Der Unternehmer kann Arzt sein, braucht es aber nicht zu sein. Sofern er Arzt und somit Freiberufler ist, unterliegt er bezüglich seiner unternehmerischen Tätigkeit beim Betrieb der Anstalt zusätzlich den gewerberechtlichen Vorschriften, vgl. *Robinski*, S. 133, Rn. 52.
Zur wettbewerbswidrigen Anzeigenwerbung einer „Augenklinik", die nicht über eine gewerberechtliche Konzession verfügte: LG Mainz, Urt. v. 30.11.2000 – 1 O 110/00 –.

1183 **Öffentliche Anstalten** sind hingegen Krankenhäuser, Heilanstalten, Genesungsheime, Bade- und Kuranstalten, die vom Bund, den Ländern und den Gemeinden betrieben werden. Hierzu gehören auch Universitätskliniken sowie Kliniken der öffentlichen Krankenkassen und Berufsgenossenschaften, *Friauf*, § 30 GewO Rn. 6. Zum Begriff der konzessionspflichtigen Krankenanstalt ausführlich *Friauf*, § 30 GewO Rn. 7-10.

1184 Vgl. hierzu im einzelnen den Wortlaut des § 30 Gewerbeordnung (GewO) sowie die entsprechende Kommentierung bei *Friauf*.

1185 Vgl. hierzu ausführlich *Friauf*, § 30 GewO Rn. 14 – 24.
Die medizinische Entwicklung hat in der letzten Zeit eine Reihe neuartiger privater Einrichtungen entstehen lassen, denen die Bestimmung des weitgehend noch aus dem Jahr 1869 stammenden § 30 GewO nach Meinung der Gesundheitsbehörden nicht ausreichend Rechnung trägt, z.B. die Praxiskliniken, Einrichtungen für ambulantes Operieren, Einrichtungen für Schwangerschaftsabbrüche, Dialysezentren und Sauerstoffkammern. Daher gibt es Bestrebungen, die Vorschrift des § 30 GewO grundsätzlich zu erneuern, vgl. hierzu weiter *Robinski* S. 133, Rn. 50.

12.2 Das Werberecht der Kliniken

12.2.1 Sachliche Klinikwerbung ist grundsätzlich zulässig

Kliniken unterliegen nicht der ärztlichen Berufsordnung.[1186]

Diese Differenzierung begann mit der „**Sanatoriumsentscheidung**" aus dem Jahre 1985: Das ärztliche Standesrecht hatte damals grundsätzlich jegliche Werbung – auch sachliche Informationen – untersagt und Kliniken sowie Sanatorien ebenfalls diesem strengen Werbeverbot unterstellt. Das Bundesverfassungsgericht hatte demgegenüber den – nach der damaligen Berufsordnung unzulässigen – Hinweis einer Klinik auf mehrere Indikationen und auf den behandelnden Arzt für zulässig erklärt. Denn ärztliche Inhaber von Sanatorien würden infolge des **höheren sachlichen und personellen Aufwandes** und der **laufenden Betriebskosten** durch Werbebeschränkungen typischerweise stärker belastet als die Gruppe der niedergelassenen Ärzte. Eine werberechtliche Privilegierung der Klinikärzte und der Klinikwerbung sei durch diese betriebswirtschaftlichen Unterschiede gerechtfertigt.[1187]

Die **Gefahr einer Umgehung** des Werbeverbotes rechtfertigte nach damaliger Auffassung des Bundesverfassungsgerichts keine Anwendung der ärztlichen Werbebeschränkungen auf Kliniken. Denn die Einrichtung von Sanatorien oder Kliniken sei derart **kostenaufwendig**, dass die Annahme wirklichkeitsfremd wäre, sie erfolge lediglich zur Umgehung des Werbeverbotes. Würden Sanatorien zum Betrieb eines gewerblichen Unternehmens gegründet, handele es sich überhaupt nicht um den Fall einer Umgehung. Wirkliche Umgehungsversuche, etwa durch die Errichtung von „**Zimmerkliniken**", ließen sich standesrechtlich auf andere Weise unterbinden.[1188]

1186 St. Rspr., so zuletzt BVerfG, Beschl. v. 4.7.2000 – 1 BvR 547/99 – www.bverfg.de.

1187 *„Die Privilegierung der Werbemöglichkeiten soll es den gewerblich tätigen Ärzten ermöglichen, mit ihrem Unternehmen in Wettbewerb zu denjenigen gewerblichen Konkurrenzunternehmen zu treten, die von Nichtärzten geleitet werden und daher den ärztlichen Werbebeschränkungen nicht unterliegen"*, vgl. BVerfG, Beschl. v. 19.11.1985 – 1 BvR 38/78 – MedR 1986, S. 134; ebenso angesichts des damaligen strengen Werbeverbotes des § 27 BOÄ Bayern 1998 noch BGH, Urt. v. 31.10.2002 – I ZR 60/00 – www.bundesgerichtshof.de und BVerfG, Beschl. v. 17.7.2003 – 1 BvR 2115/02 – www.bverfg.de.

1188 BVerfG, Beschl. v. 19.11.1985 – 1 BvR 38/78 – MedR 1986, S. 134. (Offensichtlich gab es damals noch nicht diese Vielfalt an konzessionierten „Zimmer-, Klein- und Kleinstkliniken"!) Angesichts der Novellierung des ärztlichen Werberechts und der damit einhergehenden Gleichstellung mit dem Werberecht der Kliniken, kommt es heute allerdings nicht mehr auf den Aspekt einer Umgehung des ärztlichen Werbeverbotes an.

12.2.2 Das Klinikprivileg gilt auch für Zimmerkliniken

Mit der „Implantatentscheidung" von Juli 2000 hat das Bundesverfassungsgericht die werberechtliche Privilegierung auch auf Zimmerkliniken ausgeweitet.

In der betroffenen Klinik wurden durch **einen einzigen Zahnarzt vorwiegend ambulante Implantatbehandlungen** durchgeführt. Eine **stationäre Behandlung** kam nur in **Ausnahmefällen** vor, hätte aber durch die Vorhaltung von **zwei Zimmern** gewährleistet werden können. Der Zahnarzt betrieb in demselben Gebäude seine niedergelassene Praxis.[1189]

Damit rückt das Bundesverfassungsgericht von seinem früheren Erfordernis besonderer räumlicher und personeller Ausstattung ab.

Denn selbstverständlich kann eine Zimmerklinik der oben beschriebenen Art nicht mit Kliniken und Sanatorien verglichen werden, die meist zwischen 50 bis 500 Betten haben. Vielmehr unterscheidet sich diese Zimmerklinik kaum von einer etwas größeren Arztpraxis, die neben einem Behandlungszimmer meist auch zwei weitere Räume hat, in die man erforderlichenfalls zwei Betten stellen könnte. Der durch dieses Urteil offensichtlich gewordene **Wettbewerbsnachteil** zu Lasten der niedergelassenen Ärzte ist bereits in Kapitel 4.2.3, S. 44 dargestellt. Seit der Novellierung des ärztlichen Werberechts wurde diese Diskrimierung jedoch endgültig beseitigt, denn Kliniken und Arztpraxen haben heute dasselbe Recht zur Informationswerbung.[1190]

Von dem **Werbeprivileg profitieren** nicht nur die dort **angestellten Ärzte**. Auch die in der Klinik tätigen **Belegärzte** nehmen ebenso wie die angestellten Ärzte am gewerblichen Erfolg der Klinik teil. Belegärzte partizipieren daher umfassend am Werberecht der Kliniken.[1191]

Unerheblich ist ferner, ob in der Klinik vorwiegend ambulante Leistungen erbracht werden. Denn **auch ambulante Leistungen** sind gewerbliche **Leistungen** und werden als klinische Leistungen abgerechnet. Daher dürfen auch ambulante Klinikleistungen **beworben** werden. Dies hat das **Bundesverfassungsgericht** in seiner „**Implantatentscheidung**" gegen die Auffassung des Bundesgerichtshofs ausdrücklich entschieden.[1192]

1189 Vgl. hierzu weiter Kapitel 10.3.6, S. 247.
1190 Vgl. hierzu das nachfolgende Kapitel 12.2.3, S. 320 ff.
1191 Vgl. hierzu Kapitel 12.2.4.3, S. 324.
1192 BVerfG, Beschl. v. 4.7.2000 – 1 BvR 547/99 – www.bverfg.de.

12.2.3 Die Unterschiede zwischen Klinik- und Arztwerbung

Das Standesrecht differenziert heute ausdrücklich nicht mehr zwischen der Werbung durch niedergelassene Ärzte und der Werbung durch **Sanatorien**, **Kliniken**, **Institutionen** und **anderen Unternehmen**.[1193]

Ärzte und Kliniken haben heute dieselben
Informations- und Werberechte.[1194]

Eine Differenzierung des ärztlichen Werberechts zwischen Arztpraxen und Kliniken und eine damit einhergehende Privilegierung der Klinikwerbung wäre auch nicht gerechtfertigt. Denn jedes Werbeverbot erfordert nach der Rechtsprechung des Bundesverfassungsgerichts den Schutz eines wesentlichen **Gemeinwohlbelangs**.[1195] Es ist hierbei nicht ersichtlich, weshalb Patienten vor der Werbung durch niedergelassene Ärzte mehr zu schützen sein sollten, als vor der Werbung durch Kliniken.

So dürfen auch Kliniken für ihre Leistungen nicht in anpreisender Form werben oder die in der Klinik tätigen Ärzte **anpreisend herausstellen.**[1196]

Das Sachlichkeitsgebot zum Schutz des Vertrauens der Patienten
gilt für alle Anbieter von Gesundheitsleistungen, somit auch für Kliniken.

Selbstverständlich ist auch Kliniken eine **irreführende Werbung verboten**. Dies ergibt sich – wie für den gesamten Geschäftsverkehr – aus dem allgemeinen Wettbewerbsrecht, das auch von Kliniken zu beachten ist.[1197]

Auch Kliniken unterliegen dem Wettbewerbsrecht
und dem Heilmittelwerberecht.

1193 Die entsprechende Vorschrift des § 27 II 1 MBO 2000 wurde aufgehoben.

1194 So nach Ansicht der *Autorin* inzident auch BVerfG, Beschl. v. 17.7.2003 – 1 BvR 2115/02 – www.bverfg.de. Anders noch – bedingt durch das zwischenzeitlich überholte strenge Werbeverbot des § 27 BOÄ Bayern – BGH, Urt. v. 31.10.2002 – I ZR 60/00 – www.bundesgerichtshof.de.

1195 Vgl. hierzu Kapitel 9.3, S. 208 ff.

1196 Ebenso *Rieger*, MedR 1999, S. 513. Vgl. zum Verbot der anpreisenden Werbung ausführlich Kapitel 10.3, S. 242 ff. und nachfolgendes Kapitel 12.3.1, S. 327.

1197 Vgl. Kapitel 10.2, S. 220.

Schließlich sind auch Kliniken grundsätzlich an die Vorschriften des **Heilmittelwerbegesetzes** gebunden.[1198]

Eine **Ausnahme** gilt lediglich für die **vergleichende Werbung**, die im Gegensatz zur Verbotsvorschrift des § 27 Abs. 3 MBO 2002 den Kliniken dann gestattet ist, wenn die allgemeinen Grenzen des Wettbewerbsrechts beachtet werden. Kliniken dürfen – im Gegensatz zu niedergelassenen Ärzten[1199] – vergleichende Werbung betreiben.[1200]

12.2.4 Rechtsprechung zur erlaubten Klinikwerbung

12.2.4.1 Zulässige Bezeichnung als „Klinik"

Urteil

Ein gewerbliches Unternehmen, das als GmbH sowohl **ambulante** als auch **stationäre** zahnärztliche **Behandlungsleistungen** anbietet, darf in seinem Namen das Wort „Klinik" führen, wenn dort zumindest **ein Drittel** der behandelten Patienten **stationär** behandelt werden und eine entsprechende Relation im Umsatz zu verzeichnen ist. Unter diesen Umständen ist die Bezeichnung als Klinik nicht irreführend.

Bundesgerichtshof 1996 [1201]

1198 Vgl. zum HWG Kapitel 10.6, S. 285 ff. Anders demgegenüber, aber systematisch bedenklich, BGH, Urt. v. 31.10.2002 – I ZR 60/00 – www.bundesgerichtshof.de

1199 Vgl. zum Verbot vergleichender Werbung für Ärzte Kapitel 10.4.4, S. 259.

1200 Die Zulässigkeit vergleichender Werbung ergibt sich bereits aus der sozialrechtlichen Vorschrift des § 39 III SGB V: Danach erstellen die Krankenkassen unter Mitwirkung der Landeskrankenhausgesellschaft und der Kassenärztlichen Vereinigungen ein **Verzeichnis** der in den Krankenhäusern eines Bundeslandes angebotenen **stationären Leistungen** und **Entgelte**. Dabei sind die Entgelte so zusammenzustellen, dass sie **miteinander verglichen** werden können. Zweck dieses Verzeichnisses ist es, Krankenkassen und Ärzten einen raschen Überblick über die in Betracht kommenden Krankenhäuser zu verschaffen, damit verstärkt **preisgünstige Einrichtungen in Anspruch genommen werden,** vgl. *Höfer*, in: KassKomm., § 39 SGB V, Rn. 47 unter Berufung auf die Begründung des Regierungsentwurfs zu § 38 GRG; *Rieger*, MedR 1999, S. 513.
Diese gesetzlichen Regelungen gehen als **höherrangiges Recht** der ärztlichen Berufsordnung vor und beinhalten damit zugleich die Erlaubnis zur gesetzlich zulässigen vergleichenden Werbung für Kliniken. So auch *Rieger*, MedR 1999, S. 513. Zu den Grenzen vergleichender Werbung vgl. Kapitel 10.4.3, S. 256.
Zur vergleichenden Klinikwerbung s. auch *Bertram Koch.*

1201 BGH, Urt. v. 7.6.1996 – I ZR 103/94 – GRUR 1996, S. 802, in Aufhebung des Urteils des OLG Köln v. 8.4.1994 – 6 U 74/93 – NJW 1994, S. 3017.

Aus den Urteilsgründen

Der Begriff „Klinik" ist synonym mit dem Begriff „Krankenhaus".
Für den Klinikbegriff kommt es entscheidend auf die Verkehrsauffassung an, also darauf, was die potentiellen Patienten unter diesem Begriff verstehen. Die Verkehrserwartung richtet sich hierbei entscheidend an der Möglichkeit einer stationären Behandlung – im Unterschied zu einer rein ambulanten – aus.

Nicht entscheidend für den Klinikbegriff ist das quantitative Verhältnis der Anzahl der stationären zu der Zahl der ambulanten Behandlungen.

Die Klinikbezeichnung darf nicht bereits deshalb verwehrt werden, weil die ambulanten Behandlungen die stationären überwiegen.[1202] *Das zahlenmäßige Verhältnis der stationären und ambulanten Behandlungen kann zwar ein die Verkehrsauffassung mitbestimmender Umstand sein, ist aber nicht der einzige.*

Es ist keine Voraussetzung, dass in einer Klinik – wie etwa in Krankenhäusern – vorrangig schwere Erkrankungen zu heilen und insbesondere aufwendige operative Eingriffe durchzuführen sind.[1203]

Wesentlich sind nach Art und Umfang die im Einzelfall zu berücksichtigenden stationären Behandlungstätigkeiten gegenüber den ambulanten. Wesentlich ist ferner die personelle Ausstattung mit Ärzten und Pflegepersonal sowie die apparative und sonstige räumliche Ausstattung. Von Bedeutung können darüber hinaus Art und Umfang der Möglichkeiten zur stationären Aufnahme und Durchführung von Behandlungen auch zur Nachtzeit und in Notfällen sein.

Entscheidend ist das Gesamtbild, in das die Gewichtung des ärztlichen und pflegerischen Aufwands für die jeweiligen stationären und ambulanten Behandlungstätigkeiten eingehen muss.

Ambulante Behandlungen werden in der Regel in relativ kurzer Zeit durchgeführt, stationäre Behandlungen bedürfen dagegen häufig einer wesentlich zeitaufwendigeren und intensiveren ärztlichen Behandlung, Nachbehandlung, pflegerischen Betreuung und Verköstigung. Daher bestimmen die stationären Behandlungen – bei der gebotenen Gewichtung des jeweiligen ärztlichen und pflegerischen Aufwands –

1202 Nach Angaben der Klinikleitung wurden stationäre Behandlungen im Verhältnis zu den ambulanten Behandlungen nur zu etwa 30% durchgeführt. Sie machten jedoch 60% des Gesamtumsatzes aus. Auch dies hielt der BGH für ein wesentliches Kriterium.

1203 Dies wäre nach Ansicht des BGH eine unzulässige Einengung des Klinikbegriffes.

das Erscheinungsbild als Klinik auch dann, wenn die ambulanten Behandlungen zwar weit überwiegen, aber für den Verkehr in ihrer medizinischen Bedeutung hinter die der stationären Behandlungen zurücktreten.

Entscheidend ist schließlich, ob aufgrund des Vorhandenseins einer Betten-Abteilung eine gewerbliche Konzession zur Einrichtung eines Privatkrankenhauses nach § 30 GewO vorliegt. Denn typischerweise werden im Genehmigungsverfahren nach § 30 GewO alle Voraussetzungen für einen – den medizinischen Anforderungen genügenden – Klinikbetrieb geprüft.

12.2.4.2 Zulässige Bezeichnung als „Tagesklinik"

Urteil

Die Bezeichnung als „Tagesklinik" ist unter bestimmten Voraussetzungen zulässig.

Oberlandesgericht München 1999 [1204]

Aus den Urteilsgründen

Unter der Bezeichnung „Tagesklinik" versteht der allgemeine Verkehr einerseits weniger als die Einrichtung einer Klinik, in der ein krankheitsbedingtes Verweilen über eine oder mehrere Nächte möglich ist. Aus dem Bestandteil „Tages-" schließt er, dass eine Übernachtung nicht gewährt wird. Andererseits versteht er darunter mehr als eine Arztpraxis, selbst wenn dort im ambulanten Betrieb Operationen vorgenommen werden. Es muss dort eine, wenn auch nicht über den Tag hinausgehende, stationäre Unterbringung für Heilung und Pflege möglich sein. Diese Voraussetzungen sind erfüllt, wenn in einer Einrichtung, die kosmetische Eigenhaarverpflanzungen vornimmt, neben zwei Ruheliegen für Patienten in zwei getrennten Patientenzimmern Krankenhausbetten, Schrank, Tisch und Fernseher vorhanden sind und benützt werden und darüber hinaus durch eine Krankenschwester Medikamente und Spritzen verabreicht werden.

1204 OLG München, Urt. v. 11.3.1999 – 6 U 2075/98 – GRUR 2000, S. 91.
Der **Bundesgerichtshof** hatte demgegenüber das vom LG Konstanz und OLG Karlsruhe gegenüber einer GmbH, die vorwiegend schönheitsmedizinische Leistungen erbringt, ausgesprochene **Verbot**, mit dem Begriff „Tagesklinik" zu werben, durch Nichtannahme der Revision **bestätigt**, vgl. BGH, Urt. v. 15.5.2003 – I ZR 217/00 – www.bundesgerichtshof.de.

Stellungnahme

Die Angabe „Tagesklinik“ darf nicht irreführend sein. Nur wenn sich die Ausstattung der Räumlichkeiten tatsächlich in räumlicher, personeller und technischer Hinsicht deutlich von einer typischen Arztpraxis derselben Facharztgruppe abhebt und die oben genannten Kriterien nachweislich vorliegen, wird man die Bezeichnung einer Arztpraxis als Tagesklinik erlauben dürfen. Dies wird insbesondere für solche Einrichtungen gelten, die sich auf ambulante Operationen spezialisiert haben und eine entsprechende – mit einer Klinik vergleichbare – technische Ausstattung vorhalten.[1205]

12.2.4.3 Das Klinikprivileg gilt auch für Belegärzte

Urteil

Bei Kliniken, die mit **Belegärzten** arbeiten, darf die Grenze zwischen der gewerblich tätigen Klinik und dem freiberuflichen Arzt nicht in der Weise verschoben werden, dass die Klinik unmittelbar an die Berufsordnung für Ärzte gebunden wird.

Soweit sich für Belegärzte in Kliniken zusätzliche Erwerbschancen eröffnen, nehmen diese in zulässiger Weise am gewerblichen Erfolg solcher Einrichtungen teil. Dies ist bei ihnen nicht anders als bei angestellten Ärzten.

Das Bundesverfassungsgericht 2000 [1206]

Aus den Urteilsgründen

Da Kliniken generell nicht den ärztlichen Werbeverboten unterliegen, lässt ihr Marketingverhalten auch keinen negativen Rückschluss auf die dort beschäftigten oder sonst tätigen Ärzte zu. Eine Verunsicherung der Patienten oder eine Kommerzialisierung ärztlicher Tätigkeit setzt insoweit das Vorliegen besonderer Umstände voraus.

Würde man die gewerblichen Unternehmen, die zur Erfüllung ihrer Aufgaben Belegärzte benötigen, den Werbeverboten bzw. Werbebeschränkungen der ärztlichen Berufsordnung unterwerfen, würde man sie in ihrer Selbstdarstellung im Verhältnis zu den großen Mitbewerbern empfindlich einschränken.[1207]

1205 So auch *Ratzel-Lippert*, S. 316. Vgl. aber auch OLG Hamburg, MedR 1997, S. 177.

1206 BVerfG, Beschl. v. 4.7.2000 – 1 BvR 547/99 – www.bverfg.de; überholt daher BGH, Urt. v. 10.11.1999 – I ZR 121/97 – MedR 2000, S. 533 ff.

1207 *„Dies muss nicht ausnahmslos unzulässig sein, bedarf aber der Rechtfertigung vor Art. 12 Abs. 1 GG“*, BVerfG Beschl. v. 4.7.2000 – 1 BvR 547/99 – www.bverfg.de.

Ob eine Klinik-Ambulanz mit Belegärzten betrieben werden darf, ist eine Frage des Arztrechts und nicht eine solche der Werbung.[1208]

12.2.4.4 Zulässige Werbung auch für ambulante Eingriffe

Urteil

Auch wenn **ambulante** Eingriffe in einer Klinik durchgeführt und als klinische Leistungen abgerechnet werden, werden hiermit **gewerbliche Umsätze** erzielt. Solange die Klinik nicht nur als Vorwand betrieben wird, bleiben auch die dort angebotenen ambulanten Leistungen solche des Gewerbebetriebs.

Die Werbebeschränkungen in der Berufsordnung für Ärzte beziehen sich nicht auf ambulante Leistungen und die für sie vorgenommene Werbung.

Das Bundesverfassungsgericht 2000 [1209]

12.2.4.5 Zulässige Werbung mit Krankheitsbildern

Urteil

Eine Gefäßklinik darf mit den medizinischen Begriffen *„Krampfadern"*, *„Besenreiser"*, *„Durchblutungsstörungen"*, *„ein offenes Bein"*, *„eine Thrombose"* und einer Kurzbeschreibung zu jeder Indikation für ihr Behandlungs- und Leistungsangebot werben. Die Schilderungen der fünf Krankheitsbilder sind sachlich und für den Patienten rein informativ.

Das Bundesverfassungsgericht 2003 [1210]

1208 BVerfG, Beschl. v. 4.7.2000 – 1 BvR 547/99 – www.bverfg.de.

1209 BVerfG, Beschl. v. 4.7.2000 (Implantatentscheidung) – 1 BvR 547/99 – www.bverfg.de. Mit dieser Entscheidung hatte das Bundesverfassungsgericht zu Recht die Trennung zwischen der Werbung für ambulante Klinikleistungen und der Werbung für stationäre Leistungen aufgehoben, die bislang vom Bundesgerichtshof vorgenommen wurde, vgl. etwa BGH, Urt. v. 14.4.1994 – I ZR 12/92 – MedR 1995, S. 113, zuletzt noch BGH, Urt. v. 26.11.1998 – I ZR 179/96 – WRP 1999, S. 501.

1210 BVerfG, Beschl. v. 17.7.2003 – 1 BvR 2115/ 02 – www.bverfg.de. Jeder dieser Begriffe war durch einen Link anklickbar, der zu jeweils einer weiteren zugehörigen Internetseite mit einer kurzen Beschreibung des Krankheitsbildes führte sowie einer Darstellung, wie und wie oft die Krankheit in der Klinik behandelt wurde.

12.2.4.6 Die Sanatoriumsentscheidung

Urteil

Eine Klinik darf mit mehreren Indikationen werben und zugleich auf den behandelnden Arzt verweisen. Der wahrheitsgemäße und sachlich gehaltene Hinweis auf mehrere tatsächlich angebotene Indikationen und auf die dabei angewandten Behandlungsmethoden lässt sich im Allgemeininteresse ebenso wenig beanstanden wie die Angabe mehrerer rechtsförmlich erworbener fachlicher Qualifikationen.

Das Bundesverfassungsgericht 1985 [1211]

Der Hinweis auf mehrere Indikationen und den behandelnden Arzt liegt im Informationsinteresse der Patienten, die sich über das Leistungsangebot konkurrierender Sanatorien informieren wollen.[1212]

1211 BVerfG, Beschl. v. 19.11.1985 – 1 BvR 38/78 – MedR 1986, S. 134.
Die Sanatoriumsentscheidung ist – ebenso wie die Implantatentscheidung – ein eindrucksvolles Beispiel uneinheitlicher Rechtsprechung über vier Instanzen.

1212 Dieses Interesse der Patienten besteht allerdings nicht nur an Kliniken, sondern gleichermaßen an niedergelassenen Haus- und Fachärzten.

12.3 Die Grenzen der Klinikwerbung

12.3.1 Das Verbot der anpreisenden Klinikwerbung

Eine Grenze der zulässigen Werbung ergibt sich für Kliniken dann, wenn **mit ärztlichen Leistungen** oder mit **der Person des Arztes** geworben werden soll (im Gegensatz beispielsweise zur zulässigen Werbung für die sogenannten „Hotelleistungen" wie Unterbringung und Verpflegung in der Klinik[1213]). Dies ist auch Kliniken nur insoweit gestattet, als die Person oder Leistung des Arztes **sachlich** dargestellt wird.

Eine anpreisende Herausstellung von Ärzten ist auch Kliniken nicht gestattet.[1214]

Ärztliche Leistungen sind Vertrauensleistungen, die der Patient nicht im Vorfeld beurteilen kann[1215] – dies gilt unabhängig von der Rechtsform, in welcher der Arzt tätig ist. Der von den Patienten notwendigerweise zu erbringende Vertrauensvorschuss ist genauso schutzwürdig, wenn diese Leistungen in einer Klinik anstatt in einer Arztpraxis erbracht werden. Der Schutz der Gesundheit und des Vertrauens der Patienten bezieht sich grundsätzlich auf alle ärztlichen Leistungen und damit auch auf jegliche Werbung für ärztliche und medizinische Leistungen.

Im übrigen darf nicht außer Acht gelassen werden, dass auch diejenigen Ärzte, die in einer Klinik, einem Sanatorium oder einem Institut tätig sind, Mitglied der Ärztekammer sind und folglich den bindenden Vorschriften des ärztlichen Standesrechts unterliegen.

12.3.2 Die Grenzen des Wettbewerbsrechts

Eine weitere Grenze der Klinikwerbung ergibt sich aus dem Wettbewerbsrecht.[1216]

Die Klinikwerbung unterliegt uneingeschränkt dem allgemeinen Wettbewerbsrecht.

1213 Vgl. hierzu auch BVerfG, Beschl. v. 17.7.2003 – 1 BvR 2115/02 – www.bverfg.de.

1214 Unzulässig war daher der Klinikslogan „*Vorsprung durch Wettbewerb*", OLG München, Urt. v. 30.6.2000 – 29 U 6146/99 –. Vgl. zum Verbot der anpreisenden Werbung und dessen Sinn und Zweck Kapitel 10.3, S. 242 ff.

1215 Vgl. hierzu Kapitel 6.1.1, S. 65 ff.

1216 Vgl. hierzu Kapitel 9.2, S. 197 und Kapitel 10.2, S. 220 ff.

12.3.2.1 Das Verbot der Irreführung durch Belegkrankenhaus

Urteil

Ein Krankenhaus, das ausschließlich oder ganz überwiegend mit Belegärzten arbeitet, muss diesen Umstand in seiner Werbung kenntlich machen. Andernfalls erweckt es den unrichtigen und irreführenden Eindruck, es handle sich um ein typisches Anstaltskrankenhaus, in dem die ärztliche Versorgung durch angestellte Ärzte in dessen Auftrag erfolge.

Bundesgerichtshof 1990,[1217] Oberlandesgericht Nürnberg 1997 [1218]

Aus den Urteilsgründen

Reine Belegkrankenhäuser, deren ärztliche Leistungen ausschließlich durch Belegärzte erbracht werden, spielen gegenüber dem Normaltyp des Anstaltskrankenhauses und der Mischform des Anstaltskrankenhauses mit Belegabteilungen zahlenmäßig keine große Rolle. Fehlt ein ausdrücklicher Hinweis auf diese Krankenhausform, wird allein dadurch bei einem nicht unerheblichen Teil der angesprochenen Verkehrskreise der Eindruck erweckt, es handle sich um ein Anstaltskrankenhaus.

Der Verkehrskreis erwartet daher, dass erhebliche Teile des Leistungsangebotes und insbesondere die ärztliche Grundversorgung (Aufnahme des Patienten, Überwachung und Betreuung der Stationen, Eingreifen in Notfällen u.ä.) durch angestellte eigene, in den Verantwortungsbereich des Krankenhauses selbst eingebundene und insbesondere in genügender Zahl anwesende und erreichbare Ärzte des Krankenhauses vorgenommen werden.

Diese Fehlvorstellung ist wettbewerbsrechtlich relevant, da Belegkrankenhäuser gegenüber Anstaltskrankenhäusern erhebliche grundsätzliche Unterschiede und auch Nachteile aufweisen, die auch dann relevant sind, wenn das Krankenhaus eine medizinisch-technische Ausstattung der höchsten Versorgungsstufe hätte und auch den ärztlichen Dienst durch die Vertragsgestaltung mit den Belegärzten so organisiert haben sollte, dass eine ständige Konsultation und Zusammenarbeit zwischen den einzelnen Ärzten stattfindet.

Denn dadurch können die strukturell bedingten Nachteile haftungsrechtlicher Natur nicht beseitigt werden. Das Belegarztwesen bringt es mit sich, dass der Arztvertrag zwischen dem Belegarzt und dem Patienten geschlossen wird und deshalb das Krankenhaus für Belegarztfehler nicht haftet.

1217 BGH, Urt. v. 29.3.1990 – I ZR 76/88 – WRP 1990, S. 750.

1218 OLG Nürnberg, Urt. v. 12.2.1997 – 3 U 2096/96 – MedR 1998, S. 133.

Die Kenntnis des Patienten, welchem Typ das Krankenhaus zuzuordnen ist, kann bei seiner Entschließung zu einem Krankenhausaufenthalt von entscheidender Bedeutung sein.

12.3.2.2 Unzulässige Bezeichnung als „Fachkrankenhaus für Durchblutungserscheinungen"

Urteil

Ein Krankenhaus darf sich nicht als „**Fachkrankenhaus für Durchblutungserscheinungen**" bezeichnen, wenn es sich nicht aufgrund einer besonderen fachorientierten Ausbildung seines ärztlichen Personals von einem Normalkrankenhaus unterscheidet und lediglich einen begrenzten Bereich von Durchblutungserkrankungen, nicht auch schwere Erscheinungsformen etwa durch Operation behandeln kann.

Bundesgerichtshof 1988 [1219]

12.3.3 Das Verbot des unsachlichen Vergleichs

Kliniken dürfen zwar grundsätzlich auch vergleichende Werbung betreiben.[1220] Vergleichende Werbung ist allerdings auch für Kliniken nicht uneingeschränkt zulässig. Der Vergleich muss **objektiv nachprüfbar** sein. Dies bedeutet, dass sich der Vergleich auf eine oder mehrere wesentliche, nachprüfbare und typische Eigenschaften der Dienstleistungen beziehen muss, § 2 UWG.[1221]

Das **OLG Nürnberg** hatte es daher als unsachlich und wettbewerbswidrig gewertet, dass eine Privatklinik ihre wesentlich kürzere Verweildauer der Patienten mit der Verweildauer normaler Krankenhäuser vergleicht. Auch die Behauptung, eine Privatklinik unterscheide sich – in für Patienten positiver Weise – von Krankenhäusern dadurch, dass in ihr auch ambulante Leistungen erbracht werden, sei unsach-

1219 BGH, Urt. v. 15.6.1988 – I ZR 51/87 – GRUR 1988, S. 841 ff.
1220 Vgl. hierzu Kapitel 10.4, S. 254 ff.
1221 Zu den Voraussetzungen und Grenzen vergleichender Werbung vgl. Kapitel 10.4, S. 254 ff.

lich und unzutreffend, da auch in Krankenhäusern ambulante Leistungen erbracht werden.[1222]

Das Urteil wurde jedoch in diesem Punkt vom **Bundesgerichtshof aufgehoben** und wegen der ungeklärten Einordnung des Krankenhausstatus der Belegklinik zur Beweisaufnahme **zurückverwiesen**, um die Grundlage für einen sachgerechten Vergleich zu schaffen.[1223]

1222 OLG Nürnberg, Urt. v. 19.10.1999 – 3 U 1249/99 –:
Eine Klinik, die ausschließlich Privatpatienten und sonstige Selbstzahler aufnimmt, ist aufgrund ihrer Patientenstruktur nicht mit den normalen Anstaltskrankenhäusern vergleichbar. Eine Privatklinik wird wesentlich weniger chronisch Kranke haben und solche Patienten schon gar nicht aufnehmen, die aus finanziellen Gründen nicht in anderen Institutionen wie Pflegeheimen gepflegt werden können. Es ist deshalb wahrscheinlich, dass der Vergleich zu der durchschnittlichen Verweildauer in anderen Krankenhäusern nicht aussagekräftig ist. Diese Unsicherheit führt zur Unzulässigkeit des Vergleichs. Das Gebot der Wahrheit und Sachlichkeit verlangt nämlich, dass den angesprochenen Verkehrskreisen prinzipiell eine Gesamtabwägung der einzelnen Vorzüge und Nachteile der gegenübergestellten Umstände möglich sein muss.

1223 BGH, Urt. v. 31.10.2002 – I ZR 60/00 – www.bundesgerichtshof.de.
Die Urteilsbegründung ist nach Ansicht der *Autorin* allerdings nicht nachvollziehbar.

12.4 Das Werberecht der Institute – heute überholt

Ärzte haben jahrelang versucht, durch Gründung von „Instituten“ oder ähnlichen Unternehmen die als unsinnig empfundenen Werbeverbote zu umschiffen,[1224] wobei sie allerdings häufig wegen „Umgehung des Werbeverbotes“ zur Unterlassung verurteilt wurden.[1225]

Die **Gründung von Kapitalgesellschaften**, insbesondere in Form von **GmbHs zum Zwecke der Werbung** für die angebotenen ärztlichen und medizinischen Leistungen, ist **heute überflüssig** geworden. Denn **auch niedergelassene Ärzte** haben ein **Recht zur Informationswerbung**. Sie sind daher nicht mehr gezwungen, auf andere Rechtsformen auszuweichen und sich gleichzeitig dem Vorwurf der „Umgehung ärztlicher Werbeverbote“ auszusetzen.

Das Rechtsgebilde der „Institutswerbung“ ist angesichts der Liberalisierung des Werberechts heute überholt.[1226]

Auf eine Darstellung der hierzu ergangenen höchst widersprüchlichen und uneinheitlichen Rechtsprechung und Literatur soll daher verzichtet werden.

Es sei an dieser Stelle lediglich **empfohlen**, eine **Gründung von Instituten nicht** mehr ausschließlich **für Werbezwecke** vorzunehmen.[1227] Die Ausübung der Heilkunde in gewerblicher Form ist derzeit nur für Kliniken und Sanatorien uneingeschränkt möglich und gegenüber den Krankenkassen abrechenbar. Verschiedene Bundesländer verbieten die Ausübung der Heilkunde außerhalb der niedergelassenen Arztpraxis sogar völlig.[1228] Im übrigen ist die Liquidierung ärztlicher Leistungen durch eine GmbH weder gegenüber den Krankenkassen noch gegenüber den privaten Krankenversicherungen möglich.

[1224] Vgl. hierzu beispielhaft den Fall unter Kapitel 10.2.4.8, S. 236.

[1225] So zuletzt – allerdings rechtlich unvertretbar – BGH, Urt. v. 11.7.2002 – I ZR 219/01 – NJW-RR 2002, S. 1685; BGH, Urt. v. 10.11.1999 – I ZR 121/97 – NJW 2000, S. 1789; OLG Nürnberg, Urt. v. 12.2.1997 – 3 U 2096/96 – MedR 1998, S. 133; LG Köln, Urt. v. 14.4.2000 – 81 O 5/00 -; OLG Hamburg, Urt. v. 5.5.1994 – 3 U 281/93, 312 O 318/93 – MedR 1994, S. 451, zuletzt noch OLG Bamberg, Urt. v. 20.12.2000 – 3 U 227/00 (Verbot der Bezeichnung einer Schönheitspraxis als „F 19“).

[1226] Vgl. zur Werbung eines gewerblichen Insitutes für Haartransplantationen: BGH, Urt. v. 28.3.2002 – I ZR 283/99 = GRUR 2002, S. 725 ff. Der BGH hatte eine berufswidrige Werbung für die dort tätige Ärztin und damit eine Störerhaftung des Instituts verneint. Ebenso OLG Stuttgart, Urt. v. 17.10.2002 – 2 U 40/02 – WRP 2003, S. 119 ff.

[1227] Es sei denn, der Arzt will keine medizinischen, sondern ausschließlich gewerbliche Leistungen anbieten, etwa Kosmetikprodukte oder Nahrungsergänzungsmittel verkaufen.

[1228] So etwa Nordrhein-Westfalen und Bayern, vgl. dazu OVG NRW, Urt. v. 14.9.2000 – 13 A 2633/98 – MedR 2001, S. 150 (nicht rechtskräftig) und BayVerfGH v. 13.12.1999 – Vf. 5-VII-95 u.a. -, NJW 2000, S. 3419.

Es müssen daher gewichtige steuerliche oder gesellschaftsrechtliche Gründe vorliegen, welche die Ausübung ärztlicher Tätigkeit in einem gewerberechtlichen Unternehmen dennoch attraktiv scheinen lassen.

Nach sorgfältigem Studium dieses Buches mögen auch die niedergelassenen Ärzte von ihren Informationsmöglichkeiten überzeugt sein. Sie reichen nach Ansicht der Autorin in zufriedenstellender Weise aus, „Gutes zu tun und darüber auch zu sprechen.“ Ärzte können heute einen klaren Weg gehen und offen ihre eigenen Leistungen vorstellen. Sie müssen sich nicht mehr hinter gesellschaftsrechtlichen Konstrukten und Instituten verstecken. Das wollen und verstehen auch die Patienten nicht.

13 Werbeverstöße und ihre Rechtsfolgen

Verstöße gegen das ärztliche Werberecht können in zweifacher Hinsicht verfolgt werden: zivilrechtlich durch einen **Wettbewerbsprozess** und berufsrechtlich durch ein **Berufsgerichtsverfahren**.

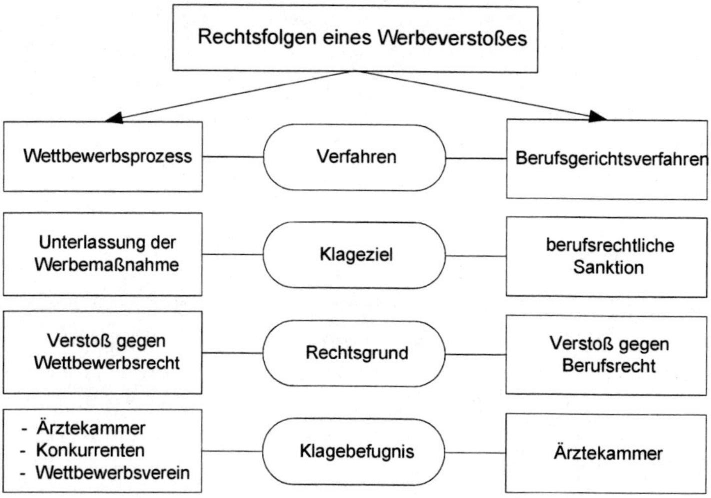

13.1 Der Wettbewerbsprozess

13.1.1 Besonderheiten des Wettbewerbsprozesses

Der Wettbewerbsprozess dient dazu, **unlautere** Wettbewerbshandlungen **gerichtlich festzustellen** und – gegebenenfalls mit Druckmitteln – künftig zu **unterbinden**. Der Wettbewerbsprozess wird vor den Zivilgerichten ausgetragen, besitzt jedoch ein wesentlich anderes Gepräge als der normale Zivilrechtsstreit. In aller Regel ist der Wettbewerbsprozess außerordentlich schnell, weshalb zügig agiert und schnell reagiert werden muss.[1229] Im vorprozessualen Stadium – also in der **Abmahnphase**, wie auch im Rechtsstreit selbst – sind **kurze Fristen** an der Tagesordnung.

Im Wettbewerbsprozess dominiert die sog. „Einstweilige Verfügung".[1230]

1229 Vgl. zur Anspruchsdurchsetzung und Anspruchsabwehr wettbewerbsrechtlicher Ansprüche umfassend *Teplitzky*.

1230 Der **Unterlassungsanspruch** kann jedoch **wahlweise** durch **Klage** oder durch **einstweilige Verfügung** verfolgt werden, *Baumbach/Hefermehl,* § 25 UWG Rn. 1 m.w.N.

Denn Wettbewerbsverstöße wirken oft rasch; unberechtigte Vorteile und Nachteile lassen sich unter Umständen schwer ausgleichen; das Urteil im typischen Klageverfahren kommt meist zu spät. Das bedeutet zugleich, dass hier besonders vorsichtig und sorgfältig vorgegangen werden muss: Der wegen eines vermeintlichen Werbeverstoßes verklagte Arzt sollte sich spezialisierte anwaltliche Beratung suchen. Andererseits müssen sich **Ärztekammern** oder **konkurrierende, klagende Ärzte** darüber im Klaren sein, dass sie gegenüber dem verklagten Arzt eventuell **schadensersatzpflichtig** werden, wenn die einstweilige Verfügung in einem späteren Klageverfahren wieder aufgehoben wird, weil sich die beanstandete Maßnahme als rechtmäßig herausstellt.[1231]

13.1.2 Wer ist im Wettbewerbsprozess klageberechtigt?

Im Wettbewerbsprozess klageberechtigt sind grundsätzlich die **Mitbewerber**, also die **Ärzte**, soweit sie **gleiche** oder **verwandte ärztliche Leistungen** erbringen.[1232] Auf die **räumliche Entfernung** zwischen den beiden Arztpraxen oder Kliniken kommt es dann nicht an, wenn die Patienten oder Kunden bestimmte medizinische Leistungen erfahrungsgemäß landesweit oder sogar bundesweit in Anspruch nehmen, etwa bei Schönheitsoperationen.[1233]

Voraussetzung für einen Verstoß gegen § 1 UWG ist allerdings, dass der Verstoß geeignet ist, dem Arzt als sogenannten "Verletzer" **ungerechtfertigte Wettbewerbsvorteile vor seinen ärztlichen Kollegen** zu verschaffen.[1234] Der gerügte Werbeverstoß des Arztes muss also **geeignet** sein, den **Wettbewerb** im Dienstleistungsbereich der Ärzte **wesentlich zu beeinträchtigen**, § 13 Abs. 2 Nr. 1 UWG. Dies kommt angesichts der gewandelten Rechtslage nur noch in Betracht, wenn eine berufswidrige Werbung vorliegt, wie sie in diesem Buch in Kapitel 10, S. 217 ff. ausführlich beschrieben ist.

1231 Vgl. hierzu auch *Baumbach/Hefermehl*, § 25 UWG Rn. 1.

1232 § 13 Abs. 2 Nr. 1, 2 UWG, vgl. hierzu etwa das Urteil des BGH v. 9.10.1997 – I ZR 92/95 – WRP 1998, S. 172 ff.

1233 So zutreffend LG Berlin, Urt. v. 30.1.2003 – 16 O 561/02 –.

1234 Diese **Einschränkung der Klagebefugnis** wurde mit der Novellierung des UWG 1994 eingeführt. Ziel der Regelung war es, der missbräuchlichen Geltendmachung von Unterlassungsansprüchen durch überzogene Klage- und Abmahntätigkeit vor allem seitens der Verbände zu begegnen. Damit wird die **Verfolgung von Bagatellverstößen erheblich eingeengt** und auf wettbewerblich spürbare Verletzungen beschränkt. Die Auswirkungen des Werbeverstoßes müssen so gewichtig sein, dass die **Interessen der Allgemeinheit** einschliesslich der **Verbraucher ernsthaft betroffen** sind, vgl. hierzu ausführlich *Baumbach/Hefermehl*, § 13 UWG Rn. 18 a-d. Die **Rechtsprechung** ist in diesem Punkt sehr **uneinheitlich**, vgl. einschränkend BGH, Urt. v. 10.11.1999 – I ZR 121/97 – NJW 2000, S. 1789.

Diese **Einschränkung gilt** nicht nur **für** die **ärztlichen Konkurrenten**, sondern auch für die **Ärztekammern,** deren gesetzliche Pflicht es ist, auf die Einhaltung der beruflichen Pflichten zu achten.[1235]

Klagebefugt sind grundsätzlich auch die **Ärztekammern** oder **Zahnärztekammern.** Die Kammern freier Berufe sind „Verbände zur Förderung gewerblicher Interessen" im Sinne des § 13 Abs. 2 Nr. 2 UWG, weil auch sie – ungeachtet ihrer öffentlich-rechtlichen Aufgabenstellung – die beruflichen Belange ihrer Mitglieder zu wahren und zu fördern haben.[1236]

Die **Ärztekammern** dürfen gegen ihre ärztlichen Mitglieder auch **zivilrechtliche Unterlassungsansprüche** im Wettbewerbsprozess geltend machen; sie sind nicht auf das Berufsgerichtsverfahren beschränkt. Denn berufsrechtlich kann das Gericht lediglich eine Warnung oder einen Verweis erteilen oder eine Geldbuße verhängen. Dagegen sehen die Berufsgerichtsordnungen keine Möglichkeiten vor, eine Unterlassungsverfügung zu erlassen, die vollstreckbar wäre. Eine Warnung oder ein Verweis geht nicht weiter als ein Feststellungsurteil. Den Kammern stehen somit keine der zivilrechtlichen Unterlassungsklage entsprechenden berufsrechtlichen Mittel zu Gebote. Daher kann es ihnen auch unter dem Gesichtspunkt eines möglichst schonenden Umgangs mit ihren Mitgliedern nicht verwehrt werden, zivilrechtlichen Ansprüche auf dem dafür von der Rechtsordnung vorgesehenen Wege durchzusetzen.[1237]

Klagebefugt sind schließlich die **rechtsfähigen Verbände zur Förderung gewerblicher Interessen,**[1238] z.B. die Zentrale zur Bekämpfung unlauteren Wettbewerbs e.V. (**Wettbewerbszentrale**[1239]). Es muss ihnen jedoch eine **erhebliche Anzahl von Gewerbetreibenden angehören**, die Waren oder gewerbliche Leistungen gleicher oder verwandter Art auf demselben Markt vertreiben.[1240]

1235 Ständige Rechtsprechung, vgl. nur BGH, Urt. v. 9.10.1997 – I ZR 92/95 – WRP 1998 S. 172. **Ärztekammern** sind auch gegenüber **Belegärzten** und **Krankenhausärzten** klagebefugt, vgl. hierzu ausführlich OLG Nürnberg Urt. v. 12.2.1997 – 3 U 2096/96 – MedR 1998, S. 133.

1236 BGH, Urt. v. 25.10.2001 – I ZR 29/99 – www.bundesgerichtshof.de.

1237 Allgemeine Rechtsprechung, vgl. etwa zur Klagebefugnis der Rechtsanwaltskammern BGH, Urt. v. 25.10.2001 – I ZR 29/99 – www.bundesgerichtshof.de; ebenso OLG Hamm, Urt. v. 11.2.2003 – 4 U 148/02 – www.justiz.nrw.de; OLG Köln, Urt. v. 9.3.2001 – 6 U 127/00 – NJW-RR 2002, S. 204 ff.; OLG Hamburg, Urt. v. 23.4.1998 – 3 U 258/97 – MedR 2000, S. 329 ff.

1238 § 13 Abs. 2 Nr. 2 UWG. Zur Prozessführungsbefugnis eines Verbandes aus einer über einen anderen Verband vermittelten Mitgliedschaft vgl. BGH, Urt. v. 16.1.2003 – BGH I ZR 51/02 –.

1239 Die Wettbewerbszentrale mit Sitz in Bad Homburg wurde im Jahr 1912 als Selbstkontrollorgan der Wirtschaft gegründet. Mitglieder der Wettbewerbszentrale sind Industrie- und Handelskammern, Handwerkskammern, 100 Unternehmen sowie 400 Verbände und Organisationen, darunter auch die Ärztekammern. Ziel des branchenübergreifenden Zusammenschlusses von Unternehmen und Verbänden ist die Wahrung eines fairen Wettbewerbs im Rahmen der Selbstverantwortung, vgl. weiter www.wettbewerbszentrale.de.

Nicht klagebefugt sind grundsätzlich die **Verbraucher**[1241] bzw. die Allgemeinheit, obwohl das UWG auch die Interessen dieser Seiten zu schützen hat. Allerdings haben die Verbraucher bei unwahren und irreführenden Angaben zumindest ein **Rücktrittsrecht** nach § 13 a UWG.[1242] Bei Verstößen gegen sogenannte **Verbraucherschutzgesetze** können bestimmte Einrichtungen nach dem neuen **Unterlassungsklagengesetz**[1243] aber **Unterlassungsansprüche** geltend machen. **Verbraucherschutzgesetze** sind insbesondere die Vorschriften der §§ 3-13 des **Heilmittelwerbegesetzes,** § 2 Abs. 2 Nr. 5 UKlaG. Die Reform des UWG sieht künftig auch das **UWG** ausdrücklich als **Verbraucherschutzgesetz** an.[1244]

Klagegegner im Wettbewerbsprozess ist der **Verletzer**, also der **Arzt** oder der **dritte Störer**,[1245] z.B. Kliniken, Institute, Verleger / Herausgeber von Verzeichnissen[1246] oder Presseorgane.

13.1.3 Die außergerichtliche Erledigung

13.1.3.1 Die Abmahnung

Bevor ein Wettbewerbsprozess eingeleitet wird, ist sorgfältig zu prüfen, ob der Verletzer nicht vorher **abgemahnt** werden sollte. Die Abmahnung ist zwar keine Prozessvoraussetzung. Die ständige Rechtsprechung geht jedoch **ohne vorige Abmahnung** davon aus, dass der werbende Arzt oder das für ihn werbende Unternehmen

1240 Ferner müssen solche Verbände nach ihrer personellen, sachlichen und finanziellen Ausstattung imstande sein, ihre satzungsmäßigen Aufgaben der Verfolgung gewerblicher Interessen tatsächlich wahrzunehmen, § 13 Abs. 2 Nr. 2 UWG.

1241 Anders etwa in der Schweiz, wo der **Verbraucherschutzaspekt** eine wesentlich grössere Bedeutung besitzt als in Deutschland. Vgl. **kritisch** zur Regelung in Deutschland: *Emmerich*, S. 323 m.w.N.

1242 Sollte also aufgrund irreführender oder unwahrer Angaben ein Arzt- bzw. Behandlungsvertrag zustande gekommen sein, hat der Patient das Recht, von diesem Vertrag zurück zu treten. Dieses Recht besteht auch, falls diese Werbung von einem Dritten ausgeht (oftmals also einer Klinik) und der Arzt die Unwahrheit der Angabe oder ihre Eignung zur Irreführung kannte oder kennen musste oder sich die Werbung mit dieser Angabe durch eigene Maßnahmen zu eigen gemacht hat, vgl. § 13 a Abs. 1 S. 2 UWG.

1243 Vom 26.11.2001, in Kraft seit 1.1.2002, BGBl. I 2001, S. 3173. Neufassung des UKlaG vom 27.8.2002, BGBl I 2002, S. 3422. Klagebefugt sind im Falle der Verletzung von Verbraucherschutzgesetzen sog. „qualifizierte Einrichtungen" im Sinne der §§ 3 und 4 UKlaG, rechtsfähige Verbände zur Förderung gewerblicher Interessen sowie die Industrie- und Handelskammern und die Handwerkskammern. Vgl. hierzu auch *Palandt*, S. 2690 ff.

1244 Vgl. § 1 UWGE-BReg. v. 9.5.2003 – BR-Drucks. 301/03.

1245 Vgl. zur Störerhaftung Kapitel 9.2.7, S. 206 ff.

1246 Vgl. zur Veranwortlichkeit der Herausgeber entsprechender Verzeichnisse BGH, Urt. v. 10.4.1997 – I ZR 3/95 – WRP 1997, S. 1059 ff.

keine Veranlassung zur Einleitung des **Prozesses** gegeben hat. Dies hat **finanzielle Konsequenzen,** falls der **Verletzer** im Prozess den Unterlassungsanspruch **sofort anerkennt**.

Wer einen Wettbewerbsprozess ohne vorherige Abmahnung einleitet, hat die gesamten Kosten des Verfahrens zu tragen, wenn der Gegner den Unterlassungsanspruch unverzüglich anerkennt oder eine Unterlassungserklärung abgibt.[1247]

Die **Abmahnung** enthält die **Aufforderung** an den Arzt oder den dritten Störer, eine **strafbewehrte Unterlassungserklärung** abzugeben. Der Adressat soll erklären, für den Fall einer erstmaligen oder erneuten wettbewerbsrechtlichen Verletzungshandlung eine angemessene **Vertragsstrafe** zu zahlen. Der Verletzer muss ein sog. Vertragsstrafeversprechen abgeben, das geeignet ist, ihn ernsthaft von Wiederholungen der Verletzungshandlung abzuhalten.[1248] Zur Abgabe dieser Erklärung wird ihm eine **Frist** gesetzt.

Als Reaktion auf die Abmahnung ergeben sich grundsätzlich zwei Möglichkeiten:

1. Der Adressat gibt fristgerecht die verlangte Unterlassungserklärung ab.[1249] Dies kann auch ausschließlich per Telefax geschehen.[1250] Der Gläubiger hat damit einen eigenständigen schuldrechtlichen Anspruch, der ihn in den Stand setzt, den Unterlassungsanspruch ohne rechtliche Zweifel und Beweisschwierigkeiten durchzusetzen und damit einen Schutz vor weiteren Wettbewerbsverstößen, der einer gerichtlichen Entscheidung fast gleichwertig ist.[1251]
   Ca. 90 % aller Wettbewerbsstreitigkeiten werden durch Abmahnung und Abgabe einer strafbewehrten Unterlassungserklärung erledigt. Die außerge-

---

1247 § 93 ZPO, es sei denn, der Verletzer hat durch sein Verhalten Anlass zur Klage gegeben, vgl. *Emmerich*, S. 364.

1248 Die Abmahnung muss die wettbewerbswidrige Handlung in der konkreten Verletzungsform angeben und den daraus hergeleiteten Verstoß so klar und eindeutig bezeichnen, dass der Verletzer die gebotenen Folgerungen ziehen kann. Sie enthält gleichzeitig die Androhung des gerichtlichen Vorgehens für den Fall, dass die verlangte Erklärung nicht abgegeben wird. Vgl. zur Abmahnung ausführlich *Baumbach/Hefermehl,* Einl. UWG Rn. 529 ff.

1249 In diesem Fall erlischt der *gesetzliche* Unterlassungsanspruch, weil die Wiederholungsgefahr entfallen ist. Der Gläubiger erlangt dafür einen *vertraglichen* Unterlassungsanspruch und kann im Falle eines weiteren Verstoßes eine Vertragsstrafe verlangen. Es kommt zwischen den Parteien ein sog. Unterlassungsvertrag zustande.

1250 LG Mainz, Urt. v. 6.12.2001 – 11 HK.O 56/01 –.

1251 Der Verfügungsgrund für eine anschließende einstweilige gerichtliche Verfügung ist mit der Abgabe einer Unterlassungserklärung erloschen, ein entsprechender Antrag wäre auf Kosten des Antragstellers zurückzuweisen, vgl. LG Mainz, Urt. v. 6.12.2001 – 11 HK.O 56/01.

richtliche Erledigung ist Hauptzweck einer Abmahnung.[1252]

2. Der Adressat verweigert die Unterlassungserklärung. Nun muss der Gläubiger seinen Anspruch durch einstweilige Verfügung oder im Klageverfahren durchzusetzen versuchen. Der Adressat sollte zur Vermeidung einer einstweiligen Verfügung ohne mündliche Verhandlung unter Umständen eine Schutzschrift einreichen.

Maßgebend für die **Reichweite** einer abgegebenen **Unterlassungsverpflichtung** ist der wirkliche **Wille der Vertragsparteien.**[1253] Hierfür sind nach den Auslegungsgrundsätzen neben dem Inhalt der Erklärung auch die beiderseits bekannten Umstände, insbesondere die Art und Weise des Zustandekommens der Vereinbarung, ihr Zweck und die Interessenlage der Vertragsschließenden heranzuziehen.[1254]

Danach kann sich ergeben, dass von einer Unterlassungsverpflichtung über den konkreten Wortlaut der Erklärung hinaus auch **im Kern gleichartige Verletzungsformen** erfasst werden sollen. Diese Auslegung entspricht dem **Zweck des Unterlassungsvertrages**, der regelmäßig darin liegt, nach einer Verletzungshandlung die Vermutung der **Wiederholungsgefahr auszuräumen** und die Durchführung eines gerichtlichen Verfahrens entbehrlich zu machen. Die Vermutung der Wiederholungsgefahr greift jedoch nicht allein für die identische Verletzungsform ein, sondern umfasst alle im Kern gleichartigen Verletzungshandlungen.[1255]

Sofern auch nach Abgabe einer Unterlassungserklärung eine Verletzungshandlung vorliegt, muss der **Verletzer beweisen**, dass ihn hieran **keine Schuld** trifft. Er hat hierfür substantiiert nachzuweisen, dass er sämtliche erforderlichen Maßnahmen unternommen hat, um eine weitere Verletzung zu unterbinden.[1256]

1252 *Köhler/Piper* vor § 13 UWG Rn. 125.
1253 §§ 133, 157 BGB.
1254 BGH, Urt. v. 3.7.2003 – I ZR 297/00 – www.bundesgerichtshof.de.
1255 BGH, Urt. v. 3.7.2003 – I ZR 297/00 – www.bundesgerichtshof.de.
1256 BGH, Urt. v. 3.7.2003 – I ZR 297/00 – www.bundesgerichtshof.de.

13.1.3.2 Die Schutzschrift

Abmahnung und das anschließende Verfügungsverfahren sind für den Betroffenen deshalb so **gefährlich**, weil dies zum Erlass einer einstweiligen Unterlassungsverfügung führen kann, **ohne dass er jemals gehört worden** ist.[1257] Um dies zu vermeiden, sollte der Betroffene vorsorglich eine **Schutzschrift** bei Gericht einreichen, wenn er die Abmahnung für unberechtigt hält. Die Schutzschrift eröffnet die Möglichkeit, **vor Erlass** einer einstweiligen Verfügung in jedem Fall **selbst zu Wort zu kommen**.[1258]

Ziel der Schutzschrift ist die Abweisung des Verfügungsantrages oder zumindest die Anberaumung einer mündlichen Verhandlung.

Die Schutzschrift muss sich jedoch nicht hierauf beschränken, es kann dort auch bereits sachlich zu der Berechtigung des erwarteten Antrags Stellung genommen werden.[1259] Die **Kosten einer Schutzschrift**, die vorsorglich zur Verteidigung gegen einen erwarteten Antrag auf Erlass einer einstweiligen Verfügung eingereicht worden sind, sind grundsätzlich erstattungsfähig, wenn ein entsprechender Verfügungsantrag eingereicht und vom Gericht abgelehnt oder vom Antragsteller zurückgenommen wurde.[1260]

13.1.4 Die einstweilige Verfügung

Für die einstweilige Verfügung ist es nicht notwendig, eine besondere Eilbedürftigkeit oder Dringlichkeit zu behaupten. Es ist auch nicht darzulegen, dass das Unterlassungsgebot zur Abwendung schwerer Nachteile notwendig erscheint. Vielmehr wird im Wettbewerbsprozess die **Dringlichkeit vermutet**. Diese Vermutung kann allerdings **widerlegt** werden.[1261]

Eine **Entscheidung** erfolgt grundsätzlich aufgrund **mündlicher Verhandlung** durch Urteil, gegen das **nur die Berufung**, nicht hingegen die Revision **möglich** ist.[1262] Lediglich in **dringenden** Fällen sowie dann, wenn der Antrag als unzulässig

---

1257 § 937 II ZPO.

1258 Die Schutzschrift bringt jedoch kein Verfahren in Gang, sondern äußert sich zu einem erwarteten Verfahren, vgl. BGH, Beschl. v. 13.2.2003 – I ZB 23/02 –.

1259 *Emmerich*, S. 371.

1260 BGH, Beschl. v. 13.2.2003 – I ZB 23/02 – www.bundesgerichtshof.de, vgl. dort auch zur Begrenzung der anwaltlichen Gebühr auf 5/10 gem. § 32 Abs. 1 BRAGO.

1261 § 25 UWG – im Gegensatz zur einstweiligen Verfügung im normalen Zivilprozess, vgl. §§ 935 und 940 ZPO. Zur Widerlegung der Dringlichkeitsvermutung vgl. etwa *Emmerich*, S. 374.

1262 §§ 937 I, 922 ZPO; § 545 II S. 1 ZPO. Zur Möglichkeit einer Entscheidung durch eine Einigungsstelle vgl. *Baumbach/Hefermehl*, § 27 a UWG.

oder unbegründet zurückgewiesen wird, kann **ohne mündliche Verhandlung** durch Beschluss entschieden werden.[1263]

Der Wettbewerbsprozess ist grundsätzlich am Gericht des **Niederlassungs- oder Tätigkeitsortes** des werbenden Arztes zu führen.[1264] Da der Streitwert meist über 5.000,- € liegen wird, sind die **Landgerichte** sachlich zuständig.[1265] Beide Parteien **müssen** sich vor den Landgerichten **anwaltlich vertreten** lassen.[1266]

Seit dem Jahr 2000 ist die anwaltliche Vertretung nicht mehr auf die am zuständigen Gericht zugelassenen Rechtsanwälte begrenzt. **Anwälte** können heute **bundesweit** Wettbewerbsprozesse vertreten.

Zu beachten ist die **kurze Verjährungsfrist** des § 21 UWG im Wettbewerbsprozess: Der Unterlassungs- und Schadensersatzanspruch verjährt bereits **sechs Monate** seit Kenntniserlangung von der wettbewerbswidrigen Handlung.[1267]

Die kurze Verjährungsfrist von sechs Monaten läuft trotz der Einleitung eines einstweiligen Verfügungsverfahrens weiter.

Eine **endgültige gerichtliche Klärung** erfolgt also nur, wenn

- der Verletzer im Rahmen des einstweiligen Verfügungsverfahrens den Unterlassungsanspruch durch eine Abschlusserklärung endgültig anerkennt[1268]
- oder innerhalb von sechs Monaten ein Klageverfahren gegen ihn eingeleitet wird.

1263 §§ 937 II, 922 I S. 1 ZPO.

1264 §§ 937 I, 943 ZPO i.V.m. § 24 UWG. In dringenden Fällen besteht daneben eine Zuständigkeit des Amtsgerichts, § 942 ZPO. Unter denselben Voraussetzungen kann der Vorsitzende allein anstelle der Kammer entscheiden, § 942 ZPO.

1265 § 23 Gerichtsverfassungsgesetz. Am Landgericht sind die Kammern für Handelssachen zuständig, § 27 I UWG.

1266 Die **einstweilige Verfügung** kann ohne notwendige anwaltliche Vertretung **eingereicht** werden. Ein Anwalt wird allerdings dann notwendig, wenn das Gericht die einstweilige Verfügung durch **mündliche Verhandlung** und nicht durch schriftlichen Beschluss entscheidet.

1267 Ohne Kenntnismöglichkeit verjährt der Unterlassungsanspruch erst drei Jahre nach Begehung der Verletzungshandlung. Bei Schadensersatzansprüchen beginnt die Verjährung allerdings erst mit der tatsächlichen Entstehung eines Schadens, § 21 II UWG.

1268 In der Abschlusserklärung muss – ebenso wie in der außergerichtlichen Unterlassungserklärung – der ernsthafte Wille zum Ausdruck kommen, den beanstandeten Wettbewerbsverstoß zu unterlassen.

Möglicher Verlauf einer Werbemaßnahme:

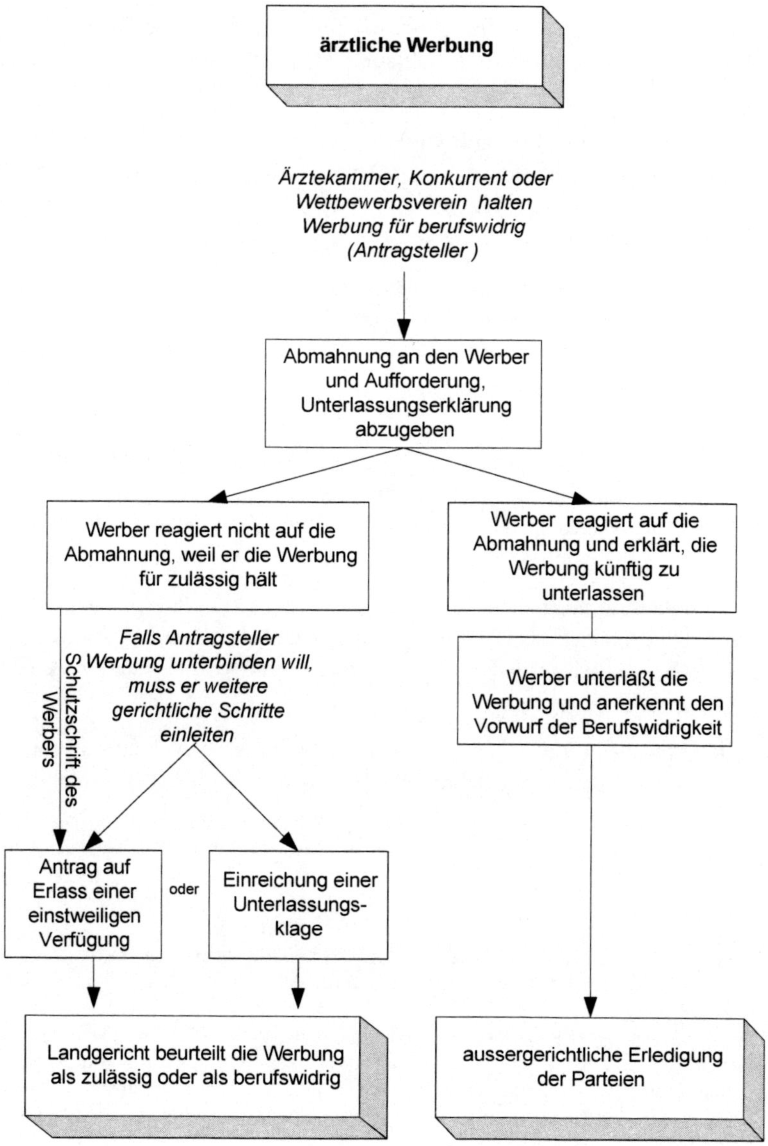

13.1.5 Zivilrechtliche Folgen

Die Rechtsfolgen eines Wettbewerbsprozesses sind im wesentlichen nicht anders als in anderen Verfahren, die den Beklagten zu einem Tun oder Unterlassen verurteilen:[1269]

- **Die Werbemaßnahme ist zulässig:**
  Der Arzt gewinnt den Prozess – ein Unterlassungsanspruch gegen ihn besteht nicht; der **Antragsteller / Kläger**[1270] ist verpflichtet, die gesamten **Verfahrenskosten des Wettbewerbsprozesses zu tragen.**[1271]
- **Die Werbemaßnahme ist unzulässig:**
  Der Arzt oder der Dritte muss die Werbemaßnahme **künftig unterlassen** oder einstellen – in diesem Fall sind die gesamten Verfahrenskosten von ihm als „Verletzer" zu bezahlen.

Für die **rechtliche Beurteilung** der Wettbewerbswidrigkeit ist die im **Zeitpunkt der Urteilsverkündung** aktuelle Fassung der **Berufsordnung** zugrunde zu legen, da der Unterlassungsanspruch auf die Zukunft gerichtet ist – nicht die Berufsordnung, die bei der Begehung des Wettbewerbsverstoßes in Kraft war.[1272]

Wird die unlautere Werbehandlung trotz gerichtlicher Unterlassungsverpflichtung weiter geführt, so kann der Gegner die Festsetzung von Ordnungsmitteln beantragen. Es droht ein **Ordnungsgeld von bis zu 250.000,- €**[1273] oder eine **Ordnungshaft bis zu sechs Monaten**.

Die geplante Reform des UWG sieht künftig bei unlauteren Wettbewerbshandlungen auch einen **allgemeinen Schadensersatzanspruch der Mitbewerber**[1274] und

1269 Im allgemeinen Zivilrecht z.B. die Herausgabe von Sachen; im Nachbarrecht z.B. das Unterlassen störender Handlungen; im Familienrecht z.B. die Einhaltung des Umgangsrechts usw.

1270 Die klagende Ärztekammer, der konkurrierende Arzt oder der Wettbewerbsverein.

1271 D.h. die Gerichtskosten, seine eigenen Anwaltskosten sowie die Anwaltskosten des werbenden Arztes. Ferner sind die Kosten für die früheren Instanzen zu tragen, selbst wenn der Arzt zuvor unterlag und daher zunächst verurteilt war, die Verfahrenskosten zu tragen.

1272 BGH, Urt. v. 15.5.2003 – I ZR 217/00 – www.bundesgerichtshof.de.

1273 So wurde beispielsweise eine Berliner Zeitung zu einem Ordnungsgeld von 50.000,- DM verurteilt, weil sie trotz eines vorausgegangenen Unterlassungsurteils erneut eine Artikelserie unter dem Titel „Die Top-Ärzte von Berlin" veröffentlicht hatte, vgl. KG Berlin, Beschl. v. 24.8.2001 – 5 W 53/01 –.

1274 § 9 UWGE-BReg. v. 9.5.2003 – BR-Drucks. 301/03. Gegen Verleger, Redakteure, Drucker und Verbreiter von periodischen Druckschriften soll der Anspruch auf Schadensersatz wegen irreführender Werbung nur geltend gemacht werden können, wenn diese wußten, dass die von ihnen gemachten Angaben irreführend waren.

einen **Anspruch auf Gewinnabschöpfung**[1275] vor. Dieser Anspruch auf Gewinnabschöpfung im Falle vorsätzlicher und grob fahrlässiger unlauterer Werbung soll vor allem **Abschreckungs- und Sanktionscharakter** haben.[1276]

13.1.6 Strafrechtliche Folgen

Die Überschreitung des ärztlichen Werberechts kann auch eine **strafrechtliche Dimension** erlangen.[1277]

Verstößt die Werbung gegen das **Irreführungsverbot des Heilmittelwerbegesetzes**, kann dies mit einer **Freiheitsstrafe** bis zu einem Jahr oder einer **Geldstrafe** sanktioniert werden.[1278] Wer gegen **andere Vorschriften des Heilmittelwerbegesetzes** verstößt, handelt **ordnungswidrig** und kann mit einer Geldbuße belegt werden, § 15 HWG. Wer gegen das wettbewerbsrechtliche Irreführungsverbot des UWG verstößt, riskiert unter bestimmten Voraussetzungen sogar eine Freiheitsstrafe bis 2 Jahre.[1279]

1275 § 10 UWGE-BReg. v. 9.5.2003 – BR-Drucks. 301/03. Zum Antrag auf Streichung der Regelungen zum Gewinnabschöpfungsanspruch bzw. zur grundlegenden Überarbeitung vgl. Text der Pressemitteilung des Bundesrates vom 20.6.2003. Vgl. hierzu auch *Stadler / Micklitz.*

1276 Hierbei sollen nicht die geschädigten Verbraucher oder Mitbewerber den unberechtigten Gewinn abschöpfen können. Denn oftmals bewegt sich der Schaden beim Einzelnen in nur geringfügigem Bereich, so dass diese aus Kostengründen gegen den Schädiger nicht vorgehen. Lediglich die nach § 8 Abs. 3 Nr. 2-4 UWGE-BReg. klagebefugten Verbände, Einrichtungen und Industrie- und Handelskammern sollen einen Anspruch auf Herausgabe des Gewinns haben. Der abgeführte Gewinn ist nach Abzug der erforderlichen Aufwendungen sodann an den Bundeshaushalt abzugeben, § 10 Abs. 4 UWGE-BReg. v. 9.5.2003 – BR-Drucks. 301/03.

1277 Der in Kapitel 10.2.3.1, S. 226 besprochene Professorenfall ist beispielsweise durchaus einer strafrechtlichen Würdigung wert.

1278 *„Wer dem Verbot der irreführenden Werbung (§ 3) zuwider handelt, wird mit Freiheitsstrafe bis zu einem Jahr oder mit Geldstrafe bestraft."* § 14 HWG. Vgl. zu den Werbeverboten des HWG Kapitel 10.6, S. 285 ff.

1279 *„Wer in der Absicht, den Anschein eines besonders günstigen Angebots hervorzurufen, in öffentlichen Bekanntmachungen oder in Mitteilungen, die für einen größeren Kreis von Personen bestimmt sind, über geschäftliche Verhältnisse .... wissentlich unwahre und zur Irreführung geeignete Angaben macht, wird mit Freiheitsstrafe bis zu zwei Jahren oder mit Geldstrafe bestraft"*, § 4 UWG.
Die Strafvorschriften sind künftig in §§ 16 ff. UWG geregelt, UWGE-BReg. v. 9.5.2003 – BR-Drucks. 301/03.
Bei der Durchsetzung des UWG spielen heute die strafrechtlichen Sanktionen neben den zivilrechtlichen nur noch eine untergeordnete Rolle, *Emmerich*, S. 362; daher wird zu Vertiefung auf die einschlägige Literatur verwiesen, s. insbesondere *Baumbach/Hefermehl,* § 4 UWG m.w.N.

13.2 Das Berufsgerichtsverfahren

13.2.1 Normierung und Verfahren

Die Einhaltung ärztlicher Werbevorschriften zählt zu den ärztlichen Berufspflichten.[1280] Bei Verletzung des Werberechts haben sich Ärzte wegen einer Berufspflichtverletzung in einem Berufsgerichtsverfahren zu verantworten, wenn die für sie zuständige Ärztekammer die Einleitung eines solchen Verfahrens beantragt und das Berufsgericht nach Prüfung durch einen Untersuchungsführer das Verfahren eröffnet.[1281] Das Berufsgericht ist ausschließlich dazu berufen, über Werbeverstöße der Ärzte zu entscheiden. Nicht-Ärzte unterliegen grundsätzlich nicht der Berufsgerichtsbarkeit.[1282]

Die Berufsgerichte sind Teil der staatlichen Gerichtsbarkeit.[1283]

Das berufsgerichtliche Verfahren kennt zwei Instanzen.[1284]

Die Berufsgerichte erster Instanz sind typischerweise besetzt mit einem Berufsrichter als Vorsitzendem und zwei Ärzten als Beisitzern.

Berufungsinstanz als zweite Instanz ist das Landesberufsgericht, bestehend aus fünf Mitgliedern, wobei das Verhältnis zwischen Berufsrichtern und Ärzten schwankt. Die Mitglieder der Berufsgerichte sind sachlich und persönlich unabhängig. Die zweite Instanz darf eine Entscheidung der ersten nicht zum Nachteil des **Arztes ändern**, wenn die Berufung nur durch den Arzt oder zu seinen Gunsten erfolgte.[1285]

1280 Zu den ärztlichen Berufspflichten und zur Berufsgerichtsbarkeit vgl. auch *Laufs,* S. 129 ff. und *Narr*, Band II, S. 428 ff.

1281 In Baden-Württemberg etwa der „Kammeranwalt". Auch der Arzt selbst kann über sein Verhalten ein berufsgerichtliches Verfahren herbeiführen, vgl. *Narr*, Bd. II, S. 434, B 78.

1282 Vgl. zur Störerhaftung durch Dritte Kapitel 9.2.7, S. 206 ff.

1283 I.S.d. Art. 101 Abs. 2 GG. Sie werden von den Ländern entsprechend ihrer Regelungen in den Kammer- bzw. Heilberufsgesetzen errichtet. Eine eigenständige Berufsgerichtsbarkeit besteht in Baden-Württemberg, Niedersachsen und im Saarland. In Bayern und in Sachsen sind die Berufsgerichte bei den Oberlandesgerichten bzw. beim Landgericht errichtet. In den übrigen Bundesländern sind die Berufsgerichte bei den Verwaltungs- und Oberverwaltungsgerichten errichtet, vgl. hierzu im einzelnen *Narr*, Bd. II, S. 433, B 77.

1284 Vgl. Schaubild „Rechtliche Hierarchie" in Kapitel 3.2.3, S. 36. Örtlich zuständig ist das Berufsgericht, in dessen Bezirk der werbende Arzt seinen Beruf ausübt bzw. nach Beendigung der ärztlichen Tätigkeit seinen Wohnsitz hat, vgl. etwa § 60 I KG BW.

1285 Verbot der „reformatio in peius", vgl. *Laufs*, S. 134 Rn. 16.

Die Entscheidungen der Landesberufsgerichte sind endgültig, da eine Revisionsmöglichkeit zum Bundesgerichtshof wegen der Einordnung des ärztlichen Berufsrechts als Landesrecht[1286] nicht besteht.

Mit dem Vorwurf der Grundrechtsverletzung durch das Urteil des Landesberufsgerichts kann jedoch das Bundesverfassungsgericht angerufen werden.[1287]

13.2.2 Die berufsgerichtlichen Sanktionen

Die Kammer- und Heilberufsgesetze sehen im einzelnen folgende Sanktionsmöglichkeiten vor:

- eine **Warnung** oder ein **Verweis** bei leichten und einfachen Fällen, wenn der Beschuldigte die berufsunwürdige Handlung zugibt;
- eine **Geldbuße** – je nach Landesrecht – bis zu 50.000,- €;[1288]
- u.U. die **Aberkennung der Mitgliedschaft** in den **Organen der Ärztekammer** und den Vertretungen und Ausschüssen der Untergliederungen;[1289]
- u.U. die **Aberkennung des Wahlrechts und der Wählbarkeit in die Organe der Ärztekammer** sowie in die Vertretungen und Ausschüsse der Untergliederungen bis zur Dauer von fünf Jahren;
- in manchen Ländern u.U. der **Ausspruch**, dass der **Arzt unwürdig ist**, seinen **Beruf** als Arzt **auszuüben**.[1290]

1286 Im Gegensatz zum *Bundes*recht wie etwa das UWG.

1287 Vgl. hierzu ausführlich die Kapitel 3.1.1, S. 16, Kapitel 3.1.3, S. 20 und Kapitel 3.2, S. 29; vgl. auch *Narr*, Bd. II, B 83.

1288 Bei ähnlichen oder vergleichbaren Sachverhalten haben die Berufsgerichte in den letzten zwanzig Jahren durchaus unterschiedliche Maßnahmen verhängt: Ausgesprochen wurden Rügen und Verweise sowie Geldbußen von damals 500,- DM bis zu 10.000,- DM.

1289 § 17 KG BW kennt folgende Organe: Vertreterversammlung, Vorstand, Umlageausschuss, Bezirksberufs- und Landesberufsgerichte, Ausschüsse.

1290 Diese Maßnahme ist nur in einigen Landesgesetzen vorgesehen; nicht beispielsweise im Kammergesetz BW. Ein solcher Ausspruch ist **schwerwiegender** als eine verhängte Geldbuße, da sie in einem späteren verwaltungsrechtlichen Verfahren als Präjudiz möglicherweise zur **Entziehung der Approbation** führen kann. Dies wird aber nur in besonders schwerwiegenden Fällen vorkommen, vgl. etwa landesberufsgerichtl. Entscheidung NRW über unzüchtige Handlungen an Kindern unter 14 Jahren; *Heile/Mertens* Bd. III, B 7 Nr. 1. Für reine Werbe- und Wettbewerbsverstöße ist diese Maßnahme demgegenüber kaum vorstellbar.

Zulässig sind nur die in den Heilberufs- oder Kammergesetzen der Länder normierten Maßnahmen.

Unzulässig sind weitere Sanktionsmaßnahmen,
wie etwa der Ausschluss aus der Ärztekammer, der Entzug der Approbation,
der Ausspruch eines Berufsverbotes oder andere strafrechtliche Sanktionen.

Das Berufsgerichtsverfahren hat also **ausschließlich disziplinarrechtlichen** Charakter und **keinen Strafcharakter**.[1291] Das Berufsgerichtsverfahren ist nicht geeignet und nicht dazu bestimmt, das Verwaltungsverfahren zu ersetzen oder auszuschließen.[1292]

So dürfen – ohne ausdrückliche gesetzliche Ermächtigung in den Heilberufs- oder Kammergesetzen der Länder – weder die Ärztekammern noch die Berufsgerichte die **Entfernung** eines berufswidrigen Praxisschildes **anordnen**. Sie dürfen **lediglich** eine **Geldbuße** wegen Verstoßes gegen das Werberecht **verhängen**. Das Erfordernis einer gesetzlichen Ermächtigung zu Eingriffsakten bei Gesetzesverstößen folgt aus dem **Grundsatz der Gesetzmäßigkeit der Verwaltung**, der sich hier als **Vorbehalt des Gesetzes** für alle Maßnahmen konkretisiert, die in Freiheit und Eigentum des Bürgers eingreifen.[1293]

1291 OVG Lüneburg, Urt. v. 15.8.1988 – 8 OVG A 45/87 – MedR 1989, S. 99.

1292 **Nicht gestattet** ist der Ärztekammer beispielsweise die **Wiederherstellung eines rechtmäßigen Zustandes** durch Erlass einer entsprechenden Verfügung in Form eines Verwaltungsaktes.

1293 Denn aus der Pflicht der Ärztekammer zur Überwachung der Erfüllung ärztlicher Berufspflichten folgt nicht automatisch auch das Recht zum Eingriff ohne entsprechende ausdrückliche gesetzliche Ermächtigung. Angesichts der Intensität eines Eingriffs kann eine solche Eingriffs- und Durchsetzungsbefugnis nicht allein auf den Gesichtspunkt der Zweckmässigkeit gestützt werden. In der höchstrichterlichen Rechtsprechung wurde der Begriff des „Überwachens“ nicht so verstanden, dass hieraus zugleich eine Eingriffsbefugnis abgeleitet wurde, ohne dass für diese Eingriffsbefugnis eine ausdrückliche gesetzliche Ermächtigung zur Verfügung stand, vgl. hierzu ausführlich und überzeugend OVG Lüneburg, Urt. v. 15.8.1988 – 8 OVG A 45/87 – MedR 1989, S. 99.

13.3 Uneinheitliche Rechtsprechung

Die **Rechtsprechung** des Bundesgerichtshofs und der **Oberlandesgerichte** besitzt insbesondere im **Wettbewerbsprozess** eine **besondere Bedeutung**. Denn die Generalklauseln der §§ 1 und 3 UWG werden erst hierdurch mit konkreten Rechtssätzen gefüllt.[1294] (Wegen ihrer Bedeutung erhalten höchstrichterliche Entscheidungen ein Stichwort, zum Beispiel „Implantatentscheidung", „Sanatoriumsentscheidung" etc.).

Das einstweilige Verfügungsverfahren bietet keine Revisionsinstanz zum Bundesgerichtshof.[1295]

Daraus folgt nicht nur in prozessrechtlicher Hinsicht, sondern auch in den das Verfahren selbst betreffenden materiell-rechtlichen Fragen eine beklagenswerte **Rechtszersplitterung** in den verschiedenen **Oberlandesgerichtsbezirken.**[1296] Deshalb sollte man sich vor der Einleitung eines einstweiligen Verfügungsverfahrens eingehend über die örtlichen Gepflogenheiten unterrichten.

Dasselbe gilt für die berufsgerichtlichen Entscheidungen. Auch hier sind teilweise konträre Urteile zu finden, insbesondere aber auch eine höchst unterschiedliche Beurteilung und Sanktionierung vergleichbarer Sachverhalte.

Die Entscheidungen der Oberlandesgerichte sowie die Entscheidungen der Landesberufsgerichte können aber (nur) vom Bundesverfassungsgericht überprüft werden, falls geltend gemacht werden kann, dass das Urteil die Grundrechte, insbesondere die Berufs-, Meinungs- und Informationsfreiheit oder die Pressefreiheit verletzt.[1297]

[1294] Vgl. hierzu Kapitel 9.2.1, S. 197.

[1295] Anders etwa in Österreich, vgl. *Emmerich*, S. 373.

[1296] *Emmerich*, S. 373.

[1297] So etwa bei der Sponsoring-Entscheidung des BVerfG, Beschl. v. 17.4.2000 – 1 BvR 721/99 – www.bverfg.de; vgl. hierzu bereits ausführlich Kapitel 3.2.3, S. 36 sowie Kapitel 3, S. 15.

14 Zusammenfassung

Erfreulich schnell hat die Ärzteschaft die selbst errichteten Hürden beseitigt, das Werbeverbot aufgehoben und eine sachgerechte ärztliche Informationswerbung zugelassen. Maßgeblich für diesen grundlegenden Wandel waren die vielfältigen Entscheidungen des Bundesverfassungsgerichts zur Werbung der Ärzte und der Rechtsanwälte.[1298]

Die Novellierung der Musterberufsordnung durch den 105. Deutschen Ärztetag ist gelungen und sachgerecht. Das ärztliche Werberecht wurde von den umfangreichen Detailregelungen des Kapitels D I entschlackt und durch eine Generalklausel ersetzt, welche gleichzeitig die notwendigen rechtlichen Grenzen ärztlicher Werbung aufzeigt. Damit wurde den folgenden Ansprüchen Rechnung getragen:

- Patienten können sämtliche Informationen erhalten, die ihnen eine selbstbestimmte und freie Arztwahl ermöglichen.
- Ärztinnen und Ärzte haben ein Recht auf umfassende sachliche Darstellung ihrer Qualifikationen und Tätigkeiten in der Öffentlichkeit.
- Das gesamte Leistungsangebot des Gesundheitsmarktes wird somit für Patienten und die Ärzte transparent.
- Patienten werden durch das Verbot der berufswidrigen Werbung zugleich vor Verunsicherung und Täuschung geschützt.

Der Erfolg einer Arztpraxis hängt sicherlich entscheidend von der ärztlichen Fachkompetenz und dem einfühlsamen Umgang mit den Patienten ab. Begleitende Informations- und Werbemaßnahmen für die Arztpraxis sind allerdings notwendig und berechtigt. Sie stärken das Vertrauen in die Ärzteschaft, sofern die neue Werbefreiheit mit der gebotenen Behutsamkeit wahrgenommen wird. Vollmundige Slogans oder gar Erfolgsversprechen passen – ungeachtet unserer werbedurchtränkten Wettbewerbsgesellschaft – nicht zum Bild der Ärzteschaft. Eine anpreisende, irreführende oder heilsversprechende Werbung könnte die kritisch gewordene Patientenschaft verstimmen und angesichts der zunehmenden Klagefreude enttäuschter Patienten das ärztliche Ansehen beeinträchtigen.

Das Vertrauen der Patienten in die Ärzte und ihre Leistungen ist ein kostbares und zugleich zerbrechliches Gut. Die Ärzte, die Gerichte sowie die Ärztekammern werden künftig die Maßstäbe für eine seriöse Informationswerbung setzen. Möge „Das neue Werberecht für Ärzte" und die damit verbundene Wettbewerbssituation innerhalb der Ärzteschaft vor allem der Erhaltung einer hohen medizinischen Qualität und damit den Patienten dienen.

[1298] Auch dieses Buch, welches im Jahre 2001 das ärztliche Werberecht erstmalig in systematischer Weise dargestellt und mit Kritik an den bisherigen Restriktionen nicht gespart hat, mag seinen Beitrag zur gebotenen Veränderung geleistet haben.

15 Anhang

15.1 Aus den Berufsordnungen der Länder

Die Musterberufsordnung entfaltet keine unmittelbaren Rechtswirkungen für die Ärzte. Rechtsverbindlich sind nur die auf der Grundlage der Musterberufsordnung durch die Vertreterversammlungen der Landesärztekammern beschlossenen Berufsordnungen.[1299] Die Änderungen der Musterberufsordnung von Mai 2002 müssen daher in eigenes Satzungsrecht der Landesärztekammern umgesetzt werden. Dies war im Juli 2003 (Redaktionsschluss) bereits in den meisten Bundesländern erfolgt oder zumindest auf den Weg gebracht.

Landesärztekammer Baden-Württemberg: Die aktuelle Berufsordnung ist seit 1. April 2003 in Kraft und auf dem Stand der novellierten MBO 2002.

Bayerische Landesärztekammer: Die aktuelle Berufsordnung ist seit 1. Januar 2003 in Kraft und auf dem Stand der novellierten MBO 2002.

Ärztekammer Berlin: Die Berufsordnung vom 9. Januar 2002 ist noch auf dem Stand der MBO 2000.

Ärztekammer Brandenburg: Die aktuelle Berufsordnung ist seit August 2003 in Kraft und auf dem Stand der novellierten MBO 2002.

Ärztekammer Bremen: Die aktuelle Berufsordnung ist seit 12. März 2003 in Kraft und auf dem Stand der novellierten MBO 2002.

Ärztekammer Hamburg: Die aktuelle Berufsordnung ist seit 1. April 2003 in Kraft und auf dem Stand der novellierten MBO 2002.

Landesärztekammer Hessen: Die aktuelle Berufsordnung ist seit 1. Januar 2003 in Kraft und auf dem Stand der novellierten MBO 2002.

Ärztekammer Mecklenburg-Vorpommern: Die Änderung der Berufsordnung wurde am 2.11.2002 bei der Kammerversammlung beschlossen. Die ministerielle Genehmigung stand zum Zeitpunkt des Redaktionsschlusses noch aus. Stand der Berufsordnung bei Redaktionsschluss noch 26. Januar 2000 (entspricht der MBO 1997).

Ärztekammer Niedersachsen:[1300] Die aktuelle Berufsordnung ist seit 1. Februar 2003 in Kraft und auf dem Stand der novellierten MBO 2002.

1299 Vgl. hierzu Kapitel 4.1, S. 37 ff.
Die Berufsordnungen sind auf allen Homepages der Landesärztekammern zu finden. Einen Link auf alle diese Homepages erhält man von der Seite der Bundesärztekammer unter www.bundesaerztekammer.de.

Ärztekammer Nordrhein: Die Berufsordnung vom 27. Oktober 2001 ist noch auf dem Stand der MBO 2000. Die Änderungen der MBO 2002 sollen im Mai/Juni 2003 umgesetzt werden.

Landesärztekammer Rheinland-Pfalz: Die Berufsordnung vom 15. Mai 2002 ist noch auf dem Stand der MBO 2000. Die Anpassung an die MBO 2002 ist frühestens im November 2003 geplant.

Ärztekammer des Saarlandes: Die aktuelle Berufsordnung ist seit 2. April 2003 in Kraft und auf dem Stand der novellierten MBO 2002.

Sächsische Landesärztekammer: Die aktuelle Berufsordnung ist seit 22. November 2002 in Kraft und auf dem Stand der novellierten MBO 2002.

Ärztekammer Sachsen-Anhalt: Die Änderung der Berufsordnung wurde im Herbst 2002 beschlossen. Die ministerielle Genehmigung stand zum Zeitpunkt des Redaktionsschlusses noch aus. Die Berufsordnung vom 1. März 2001 ist derzeit noch auf dem Stand der MBO 2000.

Ärztekammer Schleswig-Holstein: Die aktuelle Berufsordnung ist seit 5. März 2003 in Kraft und auf dem Stand der novellierten MBO 2002. Die werberechtlichen Regelungen finden sich dort unter §§ 28 und 29 MBO.

Landesärztekammer Thüringen: Die aktuelle Berufsordnung ist seit 8. November 2002 in Kraft und auf dem Stand der novellierten MBO 2002.

Ärztekammer Westfalen-Lippe: Die Änderung der Berufsordnung wurde am 16.11.2002 beschlossen. Die ministerielle Genehmigung stand zum Zeitpunkt des Redaktionsschlusses noch aus. Die Berufsordnung vom 25.11.2000 ist derzeit noch auf dem Stand der MBO 2000.

1300 Die Ärztekammern Niedersachsen und Westfalen-Lippe haben auf ihrer Homepage die Auslegungsgrundsätze zu den §§ 27 ff. der MBO in Anlehnung an die Beschlüsse der Berufsordnungsgremien der Bundesärztekammer am 10.9.2002 für die Ärzteschaft erläutert und auf die von den Ärzten zu beachtenden Verbote des Heilmittelwerbegesetzes hingewiesen, vgl. www.aekn.de und www.aekwl.de.

15.2 §§ 27, 28 der aktuellen Musterberufsordnung 2002

§ 27 MBO Erlaubte sachliche Information und berufswidrige Werbung

(1) Zweck der nachstehenden Vorschriften der Berufsordnung ist die Gewährleistung des Patientenschutzes durch sachgerechte und angemessene Information und die Vermeidung einer dem Selbstverständnis des Arztes zuwiderlaufenden Kommerzialisierung des Arztberufs.

(2) Auf dieser Grundlage sind dem Arzt sachliche berufsbezogene Informationen gestattet.

(3) Berufswidrige Werbung ist dem Arzt untersagt. Berufswidrig ist insbesondere eine anpreisende, irreführende oder vergleichende Werbung. Der Arzt darf eine solche Werbung durch andere weder veranlassen noch dulden. Werbeverbote aufgrund anderer gesetzlicher Bestimmungen bleiben unberührt.

(4) Der Arzt kann

1. nach der Weiterbildungsordnung erworbene Bezeichnungen,
2. nach sonstigen öffentlich-rechtlichen Vorschriften erworbene Qualifikationen
3. Tätigkeitsschwerpunkte

   und

4. organisatorische Hinweise

   ankündigen.

Die nach Nr. 1 erworbenen Bezeichnungen dürfen nur in der nach der Weiterbildungsordnung zulässigen Form geführt werden. Ein Hinweis auf die verleihende Ärztekammer ist zulässig. Andere Qualifikationen und Tätigkeitsschwerpunkte dürfen nur angekündigt werden, wenn diese Angaben nicht mit solchen nach geregeltem Weiterbildungsrecht erworbenen Qualifikationen verwechselt werden können.

(5) Die Angaben nach Abs. 4 Nr. 1 bis 3 sind nur zulässig, wenn der Arzt die umfassten Tätigkeiten nicht nur gelegentlich ausübt.

(6) Die Ärzte haben der Ärztekammer auf deren Verlangen die zur Prüfung der Voraussetzungen der Ankündigung erforderlichen Unterlagen vorzulegen. Die Ärztekammer ist befugt, ergänzende Auskünfte zu verlangen.

§ 28 Verzeichnisse

Ärzte dürfen sich in Verzeichnisse eintragen lassen, wenn diese folgenden Anforderungen gerecht werden:

1. sie müssen allen Ärzten, die die Kriterien des Verzeichnisses erfüllen, zu denselben Bedingungen gleichermaßen mit einem kostenfreien Grundeintrag offen stehen,

2. die Eintragungen müssen sich auf die ankündigungsfähigen Informationen beschränken,
3. die Systematik muss zwischen den nach der Weiterbildungsordnung und nach sonstigen öffentlich-rechtlichen Vorschriften erworbenen Qualifikationen einerseits und Tätigkeitsschwerpunkten andererseits unterscheiden.

15.3 §§ 27, 28 und Kapitel D I MBO 2000

§ 27 MBO Erlaubte sachliche Information über die berufliche Tätigkeit – berufswidrige Werbung

(1) Dem Arzt sind sachliche Informationen über seine Berufstätigkeit gestattet. Für Praxisschilder, Anzeigen, Verzeichnisse, Patienteninformationen in Praxisräumen und öffentlich abrufbare Arztinformationen in Computerkommunikationsnetzen gelten hinsichtlich Form, Inhalt und Umfang die Grundsätze des Kapitels D I Nrn. 1-5. Berufswidrige Werbung ist dem Arzt untersagt. Berufswidrig ist insbesondere eine anpreisende, irreführende oder vergleichende Werbung.

(2) Der Arzt darf eine berufswidrige Werbung durch andere weder veranlassen noch dulden. Dies gilt auch für die anpreisende Herausstellung von Ärzten in Ankündigungen von Sanatorien, Kliniken, Institutionen oder anderen Unternehmen. Der Arzt darf nicht dulden, dass Berichte oder Bildberichte veröffentlicht werden, die seine ärztliche Tätigkeit oder seine Person berufswidrig werbend herausstellen.

§ 28 MBO Öffentliches Wirken und Medientätigkeit

Veröffentlichungen medizinischen Inhalts oder die Mitwirkung des Arztes an aufklärenden Veröffentlichungen in den Medien sind zulässig, soweit die Veröffentlichung und die Mitwirkung des Arztes auf sachliche Information begrenzt und die Person sowie das Handeln des Arztes nicht berufswidrig werbend herausgestellt werden. Dies gilt auch für öffentliche Vorträge medizinischen Inhalts.

Kapitel D I MBO 2000

Regeln der beruflichen Kommunikation, insbesondere zulässiger Inhalt und Umfang sachlicher Informationen über die berufliche Tätigkeit

Nr. 1 Information anderer Ärzte

Ärzte dürfen andere Ärzte über ihre Qualifikation und über ihr Leistungsangebot informieren. Bei der Information ist jede berufswidrig werbende Herausstellung der eigenen Tätigkeit untersagt.

Nr. 2 Praxisschilder

(1) Der Arzt hat auf seinem Praxisschild seinen Namen und die Bezeichnung als Arzt oder eine Facharztbezeichnung nach der Weiterbildungsordnung anzugeben und Sprechstunden anzukündigen.
Die nach der Weiterbildungsordnung erworbenen Bezeichnungen dürfen nur in der nach der Weiterbildungsordnung zulässigen Form und nur dann geführt werden, wenn der Arzt die von den weiterbildungsrechtlichen Qualifikationen umfassten Tätigkeiten nicht nur gelegentlich ausübt.

(2) Das Praxisschild darf über die Angaben nach Abs. 1 hinaus Qualifikationen, die von einer Ärztekammer verliehen wurden, enthalten. Für die Angabe nach Satz 1 gilt Abs. 1 Satz 2 entsprechend. Privatwohnung, Kommunikationsverbindungen, medizinisch-akademische Grade und ärztliche Titel können angekündigt werden. Andere akademische Grade dürfen nur in Verbindung mit der Fakultätsbezeichnung genannt werden.

(2a) Ausgenommen wird hiervon ausdrücklich die als nicht führungsfähig bezeichneten Qualifikationen der (Muster)-Weiterbildungsordnung von 1992.

(3) Folgende weitere Angaben dürfen, sofern die Voraussetzungen vorliegen, auf dem Praxisschild genannt werden:

a. Zulassung zu den Krankenkassen

b. „hausärztliche Versorgung“

c. „Durchgangsarzt“ oder „D-Arzt“, „H-Arzt“

d. „Dialyse“

e. Zugehörigkeit zu einem Praxisverbund nach Kapitel D II Nr. 11

f. Bereitschafts- oder Notfallpraxis

(4) Ein Arzt, der Belegarzt ist, darf auf seine belegärztliche Tätigkeit durch den Zusatz auf dem Praxisschild „Belegarzt“ und die Hinzufügung des Namens des Krankenhauses, in dem er die belegärztliche Tätigkeit ausübt, hinweisen.

(5) Ein Arzt, der ambulante Operationen ausführt, darf dies mit dem Hinweis „Ambulante Operationen“ auf dem Praxisschild ankündigen, wenn er ambulante Operationen, die

über kleine chirurgische Eingriffe hinausgehen, ausführt und die Bedingungen der von der Ärztekammer eingeführten Qualitätssicherungsmaßnahmen erfüllt.

(6) Ein Arzt darf mit der Bezeichnung „Praxisklinik" eine besondere Versorgungsweise und besondere Praxisausstattung auf seinem Praxisschild ankündigen, wenn er

a) im Rahmen der Versorgung ambulanter Patienten bei Bedarf eine ärztliche und pflegerische Betreuung auch über Nacht gewährleistet,

b) neben den für die ärztlichen Maßnahmen notwendigen Voraussetzungen auch die nach den anerkannten Qualitätssicherungsregeln erforderlichen, apparativen, personellen und organisatorischen Vorkehrungen für eine Notfallintervention beim entlassenen Patienten erfüllt.

(7) Die Ärzte, die die Angaben zu Absätzen 4 bis 6 führen, haben der Ärztekammer auf deren Verlangen die für eine Prüfung der notwendigen Voraussetzungen erforderlichen Unterlagen vorzulegen. Die Ärztekammer ist befugt, ergänzende Auskünfte zu verlangen.

(8) Die Bezeichnung „Professor" darf geführt werden, wenn sie auf Vorschlag der medizinischen Fakultät (Fachbereich) durch die Hochschule oder das zuständige Landesministerium verliehen worden ist. Dasselbe gilt für die von einer medizinischen Fakultät einer ausländischen wissenschaftlichen Hochschule verliehene Bezeichnung, wenn sie nach Beurteilung durch die Ärztekammer der deutschen Bezeichnung „Professor" gleichwertig ist. Die nach Satz 2 führbare, im Ausland erworbene Bezeichnung ist in der Fassung der ausländischen Verleihungsurkunde zu führen.

(9) Bei Berufsausübungsgemeinschaften von Ärzten (Gemeinschaftspraxis, Ärzte-Partnerschaft, Kapitel D Nr. 8) sind – unbeschadet des Namens einer Partnerschaftsgesellschaft – die Namen und Arztbezeichnungen aller in der Gemeinschaft zusammengeschlossenen Ärzte anzuzeigen. Der Zusammenschluss ist ferner entsprechend der Rechtsform mit dem Zusatz „Gemeinschaftspraxis" oder „Partnerschaft" anzukündigen. Die Fortführung des Namens eines nicht mehr berufstätigen, eines ausgeschiedenen oder verstorbenen Partners ist unzulässig. Hat eine ärztliche Gemeinschaftspraxis oder Partnerschaft gemäss Kapitel D Nr. 8 mehrere Praxissitze, so ist für jeden Partner zusätzlich der Praxissitz anzugeben.

(10) Bei Kooperationen gemäss Kapitel D Nr. 9 darf sich der Arzt in ein gemeinsames Praxisschild mit den Kooperationspartnern aufnehmen lassen. Bei Partnerschaften gemäss Kapitel D Nr. 10 darf der Arzt, wenn die Angabe seiner Berufsbezeichnung vorgesehen ist, nur gestatten, dass die Bezeichnung Arzt oder eine andere führbare Bezeichnung angegeben wird.

(11) Zusammenschlüsse zu Organisationsgemeinschaften dürfen nicht angekündigt werden.

(12) Das Führen von Zusätzen, die nicht gemäss den vorstehenden Vorschriften erlaubt sind, ist untersagt.

Für Form und Anbringung der Praxisschilder gelten folgende Regeln:

(a) Das Praxisschild soll der Bevölkerung die Praxis des Arztes anzeigen. Es darf nicht in aufdringlicher Form gestaltet und angebracht sein und das übliche Maß (etwa 35 x 50 cm) nicht übersteigen,

(b) bei Vorliegen besonderer Umstände, zum Beispiel bei versteckt liegenden Praxiseingängen, darf der Arzt mit Zustimmung der Ärztekammer weitere Arztschilder anbringen,

(c) bei Verlegung der Praxis kann der Arzt an dem Haus, aus dem er fortgezogen ist, bis zur Dauer eines halben Jahres ein Schild mit einem entsprechenden Vermerk anbringen.

(13) Mit Genehmigung der Ärztekammer darf der Arzt ausgelagerte Praxisräume gemäss § 18 erforderlichenfalls mit einem Hinweisschild kennzeichnen, welches seinen Namen, seine Arztbezeichnung und den Hinweise „Untersuchungsräume" oder „Behandlungsräume" ohne weitere Zusätze enthält.

Nr. 3 Anzeigen

(1) Anzeigen über die Niederlassung oder Zulassung dürfen nur in Zeitungen erfolgen. Sie dürfen außer der Anschrift der Praxis nur die für die Schilder des Arztes gestatteten Angaben enthalten und nur dreimal in der gleichen Zeitung innerhalb eines Zeitraumes von drei Monaten zur Bekanntgabe der Niederlassung oder der Aufnahme der Kassenpraxis veröffentlicht werden.

(2) Im übrigen sind Anzeigen in den Zeitungen nur bei Praxisaufgabe, Praxisübergabe, längerer Abwesenheit von der Praxis oder Krankheit sowie bei Verlegung der Praxis und bei der Änderung der Sprechstundenzeit oder der Fernsprechnummer gestattet. Derartige Anzeigen dürfen aus diesem Anlass höchstens dreimal veröffentlicht werden.

(3) Form und Inhalt dieser Zeitungsanzeigen müssen sich nach den örtlichen Gepflogenheiten richten.

(4) Ärzte, welche sich zu einem zugelassenen Praxisverbund (Kapitel D II Nr. 11) zusammengeschlossen haben, dürfen dies als Verbund bis zu dreimal bekannt geben.

Nr. 4 Verzeichnisse

(1) Ärzte dürfen sich in für die Öffentlichkeit bestimmte Informationsmedien eintragen lassen, wenn diese folgenden Anforderungen gerecht werden:

a) sie müssen allen Ärzten, die die Kriterien des Verzeichnisses erfüllen, zu denselben Bedingungen gleichermaßen mit einem kostenfreien Grundeintrag offen stehen,

b) die Eintragungen müssen sich grundsätzlich auf die nach Kapitel D I Nr. 2 ankündigungsfähigen Bezeichnungen beschränken.

(2) Soll das Verzeichnis weitere Angaben enthalten, darf sich der Arzt eintragen lassen, wenn sich die Angaben im Rahmen der Bestimmungen nach Nr. 5 halten und insbeson-

dere die Form, der Inhalt, der Umfang und die Systematik der Angaben vom Herausgeber des Verzeichnisses vor der Veröffentlichung mit der zuständigen Ärztekammer abgestimmt worden sind.

(3) Ärzte, welche sich zu einem zugelassenen Praxisverbund (Kapitel D II Nr. 11) zusammengeschlossen haben, dürfen dies in Verzeichnissen zusätzlich zu eventuellen Einzelangaben der Praxis bekannt geben.

Nr. 5 Patienteninformation in Praxisräumen und öffentlich abrufbare Arztinformationen in Computerkommunikationsnetzen

(1) Sachliche Informationen, die im Zusammenhang mit der Erbringung ärztlicher Leistungen stehen, und organisatorische Hinweise zur Patientenbehandlung (Abs.3) sind in Praxisräumen des Arztes sowie in öffentlich abrufbaren Arztinformationen in Computerkommunikationsnetzen zur Unterrichtung der Patienten zulässig, wenn eine berufswidrig werbende Herausstellung des Arztes und seiner Leistungen unterbleibt.

(2) Angaben nach Abs. 1 dürfen, soweit sie auf besondere Untersuchungs- und Behandlungsmethoden (Tätigkeiten) verweisen, in Praxisinformationen und öffentlich abrufbaren Arztinformationen in Computerkommunikationsnetzen nur dann aufgenommen werden, wenn

(a) nicht mehr als drei Untersuchungs- oder Behandlungsmaßnahmen aufgeführt werden,

(b) diese Angaben nicht mit solchen der Weiterbildungsordnung oder solchen Qualifikationen, die von Ärztekammern verliehen wurden, verwechselt werden können.

Den Angaben muss der deutliche Hinweis vorangestellt werden, dass ihnen nicht eine von einer Ärztekammer verliehene Qualifikation zugrunde liegt.

(3) Bei praxisorganisatorischen Hinweisen handelt es sich um Hinweise, welche die „Organisation“ der Inanspruchnahme des Arztes durch Patienten in seinen Praxisräumen sowie den organisatorischen Ablauf in der Praxis selbst betreffen. Hinweise auf Sprechstunden, Sondersprechstundenzeiten, Telefonnummern, Erreichbarkeit außerhalb der Sprechstunde, Praxislage im Bezug auf öffentliche Verkehrsmittel (Straßenplan), Angabe über Parkplätze, besondere Einrichtungen für Behinderte können Gegenstand von praxisorganisatorischen Hinweisen sein.

(4) Ärzte, welche sich zu einem zugelassenen Praxisverbund (Kapitel D II Nr. 11) zusammengeschlossen haben, dürfen den Verbund in Computerkommunikationsnetzen auf einer dem allgemeinen Publikum zugänglichen Homepage ankündigen. Auf dieser Homepage dürfen sachliche Informationen des Verbundes, die im Zusammenhang mit der Erbringung ärztlicher Leistungen stehen, sowie organisatorische Hinweise zur Patientenbehandlung gegeben werden. Jede berufsrechtswidrig werbende Herausstellung des Verbundes und/oder der an ihm teilnehmenden Ärzte ist untersagt.

(5) Entsprechendes gilt für Ankündigungen auf Briefbögen, Rezeptvordrucken, Stempeln und im sonstigen beruflichen Schriftverkehr.

16 Literaturverzeichnis

Andreas, Manfred; Debong, Bernhard; Bruns, Wolfgang: Handbuch Arztrecht in der Praxis, Nomos Verlagsgesellschaft Baden-Baden 2001

Bahner, Beate: Ärztliche Werbung aus rechtlicher Sicht, in *Kreyher*

dies.: Werbung für die Zahnarztpraxis, in *Börkircher*

Barth, Dieter: Medizinermarketing – Vom Werbeverbot zur Patienteninformation, Springer-Verlag Berlin Heidelberg 1999

Baumbach, Adolf; Hefermehl, Wolfgang: Wettbewerbsrecht, Kommentar, 22. Aufl., Verlag C.H. Beck München 2001

Berlit, Wolfgang: Das neue Gesetz gegen den unlauteren Wettbewerb: Von den guten Sitten zum unlauteren Verfälschen, WRP 2003, S. 563 ff.

Börkircher, Helmut (Hrsg.): Unternehmen Zahnarztpraxis, Springers großer Wirtschafts- und Rechtsratgeber, Springer-Verlag Berlin Heidelberg, Stand 2003

Borck, Hans-Günther: Vermutungen über vergleichende Werbung, über Wertreklame und deren weitere Entwicklung, WRP 2001, S. 1124 ff.

Bruns, W.: Werbestrategien im Krankenhaus, ArztRecht 1999, S. 204 ff.

Bülow, Peter; Ring, Gerhard: Heilmittelwerbegesetz, Kommentar, 2. Aufl., Carl Heymanns Verlag KG Köln 2001

Cramer, Udo H.; Henkel, Markus P.: Standesordnung und Wettbewerb – Plädoyer für Einheit von Norm und Vollzug, MedR 2000, S. 565 ff.

Deutsch, Erwin; Spickhoff, Andreas: Medizinrecht. Arztrecht, Arzneimittelrecht und Medizinprodukterecht, 5. Aufl., Springer-Verlag Berlin Heidelberg 2003

Deutsch, Erwin: Die Pflicht des Arztes, den Patienten auf eine Impfung hinzuweisen, VersR 2003, S. 801 ff.

Doepner, Ulf: Heilmittelwerbegesetz, Kommentar, 2. Aufl., Verlag Franz Vahlen München 2000

Ehlers, Alexander P.F.: Das Bild des Arztes in der Öffentlichkeit. Arzt und Werbung. Festschrift für *Erwin Deutsch*, Carl Heymanns Verlag Köln 1999, S. 531 ff.

Emmerich, Volker: Das Recht des unlauteren Wettbewerbs, 5. Aufl., Verlag C.H. Beck München 1998

Engler, Cornelia; Räpple, Thilo; Rieger, Hans-Jürgen: Werben und Zuwenden im Gesundheitswesen, R. v. Decker's Verlag Heidelberg 1996

Feuerich, Wilhelm E.; Braun, Anton: Bundesrechtsanwaltsordnung, Kommentar, 4. Aufl., Verlag Franz Vahlen München 1999

Frehse, Michael: Neue Werbemöglichkeiten des niedergelassenen Arztes mit Medizinprodukten, NZS 2003, S. 11 ff.

Friauf, Karl Heinrich: Kommentar zur Gewerbeordnung, Luchterhand Verlag Neuwied, Stand 2000

Gaidzik, Peter W.: Werbung von Ärzten, AusR 2001, S. 6 ff.

Gassner, Ulrich: Das Zweite Gesetz zur Änderung des Medizinproduktegesetzes, NJW 2002 S. 863 ff.

Gleißner-Klein, Ingrid: Private Standesregeln im Wettbewerbsrecht, Duncker & Humblot Berlin 1990

Grimm, Dieter: Die Meinungsfreiheit in der Rechtsprechung des Bundesverfassungsgerichts, NJW 1995, S. 1696 ff.

Gubelt, Manfred: in *Münch/Kunig*, Grundgesetz, Kommentar, 5. Aufl., Verlag C.H. Beck München 2000

Hartwig, Henning: „H.I.V.Positive II“ – zugleich Abschied vom Verbot „gefühlsbetonter Werbung? WRP 2003, S. 582 ff.

Heile, Bernd; Mertens, Klaus; Pottschmidt, Günter; Wandtke, Fritz; Zitzmann, Johann (Hrsg.): Sammlung von Entscheidungen der Berufsgerichte für die Heilberufe (2 Bde.), Deutscher Ärzte-Verlag Köln 1998

Heldrich, Andreas: 50 Jahre Rechtsprechung des BGH – auf dem Weg zu einem Präjudizienrecht? ZRP 2000, S. 497 ff.

Hoß, Dirk: Anmerkung zu BGH, Beschl. v. 25.11.2002 – AnwZ (B) 41/02 – (Internet-Werbung einer Anwaltskanzlei – „presserecht.de“), CR 2003, S. 358

Hoffmann-Riem, Wolfgang: in Reihe Alternativkommentare: Kommentar zum GG für die BRD, Band 1, 2. Aufl., Verlag Neuwied 1989

Höfler, Korbinian: Kasseler Kommentar, Sozialversicherungsrecht Band 1, Verlag C.H. Beck München 2000

Jaeger, Renate: Informationsanspruch des Patienten – Grenzen der Werbung im Gesundheitswesen, MedR 2003, S. 263 ff.

Jaeger-Lenz, Andrea: Werberecht – Recht der Werbung in Internet, Film, Funk und Printmedien, Wiley-VCH Weinheim 1999

Jansen, Christoph: in *Rieger*, Lexikon des Arztrechts: Doktortitel (Nr. 1550); Professorentitel (Nr. 4410)

Kirchmann, Julius von: Die Wertlosigkeit der Jurisprudenz als Wissenschaft, Pythia-Verlag Wittenburg 1919

Kleine-Cosack, Michael: Vom Werbeverbot zum Werberecht des Arztes. Auf dem Weg zu einem einheitlichen Werberecht aller Freiberufler, NJW 2003, S. 868 ff.

Koch, Bertram F.: Öffentlichkeitsarbeit des Krankenhauses – Möglichkeiten und Grenzen, GesR 2003, S. 161 ff.

Koch, Frank A.: Internet-Recht. Praxishandbuch mit dem neuen Medien- und Teledienstrecht, Checklisten, Musterverträge, R. Oldenbourg Verlag München 1998

Köhler, Helmut; Piper, Henning: Gesetz gegen den unlauteren Wettbewerb, 2. Aufl., Verlag C.H. Beck München 2002

Koenig, Christian; Engelmann, Christina; Hentschel, Kristin: Die wettbewerbsreechtliche Beurteilung von Werbemaßnahmen gesetzlicher Krankenkassen, WRP 2003, S. 831 ff.

Kort, Michael: Wettbewerbsrechtliche Fragen der Werbung freier Berufe, GRUR 1997, S. 701 ff.

Kreyher, Volker J. (Hrsg.): Handbuch Gesundheits- und Medizinmarketing. Chancen, Strategien und Erfolgsfaktoren, R.v.Decker's Verlag Heidelberg 2001

Larenz, Karl: Methodenlehre der Rechtswissenschaft, 6. Aufl., Springer-Verlag Berlin Heidelberg 1991

Larenz, Karl; Canaris, Claus-Wilhelm: Methoden der Rechtswissenschaft, 3. Aufl., Springer-Verlag Berlin Heidelberg 1995

Laufs, Adolf; Uhlenbruck, Wilhelm (Hrsg.): Handbuch des Arztrechts, 3. Aufl., Verlag C.H. Beck München 2002

ders., Werbende Ärzte? NJW 2001, S. 1768 ff.

Leistner, Matthias; Pothmann, Julia: E-Mail-Direktmarketing im neuen europäischen Recht und in der UWG-Reform, WRP 2003, S. 815 ff.

Löwe, Ernst: Werbung im künftigen Berufsrecht der Rechtsanwälte, AnwBl. 1988, S. 545 ff.

Maurer, Hartmut: Allgemeines Verwaltungsrecht, 14. Aufl., Verlag C.H.Beck München 2002

Messner, Joachim: Der Arzt als Unternehmer, Verlag für Medizin und Gesundheit Heidelberg 1997

Michalski, Lutz; Römermann, Volker: Das Europäische Kartellrecht der Freien Berufe, AnwBl. 1996, S. 191 ff.

Münch, Ingo von; Kunig, Philip: Grundgesetz, Kommentar, 5. Aufl., Verlag C.H. Beck München 2000

Narr, Helmut: Ärztliches Berufsrecht, Ausbildung, Weiterbildung, Berufsausübung, Band I u. II (fortgeführt von R. *Hess*), 2. Aufl., Deutscher Ärzte-Verlag Köln 1997

Oehlers, Hans: Die Kammern freier Berufe als Unternehmensvereinigungen, Carl Heymanns Verlag Köln 1996

Oehme, Wolfgang; Oehme, Steffen: Marketing für niedergelassene Ärzte: der Arzt als Mediziner und Unternehmer, Verlag Vahlen München 1995

Oppermann, Thomas: Europarecht, 2. Aufl., C.H.Beck München 1999

Palandt: Bürgerliches Gesetzbuch, 62. Aufl., Verlag C.H.Beck München 2003

Papier, Hans-Jürgen; Petz, Helmut: Rechtliche Grenzen des ärztlichen Werbeverbots, NJW 1994, S. 1553 ff.

Partsch, Christoph J.: Die neue Transparenzverordnung (EG) Nr. 1049/2001, NJW 2001, S. 3154 ff.

Piper, Henning: Zur wettbewerbs- und berufsrechtlichen Bedeutung des Werbeverbots der ärztlichen Berufsordnungen, in Festschrift für *Hans Erich Brandner*, Otto Schmidt Verlag Köln 1996, S. 449 ff.

Plass, Gunda: Die gesetzliche Neuregelung der vergleichenden Werbung, NJW 2000, S. 3161 ff.

Quaas, Michael: Zur Berufsfreiheit des Freiberuflers, insbesondere der Ärzte, MedR 2001, S. 34 ff.

Ratzel, Rudolf; Lippert, Hans-Dieter: Kommentar zur Musterberufsordnung der Deutschen Ärzte (MBO), 3. Aufl., Springer-Verlag Berlin Heidelberg 2002

Rieger, Hans-Jürgen (Hrsg.): Lexikon des Arztrechts, 2. Aufl., C.F. Müller Verlag Heidelberg, Stand 2003

ders.: Informationsfreiheit versus Werbeverbot unter besonderer Berücksichtigung der Klinikwerbung, MedR 1999, S. 513 ff.

ders.: in *Engler/ Räpple/ Rieger,* Werben und Zuwenden im Gesundheitswesen, R. v. Decker's Verlag Heidelberg 1996

Rittstieg, Helmut: in Kommentar zum Grundgesetz für die BRD (Reihe Alternativkommentare), 2. Aufl., Hermann Luchterhand Verlag Neuwied 1989

Robinski, Severin: Gewerberecht, 2. Aufl., Verlag C.H.Beck München 2002

Sack, Rolf: Regierungsentwurf einer UWG-Novelle – ausgewählte Probleme, BB 2003, S. 1073 ff.

Scholz, Rupert: in *Maunz/Dürig*, Grundgesetz, Kommentar, Verlag C.H. Beck München 2000

Schulte, Mark: Das Werberecht der freien Berufe, Verlag Dr. Otto Schmidt Köln 2001

Schuppert, Gunnar Folke: Der Fall Benetton: Wem gehört die Interpretationsherrschaft über Werbebotschaften? AfP 2003, S. 113 ff.

Spickhoff, Andreas: Die Entwicklung des Arztrechts 2001/2002, NJW 2002, S. 1758 ff.

Stadler, Astrid; Micklitz, Hans-W.: Der Reformvorschlag der UWG-Novelle für eine Verbandsklage auf Gewinnabschöpfung, WRP 2003, S. 559 ff.

Steiner, Udo: Das Bundesverfassungsgericht und die Volksgesundheit, MedR 2003, S. 1 ff.

Steinbeck, Anja: Werbung von Rechtsanwälten im Internet, NJW 2003, S. 1481 ff.

Taupitz, Jochen: Die Standesordnungen der freien Berufe, Walter de Gruyter Berlin 1991

Taupitz, Jochen: Die Ärzte-GmbH und das ärztliche Werbeverbot, in Festschrift für *Karlmann Geiss*, Carl Heymanns Verlag Köln 2000, S. 503 ff.

Teplitzky, Otto: Wettbewerbsrechtliche Ansprüche und Verfahren. Unterlassung – Beseitigung – Schadensersatz, 8. Aufl., Carl Heymanns Verlag Köln 2002

Toscani, Oliviero: Die Werbung ist ein lächelndes Aas, Bollmann Verlag Mannheim 1996

Traub, Fritz: Wettbewerbsrechtliche Verfahrenspraxis. Örtliche Besonderheiten in der Rechtsprechung der Oberlandesgerichte, 2. Aufl., Deutscher Fachverlag Frankfurt a.M. 1991

Wendt, Rudolph: in *Münch/Kunig*, Grundgesetz, Kommentar, 5. Aufl., Verlag C.H. Beck München 2000

Zimmerling, Wolfgang: Akademische Grade und Titel, 2. Aufl., Verlag Dr. Otto Schmidt Köln 1995

17 Rechtsprechungsverzeichnis

Sämtliche in diesem Buch zitierten Urteile sind im Rechtsprechungsverzeichnis in folgender Reihenfolge aufgeführt:

EGMR	Europäischer Gerichtshof für Menschenrechte
EuGH	Europäischer Gerichtshof
BVerfG	Bundesverfassungsgericht
BGH	Bundesgerichtshof
BVerwG	Bundesverwaltungsgericht
BSG	Bundessozialgericht
KG / OLG	Kammergericht / Oberlandesgericht
OVG / VGH	Oberverwaltungsgericht / Verwaltungsgerichtshof
VerfGH	Verfassungsgerichtshof
LG	Landgericht
AG	Amtsgericht
VG	Verwaltungsgericht
ÄrzteGH / GH f. Heilberufe / LGB	Ärztegerichtshof / Gerichtshof für Heilberufe / Landesberufsgericht für Heilberufe
BG	Berufsgericht für Heilberufe

EGMR/ EuGH		**Datum**	**AZ**	**Schlagworte**	**Fundstellen**
EGMR	Urt.	17.10.2002	37928/97	DR. Stambuk./.BRD Ärztliches Werbeverbot und Pressefreiheit	MedR 2003, 497 NJW 2003, 497
EGMR	Urt.	25.03.1985	10/1983/66/101	Dr. Barthold./. BRD Ärztliches Werbeverbot und Meinungsfreiheit	EuGRZ 1985, 170 GRUR Int. 1985, 468
EuGH	Urt.	08.04.2003	C-44/01	Zulässige Konkurrenz - Vergleichende Werbung mit Hinweis auf teurere Produkte	NJW 2003, 2443 WRP 2003, 615 GRUR 2003 533
EuGH	Urt.	19.02.2002	C-309/99	Niederländisches Verbot einer Sozietät von Rechtsanwälten und Wirtschaftsprüfern	NJW 2002, 877
EuGH	Urt.	16.07.1998	C-210/96	Irreführungsbegriff und Verbraucherleitbild	EuZW 1998, 526
BVerfG		**Datum**	**AZ**	**Schlagworte**	**Fundstellen**
BVerfG	Beschl.	04.08.2003	1 BvR 2108/02	Zulässige Imagewerbung mit sportlichen Erfolgen durch Rechtsanwältin	www.bverfg.de
BVerfG	Beschl.	17.07.2003	1 BvR 2115/02	Klinikwerbung mit Indikationen im Internet	www.bverfg.de
BVerfG	Beschl.	11.03.2003	1 BvR 426/02	Benetton II - Keine sittenwidrige Werbung	www.bverfg.de NJW 2003, 1303 WRP 2003, 633 GRUR 2003, 422
BVerfG	Beschl.	28.02.2003	1 BvR 189/03	Zulässige Werbung einer Anwaltskanzlei mit beruflicher Motivation (Nichtannahmebeschluss)	NJW 2003, 1307
BVerfG	Beschl.	11.02.2003	1 BvR 1972/00; 1 BvR 70/01	Impfstoffversand an Ärzte durch Apotheker	www.bverfg.de NJW 2003, 1027 WRP 2003, 491
BVerfG	Beschl.	07.11.2002	1 BvR 580/02	Zulässige Veröffentlichung von Anwaltsranglisten	www.bverfg.de NJW 2003, 277 WRP 2003, 69 DVBl 2003, 137
BVerfG	Beschl.	29.10.2002	1 BvR 525/99	Allgemeinmediziner dürfen weitere Facharzttitel ankündigen	www.bverfg.de MedR 2003, 36 NJW 2003, 879 DVBl 2003, 262
BVerfG	Beschl.	08.03.2002	1 BvR 1974/96	Pflichtmitgliedschaft in Versorgungswerk der Zahnärztekammer (Nichtannahmebeschluss)	www.bverfg.de DVBl 2002, 835
BVerfG	Urt.	18.02.2002	1 BvR 1644/01	Zulässige Werbung eines Tierarztes durch Zeitungsanzeige	www.bverfg.de MedR 2002, 409 WRP 2002, 521
BVerfG	Beschl.	06.02.2002	1 BvR 952/90; 1 BvR 2151/96	Gefühlsbetonte Werbung: "Tierfreundliche Mode" und "Werbung eines Augenoptikers mit Tierbildern"	www.bverfg.de NJW 2002, 1187 DVBl 2002, 764 GRUR 2002, 455
BVerfG	Beschl.	08.01.2002	1 BvR 1147/01	Zulässige Eigenbezeichnung von Klinik-Ärzten als "Spezialisten" in Faltblatt	www.bverfg.de NJW 2002, 1331 DVBl 2002, 691
BVerfG	Beschl.	19.10.2001	1 BvR 1050/01	Zulässige Werbung eines Rechtsanwalts auf Stadtplanorientierungsanlage (Nichtannahmebschluss)	www.bverfg.de
BVerfG	Beschl.	18.10.2001	1 BvR 881/00	Zulässigkeit eines Zahnarztsuchservice; Angabe von Interessenschwerpunkten	www.bverfg.de NJW 2002, 1864 WRP 2001, 1437
BVerfG	Beschl.	12.09.2001	1 BvR 2265/00	Zulässige Anwaltswerbung in Zeitung; Angabe von Interessenschwerpunkten	www.bverfg.de WRP 2001, 1284
BVerfG	Beschl.	01.08.2001	1 BvR 1188/92	Werbung für Generikum-Präparat; Abgrenzung zur vergleichenden Werbung	www.bverfg.de NJW 2001, 3403 WRP 2001, 1160
BVerfG	Beschl.	23.07.2001	1 BvR 873/00; 1 BvR 874/00	Zulässige Angabe von Tätigkeits-schwerpunkten (Implantologie)	www.bverfg.de NJW 2001, 2788 WRP 2001, 1064

BVerfG		Datum	AZ	Schlagworte	Fundstellen
BVerfG	Beschl.	06.07.2001	1 BvR 1063/00	Zulässige anwaltliche Werbung durch Zeitungsanzeige	www.bverfg.de BRAK-Mitt. 2001, 225
BVerfG	Beschl.	16.05.2001	1 BvR 2252/00	Zulässige Angabe von Schwerpunkten auf Kanzleibriefbögen	www.bverfg.de BRAK-Mitt. 2001, 227
BVerfG	Beschl.	25.04.2001	1 BvR 494/00	Zulässige Angabe anwaltlicher Tätigkeitsgebiete	www.bverfg.de
BVerfG	Beschl.	09.01.2001	1 BvR 1036/99	Ärztliche Weiterbildung in Teilzeitarbeit; zur Vorlagepflicht an den EuGH	www.bverfg.de MedR 2001, 308 NJW 2001, 1267
BVerfG	Beschl.	12.12.2000	1 BvR 1762/95; 1 BvR 1787/95	Benetton I - Werbung und Meinungsfreiheit	www.bverfg.de BVerfGE 102, 347 NJW 2001, 591 WRP 2001, 129 GRUR 2001, 170
BVerfG	Beschl.	07.08.2000	1 BvR 254/99	Zulässige Augendruckmessung durch Optiker	www.bverfg.de
BVerfG	Beschl.	04.07.2000	1 BvR 547/99	Werbung für Implantatbehandlungen in Klinikbroschüre	www.bverfg.de MedR 2000, 523 NJW 2000, 2734 WRP 2002, 1099
BVerfG	Beschl.	17.04.2000	1 BvR 721/99	Sponsoring durch Anwälte ist zulässige berufsbezogene Werbung	www.bverfg.de
BVerfG	Beschl.	09.03.2000	1 BvR 1662/97	Facharzt für Sportmedizin: Führung offiziell erworbener Qualifikationen	www.bverfg.de MedR 2000, 479
BVerfG	Beschl.	14.02.2000	1 BvR 1500/95	Unrichtige Tatsachenbehauptung der Meinungsfreiheit (Nichtannahmebeschluss)	www.bverfg.de
BVerfG	Beschl.	11.11.1999	1 BvR 754/98	Zulässige Werbung einer Anwaltskanzlei für Teilnahme an Fachmesse	www.bverfg.de
BVerfG	Beschl.	18.02.1999	2 BvR 335/98	Genehmigungsvorbehalt bei Führung von ausländischen Graden	www.bverfg.de NVwZ 1999, 866
BVerfG	Beschl.	24.07.1997	1 BvR 1863/96	Briefbogengestaltung durch Notar/ Zulässigkeit von Logos	NJW 1997, 2510 GRUR 1998, 71
BVerfG	Beschl.	22.05.1996	1 BvR 744/88; 1 BvR 60/89; 1 BvR 1519/91	Zulässige Anzeigenwerbung durch Apotheker - Sportler als zulässiger Werbeträger	BVerfGE 94, 372 MedR 1996, 511 NJW 1996, 3067 GRUR 1996, 899 WRP 1996, 1087
BVerfG	Beschl.	05.12.1994	1 BvR 1229/90	Zulässigkeit selbstgewählter Tätigkeitsschwerpunkte für Rechtsanwälte	MedR 1995, 155
BVerfG	Beschl.	21.04.1993	1 BvR 166/89	Zulässigkeit weiterer Angaben in Arztbriefkopf	MedR 1993, 348 NJW 1993, 2988
BVerfG	Beschl.	26.08.1992	2 BvR 1321/92	Missbrauchsgebühr bei Einlegung einer Verfassungsbeschwerde wegen 7 DM (Nichtannahmebeschluss)	NJW 1993, 384
BVerfG	Beschl.	11.02.1992	1 BvR 1531/90	Hackethal - Pressebericht	BVerfGE 85, 248 NJW 1992, 2341 GRUR 1992, 860
BVerfG	Beschl.	22.01.1992	1 BvR 1096/90	Zum Verbot graphischer u. bildlicher Darstellungen auf Arztbriefbögen (Nichtannahmebeschluss)	MedR 1993, 470
BVerfG	Beschl.	19.11.1985	1 BvR 934/82	Sanatoriumsentscheidung - Frischzellenjournal	BVerfGE 71, 162 NJW 1986, 1533 MedR 1986, 128 GRUR 1986, 382
BVerfG	Beschl.	19.11.1985	1 BvR 38/78	Klinikwerbung unter Angabe von Indikationen mit Hinweis auf den Arzt	MedR 1986, 134
BVerfG	Beschl.	09.05.1972	1 BvR 518/62; 1 BvR 308/64	Regelung Facharztwesen - Facharztentscheidung	BVerfGE 33, 125
BVerfG	Beschl.	16.10.1968	1 BvR 241/66	Berufsfreiheit "Aktion Rumpelkammer"	BVerfGE 24, 236

BGH		Datum	AZ	Schlagworte	Fundstellen
BGH	Urt.	03.07.2003	I ZR 297/00	Reichweite einer Unterlassungsverpflichtung	
BGH	Urt.	15.05.2003	I ZR 217/00	Unzulässige Bezeichnung als "Tagesklinik"; zulässige Werbung mit Werbesprüchen	www.bundesgerichtshof.de
BGH	Urt.	17.03.2003	AnwZ (B) 3/02	Zulässige Doppelbezeichnung als Anwalt und Arzt	www.bundesgerichtshof.de NJW 2003, 1527
BGH	Urt.	16.01.2003	I ZR 51/02	Klagebefugnis eines Wettbewerbsverbandes	www.bundesgerichtshof.de
BGH	Urt.	05.12.2002	I ZR 115/00	Stellenanzeige und Werbewirkung	www.bundesgerichtshof.de NJW 2003, 1814
BGH	Beschl.	25.11.2002	AnwZ (B) 41/02	Zulässigkeit von Domain-Name (www.presserecht.de)	www.bundesgerichtshof.de NJW 2003, 662 CR 2003, 355
BGH	Urt.	31.10.2002	I ZR 60/00	Werbeprivileg für Kliniken - Werbung mit Indikationen	www.bundesgerichtshof.de MedR 2003, 344 WRP 2003, 505 GRUR 2003, 353
BGH	Urt.	26.09.2002	I ZR 101/00	Zulässige Werbung mit Vorher-/ Nachher-Abbildung bei Haartransplantation	www.bundesgerichtshof.de WRP 2003, 389 GRUR 2003, 255
BGH	Beschl.	11.07.2002	I ZR 219/01	Anzeigenverbot einer Zahn-GmbH	www.bundesgerichtshof.de NJW 2003, 589 NJW-RR 2002, 1685
BGH	Urt.	28.03.2002	I ZR 283/99	Zulässige Werbung eines Arztes für Haar-Transplantationen	www.bundesgerichtshof.de MedR 2003, 223 GRUR 2002, 725
BGH	Urt.	06.12.2001	I ZR 284/00	Benetton I; Beurteilung der Benettonwerbung als sittenwidrig	www.bundesgerichtshof.de NJW 2002, 1200 GRUR 2002, 360 VersR 2002, 456
BGH	Urt.	15.11.2001	I ZR 275/99	Verkürzter Versorgungsweg bei Hörgeräten zulässig	www.bundesgerichtshof.de NJW 2002, 962 GRUR 2002, 271 VersR 2002, 456
BGH	Urt.	25.10.2001	I ZR 29/99	Klagebefugnis eine Rechtsanwaltskammer	www.bundesgerichtshof.de
BGH	Urt.	15.03.2001	I ZR 337/98	Zulässige Rundschreiben einer Anwaltskanzlei an Nichtmandanten	www.bundesgerichtshof.de NJW 2001, 2886 WRP 2002, 171 BRAK-Mitt. 2001, 229
BGH	Urt.	01.03.2001	I ZR 300/98	Zulässige Einladung einer Anwaltskanzlei zu einem Seminar mit kostenlosem Imbiss	www.bundesgerichtshof.de BGHZ 147, 71 WRP 2001, 923 GRUR 2002, 84
BGH	Urt.	26.10.2000	I ZR 180/98	Unzulässige Werbung in Berufskleidung (Versäumnisurteil)	www.bundesgerichtshof.de NJW-RR 2001, 684 WRP 2001, 400 GRUR 2001, 453
BGH	Urt.	28.09.2000	I ZR 141/98	Zulässiges Werbeschreiben an Augenarzt durch Augenoptikerunternehmen	www.bundesgerichtshof.deMedR 2001, 462 NJW 2001, 407 WRP 2001, 151 GRUR 2001, 255 BGH Report 2001, 92
BGH	Urt.	29.06.2000	I ZR 59/98	Verkürzter Versorgungsweg bei Hörgeräten zulässig	www.bundesgerichtshof.de MedR 2001, 203 WRP 2000, 1121 GRUR 2001 1080 MDR 2001, 47
BGH	Urt.	08.06.2000	I ZR 269/97	Dentalästhetika - Anzeigenverbot einer Zahn-GmbH	www.bundesgerichtshof.de MedR 2001, 516 NJW 2001, 1791 WRP 2001, 28 GRUR 2001, 181

BGH		Datum	AZ	Schlagworte	Fundstellen
BGH	Urt.	10.11.1999	I ZR 121/97	Ärztliches Werbeverbot und belegärztliche Tätigkeit	MedR 2000, 533 NJW 2000, 1789 WRP 2000, 506 GRUR 2000, 613
BGH	Beschl.	22.09.1999	I ZR 9/99	FOCUS "Die grosse Ärzteliste" (Nichtannahmebeschluss)	MedR 1999, 26
BGH	Urt.	20.05.1999	I ZR 40/97	Zulässige Anzeige für privat ärztlichen Notfalldienst	MedR 2000, 132 WRP 1999, 1136 GRUR 1999, 1009
BGH	Urt.	20.05.1999	I ZR 54/97	Zulässige Werbung für privatärztlichen Bereitschaftsdienst "Ärztlicher Hotelservice"	MedR 2000, 134 WRP 1999, 1139 GRUR 1999, 1104
BGH	Urt.	25.03.1999	I ZR 77/97	Zulässige Werbung durch Hervorhebung eigener Vorzüge (B-Generikum)	NJW-RR 2000, 631 WRP 1999, 1141 GRUR 1999, 1100 WM 1999, 2262
BGH	Urt.	10.12.1998	I ZR 137/96	Früheres Verbraucherleitbild in der Werbung	MedR 1999, 462 WRP 1999, 315 GRUR 1999, 512
BGH	Urt.	03.12.1998	I ZR 112/98	Steuerberater als Aussteller auf fachfremder Messe	NJW 1999, 2444 WRP 1999, 824
BGH	Urt.	26.11.1998	I ZR 179/96	Implantat-Entscheidung / Verbot des Faltblatts	MedR 1999, 370 NJW 1999, 1784 WRP 1999, 501 GRUR 1999, 504
BGH	Urt.	15.10.1998	I ZR 69/96	Vergleichende Werbung	NJW-CoR 1999, 111 GRUR 1999, 501
BGH	Urt.	09.07.1998	I ZR 72/96	Verbot der Versendung von Infomaterial an Krebspatienten	MedR 1999, 70 GRUR 1999, 179 BGH EWiR § 1 UWG 11/98, 909 (Ring)
BGH	Urt.	05.02.1998	I ZR 211/95	Zulässige vergleichende Werbung "Composite Rackets"	BGHZ 138, 55 WRP 1998, 718
BGH	Urt.	09.10.1997	I ZR 92/95	Irreführende Professorenbezeichnung in der Arztwerbung; Klagebefugnis des ärztlichen Konkurrenten	WRP 1998, 172
BGH	Urt.	30.04.1997	I ZR 196/94	"Die besten Ärzte Deutschlands" Wettbewerbswidriger Bericht in FOCUS	GRUR 1997, 912
BGH	Urt.	30.04.1997	I ZR 154/95	"Die 500 besten Anwälte"	GRUR 1997, 914
BGH	Urt.	10.04.1997	I ZR 3/95	Wettbewerbsrechtliche Verantwortlichkeit der Herausgeber von Verzeichnissen	WRP 1997, 1059 GRUR 1997, 909
BGH	Urt.	13.06.1996	I ZR 114/93	Zulässiger Laborbotendienst eines Pathologen	GRUR 1996, 789
BGH	Urt.	07.06.1996	I ZR 103/94	Zulässige Bezeichnung als Klinik	NJW 1996, 3083 WRP 1996, 1032 GRUR 1996, 802
BGH	Urt.	25.10.1995	I ZR 255/93	Unzulässigkeit einer Werbung per Telefax	GRUR 1996, 208
BGH	Urt.	27.04.1995	I ZR 116/93	Zulässige Werbung für die Sauerstoff-Mehrschritt-Therapie	GRUR 1995, 612
BGH	Urt.	14.04.1994	I ZR 12/92	Werbung für ambulante ärztliche Leistungen durch GmbH	MedR 1995, 113 WRP 1994, 859
BGH	Urt.	25.11.1993	I ZR 281/91	Zulässigkeit einer Zahnheilkunde-GmbH	BGHZ 124, 224 MedR 1994, 152
BGH	Urt.	09.04.1992	I ZR 240/90	Unzulässige Professorenbezeichnung in der Arztwerbung	GRUR 1992, 525
BGH	Urt.	13.11.1990	VI ZR 104/90	Namentliche Bekanntgabe des Notfallarztes in der Tageszeitung	NJW 1991, 1532
BGH	Urt.	29.03.1990	I ZR 76/88	Irreführende Werbung durch Belegkrankenhaus	WRP 1990, 750
BGH	Urt.	12.10.1989	I ZR 29/88	Zulässiger Pressebericht über Schönheitschirurgie Arzt	NJW 1990, 1529 WRP 1990, 270
BGH	Urt.	16.02.1989	I ZR 76/87	Irreführende ausländische Professorenbezeichnung	WRP 1989, 491 GRUR 1989, 445
BGH	Urt.	15.06.1988	I ZR 51/87	Unzulässige Bezeichnung als "Fachkrankenhaus"	GRUR 1988, 841

BVerwG		Datum	AZ	Schlagworte	Fundstellen
BVerwG	Urt.	18.03.2003	3 C 23/02	Zulässiger Hinweis auf ausgelagerte Praxisräume (Laserbehandlungsräume)	
BVerwG	Urt.	05.04.2001	3 C 25/00	Zulässiger Hinweis auf erworbene Zusatzqualifikationen (Akupunktur)	MedR 2002, 31 NJW 2001, 3425 DVBl. 2001, 1371
BVerwG	Urt.	13.11.1997	3 C 44/96	Zulässiger Hinweis in den Gelben Seiten auf ausgelagerte Praxisräume (Herzkathetermeßplatz)	BVerwGE 105, 362 NJW 1998, 2759
BVerwG	Urt.	15.03.1968	C 189.66	Meinungsfreiheit umfasst nicht das Recht zur unentgeltlichen Unterrichtung	BVerwGE 29, 214
BSG		**Datum**	**AZ**	**Schlagworte**	**Fundstellen**
BSG	Urt.	26.01.2000	B 6 KA 53/98 R	Verzicht des Vertragsarztes auf eine von mehreren Fachgebietszulassungen	NJW 2001, 919

OLG		Datum	AZ	Schlagworte	Fundstellen
KG Berlin	Urt.	07.03.2003	5 U 240/02	Vorher-/Nachher-Fotos bei ästhetischen Eingriffen	
KG Berlin	Urt.	22.03.2002	5 U 8811/00	Irreführende Werbung mit fachfremdem Professorentitel (Ornithologie)	NJW-RR 2003, 64
KG Berlin	Urt.	30.10.2001	5 U 153/01	Irreführende Bezeichnung als "Chirurgische Privatklinik"	
KG Berlin	Beschl.	24.08.2001	5 W 53/01	Unzulässige Artikelserie "Top-Ärzte von Berlin"	
OLG (Bay.)	Beschl.	27.02.1992	3 Z 205/91	"Ärztetag" als Vereinsname	NJW 1992, 2362
OLG Bamberg	Urt.	20.12.2000	3 U 227/00	Unzulässige Institutswerbung	
OLG Bremen	Urt.	15.08.2002	2 U 10/2002; 12 O 97/2001	Unzulässige Werbung mit bildlicher Darstellung von körperlichen Veränderungen	
OLG Düsseldorf	Urt.	11.10.2001	27 U 6/01	Zulässige Angabe von Schwerpunkten durch Zahnarztpraxis	
OLG Düsseldorf	Urt.	16.08.2001	2 U 138/00	Werbung mit Ortsbezeichnung "Zahnarztpraxis im Stadttor"	NJW-RR 2002, 472
OLG Düsseldorf	Urt.	18.07.2000	20 U 27/00	Verbot der Werbung mit Selbstverständlichkeiten (Metallfreie Kronen-Brückentechnik, Hallolitis)	
OLG Düsseldorf	Urt.	02.02.1998	20 U 101/98	Unzulässige Bezeichnung als "Praxis für Naturheilverfahren" durch Heilpraktiker	WRP 1999, 700
OLG Düsseldorf	Urt.	04.06.1996	20 U 133/95	Verbot der Bezeichnung als "Privatpraxis"	NJW 1997, 1644
OLG Frankfurt/M	Urt.	07.03.2002	6 U 43/01	Unzulässige Bezugnahme auf Konsumentenbefragung	WRP 2002, 730 GRUR Int. 2002, 931
OLG Frankfurt/M	Beschl.	20.04.2000	6 W 53/00	Unzulässige Telefonberatungsaktion mit "Spitzen-Medizinern" durch Tageszeitung	WRP 2001, 65
OLG Frankfurt/M	Urt.	21.03.2000	6 U 7/00; 7 U 7/00	Verbot eines Presseartikels über Zahnarztpraxis	
OLG Frankfurt/M	Urt.	29.10.1999	25 U 297/98	Verkürzter Versorgungsweg - Hörgeräte	MedR 2000, 220 WRP 2000, 220
OLG Frankfurt/M	Urt.	22.08.1974	6 U 39/74	Unzulässige Bezeichnung einer Belegarzt-Praxis als "Klinik"	NJW 1975, 599
OLG Hamburg	Urt.	06.03.2003	5 U 186/01	Zulässiger Domain-Name "www.Mitwohnzentrale.de"	
OLG Hamburg	Urt.	20.02.2002	5 U 100/01	Irreführende Werbung mit fachfremdem Professorentitel (Ornithologie)	
OLG Hamburg	Urt.	23.04.1998	3 U 258/97	Verbot der Angabe von Tätigkeitsschwerpunkten ("Traditionelle chinesische Medizin")	MedR 2000, 329
OLG Hamburg	Urt.	12.12.1996	3 U 110/96	Verbot der Werbung für privatärztlichen Notfalldienst (aufgehoben durch BGH Urt. v. 20.05.1999, I ZR 40/97)	MedR 1997, 417
OLG Hamburg	Urt.	07.11.1996	3 U 81/96	Unzulässige Werbung für "Biologische Krebsnachsorge"	MedR 1997, 177
OLG Hamburg	Urt.	05.05.1994	3 U 281/93	Verbot der Werbung durch Medizin-GmbH	MedR 1994, 451
OLG Hamburg	Urt.	13.08.1987	3 U 95/87	Verbot der Herausgabe eines Ärzteverzeichnisses	GRUR 1988, 141 MedR 1989, 151
OLG Hamburg	Urt.	29.10.1981	3 U 27/81	Verbot der Bezeichnung als "Ärztehaus"	WRP 1982, 278
OLG Hamm	Urt.	11.02.2003	4 U 148/02	Anwaltswerbung auf Einband des örtlichen Telefonbuches	www.justiz.nrw.de
OLG Hamm	Urt.	28.11.2002	4 U 129/02	Unzulässige Werbung für Behandlung mit Botox; Verstoß gegen § 10 HWG	WRP 2003, 543
OLG Hamm	Urt.	26.10.2000	4 U 112/00	Zulässige kostenlose Arzneimittelweitergabe durch Arzt an Patienten	
OLG Hamm	Urt.	14.09.2000	4 U 57/00	Zulässige Bezeichnung als "Praxis für Ganzheitliche Zahnmedizin"	NJW 2001, 2809
OLG Hamm	Urt.	13.04.2000	4 U 18/00	Unzulässige Werbung mit Selbstverständlichkeiten auf Briefkopf, (restaurative u. präventive Zahnheilkunde)	

OLG		Datum	AZ	Schlagworte	Fundstellen
OLG Hamm	Urt.	30.03.2000	4 U 2/00	Unzulässige Werbung mit Selbstverständlichkeiten (Prophylaxe, Zahntechnik, Zahntechnik direkt vom Zahnarzt)	
OLG Hamm	Urt.	20.01.1998	4 U 169/97	Verkürzter Versorgungsweg - Hörgeräte	NJW 1998, 2749
OLG Hamm	Urt.	14.01.1992	4 U 279/91	Unzulässige Bezeichnung als "Reha-Center" oder "Reha-Zentrum"	WRP 1992, 576
OLG Koblenz	Urt.	07.05.2002	4 U 1902/01	Fehlende Wettbewerbsabsicht bei Werbung für Krebsmittel auf privater Homepage	
OLG Koblenz	Urt.	30.05.2000	4 U 192/00	Zulässige Werbung für Behandlungsform auf ärztlicher Homepage (Sauerstoff-Mehrschritt-Therapie)	
OLG Koblenz	Urt.	13.02.1997	6 U 1500/96	Verbot der Zahnarztwerbung im Internet	MedR 1998, 29 WRP 1997, 478
OLG Köln	Urt.	22.11.2002	6 U 77/02	Verbot der Ausgabe von Diabetes-Teststreifen durch Arzt	www.justiz.nrw.de MedR 2003, 347 WRP 2003, 405
OLG Köln	Urt.	04.05.2001	6 U 201/00	Verbot der Angabe von Tätigkeitsschwerpunkten auf der Homepage einer Zahnarztpraxis	NJW-RR 2001, 1570
OLG Köln	Urt.	09.03.2001	6 U 127/00	Verbot der Selbstdarstellung auf der Homepage einer Zahnarztpraxis	NJW-RR 2002, 204
OLG Köln	Urt.	26.02.1999	6 U 120/98	Wettbewerbswidrige Umfrage durch Zahnärzte über private Krankenversicherer	GRUR 2000, 78
OLG Köln	Urt.	08.04.1994	6 U 74/93	Werbung einer Zahnärzte-GmbH (aufgehoben durch BGH Urt. v. 7.6.1996 -I ZR 103/94-)	NJW 1994, 3017
OLG München	Urt.	27.03.2003	29 U 4292/00	Zulässige Veröffentlichung von Ranking-Listen bei Anwaltskanzleien	NJW 2003, 1534 GRUR 2003, 719
OLG München	Protokoll	11.11.2002	6 U 5527/01	Tätowierungen sind keine Krankheit i. S. d. HWG	
OLG München	Urt.	20.12.2001	29 U 4592/01	Internet als passive Darstellungsplattform	NJW 2002, 760
OLG München	Urt.	11.01.2001	29 U 5555/00	Unzulässige Plakat-Aktion von Ärzten gegen Krankenkasse	GRUR 2001, 762
OLG München	Urt.	14.12.2000	6 U 2850/00	Verbot einer Datenbank mit Reisemedizinischen Informationen	MedR 2002, 196
OLG München	Urt.	30.11.2000	6 U 2849/00	Zulässige Werbung für Modellvorhaben durch Krankenkasse	
OLG München	Urt.	19.10.2000	29 U 2664/00	Zulässiger Zeitungsbericht über Robotereinsatz in der Orthopädie	MedR 2002, 639
OLG München	Urt.	30.06.2000	29 U 6146/99	Verbot der Bezeichnung als Spezialist, Angabe von Patientenzahlen, Slogan (aufgehoben durch BVerfG, Urt. v. 08.01.2002 - 1 BvR 1147/01-)	
OLG München	Urt.	29.03.2000	29 U 2007/00	Zulässige Versendung von 30.000 Kanzleibroschüren an Gewerbetreibende	NJW 2000, 2824
OLG München	Urt.	21.10.1999	20 U 2435/99	Verbot eines medizinischen Informationsdienstes	MedR 2000, 370
OLG München	Urt.	14.10.1999	29 U 2352/99	Unzulässiger Pressebericht über "Klinik der Hoffnung"	GRUR 2000, 1100
OLG München	Urt.	11.03.1999	6 U 2075/98	Begriff "Tagesklinik"	GRUR 2000, 91
OLG München	Urt.	12.11.1998	29 U 3251/98	Zulässige Bezeichnung als "Spezialisten" durch die Presse	MedR 1999, 76
OLG München	Urt.	23.06.1994	6 U 6594/93	Irreführende Behauptung, Krebsmethode sei durch DKFZ bestätigt	MDR 1995, 602
OLG München	Urt.	16.04.1992	6 U 4140/91	Wettbewerbswidrige Werbung eines überbetrieblichen Dienstes von Betriebsätzten	MedR 1993, 24
OLG Nürnberg	Urt.	15.01.2002	3 U 2999/01	Unzulässige getarnte Werbung für Arzneimittel	WRP 2002, 585
OLG Nürnberg	Urt.	19.10.1999	3 U 1249/99	Verbot der Klinikwerbung für bestimmte Heilverfahren (aufgehoben durch BGH, Urt. v. 31.10.2002 -I ZR 60/00-)	

OLG		Datum	AZ	Schlagworte	Fundstellen
OLG Nürnberg	Urt.	29.07.1997	3 U 96/97	Verkürzter Versorgungsweg - Hörgeräte	WRP 1997, 1212
OLG Nürnberg	Urt.	12.02.1997	3 U 2096/96	Unzulässige Werbung für "patientenschonende Verfahren"	MedR 1998, 133
OLG Nürnberg	Urt.	28.02.1992	6 U 2923/91	Aufnahme in Arztverzeichnis gegen ausdrücklichen Willen des Arztes	WRP 1992, 737
OLG Oldenburg	Urt.	27.11.1997	1 U 101/97	Unzulässigkeit der Werbung per Telefax	NJW 1998, 3208
OLG Rostock	Urt.	06.02.2002	2 U 33/01	Unzulässige Werbung für Ferienwohnungen durch Dialysepraxis	
OLG Schleswig-Holstein	Beschl.	18.09.2002	2 W 80/02	Zulässige Bezeichnung als Gemein-schaftpraxis durch Partnerschafts-gesellschaft	MedR 2003, 350 NJW-RR, 2003, 173
OLG Schleswig-Holstein	Urt.	05.12.2000	6 U 64/00	Zulässige Angabe von Tätigkeitsschwerpunkten	NJW 2001, 2811
OLG Schleswig-Holstein	Urt.	03.04.2001	6 U 89/2000	Irreführende Werbung einer Zahnarztpraxis (Externe Qualitätsprüfung)	MedR 2001, 579
OLG Schleswig-Holstein	Urt.	06.07.1999	6 U 21/99	"Grundeintrag" der Ärzte in Verzeichnisse	
OLG Stuttgart	Urt.	17.10.2002	2 U 40/02	Zulässige Werbung für Medizinische Laserbehandlung	WRP 2003, 119
OLG Stuttgart	Urt.	12.11.1999	2 U 82/99	Verbot der Werbung in Berufskleidung	
OLG Stuttgart	Urt.	23.08.1996	2 U 120/96	Verbot der Aufforderung zur gewerblichen Tätigkeit in Arztpraxis ("Vital Shop")	MedR 1997, 175
OLG Stuttgart	Urt.	08.07.1987	4 U 26/87	Zulässiges Arztinterview in einer Illustrierten	MedR 1988, 38
OLG Zweibrücken	Urt.	13.12.2001	4 U 68/01	Unzulässige Werbung mit Krankengeschichten	
OVG/VGH		**Datum**	**AZ**	**Schlagworte**	**Fundstellen**
OVG Lüneburg	Urt.	15.08.1988	8 OVG A 45/87	Fehlende Befugnis zur Entfernung eines Praxisschildes durch die Ärztekammer	MedR 1989, 99
OVG NRW	Urt.	15.02.2002	13 A 5128/00	Verbot der Bezeichnung als "Laserbehandlungsräume" (aufgehoben durch BVerwG, Urt. v. 18.03.2003 - 3 C 23/02 -)	
OVG NRW	Urt.	16.11.2000	13 A 2267/99	Erwerb der Bezeichnung "Arzt für Allgemeinmedizin" im Weg des Übergangsrechts	ArztRecht 2001, 219
OVG NRW	Urt.	14.09.2000	13 A 2633/98	Keine Ausnahmegenehmigung von der Bindung ambulanter Tätigkeit bei Oralchirurgie an die Niederlassung in eigener Praxis	MedR 2001, 150
VGH Bad.-Württ.	Urt.	17.12.2002	9 S 2738/01	Tätigkeitsschwerpunkt "Oralchirurgie"	MedR 2003, 236
VGH Bad.-Württ.	Urt.	10.07.2001	9 S 2320/00	Kammerzertifikat Fortbildung "Kieferchirurgie" und "Zahnärztliche Chirurgie" (Hauptsacheverfahren)	NVwZ-RR 2002, 42 MedR 2001, 583
VGH Bad.-Württ.	Beschl.	12.12.2000	9 S 2321/00; 9 S 2323/00	Kammerzertifikat Fortbildung "Kieferchirurgie" und "Zahnärztliche Chirurgie"	
VGH Bad.-Württ.	Urt.	20.06.2000	9 S 2116/99	Erwerb der Gebietsbezeichnung "Physikalische und Rehabilitative Medizin" im Wege des Übergangsrechts	ArztRecht 2001, 44
VGH Bad.-Württ.	Urt.	28.03.2000	9 S 1195/99	Verbot der gleichzeitigen Bezeichnung als Arzt und Apotheker	MedR 2000, 436 NJW 2001, 1810 ArztRecht 2000, 252 DVBl. 2000, 1067
VGH Bad.-Württ.	Urt.	28.03.2000	9 S 1994/99	Erwerb neu eingeführter WBO-Bezeichnungen im Übergangsrecht	MedR 2000, 322 ArztRecht 2001, 130
VerfGH		**Datum**	**AZ**	**Schlagworte**	**Fundstellen**
VerfGH (Bay.)	Entsch.	13.12.1999	Vf 5 - VII - 95	Ärztliche Praxis in der Rechtsform einer juristischen Person	NJW 2002, 3418

LG		Datum	AZ	Schlagworte	Fundstellen
LG Berlin	Urt.	30.01.2003	16.O.561/02	Zulässige Werbung für Privatklinik innerhalb der Fachkreise	
LG Berlin	Urt.	14.01.2003	15 O 420/02	Unzulässige Werbung per SMS	CR 2003, 339
LG Berlin	Urt.	30.09.2002	103 O 84/02	Unzulässige Werbung für Botox-Behandlung	WRP 2003, 125
LG Berlin	Urt.	07.05.2002	16.O.528/01	Unzulässige Werbung mit Hinweisen auf Presseberichte; (§ 11 I Nr. 14 HWG)	
LG Berlin	Urt.	24.04.2001	15 O 301/00	Internet als passive Darstellungsplattform	BB 2001, 1434
LG Berlin	Beschl.	14.05.1998	16 O 301/98	Unzulässige E-Mail-Werbung	NJW 1998, 3208
LG Bonn	Urt.	17.09.2002	11 O 169/02	Zulässige Werbung mit Vorher-/ Nachher-Abbildungen für Haartransplantationen	
LG Cottbus	Urt.	27.08.1996	3 O 154/96	Zulässige Bezeichnung als Ärztehaus, zulässige Ortsangabe	NJW 1997, 2458
LG Detmold	Urt.	14.09.1999	8 O 118/99	Verbot der Werbung mit Zertifizierung nach DIN ISO 9001	MDR 2000, 675
LG Düsseldorf	Beschl.	11.09.2001	12 O 391/01	Unzulässige Werbung für Botox-Behandlung	
LG Frankenthal	Urt.	17.08.2000	2 HK.O 119/00	Zulässige Teilnahme eines Arztes an der Telefonaktion einer Zeitschrift über Fuß- und Nagelpilz	
LG Frankfurt/M.	Urt.	17.11.1999	2/6 O 369/99	Verbot eines Presseberichts über radiologische Praxis	WRP 2000, 1193
LG Frankfurt/M.	Urt.	27.10.1999	2/6 O 415/99	Meinungsumfrage im Auftrag einer radiologischen Praxis als getarnte Werbung (bestätigt d. OLG Frankfurt v. 16.3.2000 - 6 U 2/00 -)	WRP 2000, 1195
LG Frankfurt/M.		27.05.1998	3/12 O 173/97	Haftung für Links bei Werbung im Internet	NJW-CoR 1999, 111 CR 1999, 45
LG Frankfurt /O.	Urt.	24.07.2003	32 O 43/03	Unzulässige Werbung mit Rabatten bei Schönheitsoperationen	
LG Hamburg	Urt.	12.06.2001	312 O 144/01	Verbot der Werbung mit Zertifizierung nach DIN EN ISO 9001	NJW-RR 2002, 206
LG Hamburg	Urt.	10.04.2001	312 O 17/01	Zuässige Werbung eines Hautarztes für kosmetische Leistungen	NJW-RR 2001, 1551
LG Hamburg	Urt.	02.05.2000	312 O 115/00	Unzulässige Verwendung des Begriffs "Cytologisches Labor"	NJW-RR 2001, 259
LG Hannover	Urt.	12.03.2003	23 O 127/02	Unzulässige Werbung für Botox-Behandlung	
LG Köln	Urt.	14.04.2000	81 O 5/00	Umgehung des zahnärztlichen Werbeverbotes durch Klinikwerbung	
LG Mainz	Urt.	06.12.2001	11 HK.O 56/01	Zulässigkeit der Unterlassungserklärung per Telefax	
LG Mainz	Urt.	30.11.2000	1 O 110/00	Irreführendes Heilungsversprechen bei Alterskurzsichtigkeit	
LG München I	Beschl.	14.01.2003	F 5 0788/02	Unzulässige Werbung für Botox-Behandlung	
LG München I	E.V.	08.11.2002	33 O 19954/02	Unzulässige Werbung für Botox-Behandlung	
LG Oldenburg	Urt.	15.01.2003	5 O 2657/02-334-	Unzulässige Werbung für Botox-Behandlung	
AG		**Datum**	**AZ**	**Schlagworte**	**Fundstellen**
AG Stuttgart	Urt.	04.06.2002	1 C 2871/02	Internet als passive Darstellungsplattform	NJW 2002, 2572

VG		Datum	AZ	Schlagworte	Fundstellen
VG Düsseldorf	Urt.	04.04.2000	3 K 6673/98	Verbot der Bezeichnung "Zentrum" bei Gemeinschaftspraxis von 5 Ärzten, Verbot der Angabe "Reproduktionsmedizin"	
VG Frankfurt /M.	Urt.	19.06.2000	21 BG 4/99 (V)	Unzulässiges Zeitungsinterview "Spitzenmedizin in Rhein-Main"	www.jura.uni-sb.de
VG Mainz	Urt.	14.01.1999	4 K 1454/97.Mz	Verbot der Zusatzbezeichnung "Naturheilkunde" durch Zahnarzt	MedR 1999, 379 NJW 2000, 893
VG Minden	Beschl.	09.01.2001	7 L 453/00	Bezeichnung "Tierärztliche Praxis" auf Praxisschild und Briefpapier	
VG München	Urt.	11.06.2002	M 16 K 00.4995	Führung einer im Ausland verliehenen Bezeichnung (Diagnostik und Therapie nach X.F.Mayr)	MedR 2003, 308
VG Münster	Urt.	20.05.1998	6 K 3821/97	Verbot der Produktwerbung durch Arzt in der Arztpraxis	MedR 1999, 146
VG Oldenburg	Urt.	12.12.2000	12 A 3047/99	Zulässige Führung eines Professorentitels (Prof. h. c. für Medizintechnik)	MedR 2002, 35
VG Saarlouis	Urt.	22.05.2000	1 K 89/99	Zulässige Führung der Zusatzbezeichnung "Psychotherapie" durch Anästhesisten	MedR 2001, 468
VG Stuttgart	Urt.	05.11.1999	4 K 1000/99	Zulässige Zusatzbezeichnung "Umweltmedizin" durch Urologen	MedR 2000, 376

Landes-berufsG	Ort	Institution		Datum	AZ	Schlagworte	Fundstellen
ÄrzteGH	Saarland	ÄrzteGH	Urt.	10.10.2001	ÄGH 2/01	Zulässiges Sponsoring und Öffentlichkeitsarbeit einer Arztpraxis	NJW 2002, 839
GH f. Heilb.	Nieder-sachsen	GH f. Heilb.	Urt.	10.05.1995	1 S 1/94	Verbot der Bezeichnung als "Röntgenpraxis am Hauptbahnhof"	MedR 1996, 285
LBG		OVG NRW	Urt.	12.03.2003	6t A 689/01.T	Berufswidrige Werbung für Laserbehandlungen bei Hautveränderungen	
LBG		OVG NRW	Urt.	29.01.2003	6t A 4560/00.T	Hinweis "Diabetologe DDG - Schwerpunktpraxis Diabetes"	
LBG	München	Bay. Oberst. LandesG	Beschl.	27.11.2002	LBG-Ä 8/02	Teilweise berufswidriges Zeitungs-Interview mit Arzt	
LBG	München	Bay. Oberst. LandesG	Urt.	19.04.1982	LBG-Ä-2/81	Verbot der Bezeichnung "Ärztehaus"	
LBG	Koblenz	OVG Rh.-Pf.	Urt.	17.04.2003	LBGH A 11762/02.OVG	Unzulässige Beschriftung der Fensterfront	
LBG	Koblenz	OVG Rh.-Pf.	Urt.	23.09.1998	LBGH A 10744/98	Zulässigkeit mehrerer Praxisschilder	
LBG	Koblenz	OVG Rh.-Pf.	Urt.	17.06.1998	LBGH A 13038/97.OVG	Zulässige Ankündigung des Notfalldienstes einer Kleintierklinik	
LBG	Koblenz	OVG Rh.-Pf.	Urt.	27.04.1994	LBGH A 12498/93	Anpreisender Presseartikel über Arzt (Behandlung von Krampfadern)	NJW 1995, 1633
LBG	Münster	OVG NRW	Urt.	12.08.1994	1 A 2038/91. T	Berufswidrige herabsetzende Kritik (Hörsturztherapie)	NJW 1995, 2432
LBG	Stuttgart	LBG	Urt.	18.01.1995	Bf-Liste Nr. 8/93	Zulässige Patienteninformation eines Augenarztes	MedR 1996, 387

BerufsG	Ort	Institution		Datum	AZ	Schlagworte	Fundstellen
BG	Frankfurt/M.	VG	Urt.	05.03.2002	21 BG 5711/00 (V)	Zulässige Mitwirkung an Artikelserie "Kampf dem Schmerz"	NJW-RR 2002, 1064
BG	Frankfurt/M.	VG	Beschl.	06.12.2001	21 BG 1568/00 (V)	Zulässiges Praxisschild auch an der Privatadresse des Arztes	
BG	Greifswald	VG	Urt.	12.02.2002	BG 8/99	Verbot eines Bildberichts mit werbendem Charakter über die ärztliche Tätigkeit	
BG	Greifswald	VG	Urt.	04.12.2001	BG 2/99	Berufswidriger Zeitungsbeitrag über die ärztliche Tätigkeit eines Klinikarztes	
BG	Greifswald	VG	Beschl.	23.07.1998	BG 22/95	Zulässige Bezeichnung als "Ärztehaus"	
BG	Greifswald	VG	Urt.	27.11.1997	BG 43/95	Zulässiger Zeitungsartikel über Laserbehandlung bei Grünem Star	
BG	Greifswald	VG	Urt.	30.09.1996	BG 26/95	Zulässiges Logo mit Äskulapstab auf Praxisschild	
BG	Greifswald	VG	Urt.	30.09.1996	BG 19/95	Zulässige Bezeichnung als "Ärztehaus"	
BG	Köln	VG	Beschl.	02.06.1998	35 K 9948/97.T	Werbung und Kommerzialisierung des Arztberufs	NJW 1999, 884
BG	Mainz	VG	Urt.	11.09.2002	Kf 346/01.MZ	Unzulässige Beschriftung auf Fensterfront / Größe des Praxisschildes	
BG	Münster	VG	Urt.	06.11.2002	14 K 2805/01.T; 14 K 1723/02.T	Verbot eines Presseberichts über Arztpraxis	
BG	Münster	VG	Beschl.	07.03.2001	14 K 1633/00.T; 14 K 2223/00.T	Verbot eines Zeitungsinterviews mit werbendem Charakter	
BG	Sachsen-Anhalt	BG	Beschl.	28.07.1999	BG Ä 6/96	Verbot der Angabe "Nierensprechstunde und Dialyse"	
BG	Schl-Holst.	BG	Urt.	25.09.2002	BG 19/00	Anpreisende Werbung in redaktioneller Anzeige	
BG	Schl-Holst.	BG	Urt.	27.02.2002	BG 10/01	Zulässiger Bericht in Vereinszeitung des Reitervereins über Tierärztin	
BG	Schl-Holst.	BG	Urt.	23.08.2000	BG 10/99	Irreführendes Garantieversprechen durch Zahnarzt	
BezirksBG	Tübingen	BG	Bescheid	15.11.1994	Reg. Nr. 14/94	Verbot des Berichts über einen Vereinsarzt	MedR 1995, 252

18 Stichwortverzeichnis

Druck: Strauss GmbH, Mörlenbach
Verarbeitung: Schäffer, Grünstadt